저자
도널드 케이건
Donald Kagan

미국의 역사가이자 현존하는 고대 그리스 사학자 가운데 가장 저명한 세
계적 석학. 2세 때 리투아니아에서 미국 뉴욕으로 가족이 이민했다. 오
하이오 주립대학교에서 고대 그리스사 박사학위를 받았으며, 코넬 대학
교와 예일 대학교에서 역사학과 교수로 재직했다. 1989~1992년에는 예
일 대학교 예일 칼리지 학장을 역임했고, 2013년 은퇴할 때까지 예일 대
학교 스털링 석좌교수를 지냈다. 그의 강의 가운데 '전쟁의 기원'은 25년
간 가장 인기 있는 강의로 꼽히기도 했다. 2002년 인문학 분야의 탁월한
업적을 인정받아 미국 국가 인문학 훈장을 받았다. 지은 책으로 《펠로폰
네소스 전쟁의 발발》《아르키다모스 전쟁》《니키아스 강화 조약과 시칠
리아 원정》《아테네 제국의 몰락》(이상 '펠로폰네소스 전쟁사 4부작')과
이를 축약한 《펠로폰네소스 전쟁사》 등이 있다. 비평가 조지 스타이너는
'펠로폰네소스 전쟁사 4부작'을 가리켜 "20세기에 북아메리카에서 쓰인
가장 중요한 역사서"라고 평했다.

페리클레스

지식향연 '뿌리가 튼튼한 우리말 번역'은
신세계그룹과 김영사가 함께 만든 인문 출판 브랜드입니다.

페리클레스

발행 | **지식향연**
기획 | **신세계그룹**

PERICLES OF ATHENS AND THE BIRTH OF DEMOCRACY

페리클레스

도널드 케이건 지음/류현 옮김

지식향연

발간사

───

신세계는 인문학의 가치를 믿습니다.

밤하늘의 별이 더는 길을 일러 주지 않는 시대입니다. 삶의 의미와 인간성에 대한 믿음을 회복하는 데 이제는 인문학이 새로운 길잡이 역할을 하고 있습니다. 나의 본질을 들여다보고, 삶을 바꾸게 하는 힘. 이제까지 인류가 살아온 모든 시간, 얻어 낸 모든 통찰의 다른 이름이 바로 인문학이기 때문입니다.

신세계 '지식향연'은 인문학 중흥을 통해 행복한 대한민국 만들기를 희망합니다. 인간과 문화에 대한 지식과 지혜를 나누고 향유하는 '지식향연'은 인문학 예비 리더 양성, 인문학 지식 나눔을 목표로 2014년부터 수준 높은 인문학 강연과 공연을 제공해 왔습니다. 그리고 이제 인문학 콘텐츠 발굴 및 전파를 위한 '뿌리가 튼튼한 우리말 번역'을 세상에 내놓습니다.

뿌리가 튼튼한 나무는 바람에 흔들리지 않습니다. 우리 시대 최고의 인문학 서적을 번역하는 '뿌리가 튼튼한 우리말 번역'이 어떠한 시련과 도전에도 흔들리지 않는 나무를 키울, 작지만 소중한 씨앗이 되길 바랍니다.

신세계그룹

《페리클레스》를 내며

페리클레스는 독보적입니다. 그의 인생은 한 편의 웅혼한 서사시敍事詩입니다. 고대 그리스 분야의 세계적인 석학 도널드 케이건은 그런 페리클레스의 인생을 이 책을 통해 입체적으로 그려 냈습니다. 귀족, 정치가, 민주주의자, 군인, 제국주의자, 피스메이커, 선지자, 교육자, 경세가, 위기관리자, 전략가, 그리고 영웅! 거기에 더해 개인으로서의 삶에 이르기까지, 2400년도 더 전에 죽은 한 인물을 생생하게 되살려 냈습니다. 페리클레스뿐 아니라 그의 인생을 통해 한 시대를 우리 앞으로 소환했습니다. 그 시대는 인류의 역사에서 가장 특별하고 경이로우며 중요한 시대 가운데 하나입니다. 민주주의가 꽃을 피워 시민이 스스로를 다스렸고, 자유로운 개인들이 탁월해지기 위해 노력하던 시대. 그 시대는 페리클레스의 나라, 아테네를 배경으로 하고 있습니다. 페리클레스는 탁월한 리더십과 헌신을 통해 아테네란 작은 폴리스가 그런 경이롭고 특별한 시대를 창조하는 데 누구보다 크게 기여했습니다.

이 책은 페리클레스가 민주주의를 창조하고, 민주주의를 정치체제로 채택한 첫 공동체인 아테네를 위해 했던 모든 것─목표, 고민, 방법, 헌신, 성공과 실패─을 담고 있습니다. 이 책이 감히 민주주의에 대한 모든 것을 다루고 있다고 해도 과언이 아닌 이유입니다. 저자가 서문에서 밝혔듯이 성공한 민주주의는 민주적 제도, 민주적 시민, 민주적 지도력을 갖춘 리더십의 세 가지를 갖춰야 합니다. 역사는 세 가지 조건 중 어떤 것도 쉽지 않다는 것을 증명하고 있습니다. 아테네에서조차 민주주의는 2세기를 버티지 못했습니다. 그 후 2000년 동안 지구상에 존재하는 어떤 문명, 어떤 국가도 민주주의를 채택하지 않았습니다. 군주제를 비롯한 다양한 독재가 보편적 정치제도였습니다. 18세기 후반에 미국이 탄생하면서 민주주의가 역사의 지평 위로 다시 모습을 드러냈습니다. 미국은 지금까지 민주주의를 유지하고 있습니다. 그 결과 미국은 고대 아테네와 더불어 200년 동안 민주주의를 유지한 두 번째 나라가 됐고, 현존하는 유일한 나라가 됐습니다. 그런 미국에서조차 민주주의의 위기는 더 이상 뉴스가 아닙니다. 마치 21세기 들어서서 세계 도처에서 민주주의가 도전받고 위기에 처했다는 생각은 착각입니다. 민주주의는 언제나 극히 예외였습니다. 언제나 도전받았고, 위기에 처해 있었습니다.

도전받는 민주주의 이전에 우리가 고민해야 할 문제는 '민주주의란 무엇인가'입니다. 민주주의에 대한 정의定義가 우선돼야 민주주의의 어떤 부분이 공격받는지, 어떤 부분을 지켜야 할지가 명확해집니다. 페리클레스에 대한 이 책은 그래서 소중합니다. 민주주의의 창조자들이 왜 민주주의를 만들었는지, 그들이 생각한 민주주의의 정수精髓가 무엇인지, 민주주의를 지키기 위해 어떻게 싸웠는지, 그리고 민주주의는 어떻게 죽어갔는지가 고스란히 담겨 있기 때문입니다. 페리클레스는 오래전에 죽었습니다. 그와 함께 번영했던 아테네도 멸망했습니다. 수천 년 전의 일입니다. 그러나 그들의 민주주의 유산은 여전히 남아 있습니다. 인류의 역사에서 한 번도 활활 타오른 적 없지만, 그렇다고 완전히 꺼진 적도 없습니다. 우리는 페리클레스와 아테네가 남긴 횃불을 이어받아 다음 세대에 물려줄 수 있을까요? 이 책을 읽는 것은 그 지난한 시대의 소명을 위한 첫걸음이 되어 줄 것입니다.

지식향연 기획위원

아주 많은 것을 정말 훌륭히 가르쳐 온 아내 미나Myrna에게

차례

머리말

어느 개인의 인생 이야기를 하면서 그를 동시대는 물론이고 뒤에 올 수 세기를 형성하는 데 지대한 영향을 미친 위인으로 서술하는 것이 요즘 유행하는 방식은 아니다. 이 책이 그렇게 하고는 있지만, 그에게 영웅적 자질을 부여하는 것 또한 일반적이지는 않다. 그러나 나는 증거가 이런 시도를 정당화하고 결론을 뒷받침하고 있음을 독자들이 수긍하리라고 기대한다.

기원전 5세기에 살았던 한 인물의 일대기는 특별한 문제들을 수반한다. 페리클레스Pericles는 서한, 회고록 또는 형식을 떠나 어떠한 저술도 남기지 않았다. 당대의 역사가인 투키디데스Thucydides가 그가 행한 많은 연설 가운데 세 개는 직접 화법으로, 또 다른 세 개는 간접 화법으로 기술하고 있으며 다른 고대의 저술가들이 몇 가지 연설 문장을 인용한 것이 있다. 그의 활약을 입증할 만한 당시의 기록으로는 투키디데스의 《펠로폰네소스 전쟁사》[《역사》라고도 불림]와 아리스토파네스Aristophanes 및 다른 희극 시인들의 연극에서 언급되는 풍자가 유일하다. 몇 가지 유용한 일화들과 기타 단편적인 정보로서 후대에 속하는 고대의 저술가들이 기록한 것이 있다.

가장 신뢰할 수 있는 정보 출처는 투키디데스의 《역사》이지만, 그는 엄격하게 펠로폰네소스 전쟁에, 그리고 군사, 정치, 외교 문제에 한정하고 있다. 페리클레스에 대해서는 그가 사망하기 직전인 펠로폰네소스 전쟁 3년 차 이야기에 잠깐 등장하는데 이마저도 공인public man으로서 언급할 뿐이다. 희극 시인들의 연극과 일화가 공적인 삶과 사적인 삶을 다루면서 페리클레스의 생애를 넘나들지만, 이마저도 여기저기 흩어져 있어 믿고 이용하기가 쉽지 않다. 여러 학자가 고대의 우스갯소리를 중대한 증거로 취급하는 어이없는 실수를 저지르기도 했으며, 몇몇 학자들은 전해 내려오는 희극과 이야기에서 도출할 수 있는 가치 있는 실마리를 놓치기도 했다.

　페리클레스의 생애를 충실히 설명하는 고대의 전기biography가 하나 있다. 이 전기는 서기 1세기 말에 카이로네이아Chaeronea의 플루타르코스Ploutarchos가 저명한 그리스인들과 로마인들의 생애를 모국어인 그리스어로 집필해 집대성한 것 중 하나이다. 플루타르코스는 역사가라기보다는 도덕주의자였고, 페리클레스보다 500년 뒤에 살았던 인물이지만, 그의《페리클레스의 생애》는 굉장한 가치가 있다. 플루타르코스에게는 지금은 소실된 많은 저술을 소장한 훌륭한 도서관이 있었다. 그중 일부는 페리클레스의 동시대인들이 쓴 것이었고, 다음 세대의 사람들이 쓴 것들도 있었다. 그는 고대의 문서들을 읽었고, 회화들, 조각들, 이제는 존재하지 않는 건축들을 직접 봤다. 주의 깊게 활용한다면, 그의 저술은 가장 신뢰할 만한 정보를 제공한다.

　그러나 아무리 철저히 훑는다고 하더라도, 이들 자료는 페리클레스의 내면세계가 어떠했는지 분명하게 보여 주지 못한다. 그래서 극히 드물지만 그의 행동이 실마리를 주는 경우들에 한해서 그의 내면세계를 추정해 보려고 했다. 그 외에는 철저히 외부의 관점에서 그의 생애를 설명한다. 다만, 페리클레스의 정신psyche과는 반대로 그의 **마음**mind을 이해하고자 할 때는 예외를 둔다. 이때는 그의 활동들, 그에 대한 이야기들, 특별히 그의 연설들이 상당한 실마리를 제공한다. 이것이 페리클레스의 생각, 특히 그의 정치적, 사회적, 윤리적 전망에 대해 일관된 그림을 제시한다. 이 인물에 대해 여러 측면을 굳이 고려하지 않을 거라면, 역시 좀 더 중요하다고 할 수 있는 것은《역사》같다.

이제 저술 방법과 양식에 대해 몇 가지 언급하고자 한다. 투키디데스가 기록한 연설들을 활용하는 방법이 오랫동안 골칫거리였다. 나는 그것들을 연설가가 해당 연설에서 말한 것을 상당히 정확하게 기술하려는 순수한 시도들로 다룬다. 물론 나는 투키디데스가 다른 의도를 품을 수 있었다고 의심하지 않는다. 더욱이 페리클레스의 연설들은 투키디데스가 모든 연설 현장에 있었고 아주 기념비적인 것들이라서 조금만 잘못 기술해도 다른 사람들이 바로 알아챌 수 있었기 때문에 아마도 정확하게 기술하려고 했을 것이다. 나는 내가 펠로폰네소스 전쟁에 대해 쓴 네 권짜리 역사서와 〈투키디데스가 기록한 연설들과 미틸레네 논쟁The Speeches in Thucydides and the Mytilene Debate〉(*Yale Classical Studies 24* 1975: 71-94)이라는 논문에서 이들 연설에 대해 개인적인 견해를 밝혔다.

나는 이 네 권짜리 역사서의 첫 두 권, 즉《펠로폰네소스 전쟁의 발발The Outbreak of the Peloponnesian War》(1969)과《아르키다모스 전쟁Archidamian War》(1974)에서 다뤘던 의문들 중 많은 것을 여기에서 다시 논의한다.* 이 두 권은 고대의 증거를 인용하고 논의하는 것은 물론이고 현대 학자들의 견해도 똑같이 다룬다. 또한 각권 말미에 참고 문헌을 수록했다. 나는 이 책에서 다루고 있는 내용을 이 두 저술의 해당 부분에 전적으로 의지했는데, 대다수 논점에서 내 견해가 바뀌지 않았을 뿐만 아니라 그것을 체계화하고 표현할 수 있는 더 좋은 방법 역시 찾지 못했기 때문이다.

일부 독자는 이 책의 어조가 아주 확신에 차 있음을 알아챌 수도 있는데, 내가 직접 인용하는 식으로만 주석을 달기 때문에 특별히 그렇게 느껴질 것이다. 페리클레스의 삶에서 중요한 거의 모든 측면은 논쟁의 여지가 있고 실제로 많은 논쟁이 있어 왔다. 그렇다고 독자들에게 고대 그리스에 대한 연구가 본래부터 지니는 불확실

---

* 다른 두 권은《니키아스 강화 조약과 시칠리아 원정The Peace of Nicias and the Sicilian Expedition》(1981)과《아테네 제국의 몰락The Fall of the Athenian Empire》(1987)이다.

성을 거듭 경고하는 것은 도움이 되기보다는 짜증 나게 할 수 있을 것 같다. 그래도 일반적인 주의 사항 하나만 들자면, 이 책이 제시하는 사건과 의도에 대한 설명은 내 개인적인 견해로 논란의 여지가 있을 수 있다는 것이다.

또 하나 별도로 설명이 필요한 특징이 있는데, 내가 아테네인들의 많은 행위를, 마치 페리클레스가 전체 아테네인을 대신해 의사 결정을 내릴 수 있기라도 했던 것처럼, 그의 행위들로 돌리는 경향이 있다는 것이다. 사실, 그는 그렇게 할 수 있는 자유가 없었다. 거의 모든 행위가 아테네 민회에서 직접 투표의 결과로 이뤄졌고, 이들 행위가 아테네인들의 의지를 자유롭게 드러냈다. 내가 그런 행위들을 페리클레스의 몫으로 돌리는 이유는 그런 일들에서는 사실상 페리클레스가 정치를 통제하면서 승인한 법안들이 민회를 통과하고, 반면 좋아하지 않는 것들은 통과되지 않는 것을 지켜볼 수 있었다는 확신이 있어서이다. 하나의 해석일 뿐이지만, 나는 증거가 이를 뒷받침한다고 생각한다. 그렇다고 해도 독자들은 내가 페리클레스가 그런 식으로 처리한 공식 행위에 대해 말할 때 '페리클레스가 이끈 민회the assembly, guided by Pericles'가 그런 결정을 했다는 표현을 생략했다는 것을 알아 줬으면 한다.

마지막으로 내가 '가정법적 역사counterfactual history*'라고 불리는 것을 사용하는 이유를 설명하고 옹호해야 할 것 같다. 일부 독자는 내가 실제로 일어난 일과 일어났었더라면 개인이나 집단이 다른 결정을 내리고 다른 행동을 취하게 했을 일을 비교하는 것에 불편할 수 있다. 나는 역사를 쓰고자 하는 사람이라면 단지 사건을 연대기적으로 나열하는 것이 아니라 일어났을지도 모르는 일을 고려해야 한다고 생각한다. 이때 문제는 자기가 하고 있는 것을 얼마나 분명하게 밝히는가이다. 역사가들은 그들이 설명하는 것을 해석, 말하자면 판단한다. 그들은 다르게 선택됐을 수 있

---

* 다른 말로 대체 역사(alternative history)라고 부르기도 한다. 저자는 이 책에서 'might have pp', 'would have pp', 'must have pp' 등 가정법을 사용해 페리클레스의 생각을 추정하는데, 많은 경우 'must have pp'를 사용하고 있다.

페리클레스

었던 어떤 행위, 즉 '가정법적 역사'보다 좋았다거나 나빴다고 말하거나 암시하지 않고는 그것이 현명했다거나 어리석었다고 말할 수 없다. 모든 진정한 역사가는 어느 정도 자의식에 따라 이를 관행처럼 행한다. 역사가들 중 가장 위대하다고 할 수 있는 투키디데스도 펠로폰네소스 전쟁에서 페리클레스의 전략을 판단할 때, 즉 "당시에 페리클레스가 **아테네가** 이번 펠로폰네소스인들에 대한 전쟁만큼은 **아주 쉽게 승리할 수 있다**고 예상한 데에는 그럴 만한 충분한 근거들이 있었다."(2.65.13)라고 하는 것처럼 많은 경우에서 그렇게 한다.

나는 아주 명백한 입장을 취하는 것에 중요한 장점이 있다고 생각한다. 예를 들어, 분명한 진술은 해당 주장이 사실이라기보다는 판단, 해석임을 독자들에게 알려 준다. 또한 과도하게 기정사실화하는 것을 피할 수 있다. 그러면 실제로 일어난 일이 역사적 행위자들의 내면에 있는 초인적인 힘 또는 이에 필적하는 불가사의한 힘의 불가피한 결과가 아니라는 것을 명확히 할 수 있다. 사실, 실제로 일어난 일은 자신들이 완전히 통제할 수 없는 세계에서 활동하는 인간들이 내린 의사 결정의 결과였다. 이것은 이런 의사 결정과 그것의 결과가 다를 수도 있음을 함의한다. 나는 이런 식으로 페리클레스의 삶을 계속해서 파고든다.

나는 그리스어 단어들과 이름들을 표기하는 데 종래의 방식을 따르지 않았다. 종래의 방식대로 표기하면 익숙한 그리스어 이름이 생소하게 느껴질 수 있다. 그래서 나는, 예를 들어, 페리클레스Perikles, 키몬Kimon, 알키비아데스Alkibiades 대신에 각각 페리클리즈Pericles, 사이먼Cimon, 알시비아디즈Alcibiades로 표기했다. 다른 한편, 잘 알려지지 않은 이름들과 그 외 이름이 아닌 단어들은 그리스어 발음과 가깝게 음역한다.*

내가 이 책을 쓴 것은 예일 칼리지Yale College**에서 '페리클레스 시대의 아테

---

* 본 역서에서는 외래어 표기법에 따라 그리스어 원어에 가깝게 번역했다.
** 1701년에 예일 대학(Yale University) 설립 당시 설립된 교양 학부.

네Periclean Athens'라는 과목을 가르친 것이 계기였다. C. 존 헤링턴C. John Herington, 제롬 J. 폴리트Jerome J. Pollitt, 하인리히 폰 스테이든Heinrich von Staden, 리처드 가너Richard Garner, 세라 모리스Sarah Morris가 내 동료 교수였다. 나는 그들로부터 많은 것을 배우고 영감을 받아 페리클레스와 당대의 아테네에 대해 더 넓고 깊이 생각할 수 있었다. 존 헤링턴, 제롬 폴리트, 하인리히 폰 스테이든이 이 책의 원고 일부를 읽고 몇 가지 오류를 잡아 줬다. 주디스 글릭Judith Glick은 내가 예술과 고고학 분야를 조사하는 데 도움을 줬다. 작은 아들 프레드Fred*는 이 책의 일부를 읽고 훌륭한 조언을 해 줬다. 누구보다 큰 아들 밥Bob**에게 감사한다. 큰 아들은 원고 전체를 읽고 많은 유용한 제안을 했고, 정치와 국제 관계 전문가의 관점에서 소중한 충고도 해 줬다. 담당 편집자인 애덤 벨로Adam Bellow는 사려 깊고 흥미로운 제안을 많이 해 줘 정말 도움이 됐다. 이들 모두가 이 책을 원래 예상했던 것보다 더 좋은 책이 될 수 있게 해 줬다. 물론 이 책에 오류가 있다면 그것은 전적으로 내 책임이다. 이 책을 집필할 수 있도록 휴가를 승인해 준 예일 대학에 감사한다. 마지막으로 내 아내***에게 가장 깊은 감사의 마음을 전하고 싶다. 그녀는 많은 아이에게 그리고 이 책을 바치고 싶은 사람들에게 페리클레스 시대 아테네의 경이로움에 대해 가르치고 있다.

1990년 6월, 코네티컷주 햄든

---

* 프레더릭 케이건(Frederick Kagan). 1970년생으로 예일 대학에서 소비에트 군사학으로 박사 학위를 받았고, 현재 미국 기업 연구소(American Enterprise Institute, AEI)에서 연구자로 일하고 있다.
** 로버트 케이건(Robet Kagan). 1958년생으로 예일 대학에서 역사를 공부했다. 미국 신보수주의 역사가이자 외교 정책 이론가로 현재 브루킹스 연구소 수석 연구원이자 미국 외교 협회 회원이다. 밥(Bob)은 로버트의 애칭.
*** 미나 케이건(Myrna Kagan, 1932~2017). 코넬 대학에서 교육학 석사 학위를 받은 뒤 초등학교 교사를 역임했다.

서문

기원전 500년이 되기 직전 10년 동안 아테네인들은 세계 최초로 민주 정체 democratic constitution를 수립했다. 이런 새로운 종류의 정부government는 반세기 뒤에 페리클레스의 개혁을 거치며 그것의 고전적 형태로 발전했고, 페리클레스가 자신의 이상을 구현한 아테네에서 그리스인들의 가장 위대한 성취가 일어났다. 나머지 세계가 여전히 군주제, 엄밀히 말해 위계적인 명령 사회command society였던 상황에서 아테네의 민주주의는 근대 이전에, 아마도 다른 어느 장소와 시간에 비해 발전할 수 있는 데까지 발전했다. 비록 원주민들 가운데 성인 남성에게 한정되기는 했지만, 아테네의 시민권citizenship은 그들이 재산이나 계급에 상관없이 국가의 모든 의사 결정에 완전히 참여할 수 있도록 보장했다. 아테네인들은 정치 생활에서 여성, 어린이, 거류 외국인, 노예를 배제했지만, 그들이 정치 공동체 안에서 고안한 평등 원리는 프랑스 계몽주의 시기에 만개한 보편적 평등주의universal egalitarianism라는 근대 이념의 씨앗이었다.

이런 세계 최초의 민주주의 경험이 18세기 이후, 즉 그것이 미국 독립 혁명* 및

---

* 1775년에서 1783년까지 아메리카 대륙에 있던 13개 식민지가 초대 대통령이 된 조지 워싱턴(George Washington, 1732~1779)을 중심으로 프랑스의 지원을 받아 영국(그레이트브리튼 왕국)에서 독립해 미국을 수립한 것이 미국 독립 혁명이다. 프랑스 혁명과 함께 양대 민주주의 혁명으로 불린다.

프랑스 혁명*과 결부돼 정치적 논란의 중심이 된 이후 어느 때보다 향후 몇 년 동안 더 많은 관심을 야기할 것 같다.** 이때 당시 군주제주의자들monarchists은 고대 그리스의 역사에서 민중 정부popular government를 반박하는 논거들을 찾았고, 이에 맞서 민주주의의 지지자들은 이 역사를 재해석해야 했다. 최근에 동유럽 전역에서 전제적인 공산주의 정권들을 거부하면서 민주주의 같은 것으로 바꿔야 한다는 요구가 널리 확산하는 것을 목격한 많은 이들은 자유민주주의가 달성한 승리가 영원할 것으로 생각한다. 그런데 민주적인 정부를 추구하는 대다수 나라는 그런 정체에 대한 경험이 거의 또는 아예 없다. 그리고 하나의 정치 체제를 만들고 유지하는 것이 얼마나 어려운 일인지 이해하는 사람들이 없다. 한편, 현대 민주주의의 승자들은 그것의 최초 원리들을 잊어버린 터라 민주주의가 필요로 하는 지적이고 정신적인 지원을 제공할 수 없는 것처럼 보인다.

비록 우리 시대에 민주주의가 당연시되고 있지만, 사실 그것은 인간의 경험human experience이라는 정글에서 가장 희귀하고, 가장 예민하고 꺾이기 쉬운 꽃들 가운데 하나이다. 아테네에서 민주주의는 겨우 2세기 동안 존속했고, 소수이기는 하지만 다른 그리스 국가들에서는 그 전에 이미 자취를 감췄다. 민주주의가 2천 년이 더 지나 서구 세계에 다시 등장했을 때, 그 범위는 넓어졌을지언정 깊이는 얕아졌다. 미국 독립 혁명과 프랑스 혁명이 고대 그리스에 비해 시민권을 더 넓혀 궁극적으로는

---

* 1789년 7월 14일부터 1794년 7월 28일에 걸쳐 일어난 프랑스 시민혁명으로 절대왕정을 해체하고 공화정을 수립했다.

** 이 책이 출간된 것은 1990년으로 냉전 체제가 해체되고 공산권 국가들이 몰락하면서 이들 국가에 자유민주주의가 확산하던 시점이었다. 미국의 저명한 정치학자인 새뮤얼 헌팅턴(Samuel P. Huntington, 1927~2008)은 1991년에 펴낸 《제3의 물결The Third Wave》에서 1974년 이후 시작해 공산권 몰락으로 거대한 민주주의 물결이 등장한 1990년대를 민주화의 세 번째 물결로 봤다. 제1의 물결은 제1차 세계 대전을 전후로 한 1828년에서 1926년, 제2의 물결은 제2차 세계 대전 시기와 그 이후인 1943년에서 1962년의 기간이다.

어린이를 제외하고 모든 이의 정치 참여를 보장했다. 하지만 현대의 민주 정체들은 국민과 멀리 떨어져 있고 간접적이어서 고대에서의 이 용어에 대한 이해와 비춰 볼 때 덜 '정치적'이다.

200년 동안 민주주의를 유지한 나라는 지금껏 고대 아테네와 미국이 유일하다. 반면, 군주제와 다른 전제주의 형태들은 수천 년을 이어져 내려왔다. 왕조나 폭정 또는 파벌이 해체될 수는 있지만, 항상 또 다른 왕조나 폭정, 파벌 아니면 무정부 상태가 이를 대신해 결국 또 다른 통제 사회가 수립되고 만다. 낙관주의자들은 민주주의를 필연적이고 인간 사회의 최종적인 형태라고 믿을지 모르지만, 역사의 기록을 보면 지금까지 민주주의는 아주 예외적인 정치 체제라는 것을 알 수 있다.

이런 현실을 이해하면 민주주의가 인류의 자연스러운 정체라는 것 그리고 일단 전제적 또는 '반동적' 지배가 제거되면 민주주의의 수립과 성공이 보장된다는 생각은 쉽게 할 수 없다. 드물기는 해도 역사적으로 성공한 민주 정체들을 조사해 보면 번성하기 위해 세 가지 조건이 충족되어야 한다는 것을 알 수 있다. 첫째는 좋은 제도를 갖추는 것이다. 둘째는 민주주의의 원리를 잘 이해하는 또는 적어도 민주적 생활 방식과 일치하는 품성을 기른 시민들이 있어야 한다. 셋째는 훌륭한, 적어도 중요한 순간에 지도력을 발휘할 수 있는 리더십이 있어야 한다. 상황에 따라서는 세 번째 조건이 가장 중요해서 다른 두 가지 조건이 취약한 경우 보완할 수 있다.

페리클레스가 민주주의의 창시자나 발명가는 아니었지만, 그것이 발명되고 나서 반세기 만에, 다시 말해 여전히 취약한 수준일 때 리더십에 올랐다. 확실히 그는 아테네 민주주의를 평민들이 아직 귀족의 의견aristocratic betters을 따라야 했던 제한적인 형태에서 그들이 이론적으로나 실질적으로 완전한 주권자인 민중 정부로 바꾸는 데 주도적인 역할을 했다. 따라서 민주주의가 정치적으로 얼마나 위대한지 연구해 볼 만한 가치가 있는 것과는 별개로 페리클레스의 생애는 어떻게 하면 새롭고 허약한 민주주의를 성숙한 민주주의로 발전시킬 수 있는지 지침을 보여 준다.

인류의 역사에서 기원전 5세기에 페리클레스의 리더십 아래 아테네가 달성한 것만큼 큰 위업을 이룩한 시대는 거의 없다. 인구가 약 25만 명인 페리클레스 시대의 아테네는 오늘날까지도 모범으로, 영감으로, 경이로 남아 있는 문학, 조각, 건축 작품 들을 낳았다. 또한 역사 서술historical writing이 탄생하자마자 시민들 가운데 한 명[투키디데스]이 즉각 타의 추종을 불허할 만큼 정교하게 발전시키는 것을 지켜봤다. 아테네는 필적할 데가 없는 완전하고 독창적인 과학적 사고의 본고장이었고, 적어도 우리 시대에 이르기까지 비길 데 없는 정치적 사색, 논쟁, 참여의 온상이었다.

프랑스 철학자 볼테르Voltaire*는 페리클레스 시대의 아테네를 비슷하게 위대한 시기를 누린 네 사회, 즉 "예술을 완벽의 경지에 올려놓았고, 위대한 인간 정신의 시대를 만들어 후대의 본보기로 남아 있는 네 시기들"1) 중 하나로 지목했다. 다른 세 시기는 카이사르Caesar[B.C. 100~B.C. 44, 로마의 장군이자 정치가]와 아우구스투스Augustus[B.C. 63~A.D. 14, 로마 제국의 초대 황제] 시대의 로마, 15세기 르네상스 시기의 이탈리아, 루이 14세Louis XIV[1638~1715, '태양왕'으로 불린 전제 군주] 재위 시절의 프랑스이다. 엘리자베스 1세Elizabeth I[1553~1603, 대영 제국의 토대를 마련한 여왕] 시기의 잉글랜드를 추가하고 싶을 수 있지만, 그렇다고 해도 20세기** 이전의 다른 시기는 이들 다섯 범주에 포함할 수 있는 것이 없는 것 같다.

그리스인들의 경험을 이해하고자 한다면, 앞뒤로 존재했던 엄청난 수의 인간과 사회에 비해 기형적이라고 할 만큼 예외적이었음을 인정해야 한다. 이집트, 메소포타미아, 팔레스타인-시리아, 인도 그리고 중국 같은 초기 문명들과 뒤에 남아메리

---

*   본명은 프랑수아 마리 아루에(François Marie Arouet, 1694~1778)로 프랑스 태생의 철학자이자 문학자이며 계몽주의 작가이다. 볼테르는 필명.

**   이 책은 1991년에 출간됐다. 그래서 저자는 20세기라는 표현 대신 이번 세기 또는 금세기(this century)라고 표현하는데 지금 세기인 21세기와 구분하기 위해 20세기로 번역한다.

카와 메소아메리카Meso-America*에 출현한 문명들은 기본적으로 닮았다. 하지만 이들 문명과 그리스는 근본적으로 다르다. 이들 문명은 복잡하고 고도로 발달한 사회들로 보통 왕들과 성직자들이 지배하는 도심을 중심으로 건설됐으며 대체로 소수의 직업 서기관들professional scribes만이 숙달할 수 있는 문자 체계가 발달했다. 또 탄탄하게 정비된 대규모 관료 조직의 도움에 힘입어 상대적으로 광활한 영역을 지배하는 강하고 중앙집권이며 군주제적인 통치 체제 아래 위계적인 사회 체계, 직업 상비군, 이 모든 것을 재정적으로 뒷받침할 표준 과세 체계regular system of taxation를 갖추고 있었다. 이들 문명은 어느 정도 문화적 통일성과 안정을 달성했다.

헬레네Helene** 문명은 이런 양상과 아주 달랐다. 헬레네 문명은 이집트와 근동의 영향을 받았던 미케네Mycenae 문명***이 몰락하고 얼마 지나지 않은 기원전 1000년경에 모습을 드러냈다. 그때는 아주 가난했고 문화도 원시 수준에 가까웠다. 도시들은 파괴되어 소규모 농촌 마을로 전락했다. 외부와의 교역이 중단됐고, 그리스인들과 다른 민족들 간의 왕래, 심지어는 그리스인들 간의 왕래도 끊겼다. 300년 넘게 문자 체계art of writing를 잃어버렸다. 헬레네 문명이 태동하던 때는 암흑시대로 얼마 되지 않은 가난하고, 고립되고, 글자를 모르는 사람들이 외부 세계의 무시를 감내하면서 홀로 자신들의 사회를 발전시켜 나아가야 했다.

기원전 1050년에서 기원전 750년까지 300년 동안, 그리스인들은 그들이 달성

---

*   오늘날의 멕시코, 과테말라, 온두라스, 엘살바도르, 니카라과, 코스타리카 등 중앙아메리카 지역에 존재했던 고대 문명을 일컫는다. 우리에게 잘 알려진 아즈텍 문명과 마야 문명도 여기에 포함된다.

**   그리스인들은 자신들을 헬레네스라고 불렀다.

***   기원전 2000년경 아카이아인들이 펠로폰네소스반도에 구축한 고대 문명으로 기원전 1600년경부터 크레타 문명을 받아들여 활발한 해상 활동을 전개해 기원전 1500년경부터는 지중해 동부의 해상권과 교역권을 모두 장악하였다. 그러나 기원전 1200년경부터 그리스 본토에 도리스인들이 남하하기 시작하면서 기원전 1100년경에 이르러서는 미케네를 비롯한 여러 도시들이 연이어 파괴되고 마침내 미케네 문명은 종말을 맞았다.

하게 될 위대한 성취의 기반을 다졌다. 이웃해 사는 가족들, 씨족들, 부족들이 합세해 외부의 적을 막고 서로의 평화를 유지했다. 그들이 새로운 삶의 방식으로 발전시킨 단위가 폴리스polis, 즉 그리스 도시 국가Greek city-state이다. 폴리스는 수백 개가 있었고, 각 폴리스는 자신의 시민에게 충성심과 소속감 같은 것을 불러일으켰기에 폴리스를 해체해 좀 더 큰 단위로 통합한다는 것은 생각할 수 없었다. 그 결과 헬레네 문명은 탁월과 승리를 달성하는 것을 최상의 가치로 여기는 역동적이고, 다차원이고, 경쟁적이며, 간혹 무질서한 세계였다. 이런 전투적 또는 경쟁적인 특성quality은 폴리스의 역사를 관통하는 그리스적 삶Greek life의 특징이자 서구 문명에서 유달리 중요한 역할을 수행했다. 또한 이런 특성은 가끔 공식적이고 조직화된 경쟁이 시인과 예술가에게 자극을 주었던 문학과 예술 분야에서 놀라운 성취를 가져왔다. 마찬가지로 이와 같은 성향ethos이 정치 생활에서는 개인의 참여와 자유를 장려했다.

왕들이 미케네 세계Mycenaean world의 몰락과 함께 사라졌기 때문에 각 폴리스는 공화국republic이었다. 그리스인들은 아주 가난해서 서로의 빈부 격차가 상대적으로 작았다. 계급의 구분은 동양의 문명들에 비해 두드러지지도 중요하지도 않았다. 기원전 700년 이후 어느 시점에 새로운 전투 방식이 도입되면서 이런 현상이 더 증폭됐다. 기갑 부대cavalry 우위의 전투가 방진 대형phalanxes의 장갑 보병들hoplites 간의 전투로 바뀌었다. 국가 방위의 주요 책임이 유일하게 말을 간수할 수 있는 소수의 부자들에게서 본인의 갑옷과 투구를 직접 사서 전투에 입고 나갈 수 있을 정도로 부유한 평범한 농민들에게 넘어갔다. 동시에, 전투 조직이 바뀌면서 대다수 사람의 공동 노력이 강조됐다. 그리스의 군대는 보수를 받지 않는 시민 병사들citizen soldiers로 구성돼 있었다. 이들은 전쟁이 끝나면 농장으로 돌아갔다. 공동의 안전과 이익을 지키는 독립적인 방어자들로서 그들은 가장 중요한 정치 의사 결정에서 역할을 요구했다. 이런 식으로 상대적으로 많은 사람이 정치적 통제를 나눠 가지면서 정치 생활에 참여하는 것이 매우 가치 있는 일이 됐다.

그런 국가들은 관료 조직이 필요 없었다. 국가가 가지고 있는 것이 없다 보니 관리와 감독이 필요하지 않았다. 더구나 관료 계급을 지탱할 수 있을 만큼 경제적 잉여가 많지 않았다. 대다수 국가가 세금을 부과하지 않았다. 따로 성직자 계급이 없었고, 사후 세계에 관심이 없었다. 이런 가지각색의 역동적이고, 세속적이며, 아주 자유로운 분위기에서 관찰과 이성에 기초한, 즉 근대 자연과학과 철학의 뿌리라고 할 수 있는 사변적인 자연 철학speculative natural philosophy이 최초로 등장했다.

에게해의 변경에 위치한, 2천 년도 더 전에 자신의 독립성과 중요성을 상실한 조그마한 국가를 이끌었던 한 지도자의 생애가 현대 세계의 정치를 이해하는 데 지침이 될 것 같지 않을 수도 있다. 그러나 우리 시대의 정치, 외교, 전쟁 연구에 인생을 바치는 많은 이가 페리클레스와 그의 동시대인들의 경험을 살피는 작업이 실질적으로 가치가 있다고 믿고 있다. 페리클레스의 생애와 당시 아테네인들에 대해 가장 중요한 정보를 제공하는 투키디데스의 《펠로폰네소스 전쟁사》는 저술된 이후 그 어느 때보다 지금 더 많은 영향을 미치고 있다. 오늘날의 정치학자들은 그의 저술에서 국제 관계의 이론들을 도출한다.[2] 역사학자들과 정치학자들이 국제 학술 대회에서 만나 아테네인들과 스파르타인들 그리고 그들의 전쟁이 우리가 살고 있는 세계에 주는 함의에 대해 여전히 논쟁을 벌인다.[3] 대학의 국제 관계 또는 전쟁사 관련 강좌는 이 전쟁을 간과하지 않을 것이며 육군 사관 학교들military academies과 하버드 대학 케네디 공공 정책 대학원Kennedy School of Government at Harvard에서는 필수로 다루는 주제이다. 함대 사령관이 되기 위해 반드시 거쳐야 하는, 그래서 전도유망한 장교들이 가기를 선망하는 미국 로드아일랜드주 뉴포트에 있는 해군 참모 대학Naval War Collage은 입학하는 장교들에게 투키디데스의 《펠로폰네소스 전쟁사》를 한 권씩 나눠 주는데, '전략과 정책Strategy and Policy'이란 과목에서 다루는 첫 번째 주제가 펠로폰네소스 전쟁이다.

페리클레스는 자신의 시대에 족적을 남기고 역사의 경로를 결정지은 특별한 인물들 중 한 명이었다. 그는 역사에서 위대한 민주주의의 특별한 역할과 그것의 정체 및 생활 방식의 탁월성을 날카롭게 인식한 선도적인 시민이었다. 아테네 민주주의는 전례 없이 부를 생산하면서 계속 번창하는 경제, 이런 부가 있어야만 가능한 육상과 해상의 연합 군사력, 그리고 자신의 자원을 남용하기는 했지만 틀림없이 무시할 수 없었던 국제적인 책임을 지고 있었다. 그것은 정치 체제와 성격이 완전히 다른 적대적인 국가, 즉 아테네의 힘과 생활 방식이 자신의 야망과 안전에 치명적인 위협이 된다고 생각한 국가[스파르타]에 맞섰던 민주주의였다. 페리클레스의 삶과 그가 이끌었던 민주적 사회는 오늘날 자유의 땅에 살고 있는 시민들에게 많은 통찰과 정보를 제공할 수 있다.

페리클레스는 개인적으로 소유한 재산이 많지 않았던 아테네의 귀족이었다. 민주 공화국의 시민이었던 그는 장군strategos* 이상의 직책을 맡지 않았다. 당시 장군은 모두 열 명이었는데, 어느 한 명이 다른 누구에 비해 공식적인 권한을 더 갖지 않았다. 그는 군대나 경찰을 통제하지 않았다. 그는 민회popular assembly of citizens의 승인 없이 공금을 집행할 수 없었다. 현대 대의제 민주주의의 대통령이나 총리와 달리 그에게는 의지할 만한 잘 정비되고, 잘 조직된 정당 기구가 없었다. 매년 재선을 위해 나서야 했고, 그때마다 공개 검증과 정치적 도전에 순응해야 했다.

또한 페리클레스는 그가 맡은 다양한 책임들과 이를 몸소 수행해야 했다는 점에서 후대의 지도자들과 달랐다. 엘리자베스 1세, 루이 14세, 그리고 우리 시대에 프랭클린 D. 루스벨트Franklin D. Roosevelt[1882~1945, 미국의 제32대 대통령]와 윈스턴 처칠Winston Churchill[1874~1965, 영국의 정치가] 같은 위대한 지도자들은 명색만 군 통수권자들이었다. 그러나 페리클레스는 카이사르처럼, 그리고 정도는 덜하지만, 아우구

---

* 그리스에서 장군을 뜻하는 단어로 고대 그리스 또는 비잔틴 제국에서 사용되었다. 지금도 그리스 육군의 고위 장교를 스트라테고스(strategos)라 부른다.

스투스처럼 줄곧 전투에서 육군과 해군을 지휘했다. 그는 아테네의 민주주의를 근본적으로 확대하고 완전히 실현한 타고난 개혁가이기도 했다. 외교가로서 그는 공개 조약들public treaties과 비밀 협정들을 협상했고, 그의 도시가 부를 늘릴 수 있는 기발한 제안들을 내놓았다. 그는 공직에 있는 동안 내내 누구도 따라올 수 없을 만큼 능숙하고 완벽하게 공금public finance을 관리했다.

아우구스투스, 로렌초 데 메디치Lorenzo de' Medici[1449~1492, 이탈리아의 정치가로 르네상스의 열렬한 후원자], 그리고 엘리자베스 1세처럼 페리클레스도 예술과 지적 활동이 활발하게 이뤄질 수 있도록 후원했다. 아크로폴리스Acropolis를 2천 년 동안 세계의 불가사의로 만든 신전들과 조각상들로 장식한 것 또한 그의 구상이었다. 이를 위해 건축가들과 조각가들을 선발했고, 그들의 작품을 사들이기 위해 많은 자금을 마련했다. 그는 아이스킬로스Aeschylos[B.C. 526?~B.C. 456?]*의 비극 〈페르시아인들〉의 연출가였으며 소포클레스Sophocles[B.C. 496?~B.C. 406?]**의 친구이자 동료였고, 그의 시대의 위대한 조각가로 파르테논 신전의 종합 계획을 수립한 페이디아스Pheidias[B.C. 500?~B.C. 430?]의 친구였다. 최초의 도시 계획가였던 밀레투스Miletus***의 히포다모스Hippodamos[B.C. 498?~B.C. 408?]에게 도시 계획을 의뢰했고, 역사의 아버지인 헤로도토스Herodotos[B.C. 484?~B.C. 425?]****와 사귀었다. 여가 시간에는 그의 시대의 저명한 교사이자 철학자였던 제논Zenon[B.C. 495?~B.C. 430?], 아낙사고라스Anaxagoras[B.C. 500?~B.

---

* 고대 그리스의 대표적인 비극 작가로 페르시아 전쟁 당시 마라톤 전투와 살라미스 해전에 직접 참전했다. 생전에 약 80여 편의 작품을 쓴 것으로 알려져 있으나 현존하는 것은 7편의 작품과 여러 단편뿐이다.
** 고대 그리스 3대 비극 시인 중 한 명이자 정치가로 123편의 작품을 썼고, 비극 경연 대회에서 18회나 우승했다. 대표작으로 〈아이아스〉와 〈안티고네〉 등이 있다.
*** 소아시아 서안의 이오니아에 위치한 그리스의 고대 도시.
**** 로마 시대의 철학자이자 정치가였던 키케로(Marcus Tullius Cicero, B.C. 106~B.C. 43)가 '역사의 아버지'라고 불렀던 인물로 페르시아 전쟁사를 다룬 《역사》(《페르시아 전쟁사》로도 불림)를 저술했다.

C. 428?], 프로타고라스Protagoras[B.C. 485?~B.C. 410?]*와 논쟁을 벌였다. 그가 예술 작품들을 후원하고 사상가들과 그들의 활동을 개인적으로 지원하고 장려하면서 아테네는 자석처럼 그리스 전역에서 창의적이고 뛰어난 재능을 지닌 인재들을 끌어들였다.

아테네인들이 몰락한 이후 2천 년이 지난 지금도 우리는 그들이 성취한 것에 놀라워하고 있다. 그런데 그들의 가장 중요한 유산은, 그 나름대로 인상적이기는 하지만 눈에 보이는 것이 아니다. 페리클레스는 자유롭고 민주적인 사회라면 당면하는 문제, 즉 '어떻게 하면 시민들에게 사회가 성공하는 데 필요한 희생을 하도록 설득할 수 있을 것인가?'라는 문제에 직면했다. 참주들tyrants과 독재자들은 자신의 국가를 방어하기 위해 용병을 고용하거나 강제로 사람들을 동원할 수 있다. 드물기는 하지만 스파르타처럼 폐쇄적이고 권위적인 국가들은 민중에게 개개인으로서의 삶을 자진해서 포기하도록 종용할 수 있었다. 그러나 민주주의 국가들은 이런 수단을 사용할 수 없다. 대신, 민주적 리더십은 자유로운 공교육 같은 것을 활용한다. 페리클레스는 아테네인들에게 개개인의 이익이 공동체 전체의 이익과 밀접히 연관돼 있다는 것, 나라가 안정되고 번성하지 않으면 그들도 안전하지 않고 성공할 수 없다는 것, 평범한 사람은 그의 사회가 위대해져야만 자신의 위대함을 성취할 수 있다는 것을 가르치고자 했다. 그가 수행한 모든 것과 그가 아테네를 위해 추구한 모든 것이 이런 교육의 일부분이었다. 페리클레스는 무력이나 공포로 강제하는 것이 아니라 자신의 상상력과 강한 인성, 이성을 활용하는 설득력 있는 웅변가로서 남달랐던 재능을 발휘해 새로운 유형의 사회와 새로운 유형의 시민을 만들고자 했다.

고대 아테네에서는 시민들이 공개 장소에서 구두 논쟁으로 정책을 결정했다. 따라서 공개 연설 능력이 필수였고 페리클레스가 당대 최고의 연설가였다는 데 누구도 이의를 달지 않았다. 그에 필적한 정적들political opponents 가운데 한 명이었던 유

---

* 최초의 소피스트라 불리는 인물로 '인간은 만물의 척도다'라는 말로 진리의 주관성과 상대성을 설파했다.

페리클레스

명 레슬링 선수는 경쟁자의 노련한 연설 실력을 이런 식으로 비꼬았다. "내가 그를 내팽개칠 때마다 그는 자신이 내동댕이쳐지지 않았다고 주장하면서 내동댕이쳐지는 것을 지켜본 사람들을 설득한다."(플루타르코스,《페리클레스Pericles》, 8.4)

대다수 민주 정치가들은 사람들에게 좋은 소식을 들려줌으로써, 또는 그들의 욕망과 편견에 호소함으로써 인기를 얻으려는 유혹에 빠진다. 하지만 그들의 의견이 국가의 행동에 미치는 영향이 크기 때문에 민주 정체에 사는 사람들은 다른 체제에서보다 현실을 제대로 직시할 필요가 있다. 프랭클린 D. 루스벨트 같은 위대하고 영향력 있는 지도자도 드물게, 일시적으로 그리고 대개 간접적으로 대중 정서popular mood와 부딪쳤다. 다행히 4년 임기제가 그를 보호해 줬다. 가장 페리클레스다운 현대의 지도자라고 할 수 있는 윈스턴 처칠은 자신의 정치적 용기에 대가를 치렀다. 그러나 그조차도 전시 총리로서 특별 비상 권한special emergency powers과 연장된 임기가 방패막이 됐다. 반면, 페리클레스는 한 번에 1년 동안만 재직했고, 재직 기간 동안 적어도 열 번 정도 공개 투표로 소환될 수 있었다. 그러나 그는 아테네인들에게 몸을 낮춰 아첨하거나 그들의 편견에 호소하지 않았다. 대신, 기회가 있을 때마다 현실을 설명하고 어떻게 대응할지 조언했다. 페리클레스는 그들에게 두려움을 극복하고 근시안적인 사리사욕을 떨쳐 버리도록 요구하면서 실제 그렇게 하도록 장려했다. 필요할 경우 그들을 질타하면 했지 기분을 맞추려고 하지는 않았다.

그래서 그는 그들의 분노를 유발했다. 모든 민주적 지도자와 마찬가지로 페리클레스는 진흙탕 같은 대중 정치에 관여했고 어떠한 공격도 마다하지 않았다. 공직에 있는 동안 대내적으로는 정치적 갈등에, 대외적으로는 전쟁에 직면했다. 국내의 정적들은 그를 한편으로는 폭군으로, 다른 한편으로는 선동자라고 비난했다. 희극 시인들은 공공 극장에서 그를 풍자했고, 그의 특이한 두상*과 올림포스의 신들과 같은

---

* 페리클레스는 유달리 머리가 길쭉해 당대 희극 시인들이 그의 두상을 두고 희화화했다.

무관심한 태도를 놀렸으며, 심지어는 그가 사랑하는 여인마저 희화화했다. 그는 연인과 그의 많은 친구 및 동료에게 가해진 법적 조치들을 감수해야 했고, 심지어는 그들 가운데 일부가 추방되는 것을 지켜봐야 했다. 그는 사랑하는 여인을 기쁘게 해 주려고 전쟁을 일으켰으며 그의 시민들에게 부적절하고 비겁한 책략을 펼쳤다는 비난을 받았다.

비록 페리클레스가 이 모든 시련을 성공적으로 극복하기는 했지만, 그의 생애는 비극으로 전락했고, 그러면서 생애 마지막 해에는 자신이 쌓은 업적에 대해 의구심을 남겼다. 아테네는 그가 시민들에게 수행할 것을 촉구했던 끔찍한 전쟁을 치렀다. 이때 역병이 돌아 시민의 3분의 1이 죽었다. 아테네인들은 모든 불행을 그의 책임으로 돌리며 그를 공직에서 몰아냈다. 따라서 반민주주의자였던 플라톤Platon[B.C. 429?~B.C. 347?]은 그럴듯한 방식[반어법]으로 그를 완전히 깔아뭉갤 수 있었다. 즉, 플라톤은 페리클레스가 아테네인들의 삶을 향상시키려고 했었지만, "그들은 형편이 '악화'됐을 때는 그를 모욕하거나 처벌하지 않더니 말년에 그들을 '고귀하고 훌륭하게' 만들어 놓자 공금을 유용했다고 비난하면서 그가 악당이라고 생각했는지 거의 죽음으로 떠밀었다."(플라톤,《고르기아스Gorgias》, 515e)라고 말했다.

플라톤의 평가는 페리클레스와 그가 이끌었던 민주주의에 대한 후대의 모든 의견에 영향을 미쳤다. 실제로 페리클레스 사후에, 특히 아테네가 펠로폰네소스 전쟁에서 패배한 이후에 페리클레스와 그가 이끌었던 민주주의를 끔찍한 실패로 간단히 치부하는 경향이 있었다. 아테네인들은 그들의 제국은 물론 함께했던 부와 권력을 잃어버렸다. 그리고 잠시 동안 민주주의와 자유도 잃어버렸다. 그러나 전쟁에서 패배하고 제국을 잃은 것이 페리클레스의 계획이 실패했음을 의미하지는 않았다. 사실 그는 이런 일이 일어날 수 있다는 것을 예상하고 있었다. 그리고 한 치 앞도 알 수 없는 전쟁의 와중에 아테네인들에게 낙담하지 말 것을 촉구하면서 이렇게 전망했다.

(모든 것이 흥하면 쇠퇴하기 마련이라) 우리가 비록 강제로 굴복당하는 일이 있더라도 우리의 위대함은 후대에 영원히 기억될 것입니다. 모든 그리스인 가운데 우리가 그 누구보다 더 많은 그리스인을 지배했다는 것, 우리가 위대한 전쟁들에서 다른 국가들과 연합해서 그리고 단독으로 적들과 맞서 싸웠다는 것, 그리고 우리가 가장 독창적이고 가장 위대한 도시에서 살았다는 것을 기억할 것입니다.(2.64.3)

자유롭고, 자율적이고, 자립적인 시민들을 길러 내는 동시에 그들에게 의존해야 한다는 것이 민주주의가 본래 지니는 역설이다. 그러나 그것이 성공하기 위해서, 심지어 살아남기 위해서는 특별한 리더십이 요구된다. 민주주의는 훈련, 지식, 지혜의 정도가 모두 다른 시민들에게 정치에 똑같이 참여할 수 있는 권리를 부여한다. 그리고 다수에게 최종 권력을 주는데, 이들은 자질 면에서 확실히 엘리트들에 비해 뒤떨어진다. 민주주의는 다양한 정당과 파벌이 집권할 수 있는 자유를 준다. 그렇다 보니 통일성과 불변성보다는 분열과 변화를 장려한다. 고대의 비판가들은 민주주의를 "바보임을 자인하는 것"이라며 놀려 댔고, 현대 세계에서는 비효율적이고, 목적이 없고, 연약하며, 무능하다는 공격을 받고 있다. 20세기에 민주 시민들은 고난과 위협의 시대에 너무 자주 신념을 잃고 민주주의를 우파 또는 좌파 전제 정치들에 내주고 말았다.

독일의 바이마르Weimar 공화국[1919~1933]은 대공황에 희생됐는데, 민주적 제도들이 뿌리내릴 수 있는 시간적 여유가 없기도 했고, 지지자들이 위기 상황에서 민주주의를 위해 헌신적으로 싸우지 않은 때문이었다. 그래서 그들을 이성적 공화주의자Vernunftrepublikaner라고 불렀는데, 지성은 그들의 민주 공화국에 붙어 있었지만, 마음과 영혼은 다른 데 가 있었다. 바이마르 민주주의가 실패한 주된 이유는 민주주의 국가가 필요로 하는 특별한 전망을 이해하고 제시할 수 있는 지도자들이 없었던 탓이다.

투키디데스에 의하면, 페리클레스는 정치가statesman에게 필요한 자질에 대해 나름대로 정리한 것이 있었다. 즉, '무엇을 해야 할지 알고 그것을 설명할 수 있는 것 그리고 자신의 나라를 사랑하고 부패하지 않는 것'. 이런 것들은 새로 등장하는 연약한 민주 정체들의 지도자에게도 필요한 자질이다. 그들은 국민들에게 조국을 향한 사랑과 정체에 대한 열망을 심어 줌으로써 위험과 위협을 감수하고, 고초를 견디며, 필요한 희생을 하도록 이끌어나가는 어려운 임무를 수행해야 한다. 동시에 국민들의 흥분을 가라앉히고, 그들의 분노와 야망을 누그러뜨리며, 이성적으로 행동하지 않을 때는 냉정을 찾도록 설득해야 한다.

페리클레스가 비범했던 것은 민주적인 지도자라면 시민들에게 시민의 덕목civic virtue을 가르치고 본인도 그렇게 할 수 있는 역량을 갖춰야 하는 것을 의무로 인식했다는 것이다. 그의 정책은 확실히 아테네인들에게 번영과 제국이라는 손에 잡히는 이점을 가져다줬다. 그러나 그의 성공과 아테네의 성공은 번영과 화려한 수사에만 의지하지 않았다. 또한 그는 그의 도시에 대한 구상으로 가장 보잘것없는 시민들에게 같이 노력해서 인간의 존엄과 명예를 달성하고 욕구를 충족할 수 있는 기회를 제공했다. 이런 구상을 시민들에게 전달하기 위해 그는 자신의 재능과 자질을 활용했다.

만약 우리 시대의 신생 민주주의 국가들이 성공하려면, 이들 역시 국민에게 경제적인 번영 이상의 것을 제공해야 한다. 국민들은 어떠한 이상주의에도 냉소적이기에 지도자들의 임무는 간단치 않을 것이다. 그러나 페리클레스처럼 국민에게 물질적 만족뿐만 아니라 정신적 만족을 줄 수 있는 고귀한 전망을 제시할 필요가 있다. 그래야 그들 역시 국민으로부터 전폭적인 지지를 받으며 향후 직면할 어려운 난관을 같이 극복해 나갈 수 있다.

페리클레스 시대의 아테네인들은 접근 방식이 합리적이고 세속적이라는 점에서, 그리고 법적이고 공화적이며 민주적인 공적 생활에서 정치적 자유와 개인의 자율성을 추구했다는 점에서, 고대 이후에 등장했던 어느 문화보다 우리 시대의 가치들에 더 가깝다. 이것이 페리클레스 시대의 아테네가 지금의 우리에게 아주 강한 의미를 시사하는 이유이다. 그런데 아테네인들과 우리 사이의 닮은 점에서 배울 것이 많다면, 다른 점에서도 배울 것이 많다. 비록 아테네인들이 우리와 마찬가지로 부와 물질적 재화를 중시하기는 했지만, 그들은 경제적 생활과 지위를 공적 임무public service에서 이름을 떨치는 것보다 고귀하거나 중요한 것으로 여기지 않았다. 비록 개인의 존엄을 인식한 최초의 사람들이기는 했지만, 정신적 욕구spiritual needs를 충족하는 것과 질서 정연한 정치 공동체의 생활에 관여하는 것을 별개로 보지 않았다. 페리클레스와 그의 도시가 성취한 것을 이해하기 위해서는 이런 중요한 차이를 알아야 하고, 겸손한 자세로 그들을 탐구해야 한다. 아주 오래전이었기 때문에, 아니 오래전이었음에도 불구하고, 아테네인들은 우리가 잊어버렸거나 전혀 알지 못하는 것들을 믿었을 수 있다. 따라서 적어도 몇 가지 측면에서 그들이 우리보다 더 현명했다는 가능성을 열어 두어야 한다.

귀족

1

기원전 5세기의 첫 10년에 해당하는 494년경에 히포크라테스Hippocrates*의 딸로 임신 중이었던 아가리스테Agariste가 사자를 낳는 꿈을 꿨다. 헤로도토스의 이야기에 따르면(헤로도토스, 《역사》, 6.131), 며칠 뒤에 그녀는 남편 크산티포스Xanthippos에게 아들을 선사했다. 그들은 아들에게 페리클레스라는 이름을 지어 주었다. 이런 꿈은 오직 세월이 지난 뒤에, 즉 그것에 중요한 의미를 부여했을 때나 기억될 수 있는 것이지만, 기원전 5세기의 전환기에 아테네에서 이 부부에게 아들이 태어났다는 것은 상서로운 일이었다. 아테네 민주주의가 등장한 지 채 10년도 되지 않았고, 지도자들도 대개가 저명한 귀족 가문 출신이었다. 아가리스테의 삼촌인 클레이스테네스Cleisthenes 는 아테네 민주주의의 창시자였고, 알크마이오니다이Alkmaionidai**로 알려진 그녀의 가문은 아테네에서 가장 유명하고 영향력이 컸을 것이다. 전설에 따르면 이 가문의 기원은 호메로스Homeros*** 시대의 영웅인 필로스의 왕 네스토르Nestor까지 거슬러

---

* 　여기서 말하는 히포크라테스는 우리가 익히 알고 있는 의학의 아버지로 불리는 히포크라테스(B.C. 460?~B.C. 377?)와는 다른 인물이다.

** 　Alcmaeonidae Alcmaeonids로 표기하기도 한다.

*** 　기원전 10세기경에 활약한 고대 그리스의 시인으로 《일리아드》와 《오디세이아》의 저자로 알려져 있다.

올라간다. 그리고 또 다른 전설에 의하면 그녀의 가문은 아테네의 전설적인 왕들이 사라진 뒤에 처음으로 아테네를 지배한 관리들*의 후손이라고 한다. 어느 경우든, 그들은 아테네 사회를 지배한 유력한 가문들 중 하나였다.

알크마이오니다이가 처음 아테네에서 명성을 얻은 것은 페리클레스가 태어나기 한 세기도 더 전이었다. 킬론Kylon[?~B.C. 632?]이란 이름의 귀족이 올림피아 경기에서 우승하면서 유명해졌다. 그리고 운동선수로서 그가 이룬 위업 덕분에 아테네의 서쪽 변경에 위치한 도시 메가라Megara를 지배하던 참주tyrannos**의 딸과 결혼할 수 있었다. 운동 경기에서 승리하는 것이 부와 명성은 물론 정치권력을 잡을 수 있는 수단이라니 낯설게 들릴 수 있으나, 운동선수의 용맹성은 스포츠에 열광하는 오늘날에도 그렇지만 고대 아테네에서 훨씬 더 의미가 컸다. 운동 경기는 헬레네 사회의 가장 핵심 가치를 보여 주기 위한 무대 장치platforms로서 아주 중요한 종교 및 문화 행사였다.

경기 종목은 달리기, 멀리뛰기, 원반던지기, 창던지기, 레슬링, 복싱 등이 있었고, 모든 경기 종목 가운데 가장 명예로운 것이 전차 경주chariot race였다. 올림피아 경기는 팀 간 경기가 아니라 선수 개개인들 간의 경쟁으로 아주 치열했고, 우승하면 엄청난 명예가 뒤따랐다. 아테네에서 올림피아 경기의 우승자들은 공회당town hall에서 평생 무료로 식사했다. 일부 마을은 경기에서 우승하고 돌아오는 선수를 명예롭게 맞이하기 위해 성벽의 일정 구간을 헐어 버렸다. 그리스의 위대한 시인 중 한 명인 핀다로스Pindaros[B.C. 517?~B.C. 438?]***는 승리를 축하하는 데 작품을 헌정했다. 조각가들은 신들을 젊은 또는 성숙한 선수들로 묘사했다. 이 모든 것이 경합agon, 즉 우

---

*   고대 아테네의 초기 지배계급은 귀족들이었는데 이들 귀족 출신 관리를 집정관(archon)이라고 불렀다.

**   고대 그리스 세계에서는 전제 군주를 참주(tyrannos)라고 불렀다.

*** 그리스의 보이오티아 지역에 있던 테베 출신으로 고대 그리스의 합창시 작가. 운동 경기 우승자에게 축승가도 지어 줬다.

승자에게 탁월, 명성, 영웅 칭호를 부여하는 개인들 간의 경쟁에 심취했던 고대 그리스 사회의 특성을 드러낸다.

기원전 7세기에 유력한 가문 출신으로 올림피아 경기에서 우승한 자는 소속된 공동체의 정치적 안정을 해치는 심각한 문제를 야기할 수 있었는데, 킬론이 바로 그런 우승자였다. 그는 아테네에서 권력을 잡아 장인처럼 참주제를 수립하려는 야심이 있었다. 킬론의 시대에 참주제는 이 용어가 현재 함의하는 바와 달리 무시무시한 것이 아니었다. 단지 비전통적인 방식으로 권력을 잡은 일인 지배를 뜻했다. 참주제는 지배 왕조나 귀족 정치에 반대해 군인이나 킬론처럼 운동선수로서 명성을 얻은 영웅적 지도자가 주도하는 민중 봉기를 통해 나타났다. 초기의 참주는 국가의 지도자가 되려고 경쟁하던 전통을 단지 새로운 수준에서 이행했을 뿐이었다.

킬론의 시대에 이미 지도자들은 중대사를 결정하기 전에 위험을 무릅쓰고라도 델포이Delphoe의 아폴론Apollon[태양신으로 예언 등을 주관] 신전에 가서 신탁oracle을 듣는 것이 하나의 관례였다.* 당시에 아폴론은 그리스 세계에서 앞일을 예견하는 가장 유명한 예언자였다. 델포이 신전은 지구의 배꼽omphalos, 말 그대로 지구의 중심으로 여겨졌고, 고대 그리스 각 도시의 중요 인물들과 대표자들이 신탁을 구하기 위해 도처에서 찾아왔다. 신탁 없이 새로운 식민지를 개척한다거나 전쟁을 치르는 일은 누구도 생각할 수 없었다. 그러나 신탁을 구하는 일은 까다로웠다. 제때에 신탁에 접근하는 것은 사제들의 호의에 달려 있어서 종종 상당한 선물을 안겨 줘야 가능한 일이었다. 신탁을 듣고자 하는 질문을 남성 사제 중 한 명이 피티아Pythia**, 즉 약물에 취해 정신이 몽롱한 여사제priestess에게 전달했다. 여사제의 답변은 알아듣기 쉽지

---

* 델포이의 아폴론 신전을 줄여 델포이 신전이라고도 부른다. 그래서 아폴론의 예언을 일컫는 신탁을 '델포이의 신탁(oracle of Delphi)'이라 부른다.

** 델포이의 신탁을 받아 전하는 역할을 한 신탁녀(여사제).

않아 질문을 전달한 사제가 해석해 줘야 했는데, 이마저도 대개 운문verse으로 했기 때문에 신중히 검토하지 않으면 무슨 뜻인지 도통 알 수 없었다.

이와 관련해 잘 알 만한 사례가 기원전 6세기 소아시아에 있던 리디아Lydia 왕국의 마지막 왕 크로이소스Croesus[B.C. 595?~B.C. 547?]의 신탁이다. 그는 자신의 왕국과 인접한 강대국 페르시아Persia를 정복하고 싶어 신탁을 구했다. 답변은 "페르시아로 진군하면 거대 제국을 파괴할 것이다."(헤로도토스, 《역사》, 1.53)였다. 확신에 찬 크로이소스가 페르시아를 공격했고, 실제로 거대 제국을 파괴했는데 다름 아닌 본인의 왕국이었다. 인간의 위대함이란 덧없다는 것 그리고 야심이 높은 자들이 맹목적이고 오만해서 위험을 자초한다는 것을 설명하기 위해 헤로도토스가 이 이야기를 한 것이다.

킬론이 비슷한 실수를 저질렀다. 틀림없이 그는 아테네를 정복하려면 어떻게 해야 하는지 신탁을 구했을 것이다. 신탁은 아테네인들이 '제우스 대제전'을 거행하느라 정신이 팔릴 때를 노렸다가 천연 요새로 도시의 구릉지에 신전들이 세워져 있는 아크로폴리스*를 점령하라고 말했다. 킬론은 아테네에서 지지자들을 규합하고 메가라에서 장인이 보낸 병력과 합심해 올림피아 경기, 즉 펠로폰네소스의 올림피아에서 제우스에게 바치는 제전 경기가 열리던 틈을 타 아크로폴리스를 점령했다. 그러나 투키디데스가 지적하듯이 신탁이 말한 제전은 아티카Attica**에서 열리는 제우스 대제전을 의미했을 수 있다. 이 제전이 맞는다면 아테네인 대다수는 제전을 거행하느라 도시 밖으로 나가 있었을 것이다. 그러면 킬론은 이를 틈타 그들이 반격해 오기 전에 안전하게 참호를 구축할 시간을 벌었을 것이다. 그는 이런 불시의 공격이 아테네인들을 꼼짝 못 하게 만들어 결국 자신의 지배를 순순히 받아들일 것

---

* 그리스어로 아크로는 '높은'을 뜻한다. 그래서 도시를 뜻하는 폴리스와 합쳐진 '아크로폴리스'는 글자 그대로 해석하면 '도시의 구릉지'란 뜻이다.

** 그리스 중남부 지방으로 에게해의 사로니코스만과 인접해 있다. 아티카 지방의 중심 도시가 바로 아테네였다. 아티케(Attike) 또는 아티키(Attiki)라고 불리기도 한다.

페리클레스

으로 기대했을 것이다. 그런데 킬론이 공격할 당시 아테네인 대다수가 도시에 머무르고 있었기 때문에 병사들을 빠르게 집결할 수 있었다. 따라서 참주제는 물론이고 이웃 메가라인에게 정복당하는 것이 두려웠던 아테네인들은 메가클레스Megakles와 그의 알크마이오니다이 가문 사람들의 지휘를 받아 저항했다. 그들은 킬론 일당을 아크로폴리스에서 포위 공격해 바로 절체절명의 상태로 몰아넣었다.

음모에 실패한 킬론 일당은 은신처를 찾아 신전의 경내로 숨어들었지만 얼마 지나지 않아 목이 마르고 배가 고파 죽을 지경에 다다랐다. 이것이 하나의 딜레마를 초래했다. 그리스인들은 테베Thebae*의 왕이 살해당했을 때 오이디푸스Oedipus**의 신화에 나오는 도시에 역병이 덮쳐 황폐화한 것처럼 신성한 장소에서 사람이 죽으면 공기를 오염시켜 도시 전체에 재앙이 들이닥친다고 믿었다. 이 포위 공격을 주도할 원시 아테네 국가의 최고 행정관들magistrates인 귀족 출신의 메가클레스와 다른 집정관들은 킬론 일당을 신전에서 죽게 내버려 둘 수 없다는 것을 알고 있었기에 안전을 약속하고 밖으로 나오도록 했다. 그들이 나오자 집정관들은 약속을 깨고 그들을 죽였으며, 심지어 에리니에스Erinyes의 재단에 동동 매달려 버티던 자들도 죽였다. 에리니에스는 살인자들에게 고통스러운 복수를 한다고 알려진 고대의 여신들이다.*** 이렇게 도시를 오염시킨 행위로 인해 메가클레스 가문[알크마이오니다이 가문]은 아테네의 신성한 보호자인 여신 아테나Athena를 모욕했다는 낙인이 찍혔다. 메가클레스 가문은 모두 아테네에서 쫓겨났다가 몇 년 뒤에 사건이 잠잠해지자 돌아왔다. 이런

---

*   테베 또는 티바(Thiva)는 아테네의 북서쪽, 보이오티아 평원 동쪽에 위치한 고대 그리스의 주요 도시 중 하나이다.

**   그리스 신화에 나오는 테베의 왕 라이오스(Laios)와 왕비 이오카스테(Iocaste)의 아들. 부왕을 죽이고 생모와 결혼할 것이라는 아폴론의 신탁으로 인해 버려졌으나 나중에 신탁대로 되자 스스로 두 눈을 빼고 방랑자로 떠돌아다녔다.

***   알렉토(Alecto, 그칠 줄 모르는 분노의 여신), 메가이라(Megaera, 질투의 여신), 티시포네(Tisiphone, 살인을 복수하는 여신) 세 여신을 지칭한다.

'알크마이오니다이의 저주'는 메가클레스의 후손에게 전승돼 아테네의 역사에서 중대한 역할을 담당했다.

역시 메가클레스 가문 출신인 알크마이온Alkmaion이 올림피아 경기에 출전해 아테네인 최초로 전차 경주에서 우승하고, 델포이 신탁을 받은 뒤 치른 성전에서 아테네 분견대를 이끌며 명성을 쌓았다. 결혼 적령기였던 그의 아들[메가클레스]*은 다른 그리스 귀족 청년들을 물리치고 시키온Sikyon**을 지배한 참주의 딸***로 그리스에서 가장 부유한 상속녀와 결혼했고, 뒤에 페이시스트라토스Peisistratos[B.C. 600?~B.C. 527?]****가 쿠데타로 참주에 오른 뒤에 그의 가문이 다시 쫓겨날 때까지 아테네 정치를 주도하는 지도자가 됐다. 이 알크마이온의 아들*****이 아테네에서 참주제를 몰아내는 동시에 가문의 위상을 회복한 클레이스테네스이다. 클레이스테네스와 다른 알크마이오니다이 출신들이 계약을 맺고 폐허가 된 델포이 신전을 재건하기로 했다. 이때 사제들은 그가 신전 외장재로 계약서에 명기한 값싼 석재 대신 페르시아산 고급 대리석을 사용한 것에 감사를 표시했다. 이렇게 얻은 호의에 힘입어 델포

---

* 알크마이오니다이 가문에는 총 다섯 명의 메가클레스가 있다. 첫 번째 메가클레스는 기원전 922년에서 기원전 892년까지 아테네 집정관을 지낸 인물로 전해지고, 두 번째 메가클레스는 앞서 언급한 대로 기원전 632년에 킬론의 쿠데타를 진압한 그 인물이다. 알크마이온이 두 번째 메가클레스의 아들이다. 그리고 세 번째 메가클레스가 바로 알크마이온의 아들로 시키온의 참주 클레이스테네스의 딸 아가리스테(페리클레스를 낳은 아가리스테와 구분하기 위해 시키온의 아가리스테로 불린다)와 결혼해 클레이스테네스와 히포크라테스를 낳았다. 네 번째 메가클레스는 클레이스테네스의 아들, 다섯 번째 메가클레스는 히포크라테스의 아들이다.

** 코린토스와 아카이아 사이 펠로폰네소스반도 북부에 위치한 그리스의 고대 도시 국가.

*** 이 여성이 아가리스타(Agarista)로 페리클레스의 외증조할머니이다. 그리고 그녀의 아들이 클레이스테네스인데, 아버지와 이름이 같다. 그래서 둘의 이름을 혼동하지 않기 위해 아가리스타의 아버지는 시키온의 클레이스테네스로 불린다.

**** 고대 그리스 아테네의 정치가로서 쿠데타로 참주가 된 뒤 농업 중심의 안정적인 정책을 펴서 아테네 번영의 기반을 닦았고, 도시 국가로서 아테네의 위상을 높였다.

***** 아들이 아니라 증손자이다. 저자의 착오로 보인다.

이 신전의 신탁녀에게 상당한 뇌물을 주고 스파르타인들을 설득해 아테네에서 참주들을 몰아내야 한다는 신탁을 받아 내도록 했다.

페이시스트라토스는 아테네인들 사이에서 평판이 좋았지만, 그의 아들들은 그렇지 못했다. 그들의 지배는 현대적 의미에서 포악한 전제주의였다. 기원전 510년에 스파르타 군대가 페이시스트라토스 가문을 몰아냈다. 클레이스테네스와 알크마이오니다이가 영광을 기대하며 아테네로 되돌아왔다. 그러나 스파르타 군대가 철수했을 때, 아테네는 정치적으로 거의 진공 상태나 다름없었다. 귀족들은 정치 생활이 귀족에게 한정됐던 과거로 돌아가 이 공백을 메우려고 했다. 클레이스테네스는 정치적 주도권을 잡기 위한 초기 투쟁에서 패했다. 하지만 그는 패배를 인정하고 귀족의 지지를 얻어 다음 기회를 노리는 대신 새로운 영역을 개척하면서 정치 게임의 규칙을 완전히 바꿔 버렸다. 그는 귀족 집단 외곽에서 조직적으로 움직이며 성소들과 그곳의 사제들을 통제하는 지주들에게나 유리한 전통적인 제도를 전복하고 그것을 새로운 질서로 대체해 평민들이 정치에 참여할 수 있는 여지를 만들자고 제안했다. 그의 정적들은 다시 한번 '알크마이오니다이의 저주'를 불러내 클레이스테네스와 그의 가족 및 지지자들을 아테네에서 추방했다. 클레이스테네스는 아테네 평민들의 마음을 얻었다. 클레이스테네스가 추방된 이후 평정을 되찾은 아테네 평민들이 무기를 들고 일어나 스파르타인들을 쫓아내고 승리의 환호 속에서 그와 그의 세력을 다시 불러들였다.

클레이스테네스는 그의 약속을 이행했고 아테네에 민주주의를 수립했던 개혁을 계속 실행해 나갔다. 모든 성인 남성 시민이 도시의 행정관들과 법안을 마련하는 500인 평의회Council of 500*의 구성원들을 선출할 자격이 있었다. 그들은 배심원으로

---

* 의회인 민회의 업무를 관장하면서 일상 행정을 담당했던 기구로 의원들은 아테네 전역에서 매년 추첨을 통해 선출했다. 30세 이상 남성만 참여가 가능했고, 2회 이상 의원으로 활동할 수 없었다. 평의회 의장은 단 하루, 즉 24시간만 활동했다.

복무할 수 있었고, 최종 권력 기관인 민회에 출석할 수 있었다. 논쟁은 자유롭고 열려 있었으며, 이론적으로 아테네인은 누구나 법안을 제출하고, 개정을 제안하고, 또는 어떤 문제든 시비를 따질 수 있었다. 물론 실상은 조금 달랐다. 귀족 출신의 정치 지도자들이 가장 발언권이 많았고, 민주주의가 수립되고 첫 50년 동안은 500인 평의회가 어느 정도 권한을 계속 행사하다가 뒤에 민회로 권한이 넘어갔다.

더구나 클레이스테네스는 아테네인들을 재산에 기초해 네 계급으로 나누었던 체계를 바꾸지 않았다. 상위 두 계급에 속하는 시민들만 도시의 최고 권력인 집정관을 맡거나 여전히 상당한 정치권력을 행사했던 구 귀족 협의체old aristocratic council인 아레오파고스Areopagos* 재판소에 참석할 수 있었다. 세 번째 계급의 시민들은 500인 평의회에 선출될 수 있었지만, 가장 가난한 네 번째 계급의 아테네인들은 배제되었다. 더구나 공직을 수행한다고 해서 보수가 있는 것이 아니었기 때문에 가난한 사람들이 민회에 참석하고 배심원으로 복무하기란 생각하기도 어려웠다. 클레이스테네스의 지배 체제는 중추를 담당했던 세 번째 계급의 역할을 본떠 '장갑 보병 민주주의hoplite democracy'라고 불렸다. 그들은 먹고살 수 있을 정도의 큰 토지를 소유했고, 갑옷과 투구heavy amor를 사서 전쟁에 입고 나가 병사로 싸울 수 있을 만큼 부유했다. 그러나 나중의 기준으로 볼 때, 아테네 민주주의는 아주 제한적이어서 하위 계급은 상위 계급의 의사를 거스르지 못했다. 여하튼 그럼에도 불구하고 그것은 역사상 알려진 최초의 민주주의였다.

따라서 이 새로운 체제는 아테네인들의 전폭적인 지지를 받았고, 새로운 민주 정체가 풀어 놓은 힘을 곧바로 발산했다. 아테네인들은 당시 그들의 내분civil strife을

---

* 아레오파고스는 고대 그리스어로 '아레스 신의 바위'라는 뜻인데, 아테네의 아크로폴리스 서북면의 산 중턱에 있는 작은 언덕을 가리킨다. 이곳에 귀족들 중심의 재판소가 있었는데, 이 때문에 아레오파고스는 일반적으로 '최고 법원(대법원)'의 뜻으로 사용된다.

틈타 침범한 보이오티아Boeotia와 칼키스Chalcis•의 연합 군대를 격파하는 등 이웃 도시들의 공격을 여러 차례 막아 냈다. 헤로도토스는 뒤에 이러한 승리를 다음과 같이 칭송했다.

> 이제 아테네는 더 강력해졌다. 그리고 법 앞의 평등[이세고리아 isegoria]이 훌륭한 것임을 입증하는 증거가 도처에 있다. 아테네인이 참주의 지배를 받고 있었을 때 그들은 이웃과 별반 차이 없는 그저 그런 전사들이었다. 그러나 참주제에서 벗어나자마자 그들은 의심의 여지 없이 단연 최고가 됐다. 이것은 그들이 억압당하는 동안은 주인을 위해 일하는 노예처럼 겁쟁이로 살았지만, 각자 자유로운 사람이 되고 나서는 스스로 명예를 성취하고자 했다는 것을 보여 준다. (헤로도토스, 《역사》, 5.78)

클레이스테네스는 그의 도시를 해방시킨 해방자이자 민주주의를 수립한 아버지였다. 그와 그의 가문은 참주제를 몰아내고 활기 넘치는 민주주의를 도입했다. 그리고 민주주의가 수립되고 나서 10여 년쯤 뒤에 그들은 정치 동맹을 맺어 아테네 정치를 지배하기 시작했다. 따라서 페리클레스의 아버지 크산티포스가 기원전 5세기 초에 클레이스테네스의 조카딸인 아가리스테와 결혼한 것은 아주 잘한 일이었다. 오래전부터 그는 토론, 정치, 군사 분야에서 자신의 뛰어난 재능을 보여 줄 기회가 여러 번 있었을 것이다. 크산티포스와 아가리스테는 세 아이를 낳았다. 첫째는 아들로 크산티포스의 아버지 이름을 따서 아리프론Ariphron이라 불렀고, 둘째는 딸이었는데 이름은 어느 기록에도 남아 있지 않다. 그리고 셋째가 이 책의 주인공이다.

페리클레스는 그리스 세계에서 아주 중요한 시기에 그리고 아테네의 젊은 민주

•   그리스 동남부(에게해 서부)에 있는 가장 큰 섬인 에우보이아섬에 있던 도시로 고대로부터 상업의 중심지였다.

주의에서는 혼란스러운 시기에 태어나 자랐다. 그가 네 살 되던 기원전 490년에 페르시아의 왕 다리우스Darius[B.C. 550~B.C. 487]가 아티카에 군대를 보내 참주제를 복원하고 아테네를 페르시아 제국의 식민지로 만들려고 했다. 페르시아의 승리는 곧 모든 그리스인의 종속을 의미하는 것이었다. 9천 명의 아테네인들과 플라타이아이Plataeae•라는 작은 마을의 주민들 1천 명이 힘을 합쳐 규모가 훨씬 더 큰 페르시아 군대를 무찔렀다. 스파르타인들이 아테네를 도와주러 오기로 했지만 한창 종교 제전religious festival을 치르던 중이라 출발이 늦어졌다. 누구의 도움도 없이 그리고 모두의 예상을 뒤엎고, 아테네인들이 마라톤Marathon 전투••에서 승리하고 페르시아인들을 몰아냈다. 마침 도착한 스파르타 군대가 전쟁터를 둘러보고 나서 아테네인들에게 승리를 축하했다. 아마 크산티포스도 곧바로 애국자라는 칭송을 들으며 전설적인 영웅의 반열에 오른 '마라톤의 병사들Men of Marathon' 중에 끼어 있었을 것이다.

그러나 마라톤 전투 이후 알크마이오니다이의 누군가가 전투 중에 방패 신호로 페르시아인과 내통해 반역을 꾀했다는 소문이 돌았다. 아마 이 이야기는 클레이스테네스 혁명 이후 위상이 높아진 알크마이오니다이와 그들의 동조자를 몰아내고 싶어 한 정적들이 지어낸 허위 사실이었을 것이다. 알크마이오니다이는 같은 세력을 고소하는 것으로 대응했다. 마라톤 전투 승리의 주역으로 전투에서 막 복귀한 밀티아데스Miltiades가 아테네인들에게 함대와 군대를 이끌고 군사 원정을 다녀오게 해 달라고 요청했다. 원정 대상지가 어딘지 알리지 않은 채 아테네인들을 부유하게 해 주겠다고만 약속했다. 당시 아테네인들은 그의 명성과 영향력만 보고 아무 의

•   고대 그리스의 보이오티아현 지방에 있던 도시 국가 중 하나로 테베 남쪽, 아티카 지방의 경계 부근에 있었다.

••   기원전 490년에 칼리마코스와 밀티아데스가 지휘하는 아테네군이 마라톤 평원에서 페르시아 군대를 격파한 전투. 기원전 492년 제1차 페르시아 전쟁에 이은 페르시아의 두 번째 침공으로 제2차 페르시아 전쟁으로 불린다.

                페리클레스

심 없이 요구를 들어줬다. 그는 파로스Paros섬*을 공격했다. 하지만 파로스인들은 저항했고, 포위된 상태에서 밀티아데스가 부상까지 입자 빈손으로 돌아와야 했다. 크산티포스가 재빨리 그를 고발했다. 갑작스럽게 지위가 상승한 밀티아데스는 위험한 정치적 경쟁자였다. 배심단이 죽어 가던 밀티아데스에게 아테네인들을 속여 위험천만한 원정 공격을 감행하게 했다며 유죄 판결을 내렸다. 그들은 그에게 막대한 벌금형을 부과했고, 이는 언젠가 페리클레스와 정치 리더십을 놓고 경쟁하게 되는 아들 키몬이 고스란히 떠안았다.

밀티아데스는 갔지만, 알크마이오니다이는 좀 더 위험한 도전에 직면했다. 기원전 484년, 크산티포스가 '도편 추방제ostrakismos**'로 불리는 절차에 따라 10년 동안 아테네에서 쫓겨났다. 도편 추방제는 클레이스테네스가 민주주의의 탄생 초기에 파벌과 반역을 방지하기 위한 장치로 도입한 절차이다. 매년, 아마도 1월에, 민회에서 그해에 도편 추방제를 실시할지 여부를 투표로 결정했다. 다수가 반대하면, 그해 도편 추방제는 없었다. 다수가 찬성하면, 3월 중에 단 하루 동안 실시했다. 해당 일에 시민들은 도시에서 추방하고 싶은 자의 이름을 고대의 메모 용지라고 할 수 있는 깨진 도자기 파편, 즉 **도편**에 새겨 아고라에 가져다 놓았다. 하루가 다 지나면, 집정관들이 투표수를 계산해 6천 표가 넘는지 확인한다. 6천 표는 아테네 민회에서 다소 중요한 결정을 내릴 때 필요한 투표수였다. 6천 명이 투표를 했으면, 그중 가장 많은 표를 받은 자가 10년 동안 아티카를 떠나야 했다. 클레이스테네스같이 다수의 지지를 받은 대중 정치가는 이런 제도를 활용해 적대 세력이 쿠데타를 일으키

---

*   에게해 중부 키클라데스 제도에 있는 작은 섬.

**   고대 그리스 민주주의에서 민주주의 질서를 해칠 수 있는 인물을 전 시민의 비밀 투표를 거쳐 10년간 국외로 추방한 제도이다. 원래 이 제도는 참주의 출현을 막기 위해 도입했으나 시간이 흐르면서 참주와는 관계없는 유력한 정치가를 추방하기 위한 정쟁의 도구로 이용됐다. 도편은 도자기 파편을 뜻하는 말로 '도편 추방제'는 추방하고자 하는 인물의 이름을 도편에 기입하는 비밀 투표 제도를 의미한다.

는 것을 방지할 수 있었다. 경쟁자를 위협했던 이 제도가 그와 그의 세력에게는 억지력을 확보해 주었던 것이다. 일종의 조잡한 신임 투표라고 할 수 있는 이 제도는 현대의 기준으로 볼 때 가혹한 면이 있다. 하지만 제대로 작동해 거의 한 세기 동안 아테네 민주주의가 전복되는 것을 막아 주었다.

이 절차는 클레이스테네스가 기원전 6세기의 마지막 10년 중에 발명했지만, 기원전 487년까지는 사용되지 않았다. 기원전 487년에서 기원전 484년까지 매해 알크마이오니다이 사람 또는 이 가문과 가까웠던 정치 지도자가 추방됐다. 이후 다른 정치 지도자들이 추방됐는데, 가장 마지막으로 추방된 지도자가 아리스티데스Aristides [B.C. 530?~B.C. 468?]*였다. 청렴하고 존경받는 인물이었던 아리스티데스는 '정당한 자the Just'라고 불렸다. 그에 대한 일화가 하나 있다. 도편 추방제가 있던 날, 글을 모르는 허름한 차림의 촌사람이 고귀한 아리스티데스에게 다가와 그의 도편에 '아리스티데스'의 이름을 대신 새겨 달라고 부탁했다. 깜짝 놀란 그는 농부에게 도대체 아리스티데스가 그에게 어떤 해를 끼쳤는지 물었다. 대답은 이랬다. "아무것도요. 저는 그 사람을 알지 못합니다. 다만, 그저 어딜 가나 그를 '정당한 자'라고 부르는 소리를 듣는 것이 짜증 날 뿐입니다." (플루타르코스, 《아리스티데스》, 7)

아리스티데스는 마라톤 전투에서 용맹하게 싸운 장군이자 뛰어난 정치가였다. 기원전 480년에 페르시아가 침공하자 추방에서 소환돼 아테네를 방어하는 데 중요한 역할을 수행했다. 전쟁 이후 델로스Delos 동맹**이 구성되면서 워낙 정직하기로 정

---

* 고대 그리스의 정치가이자 군인으로 페르시아 전쟁 중 플라타이아이 전투에서 아테네군의 사령관이 됐고, 델로스 동맹의 결성에 앞장섰다.

** 페르시아 전쟁, 즉 페르시아의 아테네 침공 후인 기원전 478년에서 477년에 아테네의 아리스티데스가 주도하여 결성한 그리스 도시 국가들의 해군 동맹이다. 원래는 제1차 아테네 해상 동맹으로 불렸으나 그 본부와 동맹 국가들의 분담금을 수납하는 금고가 델로스섬에 있었기 때문에 후에 델로스 동맹으로 불리게 됐다. 동맹에 참여하는 국가들은 동맹 함대를 위해 함선을 내놓을 의무가 있었으나 회의 결정에 따라 돈으로 대납할 수도 있었다. 결성 초기에는 동맹 국가들이 평등한 투표권을 가졌으나, 기원전 454년에

평이 나 있던 아리스티데스에게 동맹국이 각자 부담해야 하는 분담금을 책정하는 일이 맡겨졌다. 200여 개에 달하는 동맹국 중에 어느 국가도 책정된 분담금이 부당하다고 불평하지 않았다. 누구도 그보다 이런 일을 더 잘할 수 있다고 나설 수 없었을 것이다. 이 일화는 민주주의를 비판하는 자들이 이런 정부 형태의 우수성을 시기해서 지어낸 것일 수 있다. 그러나 이 일화는 도편 추방제의 성격과 목적을 왜곡한다. 도편 추방제는 사람들 무리에서 두각을 나타낸 시민에 대해 대중의 질투심을 부추길 목적으로 고안한 것이 아니었다. 아테네의 연약한 민주주의를 파괴할 수도 있는 내분을 피하기 위해 필요한 안전판, 즉 법적 안전장치였다.

기원전 482년경, 아테네에 남겨진 정치적으로 중요했던 유일한 인물이 테미스토클레스Themistocles[B.C. 524?~B.C. 460?]*였다. 그는 창의적이고 훌륭한 연설가였다. 그리고 시기심이 아주 강해서 밀티아데스가 마라톤 전투에서 승리한 것을 생각하면 잠을 이룰 수 없다고 말했다. 그는 도편 추방제를 빗겨 간 인물인 듯싶다. 클레이스테네스가 설립한 지배 연합에 속하지 않았던 테미스토클레스는 이 지배 연합을 파괴하고 아테네의 일인자가 되려는 계획을 꾀했던 것 같다.

기원전 484년, 페리클레스가 열 살이던 해에 크산티포스가 직계 가족과 함께 추방됐다. 범그리스 귀족 사회의 일원으로 크산티포스의 가족은 일부 다른 도시들의 귀족들과 우호xenia 관계를 맺고 있었을 것이다. 아마 그들은 아가리스테 증조부의 고향인 시키온으로 가서 지냈을 것이다. 페리클레스는 무슨 일이 일어나는지 알 만한 나이였고, 따라서 정치권력을 쟁취하기 위한 투쟁이 얼마나 위험한 일인지 이른

본부와 금고가 아테네로 이전하고, 기원전 448년에 아테네가 페르시아와 평화 조약(칼리아스 화약 또는 칼리아스 강화 조약)을 체결하면서 동맹이 느슨해지기 시작한다. 그러다가 기원전 431년에 일어난 펠로폰네소스 전쟁에서 아테네가 스파르타에 항복하면서 동맹이 해산됐다.

* 고대 그리스 아테네의 정치가로 해군력을 강화해 살라미스 해전에서 페르시아 함대를 크게 무찔렀고, 반스파르타 정책을 폈다.

나이에 생생하게 깨달았을 것이다.

기원전 481년에 페르시아인들이 재침공해 오면서 크산티포스의 추방 기간이 단축됐다. 페르시아 제국의 새로운 대제 크세르크세스Xerxes[B.C. 519~B.C. 465]*가 아테네인들을 응징하고 모든 그리스인을 정복하기 위해 육상과 해상에서 대규모 침공을 감행했다. 아테네인들은 도편 추방제로 추방한 동료 시민들을 불러들였다. 승산이 없어 보이는 싸움에 맞서 하나로 단결하기 위해서였다. 그리스 중부에서 페르시아 대군의 진군을 막을 수 없었던 아테네인들은 기원전 480년에 고향을 버리고 달아났다. 아테네는 페르시아인들에 의해 무자비하게 짓밟혔다. 전투가 가능한 연령의 남성들은 전함에 승선해 전투를 벌였고, 그사이 여성들과 아이들은 살라미스Salamis섬**으로 그리고 펠로폰네소스의 일부 해안가 도시들로 피란을 갔다. 크산티포스의 가족도 이들 틈에 끼어 있었다. 전해 오는 이야기에 의하면, 크산티포스가 집에서 기르던 개가 주인이 떠나는 것을 견디지 못하고 바다로 뛰어들더니 전함과 속도를 맞춰 살라미스섬 해변까지 헤엄쳐 와서는 끝내 탈진해 죽었다고 한다.

살라미스 해전***에서 델로스 동맹이 페르시아 해군을 극적으로 격파했다. 이 승리로 그리스는 자유와 독립을 지킬 수 있었고, 아테네의 어린 민주주의가 향후 위대한 대장정을 할 수 있는 기틀을 마련했다. 그러나 그리스가 페르시아인들을 완전

---

* 크세르크세스 1세 또는 크세르크세스 대제로 불린다. 기원전 485년부터 기원전 465년까지 페르시아를 통치했다. 크세르크세스라는 이름은 고대 페르시아의 왕위를 그리스식으로 표현한 것으로 '영웅들의 지배자'라는 뜻이다.

** 지중해 키프로스섬의 동부 해안에 위치한 마을로 현재는 북키프로스에 속하며, 파마구스타에서 북쪽으로 6킬로미터 떨어진 페디이오스강 어귀에 있다.

*** 기원전 480년 9월, 살라미스에서 페르시아 해군과 그리스 연합, 즉 델로스 동맹 사이에 벌어진 해전으로 그리스 연합이 수적 열세에도 불구하고 페르시아 해군을 격파하면서 페르시아와의 전쟁에서 중대한 전환점이 된다.

페리클레스

히 몰아낸 것은 이듬해 플라타이아이 전투*와 미칼레Mykale 전투**에서 승리하면서 였다. 크산티포스가 미칼레 전투에서 아테네 분견대를 지휘했다. 그리고 스파르타 군대가 퇴각할 때, 세스토스Sestos***를 포위한 뒤 페르시아인들을 유럽 쪽 다르다넬스Dardanelles 해협****에서 몰아낸 것도 그였다. 크산티포스는 아테네로 돌아오는 길에 영웅으로 선포되면서 정치적으로 크게 두각을 나타낸 인물이 됐다.

현대의 인물들 가운데는 크산티포스와 아가리스테의 자식들처럼 정치적으로 부모의 후광을 크게 물려받은 이가 없다. 가령 매사추세츠주의 애덤스Adams라는 사람이 조지 워싱턴George Washington의 가까운 후손과 결혼했는데, 이 애덤스 가문이 부유하고 아주 유서 깊은 귀족 가문 출신이라야 그들과 견줄 수 있을 것이다.

대개 정치 경쟁에서 승리해 얻는 것은 명성이지 부가 아니었다. 기원전 5세기 전반에 정치인들은 보수라는 것을 받지 않았다. 국가는 정기 과세라는 것을 하지 않았고, 지출이랄 것도 거의 없었다. 이렇다 보니 공직으로 재산을 모을 수 있는 기회가 없었다. 고위 공직에 출마하는 이들은 대부분 출신 성분이 좋고 집안이 부유했다. 당초 그리스인들에게 정치 경쟁이란 탁월, 대중의 인정 그리고 이에 뒤따라오는 영광을 얻기 위한 것이었다. 이러한 보상을 얻기 위한 전투는 항상 치열했다.

일부는 개인적으로 전쟁에 참전해서 공을 세우거나 운동 경기에서 승리해서, 또는 좋은 외모, 똑똑한 머리, 화려한 언변같이 타고난 자질을 활용해 정치적 명성을 쌓았다. 그러나 적어도 이에 못지않게 중요했던 것이 확실한 연고였다. 페리클레스

---

*   페르시아 제국 크세르크세스 1세의 원정 이후인 기원전 479년 8월, 페르시아의 잔존 세력과 페르시아 측에 붙은 그리스의 여러 폴리스들에 맞서 스파르타, 코린토스, 아테네 등의 연합군이 싸워 이들을 물리친 전투.

**   기원전 479년 8월, 소아시아의 미칼레에서 그리스 연합 군대와 페르시아 군대 사이에 벌어진 전투.

***   지금의 다르다넬스 해협(당시 헬레스폰투스 해협) 북쪽 해안에 있었던 옛 트라키아의 도시.

**** 마르마라해와 에게해 사이를 연결하는 유럽-아시아 대륙을 잇는 해협.

와 형 아리프론은 아테네의 최고위층과 상당한 연고가 있었다. 그들은 부친이 최근에 치른 전쟁들을 승리로 이끈 전쟁 영웅이다 보니 그 정치적 후광을 누렸다. 외가 쪽으로는 아테네에서 참주들을 몰아내고 민주주의를 설립한 클레이스테네스의 조카의 아들들이었다. 페르시아 전쟁* 직후 얼마 지나지 않은 시기에 아테네에서 이만한 혈통의 집안에서 태어난 이들은 찾아볼 수 없었다.

동시에 그들은 중요한 책임을 물려받았다. 적대적이었던 아테네의 정치 세계에서 남들보다 뛰어나다는 것은 질투심을 자극했다. 그러므로 아리프론과 페리클레스는 경쟁자들이 그들을 거칠게 대할 것이라고 예상할 수 있었다. 더구나 정치적 반목은 보통 세대에서 세대로 이어졌다. 따라서 크산티포스의 자식들은 밀티아데스의 아들로 아주 유능한 키몬이 그들에게 적대적일 것임을 예상할 수 있었다. 게다가 비록 가문의 혈통이 부계 쪽을 따르기는 했지만, 사람들은 아가리스테의 자식들을 보며 내심 저명한 그녀의 집안을 떠올렸을 것이다. 즉, 그들은 부계와 모계 양쪽 모두에 연고가 있었다. 이것이 명성과 강력한 가문의 후원으로 이어졌지만, 특별한 질투심을 야기하기도 했다. 알크마이오니다이는 기원전 508년에서 기원전 480년까지 어마어마한 권력을 차지하면서 유독 의심의 눈초리를 샀다. 마라톤 전투에서 반역을 도모했다는 혐의가 사실로 드러나지는 않았지만, 여전히 사람들의 기억에 남아 있었다. 일련의 도편 추방제가 그들을 경계하는 강력한 적들이 있음을 보여 줬다. 마지막으로 저주가 있었다. 이 저주가 이전에 정치적으로 안정을 찾았던 시기에 이용된 적이 있었는데, 언제든 또다시 그럴 수 있었다. 그럼에도 불구하고 크산

---

* 대략 기원전 492년에 일어나 기원전 449년까지 이어진 그리스-페르시아 전쟁. 기원전 499년에 페르시아의 영역에 속하는 이오니아(소아시아 서부 일대의 그리스 식민지 도시 국가들)에서 반란이 일어났을 때 아테네가 개입한 것이 빌미가 돼 페르시아가 그리스에 원정을 오면서 시작된 전쟁이다. 제1차 원정은 기원전 492년에서 기원전 490년, 제2차 원정은 기원전 480년에서 기원전 479년, 제3차 원정은 기원전 479년부터 수년간 계속 이어졌다.

티포스의 아들들과 클레이스테네스의 후손이 물려받은 유산은 부담이라기보다는 큰 축복이었다. 젊은 아테네인 가운데 이렇게 큰 기대를 받으면서 어른이 돼 공적 생활에 발을 들여놓은 이는 거의 없었다.

큰아들인 아리프론이 주도권을 잡을 것으로 기대했었을 수 있다. 그러나 그가 정치에 관여했다거나 다른 활동에서 두각을 보였다는 기록은 없다. 따라서 가족들은 아주 일찍부터 페리클레스에게 기대를 걸었다. 페리클레스가 태어나기 전에 아가리스테가 꾼 꿈은 전조 같은 것이었다. 어린 페리클레스는 단연 돋보였다. 정신력과 성격이 남달랐던 페리클레스는 동년배 사이에서 곧바로 두각을 나타냈다. 모든 아테네의 소년이 공통으로 받는 기본 교육을 마친 뒤에도 페리클레스는 더 공부했다.

전통적으로 아테네의 젊은이들이 받는 교육은 지적이라기보다는 실용적이고 윤리적이었다. 소년들은 아테네에서 종교 제전의 일부이자 범헬레네 경쟁의 일부였던 운동 경기에 대비해, 그리고 18세가 됐을 때 병사로 복무할 수 있도록 몸 상태를 만들기 위해 체력 훈련을 했다. 음악 교육은 노래를 부르고 현악기인 리라lyra와 **아울로스**aulos*라고 불리는 오보에 비슷한 관악기를 연주하는 법을 가르쳤지만, 대부분은 전통적인 시들, 주로 호메로스의 서사시를 암송하는 식이었다. 매년 수천 명의 아테네 소년과 남성이 제전에서 합창 경연을 벌였는데 이 역시 실용적인 교육이었다. 게다가 귀족 사교 모임의 핵심이었던 음주 파티, 또는 연회symposia**의 마지막을 장식한 것은 참가자들이 함께 부르는 합창이었다.

이런 전통적인 교육에서 가장 중요한 부분은 호메로스의 서사시를 암송하는 것이었는데, 그가 지혜의 원천이자 그리스인의 본보기였기 때문이었다. 서사시에서

---

* 갈대 또는 줄기라는 뜻.
** 오늘날 연회로 번역되는 고대 그리스 시대의 심포지엄(symposium)은 원래 음주 파티를 의미했다. 그리고 당시 음주 파티에서 주로 마셨던 술은 와인이었다.

학생들은 명확한 도덕적 교훈을 터득했다. 훗날 위대한 교사 중 한 명이었던 프로타고라스는 그의 이름을 딴 플라톤의 대화편 〈프로타고라스Protagoras〉에서 이 점을 지적한다. 즉, 학생들은 시인들의 작품을 읽는데 그것이 "많은 훈계, 많은 이야기 그리고 그들이 본받거나 모방하고 그들처럼 되길 바란다면 진심으로 배울 필요가 있는 유명한 사람들에 대한 칭찬과 찬사를" 포함하기 때문이었다. 그들은 절제를 습득하기 위해 리라를 연주하는 법을 배웠다. 이어 서정 시인들을 공부하고 그들의 시에 곡을 붙여 감상함으로써 "모든 부분에서 남자의 생활은 조화와 격조를 필요로 하기 때문에 좀 더 부드럽고, 조화롭고, 격조 있게, 그래서 더욱 연설과 행동에 적합한 자세를 배울 수 있었다". 그들은 "신체가 약해 전쟁이나 다른 어떤 경우에 비겁하게 행동하지 않도록"(플라톤, 〈프로타고라스〉, 326a-c) 체육을 통해 신체를 단련했다.

기원전 5세기 초반에 아테네의 어린 귀족은 이 정도의 교육을 받았다. 지적 탐구와 깨달음이 아닌 본보기가 되는 인물들을 따라 하고 훈련을 통해 고결한 행동virtuous action을 달성하려고 한 것이 귀족적인 고대 그리스 세계의 특징이었다. 음악과 체육의 신체 활동은 경쟁과 용기, 절제, 조화, 자제력을 가르쳤다. 이런 교육의 밑바탕에는 한 개인의 신체와 인격이 자신의 공동체에서 차지하는 지위에 걸맞게 형성되어야 한다는 이상ideal이 놓여 있었다. 다방면으로 재능이 뛰어난 아마추어가 아니라 어느 것 하나에도 정통하지 않은 전문가가 되는 것이 귀족적 세계의 이상이었다.

페리클레스는 이런 교육을 받으면서 그것이 가르치는 교훈들을 확실히 흡수했다. 페리클레스의 시대에 전문 훈련을 받은 교사는 거의 없었다. 그래서 그들의 가르침은 의심의 눈초리를 샀다. 여하튼 지적 능력이 남달랐던 페리클레스는 교육을 더 받고 싶어 했다. 어린 나이였음에도 불구하고 지적 재능과 호기심을 발산하면서 당대의 지성들을 찾아 나섰고, 그 결과 그의 사고와 발달에 중요한 영향을 끼친 두 명의 동료, 즉 아테네인인 다몬Damon과 클라조메나이Clazomenae의 아낙사고라스와 청년기를 같이 보냈다.

한 희극 시인이 다몬에 대해 "페리클레스를 키운 케이론Cheiron*"(플루타르코스, 《페리클레스》, 4.2)이라 이야기하고 있고, 《일리아드Iliad》에서 케이론이 어린 아킬레스Achilles를 가르친 켄타우로스Centauros**로 나온다는 점에서 페리클레스가 어렸음에도 불구하고 다몬이 그를 가르친 것은 분명하다. 다몬은 "다방면으로 가장 완벽한 인간, 그뿐만 아니라 음악가로서, 그리고 젊은이들에게 헤아릴 수 없을 만큼 값진 동료"라는 명성이 있었다. 또 플라톤에 따르면, "당대의 모든 시민 가운데 가장 현명한 인물"이었다(《라케스Laches》, 180d). 페리클레스의 음악 교사가 그의 공식 역할이었지만, 교사로서 노래를 부르거나 리라를 연주하는 것 외에도 자신의 음악 이론과 그것이 윤리학 및 정치학과 어떠한 관련이 있는지를 가르쳤다. 다몬은 각기 다른 음악의 유형들이 각자 다른 인성의 요소를 표현한다고 가르쳤다. 플라톤은 "음악 양식이 바뀌면, 국가의 기본적인 습성도 항상 같이 바뀐다."(《국가Republic》, 400b와 424c)라며 자신이 목격한 것을 이야기한다. 다몬은 이론적 차원의 문제들 외에도 실질적인 정치 문제에 대해서도 이야기했을 것이다. 페리클레스의 정적 중에는, 뒷날 배심원으로 활동하는 시민들에게 공금으로 대가를 지불하도록 조언한 것이 다몬이었고 이로부터 국가의 부패가 시작했다고 주장하는 이들이 있었다.

그러나 페리클레스에게 가장 큰 영향을 준 사람은 다몬 같은 아테네 시민이 아니라 거류 외국인이었던 클라조메나이의 아낙사고라스였다. 아테네인들은 아낙사고라스와 같은 거류 외국인을 메토이코스metoikos라고 불렀다. 클라조메나이는 소아시아 연안에 위치한 이오니아Ionia의 한 도시였는데, 이 지역의 그리스 도시들은 오랫

---

*   그리스 신화에 나오는 켄타우로스족 가운데 가장 현명한 인물로 영웅들의 스승으로 유명하다.

**   그리스 신화에 나오는 괴물로 상체는 인간이고 가슴 아랫부분부터는 말이다. 테살리아(Thessalia)의 펠리온산에서 날고기를 먹으며 사는 성질이 난폭하고 호색적인 종족이다.

동안 고차high order•를 탐구해 온 지성의 중심지였다. 페르시아 전쟁이 일어나기 1세기 전에 자연 철학자 중 가장 뛰어났던 밀레투스의 탈레스Thales[B.C. 624?~B.C. 546?]는 [기원전 585년에 일어난] 일식을 정확히 예측한 것으로 유명하다. 그와 또 다른 밀레투스 출신인 아낙시만드로스Anaximandros[B.C. 610?~B.C. 546?]는 이런 현상을 초자연적인 것에 의지하지 않고 순전히 자연적인 원인들에 근거해 설명하고자 했다. 아낙사고라스는 페르시아 전쟁 이후 얼마 지나지 않아 아테네로 이주해 오면서 이런 자연주의적 접근 방식을 들여왔다. 그는 전통적이고 종교적인 신념과 상충되는 질문과 생각을 던지고 제안했다. 이를 접한 대다수 아테네인이 놀라고 혼란스러워했지만, 어린 페리클레스는 인상적이었는지 흥미를 보였다.

다른 이오니아 출신의 철학자들과 마찬가지로 아낙사고라스는 지각 가능한 물질세계, 특히 천체heavenly bodies를 설명하기 위해 그리스의 전통 신화 대신 이성reason을 사용했다. 그는 천체가 신성한 존재가 아니라는 것, 태양은 펠로폰네소스보다 몇 배나 더 큰 돌덩이가 빨갛게 달궈져 용해된 물질이라는 것, 그리고 달은 지구와 같은 물질로 이뤄져 있고 평원과 협곡이 있으며, 빛 또한 태양에서 오는 것을 반사하는 것에 지나지 않는다고 가르쳤다. 이러한 합리적인 설명은 대다수 아테네인이 지니던 초자연적인 종교 신념들, 그리고 상황에 따라서는 국가의 숭배 대상들과 정면으로 대립했다. 그들은 자신들이 물의를 일으켰고, 그래서 언젠가 후원자들과 학구열 높은 제자에게 곤란한 일을 초래할 수 있다는 것을 알았다.

그러나 그들의 주요 성과라고 한다면 무엇보다 페리클레스가 당시에 일반적이던 미신들에서 벗어나게 한 것이라고 할 수 있다. 한번은 페리클레스가 해군 원정을 떠나려던 참이었다. 함대가 출항 준비를 막 마쳤을 때 일식 현상이 일어났다. 한

• 큰 가중치를 갖거나 중요성을 가지는 자릿수. 예를 들어 1234라는 숫자에서 1은 1000자리이므로 100자리, 10자리, 1자리인 2, 3, 4보다는 큰 가중치를 가지는데 이를 '고차'라고 부른다.

낮이었는데 주위가 캄캄했다. 그러자 병사들이 이를 하늘의 경고로 받아들이며 두려움에 떨었다. 해가 다시 나타나자 페리클레스는 입고 있던 외투를 벗어 겁에 질린 조타수의 눈앞을 가리면서 이 또한 무서운지 물었다. 그는 "아닙니다"라고 대답했다. "그렇다면 이 어두움과 앞선 어두움 사이에, 내 외투보다 커다란 뭔가가 먼저 것을 초래했다는 것을 제외하면, 차이가 있는가?"(플루타르코스,《페리클레스》, 35.2) 이 이야기를 믿을 필요는 없지만, 합리적이었고, 흔한 종교적 견해에 회의적이었던 페리클레스의 단면을 보여 준다.

500년이 훨씬 더 지난 뒤에 플루타르코스는 페리클레스의 연설 태도와 방식이 형성되는 데 아낙사고라스의 역할이 컸다고 썼다. 그의 철학적 훈련이 다음과 같은 것을 길러 줬다는 것이다.

> 고결한 영혼과 속류 웅변가들의 저속하고 미덥지 않은 기교가 배제된 고상한 연설 방식, 그뿐만 아니라 절대 웃음기를 보이지 않는 냉철함, 연설 중 감정의 흐트러짐이 전혀 없는 단정한 옷매무새의 기품 있고 절도 있는 자세, 기복이 없는 목소리, 그리고 그외 청중에게 큰 감명을 주는 모든 특성.

하지만 이런 특성은 민주적인 사회에서 성장해 가던 어린 정치가에게 특별히 유리한 것은 아니었다. 키오스Chios*의 음유 시인 이온Ion은 이러한 특성을 듣기 편하고, 정감 있고, 대중적이었던 키몬의 연설 태도와 비교했다. 즉, 페리클레스의 연설 방식은 고압적이어서 다른 사람들이 모멸감을 느낄 정도로 "젠체하고 거만하다." 라며 좋게 평가하지 않았다(플루타르코스,《페리클레스》, 5.3). 동일한 사람을 바라보는 시각이 하나는 우호적이고 다른 하나는 냉담하다. 즉, 인상적이기는 하지만 친근하지 않아

---

* 그리스 에게해에 자리 잡고 있는 섬으로 소아시아와 가깝다.

가까이 다가가기 어렵다는 것이다. 이런 특성이 그가 자연 철학을 연구하면서 강화되었을 수 있지만, 저명한 가문 출신에, 유년 시절부터 모험을 즐겼고, 타고나길 사려가 깊은 인물이라는 점을 상기하면 놀랍지 않다.

무엇보다 아낙사고라스는 페리클레스의 정치사상과 행동에 영향을 미쳤다. 그리고 그의 가르침이 페리클레스가 독보적인 지도자가 되는 데 기여했다. 투키디데스는 이런 페리클레스를 빗대 "민주 정체라고 불리는 것이 실제로는 가장 유능한 인물이 지배하는 것으로 되어 가고 있었다."(2.65.9)라고 말한다. 아낙사고라스와 경쟁했던 일부 철학자는 우리 세계를 네 가지 기본 원소, 다시 말해 물, 불, 공기, 흙*의 변화와 상호 작용에서 기인한다고 설명했다. 반면, 아낙사고라스는 우주를 구성하는 본질적인 물질은 무한하고, 스스로 존재하며, 불멸하는 '종자들seeds'로 돼 있다고 주장했다. 이런 종자들의 결합 및 분리가 우리가 감각적으로 지각하듯이 세상이 변화하는 원인이라는 것이다. 그렇다면 왜 '종자들'은 결합하고 분리할까? 이 질문에 답하기 위해 아낙사고라스는 **누스**nous, 번역하면 '정신mind'**이라고 하는 새로운 개념을 도입했다. '종자들'은 '정신'이 창조하고 통제하는 회전 또는 소용돌이의 일부이다. "그것은 만물 가운데 가장 미세하고 가장 순수하며, 만물에 관한 지식과 엄청난 힘을 지닌다. 그리고 영혼이 있는 모든 것은 크든 작든 정신이 지배한다."(심플리키오스Simplikios, 〈아리스토텔레스의 자연과학에 대해In Phys.〉, 156, 13ff. [Diels-Kranz 59 B12])

아낙사고라스의 이론은 무작위로 또는 다소 알 수 없는 필연으로 작동하는 순전히 기계적인 우주 관념을 거부하는 이들의 이목을 사로잡았다. 소크라테스Socrates[B. C. 469?~B.C. 399]도 그런 사람들 중 한 명이었다. 그는 아낙사고라스의 생각을 전해

---

* 이를 4원소설이라고 부른다. 고대 그리스의 엠페도클레스(Empedocles, B.C. 490?~B.C. 430?)가 제시한 원소 이론으로 만물이 물, 불, 공기, 흙으로 이루어져 있다는 주장이다. 플라톤과 아리스토텔레스도 이 이론을 지지했다.

** '누스'는 마음 또는 이성으로 번역되기도 한다.

들고는 그를 찾아 나섰다. 소크라테스는 "나는 그의 생각을 듣고 기뻤다. 정신이 만물의 원인이어야 한다는 것이 여하튼 옳다고 봤다. 그리고 그렇다고 한다면, 이때 정신이 모든 것을 정렬하는 데 있어 그것에 최적인 방식으로 각각을 정렬할 것이라고 생각했다."라고 말했다. 다른 말로, 소크라테스는 아낙사고라스가 모든 것을 좋은지 아니면 나쁜지 판단할 수 있는지와 관련한 목적purpose의 관점에서 그것을 설명해 줄 수 있으리라고 기대했다. 그러나 아낙사고라스는 목적론자teleologist가 아니었다. 그에게 '정신'은 운동의 최초 원인originator이었고, 그것이 시작한 회전이 추가 개입 없이 기계적으로 나머지를 일으키고 나서 동물들 가운데 가장 똑똑하며 '정신'을 갖고 있는 인간을 포함해 그 밖의 모든 것이 각자 때가 되면 혼합 상태에서 분리된다고 보았다.

이런 이론은 많은 철학적 문제를 해결하고 또 그만큼 제기하지만, 분명 새로운 것을 잘 받아들이고 호기심이 많았던 어린 페리클레스를 자극했다. 소년은 자신의 스승인, 동시대인이 그가 만든 개념을 따라 "누스Nous"라고 부르던 아낙사고라스로부터 배운 것에 깊은 감명을 받았다. 페리클레스의 영향력이 최고조에 달했을 때, 그를 찬미하던 사람들은 페리클레스를 이성의 화신인 **누스**nous로, 그리고 그의 이성이 아테네인들이 하는 행동의 원천이자 기원이라고 생각했다. 실제로 페리클레스가 궁극적으로 창조하고자 했던 정치 세계는 아낙사고라스가 상상했던 물질세계와 아주 닮아 있었다. 소크라테스가 아낙사고라스에게서 얻고자 했던 것은 계속해서 유도되고 통제되는 운동이 아니라 그것의 정치적 표현이라고 할 수 있는 독재dictatorship였다. 여기서 독재란 위에서부터 단일한 생활 방식을 강제하는 것, 다시 말해 사람들에게 자신의 의지와 상관없이 단일한 목적을 따르라고 명령하는 것이라기보다는 아테네 민주 정체의 시민들이 문자 그대로 전적으로 자유롭게, 예측 불가능하더라도 스스로 문제를 해결하도록 하는 것이었다.

그런 체제는 불안정한 상태를 야기할 수도 있다는 점에서 위험했다. 장점이 있다면 수많은 개인이 전례 없는 위대함을 달성하기 위한 공동의 노력에 자발적으로 참여하면서 잠재된 능력을 발산할 수 있다는 것이었다. 소크라테스의 제자인 플라톤 같은 민주주의의 적들은 그의 스승이 아낙사고라스의 물리적 우주에서 발견한 것과 같은 불충분한 것을 외관상 통제되지 않는 정치 세계에서 찾았을 것이다. 반대로 페리클레스는, 투키디데스가 묘사한 대로, 이 개념에서 영감을 받아 그의 자유롭고 민주적인 도시를 이끌 안내자guiding element가 되고자 했던 것 같다.

페리클레스의 귀족적 유산, 외가인 알크마이오니다이 가문의 영향력, 그리고 그의 부친이 달성한 영광 덕분에 그는 어느 누구보다 유리한 위치에서 정치 생활을 시작할 수 있었다. 그러나 이 가운데 어느 것도 왜 그가 배경이 좋은 또 다른 아테네 귀족들과 그렇게 달랐는지, 그리고 궁극적으로 왜 그들보다 뛰어났는지 충분히 설명하지 못한다. 그의 남다른 지적 훈련과 철학적 통찰은 동료들의 일반적인 식견을 능가했고, 정치 생활을 하는 내내 본인의 정책을 입안하는 데 영향을 미쳤다. 아테네의 공적 생활에 이제 막 입문한 이 젊은이는 단지 두 귀족 집안의 후계자에 그치지 않았다. 다른 귀족들처럼 그는 승리, 인정, 정치적 성공에 따라오는 영광을 추구했다. 그러나 그들과는 다르게 이 전투에 자신의 도시의 위대함과 정치적 리더십의 실현이라는 종래와는 다른 새로운 생각들을 품고 뛰어들었다.

정치가

2

페리클레스가 정치적으로 처음 두각을 나타낸 것은 기원전 463년으로 그의 나이 31세 때였다. 야심찬 아테네의 정치인으로서는 다소 늦은 출발이었지만, 다분히 전략적으로 의도한 것으로 볼 수 있다. 페리클레스는 한 세대 앞서는 두 거물 정치인인 테미스토클레스와 아리스티데스가 일선에서 물러나고 키몬이 군사 작전을 수행하느라 도시를 계속 떠나 있던 때를 기다렸다. 또한 대중이 그에게 느끼던 두려움을 불식시켜야 했다. 그들은 페리클레스가 참주이자 굉장한 웅변가였던 페이시스트라토스를 닮았다고 말하면서 그도 참주제를 마음에 두고 있을 수 있다고 생각했다. 이런 의심들이 그의 집안과 연결돼 도편 추방제의 대상이 될 수도 있었다. 하지만 이런 설명은 그의 전략이 치밀하고 실리적이었다는 점을 간과한다. 페리클레스가 정치적 경력을 단계별로 주의 깊게 준비했다는 것은 의심의 여지가 없다. 그렇다고 경쟁이나 사람들의 의심을 사는 것이 두려워서 그렇게 행동한 것은 아니다. 오히려 이것은 그가 아테네 정치의 생리를 날카롭게 인식하고 있었음을 보여 준다.

고대 아테네는 오늘날 우리가 알고 있는 것과 같은 정당political parties이란 것이 없었다. 미국의 공화당이나 민주당 또는 영국의 보수당과 노동당같이 여러 세대에 걸쳐 유지되는 조직들이 없었다. 이런 조직은 개개의 정치가와는 상관없는 별개의 구조 그리고 정치적 충성의 대상인 명칭과 상징을 가지고 있다. 아테네의 정치 생활은 탁월한 개개인과 이들 주위에 몰려드는 지지자들을 중심으로 이뤄졌다. 고대의 저술가들은 이런 정치적 파벌을 '테미스토클레스 주변 사람들' 또는 '키몬과 그의 친구들'이라고 불렀다. 간혹 이러한 정치 집단을 **스타시스**stasis라고 불렀는데 이는 정치적 목적을 위해 '뜻을 같이하는' 사람들을 지칭했으나, 비록 어떤 날은 같은 편에 있다가 다음 날에는 다른 편에 설 수도 있었다.

그런 집단을 만들려면 무엇보다 지지자들을 끌어모을 수 있는 지도자가 필요했다. 페리클레스가 유년기였을 때 아테네의 모든 정치 지도자는 귀족이었고, 거의 모두가 부유했다. 그들의 정치 집단은 대체로 친척들, 친구들 그리고 이들에 의지하거나 영향을 받는 사람들이 핵심을 구성했다. 정치 지도자가 이들 외에 더 많은 지지자를 끌어모으려면 남다른 자질과 업적이 있어야 했다. 민주 정체에서의 정치 생활이라는 것이 대략 6천 명의 시민이 참여하는 민회에서 이뤄진 뒤로는 고차의 수사학적 능력이 중요했다. 또 외모가 좋고, 관대하고, 태도가 상냥하면 인기와 정치적 지지를 얻을 수 있었다. 전쟁에서 승리하고 다른 공무들을 수행하는 것이 이런 집단과 지도자가 정치권력을 강화하는 데 훨씬 더 크게 기여했다. 비록 지도자와 그 친구들의 재산을 늘리는 것이 각 파벌의 주요 목표였지만, 사회적 위상과 정치적 문제 역시 중요했다. 어떤 집단은 농민이 주를 이뤘고, 다른 집단은 도시 거주자가 더 많았다. 어떤 집단은 아테네의 이 지역에, 다른 집단은 저 지역에 지지자가 몰려 있었다. 결국 이런 구분이 차이를 만들었다. 어떤 집단이 하나의 외교 정책을 지지하면, 다른 집단은 반대쪽에 섰다. 국내 문제 또한 입장이 갈렸다. 아테네의 정치 지도자가 성공하려면, 그가 지닌 다른 장점이 무엇이든지 간에, 설득력 있는 정치 강령political program을 만들어 제시할 필요가 있었다.

페리클레스가 성년 초기였을 당시 아테네의 주요 정치가는 페리클레스의 아버지가 기소했던 밀티아데스의 아들, 즉 키몬이었다. 페리클레스가 정치 무대에 데뷔한 기원전 463년에 키몬은 10년 이상 아테네를 지배하고 있는 인물이었다. 그는 정치 지도자로서 보인 놀라운 재능으로, 그리고 쟁점을 정리하고 아테네인들이 자신의 방식대로 사태를 볼 수 있게 설득하는 능력으로 절정의 위치에 도달했다. 개인적이고, 경쟁적인 아테네의 정치 세계에서 페리클레스가 속한 파벌은 키몬이 독보적인 위치에 있는 한 이익은 물론이고 정치 강령 또한 발전시킬 수 없었고, 페리클레스 본인도 강력한 상대가 길을 막고 있는 한 야망을 달성할 수 없었다.

밀티아데스의 아들인 키몬은 부유하고 연고가 좋은 필라이다이Philaidae 가문* 출신이었다. 그에게는 엘피니세Elpinice라는 여동생이 있었는데, 고대의 추문에 따르면, 도덕적으로 문란해 뒷말이 많았다.4) 하지만 키몬은 그녀를 아테네에서 가장 부유하고 유서 깊고 고귀한 케리케스Kerykes** 씨족 출신인 칼리아스Kallias***에게 출가시켰다. 출신 성분으로 봤을 때 칼리아스는 추문이 뒤따르던 여성과 결혼할 인물은 아니었다. 키몬은 알크마이오니다이 출신의 이소디케Isodice****와 결혼했다. 페르시아가 아테네를 침공했던 시기에 키몬은 결혼을 통해 "기원전 5세기 초에 아테네에서 가장 영향력 있는 세 귀족 가문"5)과 결합하면서 전례 없이 강력한 정치 동맹을 형성했다.

이처럼 왕조에 버금가는 배경에다 키몬은 뛰어난 개인적 자질을 결합했다. 그는 키가 크고 곱슬머리의 잘생긴 두상이 보기 좋았다. 태도도 편하고 친근했는데, 특히

---

* 고대 아테네의 유력한 귀족 가문으로 트로이 전쟁 영웅인 아이아스(Ajax)의 아들로 알려진 필라이오스(Philaeus)로부터 내려오는 후손들로서 아티카의 브라우론(Brauron)에서 출발했다.

** 기원전 1200년경 호메로스 시대의 영웅이자 필로스의 왕으로 알크마이오니다이의 시조로 알려진 네스토르의 고향.

*** 아테네의 정치가이자 군인이자 외교관으로 마라톤 전투에도 참여했다. 역사가들은 이름이 같았던 그의 할아버지(칼리아스 1세) 및 증손자(칼리아스 3세)와 구분하기 위해 그를 칼리아스 2세라 부른다.

**** 히포크라테스(페리클레스의 외할아버지)의 아들인 메가클레스의 증손녀로 페리클레스의 어머니와는 5촌 간이다.

거물급 귀족으로서 호감을 샀다. 그는 진부하고 귀족적인, 즉 지적 탐구보다는 신체 활동과 노래하는 것을 강조하는 교육을 받았다. 당대의 비평가인 타소스Thasos섬의 스테심브로토스Stesimbrotos는 그가 시에 대한 교육이 부족했고, 자유인과 그리스인에게 적합한 다른 학습을 받지 못했으며, 아테네인들의 특성인 언어 능력을 기르지 못했다고 비난했다.(플루타르코스, 《키몬》, 4.4) 그러나 사실 키몬은 수사학적 능력을 타고나서 따로 훈련이 필요 없었고 공인으로서 경력을 쌓는 데 무리가 없었다.

키몬은 아테네로서는 결정적인 순간에 개인적인 자질을 증명해 보였다. 기원전 480년에 페르시아 군대가 아테네를 침공하려던 순간 이제 갓 서른 살 정도였던 키몬이 리더십을 발휘해 아테네 정치를 지배해 나가기 시작했다. 아테네 민중은 페르시아 군대가 다가오는데도 무엇을 해야 할지 알지 못했다. 일부는 남아서 신전과 집을 지키고 싶어 했지만, 테미스토클레스는 살라미스섬과 펠로폰네소스반도로 피란을 가라고 다그쳤다. 테미스토클레스의 전략은 아테네의 운명을 해군의 수중에 맡기려 했을 것이다. 이게 아니라면 육군 외에 다른 대안이 없었을 것이다.

20세기 이전의 대다수 사회에서처럼 그리스인들은 사회적 · 정치적 지위에 따라 복무하는 병과가 달랐다. 페르시아 전쟁이 끝나고 150년 뒤에 아리스토텔레스Aristoteles[B.C. 384~B.C. 322]가 이 점을 분명히 지적했다.

> 민중이 농민, 수공업자, 상인, 무산자hired workers로 나뉘어 있고 군대 또한 네 분야, 즉 기병, 장갑 보병, 경보병, 해군으로 나뉘어서 기병을 운용할 수 있는 나라에서는 자연스럽게 강력한 과두정치[또는 귀족정치]가 수립된다. (이유는 거주자들의 안전이 이 병과의 병력에 달려 있고, 말을 키우는 것이 대규모 농지를 소유한 이들에게나 가능하기 때문이다.) 장갑 보병을 운용할 수 있는 나라에서는 [넓은 의미의] 과두 체제를 갖는 것이 자연스럽다. (장갑 보병은 가난한 이들보다는 잘사는 이들에게 입대가 허용되는 병과이기 때문이다.) 그러나 경보병과 해군에 의존하는 나라에서 적합한 정체는 민주주의이다. 《정치학Politics》, 1321a)

테미스토클레스는 위험한 정적이었고 오랫동안 해군력을 지지했다. 해군은 노를 젓는 배를 주력으로 하며 토지가 없던 아테네의 최하층 계급이 승선해 노를 저었다. 따라서 테미스토클레스는 민중한테서는 강력한 지지를 받았지만, 귀족한테서는 불신을 받았다.

다른 한편, 밀티아데스의 아들 키몬은 위대한 필라이다이 가문의 일원이었고, 재산도 많아 소수 귀족만이 가능한 기병으로 복무했다. 페르시아 전쟁 이전의 아테네를 포함해 그리스 국가들 대다수는 주로 토지를 소유하는 농민이 주축을 이룬 장갑보병 부대에 의존했다. 키몬과 같은 계급의 사람은 굳이 전쟁을 해야 할 상황이라면 당연히 지상전을 선호할 것으로 예상됐을 것이다. 지배적인 군 복무 형태와 정치권력의 배분 사이에 분명한 연관이 있었기 때문이다. 그러나 그는 아테네의 유일한 희망이 해전에서 승리하는 데 있음을 알았다. 그래서 자신의 정치 경력을 특징지을 수 있는 기지를 발휘했다. 그는 동지들을 한데 모아 도시를 통과해 아크로폴리스로 향했다. 이곳에서 그는 타던 말의 고삐를 여신 아테나에게 봉납했다. 아테네가 지금 당장 필요한 것은 기병이 아니라 수병과 해병임을 상징적으로 보여 주는 행동이었다. 그리스인들은 승리에 대한 감사의 제물로 쓰러진 적의 무기와 갑옷을 가져와 신전에 봉납하고는 했다. 키몬은 신전에 봉납된 방패 하나를 집어 들고 곧장 함선으로 진군했다. 이는 "많은 이에게 용기를 불어넣은"(플루타르코스, 《키몬》, 5.2-3) 행동이었다. 키몬은 현실적인 판단력과 도덕적 리더십을 겸비하고 있어 모든 계급의 아테네인과 정치적 파벌에게서 사랑을 받았다.

살라미스 해전에 참전해 누가 봐도 용맹하고 눈부시게 싸워 큰 승리를 거두고 난 이듬해에 젊은 키몬은 크산티포스와 아리스티데스 같은 노련한 베테랑과 함께 스파르타 사절단으로 선발됐다. 이 사절단은 한 젊은이에게 굉장히 중요한 임무였다. 이 여행을 통해 그가 스파르타 및 그곳의 지도자들과 다진 우호가 그의 정책에서 내내 중심을 차지했다.

페르시아 전쟁 당시, 스파르타는 그리스 국가들 사이에서 가장 강력했고, 당시 그리스 세계에서 유일한 국제기구였던 펠로폰네소스 동맹*의 지도자였다. 스파르타의 힘은 막강한 군사력에 의존했다. 스파르타의 군대는 어린 아테네 민주주의의 자유롭고 개인주의적인 분위기와는 완전히 달랐다. 엄격한 규율의 단체 생활에 맞게 용맹과 복종을 가르쳤다. 이렇게 각기 다른 사회가 서로 불신하는 것은 당연했다. 더구나 아테네의 권력이 강해지던 때라 불신은 더했다. 키몬은 스파르타와의 우호 관계를 자랑스럽게 말하며 아테네 민주 정체에서 계속 영향력을 행사할 수 있는 드문 인물이었다. 이것이 가능한 이유는 스파르타인들에게 아테네인들을 설명하고, 아테네인들에게 스파르타인들을 설명하면서 항상 두 민중 간의 불안전한 우정을 유지하고자 했던 그의 역할 때문이었을 것이다.

페르시아 전쟁 이후에 키몬은 도시 국가들 간의 관계를 정립하는 데 중요한 역할을 수행했다. 기원전 479년 페르시아인들이 퇴각하면서 전쟁을 마무리 짓지 못했다. 페르시아인들이 패퇴하기는 했지만 파괴되어 다시는 세력화할 수 없게 된 것은 아니었다. 소아시아 안팎에 인접한 그리스 도시들은 여전히 해방될 필요가 있었고, 이미 자유를 얻은 도시들은 방비가 필요했다. 그리스인들 또한 페르시아인들이 저지른 살상과 파괴를 대갚음하기 위해 복수를 생각했다. 그래서 스파르타가 관할하던 에게해를 가로질러 군대를 보냈다.

스파르타인들은 동료 그리스인들을 업신여기고 무례하게 다루면서 빠르게 악명을 쌓았다. 성격이 거칠고 태도가 거만했던 스파르타의 파우사니아스Pausanias[?~B.C. 470] 장군은 다른 그리스인들을 멀리했다. 플루타르코스에 따르면, "동맹 국가의 장군들

---

* 고대 그리스의 스파르타를 중심으로 펠로폰네소스반도의 도시 국가들이 맺은 군사 동맹이다. 기원전 6세기에 스파르타가 무력으로 여러 도시 국가들과 개별적으로 군사 조약을 체결하기 시작해 기원전 500년에 이르러 아르고스(Argos)를 제외한 전 펠로폰네소스를 통합하는 도시 동맹으로 발전했다. 아테네를 중심으로 했던 델로스 동맹과 대립 관계였다.

에게 화를 내면서 가혹하게 다뤘으며, 병사들에게는 채찍질을 가하거나 철로 된 닻을 멘 채 하루 종일 서 있도록 했다. 누구도 침구나 음식을 가져다줄 수 없었고, 스파르타인들 앞에서는 물을 떠다 주러 샘물이 있는 데로 내려갈 수 없었다. 행여 그러는 자가 있으면 그들의 종복들이 들고 있는 채찍을 휘둘렀다".《아리스티데스Aristides》, 23.2-3) 아리스티데스와 키몬이 아테네 분견대를 이끌었다. 그리고 민첩하고 예의 바른 행동으로 동맹 국가들의 신임을 샀다. 이에 따라 페르시아 군대가 다시 침범할 것을 우려한 대다수 그리스인이 아테네인들에게 앞장서 줄 것을 요구했고, 아테네인들은 이를 받아들였다.

펠로폰네소스반도 한가운데에 위치한 내륙 국가로 이것이 항상 신경 쓰였던 스파르타인들이 페르시아와의 계속된 전쟁을 주도하던 리더십에서 탈퇴했다. 그리고 기원전 478년~기원전 477년 겨울에 남은 동맹국들이 에게해 한가운데에 있는 델로스섬에 모여 새로운 동맹을 결성했다. 동맹의 목적은 그리스인들을 페르시아의 지배에서 해방시키고 복수를 하는 것이었다. 동맹은 완전한 공격과 방어를 지향했고, 회원 자격은 영구적이었다. 비록 각 국가가 평의회common council에서 하나의 투표권을 가졌지만, 아테네가 사실상 동맹의 수장이었다. 아테네인이 각 동맹국이 분담해야 하는 몫을 결정했고, 이 동맹의 자금을 관리했으며, 모든 지출을 마음대로 했다.

소위 델로스 동맹으로 불리는 이 동맹은 아테네의 모든 정치인과 파벌의 지지를 받았는데, 객관적으로 보면 테미스토클레스의 정책이 성공한 것으로 볼 수 있다. 그는 처음으로 페르시아의 침공 가능성을 경고하고 해군 정책을 지지한 인물들 중 한 명이었다. 그리고 그의 전략 덕분에 페르시아의 침공을 막아 낼 수 있었다. 바야흐로 아테네가 페르시아 군대와의 해전을 전면에서 지휘하기로 하면서 이로부터 나올 명예, 부, 권력은 그들의 것이나 다름없었다. 이런 점에서 테미스토클레스가 새로운 동맹과 이 동맹이 치른 전쟁들에서 아무런 역할을 수행하지 못했다는 것은 이

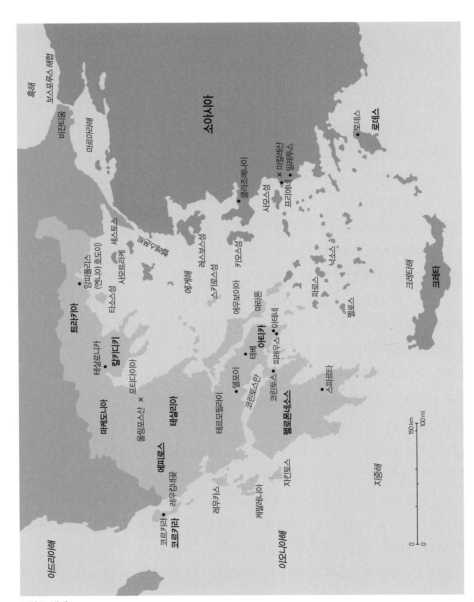

그리스 세계

상한 일이다. 파우사니아스가 주도한 군사 작전, 새로운 동맹의 구성, 분담금의 부과, 동맹군의 지휘 임무가 아리스티데스와 키몬의 수중으로 넘어왔다. 먼저 아리스티데스가 주도권을 잡았고, 뒤에 키몬이 물려받았다.

왜 테미스토클레스가 배제됐을까? 국내 정치가 크게 작용했다. 아리스티데스와 크산티포스는 권력 투쟁을 벌이면서 도편 추방을 당했다. 키몬이 나이도 먹을 만큼 먹고 확실히 두각을 보였다면 같은 운명을 걸었을 수도 있다. 테미스토클레스의 적들은 쌓인 원한을 풀고 싶어 했고, 그래서 그가 다시 권력을 잡는 것을 두려워했다. 페르시아가 침공하기 전에 평판이 좋았던 테미스토클레스는 전쟁을 치르면서 오히려 더 큰 영예를 얻었다. 그는 페르시아와의 전쟁에서 가장 위대한 영웅이었고 모국 아테네에서뿐만 아니라 그리스 전역에서 존경을 받았다. 페르시아를 무찌른 뒤 치른 첫 번째 올림피아 경기에서 관중은 선수들contestants이 아닌 테미스토클레스를 응시하면서 갈채를 보냈다고 한다. 그의 권력이 강해져 자신들을 위협할까 봐 경쟁자들이 합심해 그를 견제했다. 키몬이 도모한 결혼 동맹, 그리고 그와 아리스티데스와의 긴밀한 연대가 테미스토클레스가 새로운 기회를 활용하는 것을 철저히 차단하면서 결국 그를 좌절시킬 만큼 막강했음이 입증됐다.

하지만 테미스토클레스의 고립은 단지 개인적이고 당파적인 것이 아니었다. 외교 정책을 두고 의견 대립이 심해 갈등을 빚었다. 이 갈등은 페르시아가 철수하면서 바로 시작되었다. 아테네는 아수라장이었고 성벽은 파괴돼 남은 곳이 거의 없었다. 그래서 아테네인들은 도시와 성벽을 다시 재건하기 시작했다. 스파르타인들은 성벽으로 둘러싸인 도시를 좋아하지 않았다. 군대가 워낙 막강해서 성벽이 필요치 않았지만, 그렇다 보니 포위 공격에는 약했다. 스파르타의 동맹국들은 아테네인들이 페르시아와 직전에 치른 전쟁에서 용맹하게 싸운 것이 눈에 거슬렸다. 그래서 스파르타인들을 종용해 아테네가 성벽을 쌓지 못하도록 했다. 성벽 쌓는 일을 뒤에서 추진했던 테미스토클레스는 스파르타인들이 아무 대응을 하지 못하도록 속이면서 성벽이 제 기능을 할 수 있을 정도로 높이 쌓았다. 그런 다음 아주 도발적인 연설을 했다. 스파르타가 주장하는 리더십을 거부하면서 아테네가 스파르타의 속국이 아니라 동등한 국가라고 주장한 것이다. 스파르타인들은 공개적으로 불평하지는 않았지만, "속으로는 분개했다".(1.92) 이때부터 스파르타가 테미스토클레스에게 적대감을 갖기 시작했고, 이 적대감은 그가 그리스에서 추방당할 때까지 계속됐다.

단단한 성벽은 아테네가 맡은 새로운 역할을 수행하는 데 필요한 부분이었다. 그러나 스파르타를 적대시하는 것은 그렇지 않았다. 스파르타인들은 전쟁 이후 정책을 두고 서로 분열돼 있었고, 대다수가 아테네의 우호적인 리더십 아래로 들어간 에게해에서 아테네의 헤게모니를 받아들일 준비가 돼 있었다. 그들은 키몬을 좋아했고 지지했다. 키몬도 그들에게 화답했다. 키몬은 스파르타인들의 검소하고 예의 바른 자세를 항상 칭송했고 뒤지지 않으려고 보란 듯이 노력했다. 그는 아들들 가운데 한 명의 이름을 ('스파르타식'으로) 라케다이모니우스Lacedaemonius*라 지었고, 이 아들은 나중에 아테네에서 스파르타를 대변하는 **외교 대리인**proxenos**이 됐다. 스파르타인들은 공개적으로 키몬을 지지했고, 키몬은 그들의 지지를 받는 것을 자랑스러워했다. 스파르타와는 상호 우호적인 관계를 유지하면서 페르시아인들과 전쟁을 수행하는 것이 키몬의 정책이었다. 물론 테미스토클레스는 아테네의 권력이 강해지는 것을 의심하고 질시하는 스파르타파가 있음을 알았고, 그들이 드러내는 위협을 두려워했다. 반면 키몬은 대다수 스파르타인의 의도가 평화를 위한 것이고, 아테네가 델로스 동맹을 주도하는 것도 별로 개의치 않는다고 생각했다. 키몬의 정책이

---

* 라케다이모니우스는 스파르타의 고대 이름인 라케다이몬(Lacedaemon)에서 따온 이름이다. 아테네의 장군으로 기원전 433년에 일어난 시보타 해전(Battle of Sybota)에서 함대를 이끌었다.

** 외교 대리인(proxenos)은 고대 그리스 국가들 사이에 존재했던 독특한 외교 행태로 대개 영사 업무를 담당했다. 외교 대리인은 외교 상대국에서 파견된 자가 아니라 해당 국가의 시민 중 한 명을 뽑아 그가 대표하는 상대국의 편에서 외교 업무를 담당했다. 보통 대를 이어 하는 것이 관례였으나 여하튼 상대국에서 파견한 사람이 아니기 때문에 언제나 상대국을 대변한 것은 아니었다.

좀 더 관심을 끌면서 지지를 받았다. 테미스토클레스는 아테네의 정치 투쟁에서 패하면서 기원전 473년에 도편 추방됐다. 이듬해에 스파르타의 선동으로 (알크마이오니다이 가문의 일원인) 레오보테스Leobotes가 테미스토클레스를 반역죄로 기소했다. 이때 테미스토클레스는 페르시아로 도피했다가 그곳에서 사망했다. 아테네는 키몬의 스파르타 정책을 신뢰했고, 따라서 키몬을 따랐다.

키몬의 두 가지 판단이 옳았음을 증명하는 사건들이 곧장 일어났다. 키몬이 군사 원정을 주도하면서 델로스 동맹을 굳건히 하고, 해적들을 물리치고, 에게해에서 페르시아인을 몰아내는 등 연거푸 승전보를 보내왔다. 그의 군사 작전은 아테네에 안전, 풍요, 권력을 가져다줬다. 물론 이로 인해 키몬 또한 부, 명예, 인기를 얻었고, 이 모든 것이 그의 정치적 위상을 강화했다. 특히 그는 정치적 효과를 높이기 위해 재력을 활용했다. 그는 어디를 가든 좋은 의복을 갖춰 입은 젊은이들을 거느리고 다녔는데, 이들은 입고 있는 옷을 길에서 만나는 가난하고 나이 든 시민들과 바꿔 입었다. 또한 많은 잔돈을 가지고 다니면서 가난한 사람들을 만나면 그들의 수중에 몇 푼씩 건네줬다. 자신의 이웃 마을 사람들, 즉 고향 사람들에게는 훨씬 더 그리고 더 공공연하고 깜짝 놀랄 정도로 잘 대해 줬다.

> 그는 자신의 농장 주변을 둘러싼 울타리를 제거해 이방인들과 시민들이 언제든 들어와 과일을 따 먹을 수 있도록 했다. 그리고 매일 자신의 집에서 식사를 제공했는데, 간단한 식사이기는 했지만 많은 사람이 먹기에 충분한 양이었다. 가난한 사람들은 부담 없이 와서 일용할 양식을 얻어 갔고, 그 외 사람들은 이곳에서 식사를 하면서 편하게 공무public business에만 전념할 수 있었다. (플루타르코스, 《키몬 Cimon》, 10.1)

키몬은 천성이 너그러운 사람이었다. 하지만 이런 행동은 개인 성향을 넘어 고도의 정치적 계산이 깔린 것이었다. 키몬은 델로스 동맹의 성공과 이것을 주도한 해군력이 전함의 노를 젓는 하층 계급에 힘을 실어 주던 민주 국가의 보수 정치인이었다. 정치적인 성공을 이어 가자면 그들의 지지가 필요했고, 그래서 가난한 시민들의 편을 들면서 그들이 필요로 하는 것을 웬만하면 충족시켜 주는 것이 그의 정책이었다. 그는 가난한 사람들 사이에서 타고난 지도자로 인정받았던 테미스토클레스와 그의 파벌이 다져 놓은 토대에 필적하는 기반을 마련할 방법을 찾았다. 보스턴, 뉴욕, 시카고의 옛 거물 정치인들처럼 그는 가난한 유권자들이 개인적으로 원하는 것을 들어주고 필요할 때 그들이 반드시 투표하게 하면서 충성스러운 지지자들을 확보했다.

이런 식으로 굉장히 보수적인 국내 정책을 펼칠 수 있었다. 페르시아 제국이 침범해 오기 30년 전에 클레이스테네스가 도입한 민주 정체는 아테네에서 가장 높은 직책이었던 집정관의 자리를 부유한 상층 계급에게 국한하는 관행을 바꾸지 않았다. 그가 여러 업무 가운데 민회의 법안을 마련하기 위해 고안한 500인 평의회는 아마 하층 계급을 배제했을 것이다. 더구나 아레오파고스 재판소는 건드리지 않고 그대로 됐다. 이 기구의 기원은 전설적인 시대로까지 거슬러 올라가는데, 아테네가 순전히 귀족 공화정aristocratic republic이던 시절에 중요한 통치 도구였다. 매년 아테네인들이 부유한 귀족 중에서 열 명의 집정관을 선출했다. 그리고 그해 말에 이 열명이 아레오파고스 재판소로 올라가 이곳에서 평생을 복무했다. 이렇게 구성된 기구가 엄청난 위상과 영향력을 떨치는 것은 당연했다. 클레이스테네스의 개혁 이후에도 이 기구는 행정관들과 법을 감독할 수 있는 석연치 않지만 그럼에도 불구하고 실질적인 권한이 있는 것으로 간주됐다.

그러나 기원전 487년~기원전 486년에 집정관들을 뒤에 궁극적으로 추첨제로 자리 잡는 한 절차를 통해 선출하도록 규정하는 새로운 법이 제정됐다. 이후 집정관으로 선출되는 사람들은 순전히 운이었지 혈통, 지성, 인격 같은 특별한 자질과는 상관이 없었다. 이런 민주적 혁신은 집정관의 지위와 전직 집정관들이 평생을 복무했던 재판소의 위상을 떨어뜨렸다. 상층 계급에 일격을 날린 이 사건은 아마도 테미스토클레스와 그의 파벌이 벌인 일이었을 것이다. 그리고 이 시기를 전후로 그가 정적들을 도편 추방한 것도 그 연장선상이었을 것이다. 이는 정치 지도자들 사이에서 벌어진 개인적인 경쟁의 일부였지만, 아테네에서 귀족 정체와 민주 정체 간의 갈등이 계속되는 중에 꾸민 책략이기도 했다.

페르시아 전쟁 기간 동안 살라미스 해전과 미칼레 전투에서 테미스토클레스와 아테네 함대의 노를 저은 가난한 사람들이 결정적이고 영웅적인 역할을 수행하면서 대중의 영향력이 상층 계급에 비해 더 증가할 것으로 예상했었을 수 있다. 그런데 아리스토텔레스가 전하듯이 "페르시아 전쟁 이후 아레오파고스 재판소는 다시 강해졌고 도시를 통제했다. …… 17년 동안 이 기구는 이곳에서 복무한 아레오파기테Areopagite들*과 마찬가지로 그대로 남아 있었다".(아리스토텔레스, 《아테네인들의 정체》, 21.3: 25.1) 17년이란 기간(기원전 479년~기원전 462년)은 키몬이 아테네에서 주도권을 행사하던 시기였다. 페르시아 전쟁 직후, 대다수 아레오파기테가 여전히 할당제가 아닌 선출제로 뽑히기는 했지만, 이 전쟁에 크게 기여하면서 위상이 더 강화됐다. 그들은 새로운 법을 통과시키지 않았으며 순전히 그들의 낡은 비공식적 권한을 행사하기 시작했다. 정치상 우호적인 분위기, 특히 키몬의 인기에 힘입어 이런 행태가 가려졌다.

하층 계급의 정치적 역할이 늘어나는 것을 견제하면서 귀족의 영향력을 복원하는 것이 키몬의 정책이었다는 것은 의심의 여지가 없다. 기원전 462년에 완전한 민주주의를 위한 일대 사건**이 일어났을 때, 키몬은 아레오파고스의 권한을 확대하는

---

*   아레오파고스 재판소의 재판관을 아레오파기테(Areopagite)라고 부른다.

**   보수파와 귀족들이 스파르타 원정을 떠난 사이 하층 계급(함대의 노를 젓는 가난한 계급. 테테스라 부름)이 급진파와 손을 잡고 민회에서 하나의 개혁안을 통과시키는데, 바로 아레오파고스의 권한을 평의회와 민중 법정으로 넘긴다는 내용이었다. 이때부터 민주주의의 어원인 '데모스 크라티아(demos kratia)'라는 말이 사용되기 시작했다. 데모스는 시민, 크라티아(또는 크라토스)는 권력을 뜻한다.

것을 지지하면서 "클레이스테네스의 시절에 [그랬던 것처럼] 귀족 정체를 되살리고자 했다".(플루타르코스, 〈키몬〉, 14.2) 물론 클레이스테네스의 아테네는 귀족 정체가 아니라 제한적인 공경 민주주의deferential democracy였다. 모든 시민이 고위 공직을 수행할 능력이 있다고 보지 않았다. 최종 결정이 모든 시민이 참여하는 민회에 맡겨지기는 했지만, 그들은 그들보다 지위가 높은 사람들이 내놓은 결정을 그대로 따랐다. '아레오파기테 체제'*를 활용해 키몬은 아테네의 민주주의를 초기 형태로 되돌려서 유지하고자 했다. 정치, 군사, 사회 상황의 변화에도 불구하고 그가 아주 오랫동안 그렇게 할 수 있었던 것은 뛰어난 재능 덕분이었다. 시간이 지나면서 아테네의 권력, 부, 안전은 점점 더 하층 계급에 의존했다. 하층 계급은 그들의 정치 체제가 자신들의 새로운 지위를 완전히 인정하지 않음에도 불구하고 기꺼이 받아들였다. 그들이 해전에서 승리하며 얻은 권력과 자부심 그리고 이제 막 싹트기 시작한 제국의 번영이 불만을 감내할 수 있는 원천이었을 것이다. 그러나 가장 큰 공로는 키몬의 몫일 것이다. 그는 자신이 달성한 성취들과 타고난 재능들로 대중적 인지도를 얻었고, 이를 바탕으로 국내와 해외에서 그대로 정책을 유지한 사실상 난공불락의 존재였다.

이런 상황에서 페리클레스가 정치 인생을 시작했다. 그런데 그가 아테네의 역사에서 최초로 두각을 나타낸 것은 정치적인 인물로서(적어도 드러내 놓고 그렇게 행동하지는 않았다)가 아니라 오히려 종교적이고 예술적인 인물로서였다. 매년, 아테네의 최고 집정관이 시인 세 명을 선정해 다가오는 제전에 있을 경연에서 합창단과 주연 배우로 공연할 수 있게 허락했다. 이에 앞서 최고 집정관은 세 명의 부유한 아테네인을 선

---

* '아레오파기테 체제'는 아리스토텔레스가 쓴 《아테네인들의 정체Constitution of the Athenians》(아리스토텔레스가 아닌 그의 제자 중 한 명이 썼다는 설도 있다)에 묘사된 고대 아테네의 한 시기로 기원전 470년대 후반 테미스토클레스가 도편 추방을 당하고 나서 기원전 462년에 에피알테스의 개혁들이 도입되는 시기이다. 이때 아레오파고스가 아테네의 정치를 지배했다. 물론 학자들 사이에서는 실제로 이런 체제가 법적으로 존재했었는지, 아니면 그냥 현상으로만 존재했었는지를 두고 논란이 있다. 도널드 케이건은 후자의 입장이다.

정해 **코레고이**choregoi˙로 또는 제작자로, 즉 각 시인당 한 명씩 배정했다. 그들의 임무는 합창대와 이들을 훈련시킬 합창-지휘자를 고용하는 것이었다. (**코레고이** 사이에서도 시인들과 배우들만큼이나 경쟁에서 승리해 영광을 누리고자 하는 열망이 높았고, 그들의 이름이 우승자들과 나란히 우승자 명부에 새겨졌다.) 기원전 472년에 열린 연례 디오니소스 제전에서 선정된 세 명의 시인 중에 아이스킬로스가 있었다. 당시 관례대로 그는 세 편의 비극과 한 편의 사티로스Satyros극˙˙을 제출했는데, 이해에 아이스킬로스에게 지정된 **코레고스**choregos가 크산티포스의 아들 페리클레스였다. 후원자에게 경사스럽게도 아이스킬로스가 제출한 연극들이 1등을 했다. 그중 하나였던 〈페르시아인들〉이 전해 내려온다.

페리클레스는 부친이 얼마 전에 사망하면서 재산을 물려받은 터라 합창대의 비용을 지급할 자금이 있었다. 아테네인들은 직접세direct taxation를 부담하지 않았다. 전시에도 마찬가지였다. 제전에 참가하는 합창대의 경비, 거기에 함대의 채비에 필요한 군비를 충당하기 위해 아테네는 '**전례**leiturgia'˙˙˙라고 부르는 공적 의무public duty를 가장 부유한 시민들에게 부과했다. 아테네가 번창하던 기원전 5세기에 부자들에게 주기적으로 할당되던 이 비용은 그들이 대중의 호의를 얻을 수 있는 기회여서 누가 이것을 더 잘 수행하는지 경쟁이 벌어져 필요로 하는 것보다 더 많은 공적 의무를 자청했다. 부친이 사망하면서 페리클레스가 가업을 넘겨받은 직후에 이런 공적 임무가 우연히 부과됐을 것 같지는 않다. 야심이 컸던 페리클레스가 대중의 환심을

˙ 단수형은 코레고스(choregos). 고대 그리스 시대 합창단(chorus)이나 연극 무대의 경비를 부담한 부유한 후원자를 뜻한다. 집정관이 제전의 기획자라고 한다면, 코레고스는 후원자이자 제작자로 무대장치와 배우들의 의상 및 임금 등을 지원했다.

˙˙ 사티로스극은 고대 그리스 시대에 비극과 함께 상연된 연극으로 4부작 연극의 네 번째 극이었다. 비극적인 3부작에 이어 합창단이 숲의 반인반수(半人半獸) 사티로스로 분장하고 춤을 추면서 디오니소스 찬가를 부르던 희극이었다.

˙˙˙ 레이투르기아(leiturgia)는 '대중(litos)을 위한 임무(ergos)'란 뜻으로 아테네의 부자들은 대제전의 경연 비용이나 전쟁 준비 비용 등 공공의 목적을 위한 비용을 기꺼이 부담했다. 오늘날 종교 의례의 하나로 '전례'를 뜻하는 liturgy가 레이투르기아에서 유래했다.

살 최고의 기회를 직접 붙잡은 것일 수 있다.

시인들에게 **코레고이**를 배정하는 것은, 항상 그런 것은 아니었지만, 무작위는 아니었던 것 같다. 테미스토클레스는 한 차례 시인 프뤼니코스Phrynikos[B.C. 535~?]*의 **코레고스**를 맡은 적이 있었다. 프뤼니코스는 다른 비극 작가들과 달리 당대의 주제들로 작품을 썼다. 헤로도토스에 의하면, 페르시아에 대한 이오니아 그리스인들의 반란을 종식시킨 밀레투스의 몰락 직후 프뤼니코스가 〈밀레투스의 함락〉이라는 비극을 무대에 올렸다. 연극을 보러 극장에 온 모든 이가 눈물을 흘렸다. 그리고 전해오는 이야기에 따르면, 이 연극을 본 아테네인들이 너무 비통한 나머지 시인에게 벌금을 부과하고 연극이 다시는 상연되지 못하도록 금지했다고 한다(헤로도토스, 《역사》, 6.21). 하지만 당시 반페르시아 감정이 테미스토클레스의 정책과 정확히 맞아떨어진다는 것을 고려하면 어쩌면 그가 일부러 **코레고스**를 자임한 것일 수도 있다. 물론 테미스토클레스의 정적들이 일부러 이 작품의 상연을 금지시켰다고 볼 수도 있다. 경쟁이 심했던 아테네의 정치 세계는 시인들에게조차 위험한 곳이었을 수 있다.

〈페르시아인들〉은 신화적인 주제가 아니라 당대의 화제를 다룬 것으로 우리가 알고 있는 아이스킬로스의 유일한 연극이다. 이 연극은 겨우 7년밖에 지나지 않은 살라미스 전투를 다루는데, 페르시아가 이 전투에서 패한 것을 알고 고통스러워하는 페르시아 여성들(합창단원들)을 보여 줬다. 또한 이 전투에서 승리한 아테네의 영광을 찬양했는데, 이러한 점이 이 도시의 주신제Dionysia에 참가한 관중과 심사원들의 마음을 사로잡았을 것이다. 페리클레스는 합창단이 이런 연극을 상연할 수 있게 후원한 것이 기뻤을 것이고, 일부러라도 아이스킬로스의 코레고스가 되려고 했을 수 있다. 페리클레스가 테미스토클레스에게 큰 영광을 안긴 전쟁을 기리고자 했다는 것, 특히 그가 자신의 아버지와 경쟁 관계였다는 것을 고려하면 정말 의외일 수 있

---

* 고대 그리스의 초기 비극 작가들 중 한 명으로 고대 비극의 창시자로 불리기도 한다.

페리클레스

다. 그러나 당시 페리클레스가 테미스토클레스에게 반감이 있었다고 볼 이유가 없다. 게다가 테미스토클레스는 아테네 정치인들에게 더 이상 골칫거리가 아니었다. 그는 1년 전에 이미 도편 추방을 당했고, 추방 상태에서 얼마 지나지 않아 배신자로 낙인이 찍히면서 아테네로 다시는 돌아오지 못할 운명이었다. 더구나 〈페르시아인들〉은 관중에게 살라미스 해전은 물론이고 그리스인들이 페르시아에 거둔 위대한 승리를 환기시켰다. 이 해전은 그리스인들이 직전에 거둔 승리였다. 그리고 승리의 주역이 아테네의 장군이자 이 연극의 **코레고스**였던 페리클레스의 부친으로 얼마 전에 세상을 떠난 크산티포스였다. 페리클레스는 아테네를 향한 충성심의 행위로, 그리고 부친을 명예롭게 추도하려는 의도에서 아이스킬로스의 연극을 후원했다. 이런 연극을 무대에 올려 우승을 거둔 것은 야심찬 젊은이가 아테네 민중에게 자신을 알리는 방법으로 나쁘지 않았다.

　화려한 데뷔 이후 페리클레스는 군 복무에 전념하면서 여러 차례 군사 원정에 참가해 "용맹하고 위험을 감수하는"(플루타르코스, 《페리클레스》, 7.1) 모습을 보여 줬다. 델로스 동맹 형성 초기 분주하고 활기찬 시기에 군 복무 경력은 같은 계급의 젊은이들에게 자연스러운 것이자 예상 가능한 일이었다. 육상과 해상에서 습득한 단련과 경험이 그가 여러 해 동안 아테네 장군으로 복무하는 데 크게 기여했다. 하지만 군 복무 경력과 그 과정에서 드러낸 용맹함은 정치적 미래를 위해서도 반드시 필요했다. 그리스인들은 자신의 지도자가 경기장에서든 전투에서든 거침없는 용기와 더불어 충성심과 관용, 고귀한 기품을 보여 주길 기대했다. 키몬은 군인으로 용맹함을 보인 덕분에 권력을 잡을 수 있었고, 누구든 정치 경쟁에 뛰어들려면 적어도 명예로운 일을 하거나 군인으로서의 역량을 보여 줄 수 있어야 했다. 이때는 장군들이 불가피하게 아테네 정치에서 진짜 중요한 사람들이 됐다. 집정관들은 1년만 복무했고, 기원전 487년~기원전 486년 이후에는 추첨으로 선출됐다. 반면, 장군들은 직접 선거로 선출됐고 재선출에 제한이 없었다. 또한 델로스 동맹의 형성은 아테네 장군들이 이방인barbarian*을 몰아내고, 아테네를 위해 전리품을 획득하고, 해상 질서를 유지하고, 그리고 영광을 얻고자 매년 군사 작전을 감행했다는 것을 의미했다. 장군들이 적절한 때가 되면 아테네 정치에서 사실상 핵심 인물이 되는 것은 당연한 일이었다. 키몬은 군대 경력이 화려하다 보니 이 과정이 남들보다 빨랐다. 기원전 460년대 무렵, 정치 지도자가 되기 위해서는 군 복무를 하는 것이 당연했다. 페리클레스는 서른 살이 되었을 때 장군으로 선출됐다. 당시 장군이 될 수 있는 최저 연한이 서른 살이었다. 그는 50척의 함대를 이끌고 이웃하는 키프로스Kypros섬**으로 군사 원정을 떠났다.

페리클레스가 처음으로 키몬을 직접 공격할 때 선봉에 서게 된 것도 이런 성공과 일찌감치 드러낸 탁월함 때문이라고 할 수 있을 것이다. 키몬의 명성이 압도적이었다고 해도 모든 반대 세력을 완전히 꺾지는 못했다. 이 반대 세력의 지도자가 에피알테스Ephialtes***였다. 그는 정의롭고 청렴하기로 유명했던 테미스토클레스의 협력자로 출발했지만, 테미스토클레스가 도편 추방당한 뒤에 반대 세력의 지도자가 됐다. 에피알테스와 그의 세력은 키몬의 권력, 그리고 그가 대표하는 귀족 세력의 권력을 파괴하고 아테네의 민주주의를 확장하기 위해 하층 계급에 더 큰 권력을 주고 싶어 했다. 이 제국에 심각한 문제가 발생했을 때 그런 기회가 왔다.

기원전 465년, 에게해 북부의 중요한 섬으로 델로스 동맹의 창립 회원인 타소스와 아테네가 타소스섬 맞은편에 위치한 트라키아Thracia 대륙****에 있는 금광 한 곳과

---

* 고대 그리스 시대에 'barbarian'은 이방인을 뜻하는 말로 현대의 '미개인'과는 의미가 다르다.

** 지중해 동단에 있는 작은 섬.

*** 고대 아테네의 정치가로서 초기 민주 정체의 발전을 이끈 지도자들 중 한 명이다. 기원전 460년대 말, 그는 아레오파고스 재판소의 권력을 축소시키는 개혁을 단행하면서 급진 민주주의(radical democracy)의 길을 열었다는 평가를 받고 있다. 하지만 이로 인해 그의 개혁 정책에 반대하는 세력에 의해 암살됐다.

**** 고대 그리스어로는 트라케(Thrace). 전통적으로 발칸반도의 남동쪽에 흑해, 에게해, 마르마라해(또는 마르모라해)로 둘러싸여 있는 지역을 말한다.

몇 개의 무역 거점에 대한 지배권을 두고 다툼을 벌였다. 타소스 반란은 델로스 동맹의 역사에 일대 전환점이었다. 아테네가 이 동맹의 군대를 동맹 전체의 목적이 아니라 순전히 자신의 목적을 위해 동원했기 때문이다. 키몬은 신속히 적의 함대를 물리치고 섬을 포위한 뒤 길고 어려운 싸움을 이어 갔다. 동시에 경제적으로나 군사 전략적으로 요충지였던 엔니아 호도이[Ennea Hodoi '9개의 길'이란 뜻] 근처에 식민지를 만들고자 1만 명의 아테네인과 동맹국 사람을 상륙시켰다. 불행하게도 이 식민지는 원주민 군대에 의해 곧바로 파괴됐다. 한편, 타소스인들은 2년 넘게 아테네의 포위 공격을 버텼다. 포위 공격이 쉽지 않고 오래 걸리면서 많은 비용이 들자 아테네인들은 초조해졌다. 궁극적으로 타소스를 굴복시키고 응징을 가하기는 했지만, 이 군사 작전은 키몬이 주도한 모든 작전 가운데 가장 불명예스러운 것이자 실패작이었다. 당연히 아테네인들은 불평불만을 늘어놓았다.

에피알테스와 그의 파벌은 키몬을 공격할 절호의 기회라 생각하고 키몬이 편을 들었던 것들, 즉 아레오파기테 권력, 제한된 민주주의, 스파르타와의 우호 관계를 맹렬히 공격했다. 타소스인들의 반란이 일어나기 몇 년 전에 키몬은 인기에 힘입어 이런 정책들을 지지했었다. 그러나 이번 군사 작전에 대한 실망감, 그리고 키몬이 작전을 지휘하느라 아테네를 오랫동안 비우면서 인기가 시들해졌다.

에피알테스와 페리클레스가 장군으로 선출된 것은 아마 타소스를 포위 공격하던 시기였을 것이다. 그리고 이 시기에 에피알테스가 아레오파고스 재판소를 공격하기 시작했을 것이다. 그러나 이 기구 자체 또는 그것의 권력을 공격하기에는 아직 시기가 무르익지 않았었다. 그래서 그는 재판소의 신뢰를 떨어뜨리기 위해 재판관들 개개인을 공격했다. 아테네의 관리들은 재직한 해의 말미에 활동과 관련한 재정 지출 및 기타 내역을 제출해 공개 검증public scrutiny을 받았다. 이는 아테네 민주 정체의 한 특징이었는데, 에피알테스는 이것을 구실로 아레오파고스 재판소로 옮겨 갈 집정관들에게 공금 횡령 혐의를 씌워 재판소에서 제거하는 데 성공했다. 아마도 이미 그는 비슷한 혐의를 기존 재판소의 재판관들에게도 덧씌워 똑같이 성공했을 것이다.

이들 재판은 아레오파고스 재판소의 위상을 약화시켰고, 이에 고무된 에피알테스와 그의 지지자들은 같은 전술을 주요 표적에 적용하고자 했다. 타소스가 항복한 기원전 463년에 기회가 왔다. 키몬이 아테네로 돌아오자마자 군기 위반으로 기소됐다. 명목상의 혐의 내용은 그가 아테네인들을 위해 마케도니아Macedonia*를 정복할 수 있는 좋은 상황이었는데도 마케도니아 왕으로부터 뇌물을 받고 그 믿음을 저버렸다는 것이었다. 그런데 이런 혐의는 키몬을 실질적으로 비난하는 것이 얼마나 어려운지, 그리고 그의 정적들이 그를 몰아내기 위해 이번 기회를 활용하고자 얼마나 적극적이었는지를 보여 준다. 마케도니아를 침범하는 것은 그의 임무가 아니었다. 그리고 키몬같이 부유한 귀족이 뇌물을 받았으리라는 생각은 터무니없다. 그러나 구체적인 혐의 내용이 중요한 것은 아니었다. 모든 사람이 이것이 키몬과 그의 정적들이 힘 대결을 벌이는 정치 재판, 즉 끊임없이 경쟁하는 아테네 정치에서 벌어지는 또 다른 레슬링 경기임을 알았다. 에피알테스와 그의 파벌은 아테네 식민지의 전멸, 장기간 지속된 포위 공격, 아레오파기테들이라는 장애물이 그를 끌어내릴 수 있을 정도로 키몬의 힘을 약화시켰음을 너무나도 잘 알았다.

아테네의 법은 검사public prosecutor라는 것을 몰랐다. 장군의 위법 행위같이 공동체 전체에 영향을 미치는 사건들에 대해서는 시민이라면 누구나 소송을 제기하고 기소를 할 수 있었다. 정적들은 시민 몇 명을 선발해 키몬을 기소하도록 했다. 그중 선봉에 서서 가장 열의를 보인 인물이 페리클레스였다. 그가 앞장선 데는 몇 가지 그럴 만한 이유가 있었다. 가장 분명한 것은 페리클레스의 부친 크산티포스가 키몬의

---

* 옛 그리스의 북부 지방을 일컫는다. 기원전 4세기 전에 마케도니아 왕국은 근대 그리스의 마케도니아 관구에 해당하는 지역 대부분을 아울렀다.

부친 밀티아데스를 장군으로서 군기를 위반했다며 기소한 적이 있었다는 것이다. 이런 우연의 일치가 주목을 받으면서 낡은 편견과 함께 옛 기억이 되살아났다. 키몬은 결혼 동맹을 통해 그의 가문과 알크마이오니다이 가문 사이의 불화를 봉합했다. 그러나 알크마이오니다이 가문 출신 여성의 아들이 그를 기소했다는 것은 경쟁적인 두 귀족 가문 간의 휴전이 끝났다는 신호로 비칠 수 있었다. 마지막으로, 페리클레스의 개인적 자질, 즉 그의 웅변술, 혈통, 엄격하고 고결한 태도가 급진적 민주주의자들이 보기에는 귀족주의적인 키몬을 기소하기에 적임자였다.

갓 서른을 넘긴 페리클레스는 기꺼이 이 기회를 받아들였을 것이다. 아테네의 모든 이목이, 게다가 스파르타와 나머지 그리스 세계의 이목 역시 그리스를 통틀어 가장 영향력이 컸던 키몬의 재판에 쏠렸을 것이다. 판결과는 상관없이 역할을 잘 수행한 검사가 명성을 가져갔을 것이고 그의 파벌과 다른 많은 아테네인의 평가도 올라갔을 것이다.

키몬의 변론 기록이 아직 남아 있는데, 그것을 보면 그를 고발한 자들이 그가 아테네 제국의 이익을 지키지 못한 것을 그와 스파르타와의 우호 관계와 어떻게든 엮으려 했다는 것을 알 수 있다. 키몬은 변명 대신 자신과 그의 정책을 변호했다. 그는 "저는 부유한 이오니아인들과 테살리아Thessalia인들의 대리인이 아닙니다. 일부 다른 사람들이 그렇게 해서 그들의 환심을 사고 대가를 받을 수는 있습니다. 나는 스파르타인들의 대리인이고 그들의 검소함과 절제를 본받고 좋아합니다. 그것은 내가 재산보다 더 영광으로 생각하는 것으로 적들에게서 빼앗은 부와 함께 나의 도시를 찬란하게 만들 것입니다."라고 말했다. 이는 페르시아에 대한 공세와 스파르타와의 우호를 날카롭고 효과적으로 방어한 변론이었다. 타소스를 포위 공격한 불명예스러운 군사 작전에도 불구하고 이 정책이 전례 없이 성공했기 때문에, 그리고 그에게 덧씌운 혐의 내용이 턱없이 불합리했기 때문에 키몬은 무죄 판결을 받았다.

페리클레스는 키몬의 기소를 맡는 것에 열의를 보였지만, 재판 내내 그다지 공세적이지 않았다. 사실, 그는 키몬에게 "매우 관대"했다. 플루타르코스에 따르면《키몬》, 14.4), 그는 자신에게 주어진 의무만을 다하는 사람처럼 행동했다. 기원전 5세기의 한 저자가 페리클레스가 저자세였던 이유를 얼토당토않게 이렇게 설명하고 있다. 그에 따르면, 키몬의 여동생 엘피니세가 페리클레스의 집에 찾아와서 오빠를 대변했다고 한다. 이런 행동은 신분이 높은 아테네 여성으로서는 매우 과감하고 신중치 못한 것이었다. 페리클레스는 이렇게 대답했다. 당연히 친절하지는 않았다. "엘피니세, 당신이 이런 일에 개입하기에는 너무 늙었소." 그럼에도 불구하고 페리클레스는 형식적으로 재판에 임했다고 한다. 사실, 페리클레스는 처음부터 날조된 혐의로 키몬의 유죄를 입증하기는 어렵다는 것을 알았을 것이다. 키몬은 여전히 강력한 지지를 받고 있었고, 아무리 강하게 몰아쳐도 맞받아칠 능력이 있었다. 반대 진영의 떠오르는 신예로 자신을 대중에게 인식시키는 것이 페리클레스의 주요 목적이었기 때문에 위엄은 갖추되 재판을 무리하게 진행할 필요는 없었다. 따라서 그의 재판을 한마디로 설명하면 신중이라고 할 수 있다. 이는 허황된 말이 아니다.

해외에서 사건들이 일어나지 않았더라면 키몬이 정적들의 추가 공격을 얼마나 오래 버텼을지 알 수 없다. 아테네가 타소스를 포위 공격하던 기원전 464년에 스파르타가 심각한 지진 피해를 당하면서 농노에 해당하는 피지배자들, 즉 노예Helot•들이 대규모 봉기를 일으켰다. 전투에서 패한 반란 세력은 스파르타인들이 접근할 수 없는 산속에 은신처를 만들고 완강하게 버텼다. 마침내 기원전 462년에 스파르타인들이 동맹국들, 특히 아테네인들에게 도움을 요청했다. 페르시아에 맞서 기원전 481년에 스파르타의 주도로 결성된 구 그리스 동맹old Greek alliance은 공식적으로 해체된 적이 없었다. 한편, 아테네인들은 많은 포위 공격을 성공하면서 이런 전쟁에

• 헤일로타이(Heilotai)라고도 부른다. 고대 그리스 스파르타의 공유 재산으로 국가에 귀속돼 있던 비자유 신분을 지칭한다. 어원은 '습지에 사는 사람'과 '포로가 된 사람'의 두 가지 설이 있다. 스파르타는 피정복지 또는 피정복 국가의 주민들을 헬롯(Helot)으로 삼았다.

능하다는 정평이 나 있었다. 스파르타인들은 그런 경험이 거의 없었다. 따라서 아테네인들에게 도움을 요청하는 것은, 더구나 스파르타의 헌신적인 친구인 키몬이 아테네를 지배하고 있는 상황에서 어쩌면 당연했다.

이 요청은 아테네 민회에서 열띤 논쟁을 야기했다. 이는 키몬과 그의 정책에 반대하는 세력이 여전히 살아남아 활개를 쳤음을 보여 준다. 페리클레이다스Pericleidas라고 불리는 스파르타의 특사가 와서 공식적으로 [지원을] 요청했는데 여러 해 뒤에 아리스토파네스Aristophanes[B.C. 448?~B.C. 380?]가 희극 〈리시스트라테Lysistrate〉*에서 이 장면을 풍자적으로 다뤘다. "스파르타인 페리클레이다스가 붉은 외투에 창백한 얼굴을 하고 이곳에 와서 아테네의 재단들 앞에 무릎을 꿇고 군대를 간청하던 것을 기억하지 못하시나요?"(1137-1141)라며 이 희극의 여주인공이 스파르타인들에게 말한다. 반대 진영을 이끌던 에피알테스는 이 요청을 단호히 거절하면서 아테네인들에게 "아테네의 경쟁자였던 도시를 도와주거나 복원시키는 대신 스파르타의 자존심을 무너뜨리고 짓밟아 뭉갤 것"(플루타르코스, 《키몬》, 16.8)을 촉구했다. 이런 폭력적인 말은 에피알테스와 적어도 그의 파벌 일부가 스파르타인들을 얼마나 싫어했는가를 보여 준다. 이런 증오심은 그들이 테미스토클레스의 외교 정책을 고수한 것과 어느 정도 관련이 있다. 테미스토클레스는 그리스 국가들 가운데 아테네를 유일한 지도자로 만들고자 했고, 스파르타가 아테네의 새로운 권력과 영향력을 질시하는 것에 분개했다. 또 다른 이유는 스파르타가 키몬의 세력을 확고히 지지하면서 아테네 민주주의의 발전에 걸림돌이 됐다는 것이다.

그러나 키몬과 그의 정책은 여전히 인기가 있었고, 반대 세력에 효과적으로 대응

---

* 기원전 410년에 쓰인 아리스토파네스의 희극으로 펠로폰네소스 전쟁으로 피해를 입은 모든 그리스 여성이 성 파업을 통해 전쟁에 참전한 남편들이 무기를 버리고 평화를 선택하도록 한다는 내용이다. 이 희극의 주인공 리시스트라테는 젊고 아름다운 아테네 여성으로 이 성 파업을 주도해 아테네와 스파르타의 전쟁을 종식시키고 평화를 달성한다.

하면서 아테네인들에게 "그리스를 불구로 놔두지 말고 그들의 도시[스파르타]가 동료를 잃은 것처럼 바라보지도 말라"고 촉구했다. 이것은 아테네와 스파르타를 그리스 쟁기Greek plow를 끄는 한 쌍의 황소에 비유한 것으로 투박하지만 강력한 비유였고, 주로 농민들로 구성된 민회에 강하게 호소했다. 그뿐만 아니라 페르시아인들에 함께 맞선다는 대의로 협력했던 과거의 따뜻한 기억과 당시의 범헬레네 정신에 호소했다. 이에 따라 아테네 민회는 키몬과 4천 명의 장갑 보병을 보내 스파르타인들이 반란 세력을 진압하는 것을 도와주도록 의결했다.

아테네인들을 환영하는 분위기는 그들이 스파르타에 입성한 지 얼마 지나지 않아 금세 사라졌다. 스파르타인들은 이토메Ithome산에 있는 반란 세력의 근거지를 진압하기 위한 첫 공격이 실패로 돌아간 뒤에 분명한 이유 없이 참전한 동맹국들 가운데 아테네인들만을 꼭 집어 이제 필요 없다며 집으로 돌려보냈다. 그러나 투키디데스는 이런 얄팍한 구실의 진짜 이유를 이렇게 이야기한다. "스파르타인들은 아테네인들의 대담하고 혁명적인 정신에 주눅 들었다. 그들은…… 만약 그들이 남아 있으면 이토메산에 있는 반군 세력에게 설득당해 오히려 그들의 편을 들 수 있다고 생각했다."(1.102.3) 스파르타는 폐쇄적인 사회라 외부인들이, 심지어 개인 단위라고 해도, 그들의 영토를 자유롭게 돌아다니는 것을 허용하지 않았다. 비록 키몬이 지휘를 했지만, 4천 명의 아테네 군사들은 자유로운 분위기에서 자랐고, 다양하고 번창하는 민주적인 아테네인들로 구성된 데다가 그들의 정체는 물론 국가의 권력과 영광을 자랑스러워했기 때문에 물자가 부족해 궁핍한 생활을 하는 낙후한 스파르타를 보고 당연히 충격을 받았다. 또 그들은 자유 없이 경직되고 복종적인 태도를 보고 충격을 받았을 것이다. 그리고 자기들 나라에서 하던 대로 스파르타에 느낀 비호감을 공공연히, 시도 때도 없이, 크게 떠들어 댔다. 이런 행동이 이미 아테네의 민주 정체와 그것의 힘에 대해 한편으로는 의심하면서 질시했던 스파르타인들의 귀를 얼마나 거슬리게 했을지는 어렵지 않게 상상할 수 있다. 더구나 자연 재해가 일

페리클레스

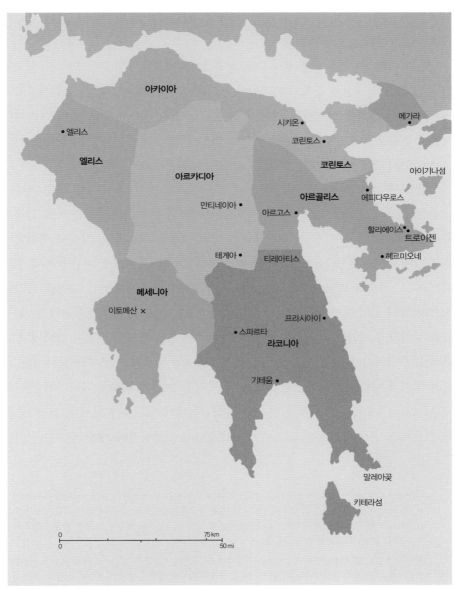

아카이아

시키온 •

메가라

• 엘리스

코린토스 •

코린토스

엘리스

아이기나섬

아르카디아

에피다우로스 •

아르골리스

만티네이아 •

할리에이스 •

트로이젠

아르고스 •

헤르미오네 •

테게아 •

티레아티스

메세니아

프라시아이 •

이토메산 ×

• 스파르타

라코니아

기태움 •

말레아곶

키테라섬

0 ────────── 75 km
0 ────────── 50 mi

펠로폰네소스반도

어나고 위험한 반란이 일어나면서 스파르타의 약점이 노출된 때에 그들의 신뢰가 예전과 같으리라는 보장이 없었다.

당연히 아테네인들은 이렇게 퇴출된 것을 모욕과 수치, 그리고 스파르타가 그동안 숨겨 왔던 적개심의 증거로 바라봤다. 이것은 그동안 정반대의 가정에 기초했던 키몬과 그의 정책에 엄청난 타격이었다. 원정 군대가 냉대를 받고 있다는 소식이 그들이 돌아오기에 앞서 아테네에 먼저 알려졌다. 그래서 키몬이 그의 군대를 이끌고 복귀하기 전에 이미 그의 정적들이 중요한 정치 혁명을 감행했다.

장갑 보병들은 클레이스테네스의 민주적 혁명으로 가장 큰 수혜를 입은 그나마 온건한 성향의 남성들이었다. 이들 대다수는 키몬의 보수적인 민주주의에 만족했고, 그를 정치적으로 지지한 핵심 세력의 상당 부분을 차지했다. 따라서 에피알테스와 그의 동료들은 그들이 아테네를 비운 틈을 타 아레오파고스 재판정의 '부수적인additional' 권력을 박탈하자고 제안했다. 그들은 이 재판정이 원래 아테네 시민들의 것이었던 권력을 빼앗아 갔다고 주장했다. 아레오파고스 재판정이 시민들의 주권을 심각하게 제약했고, 그래서 그것의 권한 대부분을 박탈하는 것이 아테네의 제한적 민주주의가 완전한 민주주의로 옮겨 가는 데 결정적인 조치였다는 것은 의심의 여지가 없다. 중간 계급에 속하는 많은 장갑 보병이 원정을 나가면서 가난하고unpropertied, 대개 불만에 차 있던 하층 계급, 즉 테테스thetes*가 일시적으로 다수를 점했다. 이런 잔부 의회rump assembly**가 아레오파고스 재판정이 가진 거의 모든 권한

---

* 아테네는 토지 재산의 많고 적음에 따라 시민을 4계급으로 나누었다. 첫 번째 계급은 500석급(pentakosio-medimnoi), 두 번째 계급은 기사급(hippeis), 세 번째 계급은 농민급(zeugitai), 네 번째 계급은 노동자 계급(thetes)이었다. 그리고 이에 따라 정치에 참여할 수 있는 권리를 제한했는데, 노동자 계급도 민회에 참석하거나 재판에 호소할 권한이 있었다.

** 영국의 청교도 혁명이 한창이던 1648년 12월 장로파 의원을 추방한 후 독립파 의원만으로 이루어졌던 의회를 일컫는 정치 용어로 여기에서는 아테네 민회의 다수를 점했던 장갑 보병들이 원정을 떠난 상황에 남아 있던 테테스가 민회의 다수를 점한 상태를 일컫는다.

을 좀 더 민주적인, 이미 존재하는 500인 평의회와 민중 법정popular law courts•으로
이관하는 법안을 통과시켰다. 아레오파고스 재판정은 과거에 관할했던 살인 사건
들에 대한 재판권 외에는 거의 남은 권한이 없었다.

스파르타에서 복귀하자마자 키몬은 클레이스테네스가 만들어 놓았던 정치 구조
를 복원해야 한다며 이런 입법 혁명을 원래대로 돌리려고 했지만 헛수고였다. 오히
려 그를 후원했던 스파르타인들이 보인 모욕적인 행동이 그의 지지 기반을 파괴했
다. 심지어 그의 병사들은 스파르타에서 받은 처사에 화가 났고 키몬에게도 실망한
터였다. 따라서 머지않은 미래에 그를 반대하는 세력이 아테네 민회와 아테네의 운
명을 지배할 수도 있었다. 이듬해인 기원전 461년 봄에 그들은 도편 추방제를 실시
할 필요성을 강하게 느꼈고, 결국 키몬을 희생자로 만드는 데 성공했다. '급진적' 민
주주의자들, 아마 키몬은 이들을 그렇게 생각했을 텐데, 여하튼 이들이 아테네를 확
실히 장악했다.

페리클레스는 자신의 파벌을 위해 이 승리에 기여했지만, 여전히 이 파벌의 지도
자인 에피알테스 아래에 있었다. 나이도 겨우 서른둘 아니면 셋이었다. 그래서 평상
시대로라면 '하위 조력자'로서 몇 년을 더 일해야 주도적인 위치에 올라설 수 있었
을 것이다. 하지만 기원전 462년~기원전 461년은 혁명적인 해로 평상시와 달랐다.
감정 대립이 가열됐고, 에피알테스에 대한 증오가 키몬의 지지자들 사이에서 강하
게 퍼져 나갔다. 키몬이 도편 추방되던 해에 에피알테스가 살해됐는데 아테네 민주
주의의 역사에서는 극히 드문 정치적 암살 사건들 중 하나였다.

• 　아테네의 민중 법정(또는 시민 법정)은 헬리아이아(Heliaia)로 불린다. 기원전 462년에 사법권이 귀족 모
　임인 아레오파고스(이후 살인 사건 등만 담당)에서 헬리아이아로 넘어갔다. 헬리아이아는 600명씩 구성된
　열 개의 법정으로 이루어졌고, 배심원은 특정 재판에 연루돼 있지 않은 30세 이상의 시민이면 누구나 가
　능했다. 600명 가운데 501명 이상이 출석해야 판결이 유효했고, 배심원으로 참가할 경우 대가를 받았다.
　1년에 300일가량 재판이 열렸다고 한다.

에피알테스를 누가 살해했는지는 여전히 역사가 풀지 못한 수수께끼로 남았다. 페리클레스가 질투심에 그를 죽였다고 하는 중상 비방이 있었지만, 플루타르코스는 가당치도 않은 일이라며 딱 잘라 부정한다. 아리스토텔레스가 타나그라Tanagra* 출신의 아리스토디코스Aristodikos라는 사람을 유력 인물로 지목하지만, 그에 대해 알려진 것은 아무것도 없다. 다른 저술가들도 암살자가 누군지는 알려진 것이 없다고 이야기한다. 여하튼 민주적인 분파는 승리의 순간에 지도자를 잃어버렸다. 그 자리를 이어받을 사람은 매우 젊고 상대적으로 경험이 없었다. 그는 쓰러진 지도자만큼의 영향력을 곧장 행사할 수 있는 상황이 아니었지만, 에피알테스의 희생으로 혜택을 받을 수 있었다. 페리클레스가 어떤 식으로, 왜 죽은 에피알테스가 이끌던 파벌의 지도자가 됐는지는 알 수 없다. 다만 그는 출신 가문과 지지 세력들, 남다른 교육, 타고난 역량 등에서 당시 상황을 민주주의를 더 완전하게 발전시키고 아테네를 더 위대하게 만드는 방향으로 이끌 준비가 돼 있었다.

---

* 기원전 5세기부터 기원전 4세기까지 고대 그리스의 보이오티아 지방에서 번성한 도시.

민주주의자

———

3

에피알테스가 암살된 뒤 페리클레스는 정치적 반대 세력의 이인자에서 부유한 해양 제국을 지배하는 위대한 민주 도시의 일인자로 등극했다. 무엇보다 그는 하층 계급들에게 이전보다 더 많은 정치적 역할을 부여하는 일련의 체제 개혁을 통해, 그리고 아테네 시민의 대다수를 차지하면서 장갑 보병으로 싸운 농민들과 강력한 연대를 형성함으로써 이 자리에 올랐다. 페리클레스는 타고난 언변, 정치 감각과 조직, 자신이 이룩한 성취로 사방에서 몰아치는 도전들에 맞설 수 있었다. 또한 모든 시민의 삶에 의미를 부여하는 위대한 도시라는 전망을 품위 있고, 섬세하고, 설득력 있게 전달할 수 있는 능력 덕분에 상당한 지지를 받았다.

기원전 450년대, 페리클레스의 리더십 아래 아테네 민회는 일련의 법을 통과시켜 세계가 지금까지 목격한 것 가운데 가장 완벽에 가까운 민주 정체를 수립하는 방향으로 나아갔다. 이 정체는 민회와 민중 법정에 참가하는 시민들에게 직접적이고 궁극적인 권력을 주었다. 민회와 민중 법정에서 시민들은 순전히 다수결로 모든 의사 결정을 내렸고, 대다수 공직을 추첨으로, 일부 특별한 자리는 직접 선출하는 식으로 할당하고, 단기 공직자도 선출했으며, 모든 공직자를 엄격히 통제했다. 이 정체는 정부에 대한 페리클레스의 구상을 반영했고, 이런 구상 안에서 그는 지도자이자 우수한 시민으로서 위상을 획득하고 유지할 수 있었다.

기원전 458년에 장갑 보병으로 싸운 소규모 **농민 계급**zeugitai이 집정관의 직을 수행할 수 있는 자격을 얻었다. 이전까지만 해도 이 자리는 부유한 아테네의 두 상위 계급에만 허용됐었다. 농민 계급이 아레오파고스 재판정에 들어갈 수 있게 되면서 부자들과 출신 성분에 따른 지배가 종식됐다. 이런 조치로 집정관들과 아레오파고스 재판정의 영향력은 줄어들고 무작위로 선출한 500인 평의회, 민회, **민중 법정**dikasteria의 영향력은 커졌다.

기원전 451년~기원전 450년, 페리클레스가 아테네의 시민권을 종전보다 엄격히 제한하는 법을 도입했다. 당시만 해도 아테네인 아버지와 외국인 어머니 사이에서 태어난 아이들은 합법적으로 아테네 시민이었다. 하지만 새로운 법은 부모 모두 아테네인이어야 했다. 시민권을 새로 규정한 목적이 분명하지는 않지만, 그것이 어떠한 결과를 초래했든, 새로운 법은 이제부터 아테네 공동체의 정치적 자격이 종래의 귀족적이고 종교적인 집단들 또는 개별 거주 지역이 아닌 시민 전체에 의해 결정된다는 것을 의미했다. 이것은 아테네 민회가 갖는 최고 권력sovereign power이 민주주의의 소재지라고 선언하는 것이었다.

또 다른 중요한 변화는 민중 법정이 새로 떠안게 된 업무 부담에서 야기했다. 아테네의 인구가 증가하고, 상업 경제가 발전하고, 외국인들과의 접촉에서 발생하는 분쟁 건수가 늘어나고, 민주 정체들의 공통적인 속성으로 소송이 남발하면서 기존 사법 체계에 큰 부담이 됐다. 기원전 5세기 말, 아리스토파네스에 따르면 어림잡아도 연간 6천 명의 **배심원들**dikastai이 연간 300일 동안 사건들을 심리했다.(《벌Wasps》, 661ff.)

아테네 민주주의는 대다수 시민이 의사 결정에 참여하는 것을 이상ideal으로 했다. 하지만 가난한 사람들이 대가 없이 그렇게 할 수는 없었다. 이 문제를 해결하기 위해 페리클레스가 그런 일에 대가를 지불하도록 허용하는 법안을 도입했다.

페리클레스

얼마 지나지 않아 공무 수행에 대가를 지급하는 민주적 정책이 배심원들은 물론이고 500인 평의회의 모든 의원, 추첨으로 선발된 모든 공직자, 복무 중인 육군과 해군의 군인들로 확대됐다. 아리스토텔레스는 군인이든 시민이든, 국내에서든 국외에서든 공무를 수행하면서 대가를 받는 시민들의 수가 2만 명이 넘는 것으로 추산했다. 페리클레스가 공무 수행에 대가를 지급하면서 많은 아테네인이 온전한 시민들로 거듭났다. 그리고 그의 개혁 정책들로 아테네의 온전한 민주적 삶이 시작됐다.

페리클레스의 개혁이 만들어 낸 체제를 분명하게 이해하는 것이 중요하다. 왜냐하면 20세기에 민주주의로 불리는 나라들의 시민조차도 그것의 본성을 완전히 이해하는 것이 쉽지 않기 때문이다. 다소 이해하기 어려운 것은 정치라는 것이 고대 그리스 도시에서 가장 일차적이었다는 것, 정체의 형태가 시민들의 특성을 형성하는 것으로 이해됐고 또 그렇게 하리라고 예상됐다. 페리클레스 시대 아테네의 예술, 문학, 철학 그리고 모든 위대한 성취는 기원전 약 508년에 클레이스테네스가 설립하고 반세기 뒤에 페리클레스가 확대한 민주주의의 정치적 및 법적 맥락과 분리해서는 온전히 이해할 수 없다.

아테네 민주주의를 기술하려면 먼저 이 용어에 대한 정의가 필요하다. 그러나 현대 세계의 발달로 이 작업은 어려운 것이 됐다. 이 용어의 가치가 하락했을 뿐만 아니라 거의 무의미해졌기 때문이다. 현대 국가들 가운데 민주적이지 않다고 할 수 있는 나라는 거의 없다. 서로 정치 체제가 다른 미국, 소련, 영국, 중국, 스위스, 쿠바, 남아프리카, 나이지리아 같은 나라들이 자국의 정체를 민주주의라고 주장한다. 이게 뭔가 싶겠지만, 사정은 더 복잡하다. 오늘날 많은 사람이 어떤 국가가 민주주의로서 인정을 얻으려면 그것의 영토 내에 합법적으로 거주하는 영주권자들은 물론이고 시민권을 얻고자 하는 모든 이에게 법적으로나 정치적으로 완전한 보호 및 기회를 제공해야 한다고 주장한다. 그러나 아테네인들은 투표하고, 공직을 맡고, 배심원으로 복무할 수 있는 권리를 시민이었던 성인 남성에 한정했다. 노예, 거주 외국인, 여성, 20세가 안 된 남성 시민은 이러한 특권들이 거부됐다. 현대의 비평가들은 노예제가 존재했고 여성들이 정치 생활에서 배제된 것을 이유로 페리클레스적 정체의 민주적 성격에 의문을 제기한다. 이런 집단들을 배제했다는 점에서 아테네인들은 약 기원전 3000년에 문명이 탄생한 이후 최근에 이르기까지 존재했던 다른 모든 사회와 다를 것이 없었다. 그러나 아테네 사회가 이들 사회와 구분되는 것은 어떤 집단들을 배제했다는 데 있는 것이 아니라 포함의 범위가 전에 없이 컸다는 데 있다. 그뿐만 아니라 포함된 이들의 참여에 대해 이례적으로 상당한 액수의 보상을 했다. 미국에서 잭슨 민주주의Jacksonian democracy*라 불리는 것이 노예제와 공존했다는 것, 20세기 전까지 전 세계 거의 모든 곳에서 여성들은 참정권이 없었다는 것, 지금도 특정 연령에 도달하기 전까지 정치적 참여를 제한하고 있다는 것을 기억할 필요가 있다. 배제된 집단을 평계로 페리클레스 시대의 아테네에 민주주의의 자격을 주지 않는 것은 편협하고 시대착오적인 잣대를 들이대는 것으로 모순된 결과를 초래한다. 확실한 것은 당대의 그리스인들은 아테네가 민주 정체였다는 것을 의심하지 않았다. 민주주의가 좋으냐 아니냐가 유일한 논란거리였는데, 지금 시대에는 상상조차 할 수 없는 일이다.

반대로 아테네인들은 현대의 국가들이 그들의 정체를 민주주의라고 부르는 것에 놀랄 것이다. 이는 미국과 영국 같은 나라도 예외가 아닐 텐데, 그들에게 민주주의의 본질은 시민들 대다수가 직접적이고 완전한 주권을 갖는 것이기 때문이다. 현대 민주주의의 주요 특징이라고 할 수 있는 선거에 바탕을 둔 대의제, 견제와 균형, 권력 분립, 주요 공직자 임명제도, 비선출직 관료제, 재판관 종신제, 1년 이상의 선출

---

* 미국의 제7대 대통령이었던 앤드루 잭슨(Andrew Jason, 1767~1845) 시기의 미국 민주주의를 잭슨 민주주의라고 부른다. 앤드루 잭슨 재임 시기에 미국에서는 일반 시민들이 미국 정치에 좀 더 적극적으로 참여해 재산과 학력이 없는 일반인도 공무원이 될 수 있었다. 이렇게 참정권의 확대, 일반 당원들이 대선 후보를 선출하는 전당 대회 제도 개선, 교육 보급 등 다양한 개혁 정치를 추진했다.

직 임기 등 모든 것이 이성적인 사람들이 생각하기에는 민주주의의 치명적인 해악들로 보일 수 있다. 아테네 민주주의에 대한 현대인의 편견을 벗어 버리고 진정한 성격을 파악하고자 한다면 그것이 어떻게 작동했는지 간략히 살펴볼 필요가 있다.

쓸모 있기는 하지만 구시대적인 방식으로 세 가지 익숙한 정부 조직, 즉 입법부, 사법부, 행정부를 고찰해 보자. 아테네 민주주의에서 입법 조직이라고 부를 수 있는 것은 **민회**(ekklesia)였다. 민회는 아테네의 모든 성인 남성에게 열려 있었는데, 페리클레스 시기에는 그 숫자가 4만 명에 달했다. 대다수 아테네인은 도시에서 수 킬로미터 떨어진 곳에 살았고 거의 말을 소유하고 있지 않았다. 그래서 민회에 출석하려면 시내까지 먼 길을 걸어서 와야 했다. 결과적으로 출석 인원은 5천 명에서 6천 명 선이었을 것이다. 몇 가지 결정은 필요한 정족수가 6천 명이었다. 회합은 아크로폴리스와 멀지 않고 아고라가 내려다보이는 프닉스Pnyx라고 불린 언덕 위에서 이뤄졌다. 시민들은 가파른 언덕의 지면 위에 앉았고, 연사들은 언덕 아래 연단에 섰다. 서로 이야기하는 것이 잘 들리지 않았다. 기원전 4세기의 위대한 웅변가였던 데모스테네스Demosthenes[B.C. 384~B.C. 322]*는 프닉스에서 자신이 하는 연설을 모든 사람이 잘 들을 수 있게 목청을 키우기 위해 파도가 치는 바닷가에서 연습했다고 한다.

이 회합의 개회 장면이 보통 어떠했는지는 기원전 425년에 무대에 올린 아리스토파네스의 희극 〈아카르나이의 사람들〉**에서 몇 가지를 유추해 볼 수 있다. 이 연

---

* 고대 그리스 아테네의 정치가이자 웅변가. 아테네의 지도자로 마케도니아의 필리포스 2세의 세력 팽창에 맞서 저항 운동을 주도했지만 실패하고 자살로 생을 마쳤다.

** 아리스토파네스의 현존하는 희극 작품들(11개 작품) 중, 또는 그리스 희극 전체로 봐서도 가장 오래된 작품이다. 기원전 425년에 개최된 레나이아 축제에 출품해 1등에 당선됐다고 한다. 오랜 펠로폰네소스 전쟁으로 농지를 잃고 피로에 지친 농부 디카이오폴리스(Dicaeopolis)가 더 이상 참을 수 없어 개인 자격으로 적과 단독으로 강화 조약을 맺는다. 이 조약이 체결되기까지의 교섭 경위나 권모술수 그리고 평화가 찾아와 희비가 얽히는 시민과 군인의 우스꽝스러운 표정 등을 통렬한 필치로 그리고 있다. 아리스토파네스의 다른 희극으로는 〈평화Eirene〉, 〈리시스트라테〉 등이 있다.

극에서 가장 먼저 나와 이야기하는 사람은 으레 그렇듯이 아리스토파네스의 희극 영웅으로 고리타분한 농부[디카이오폴리스라는 이름의 농부]이다. 그는 전쟁 때문에 자신의 농장이 있는 시골에서 멀리 떨어진 아테네에 붙잡혀 있는 것에 불평을 늘어놓는다.

> 회합이 있는 날로 아침이 된 지가 언제인데 프닉스는 덩그러니 비어 있습니다. 그들은 붉게 염색한 밧줄을 살짝 비켜선 채 아고라에서 잡담을 나누고 있습니다.6) 민회의 의장들도 아직 도착하지 않았습니다. 늦겠지요. 그런데 도착하면 한꺼번에 아래로 내려오면서 맨 앞줄에 앉겠다고 서로 밀치며 싸우겠죠. 여러분은 상상도 못 할 겁니다. 그런데도 그들은 미안하다는 말을 절대 하지 않습니다. 제 아테네가 이렇습니다! 저는 항상 가장 먼저 회합에 와서 제 자리에 앉습니다. 그런데 저 혼자만 있다 보니 탄식도 하고, 하품도 하고, 다리도 긁고, 방귀도 뀌고, 멍하니 있기도 하고, 글도 쓰고, 흐트러진 머리도 매만지고, 계산도 맞춰 보고, 내 들판을 바라보다 말다 하고, 평화를 열망도 하고, 이 도시를 증오도 하며, 시골집을 그리워하기도 합니다. 제 시골집은 "숯 사세요, 식초 사세요, 오일 사세요!" 하지 않습니다. 모든 것이 무료이다 보니 '사다buy'라는 말이 뭔지 모릅니다. 그래서 저는 연사들이 평화는 쏙 빼놓고 딴소리를 할 때 소리치고, 방해하고, 욕하러 단단히 마음먹고 이곳에 옵니다. 그런데 점심때가 돼서야 의장들이 이곳에 옵니다. 제가 말하지 않았던가요? 그들이 어떻게 오는지 말하지 않았던가요? 모두가 앞자리를 차지하겠다고 밀치고 찌르고 난리입니다!

이어서 이 회합의 전령이 "비키세요! 신성한 구역 안으로 비키세요!"라고 말한다. 그런 다음 보통 회합에서 논쟁을 시작할 때 으레 사용하는 말을 복창한다. "발언하실 분 계신가요?"(아리스토파네스, 〈아카르나이의 사람들〉, 19-45)

〈아카르나이의 사람들〉은 회합의 각 회기를 시작하면서 그리고 본 일정에 들어

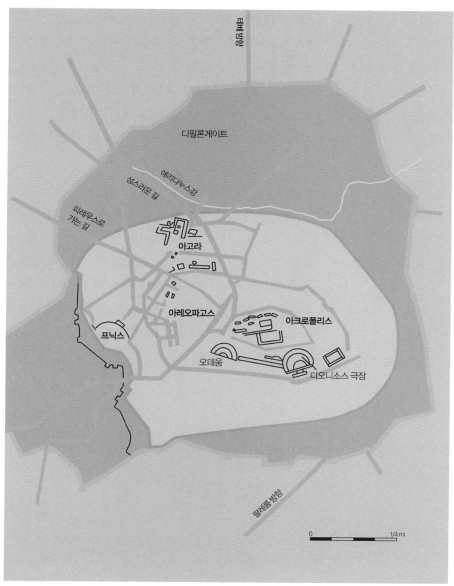

테베 방향

디필론게이트

에리다누스강

성스러운 길

피레우스로
가는 길

아고라

아레오파고스

아크로폴리스

프닉스

오데움

디오니소스 극장

팔레룸 방향

0   1/4 mi

기원전 5세기 아테네

가기에 앞서 하는 기도 장면은 생략하고 있다. 이 장면이 어떠했는가는 아리스토파네스의 또 다른 희극인 〈테스모포리아*의 여인들Thesmophoriazusae〉[B.C. 411?]에서 패러디하고 있는 장면으로 가늠해 볼 수 있다.

이 희극의 해학적 요소는 [참정권이 없는] 여성들이 정치적 회합을 갖는다는 재미있는 발상과 에우리피데스Euripides[B.C. 480?~B.C. 408?]를 여성 차별주의자로 그린다는 데 있다. 전령이 개회 기도를 복창하는데, 이 기도에는 민주 정체를 전복하려는 자들에 대한 저주가 들어 있었다.

조용히 합시다, 조용히 합시다. 테스모포리아 축제Thesmophorae**에, 데메테르Demeter[농업의 신]와 코레Kore***, 그리고 플루토스Plutus[부의 신]와 칼리제네이아Kalligeneia****에게, 그리고 대지의 여신 어스Earth에게, 그리고 이번 회합과 모임이 가장 훌륭하고 멋진 일을 할 수 있도록 아테네와 우리들에게 부와 행운을 가져다주는 헤르메스Hermes[신들의 사자使者로 과학, 상업, 변론의 신]와 미의 여신들the Graces*****에게 기도합니다. 그리고 아테네 사람들을 위해, 그리고 여성족Womankind을 위해 최선을 다해 행동하고 대변하는 여성이 성공하게 해 주십시오. 이것을 위해 그리고 여러분에게 좋

---

* 테스모포리아는 '볍씨를 가져오는 사람'이란 뜻의 테스모스에서 유래한 말로 고대 그리스 아테네에서 보리 파종기에 풍년을 기원하며 테스모포로스를 위해 여자들이 행한 제전이었다.

** 곡식과 농업의 신인 데메테르를 기리는 축제로 지금의 10월경에 아테네에서 사흘간 계속했다. 기혼 여성들만 참가할 수 있었으며, 두 번째 날에는 단식을 했다고 한다.

*** '소녀'라는 뜻으로 고대 그리스의 아르카이크(고대 또는 고품의 뜻으로 기원전 7세기에서 기원전 5세기까지) 미술에서 보이는 옷을 갖춰 입은 소녀 입상을 가리키며 청년상인 쿠로스와 한 쌍을 이룬다.

**** 테스모포리아 축제의 3일째 날로 '아름다운 탄생'이란 뜻이 있다. 이날 축제에 참가한 여성들은 여신 칼리제네이아를 불러내 그들의 다산을 기원했다.

***** 아름다움, 우아, 기쁨을 상징하는 여신들, 즉 아갈리아(Aglaia), 에우프로시네(Euphrosyne), 탈리아(Thalia).

은 것들을 위해 기도합니다. 이오 찬가Io Paean*! 이오 찬가! 축하합시다.(아리스토파네스, 〈아카르나이의 사람들〉, 295-311)

회합에 온 여성들이 기도하는 사람의 합창 노래에 답창한다. 그런 다음 전령이 다음과 같은 독설을 복창한다.

올림포스의 신들과 피티아의 신들과 델로스의 신들과 여신들에게, 그리고 여성족 사람들에게 나쁜 음모를 꾸미거나 여성족 사람들에게 해가 되는 에우리피데스나 페르시아인들과 타협하거나 참주가 되거나 참주를 재건하려 하거나 다른 사람의 아기를 자신의 아기라고 속여 넘긴 여성을 비난하는 자가 있다면, 또는 안주인의 음모를 같이 공모하고 그녀의 비밀을 주인에게 누설하거나 전달 사항을 충실히 전달하지 않는 노예가 있다면, 또는 연인에게 거짓말로 원하는 것을 얻어 내면서 자신이 약속한 것은 지키지 않는 남자가 있다면…… 그와 그의 가족들에게 끔찍한 죽음을 선사할 다른 신들에게 기도합니다. 그리고 이 신들이 남은 모든 여성에게 많은 좋은 것을 수여할 수 있도록 기도합니다.(아리스토파네스, 〈아카르나이의 사람들〉, 330-51)

다시 합창대가 경건한 노래에 답창한다. 그런 다음 전령이 본 의사일정으로 들어간다.

집중해 주세요! 여성 위원회의 승인으로, 소스트라타Sostrata의 제안에 따라 티모클레아Timoclea가 의장이고 리실라Lysilla가 서기입니다. 테스모포리아 축제가 한창인 아침

---

* 이오(아이오우라고도 부름)는 제우스가 사랑했던 여자로 제우스의 부인 헤라(Hera)가 질투해 흰 암소로 변신한 후 떠돌며 고통을 받았다.

에 모두가 한가한 시간을 이용해 회합을 가지려고 합니다. 첫 번째 의제는 '우리를 부당하게 취급한 것이 분명한 에우리피데스를 어떻게 할 것인가?'입니다. 발언하실 분 계신가요?

여성을 농담의 소재로 삼은 것을 제외하고, '여성족 사람들'을 '아테네 사람들'로 대체하면, 그리고 저주를 받아야 하는 자들의 목록에 '거짓 보고서를 보고하는 자들과 사람들을 기만하는 자들'을 추가하면 나머지는 당시 아테네 민회가 의사일정을 시작한 방식과 얼추 비슷하다.

그러나 프닉스에서 실제 일어난 회합들은 좀처럼 희극적이지 않았다. 그들이 다룬 문제들은 심각한 것이었다. 공식적으로 아테네는 1년을 10개월*로 나눴는데, 민회는 각 개월마다 네 번의 공식 회합을 가졌고, 필요한 경우 특별 모임을 수시로 소집했다. 조약의 승인이나 기각, 전쟁의 선포, 장군들의 군사 작전 임명, 그들이 지휘할 군대와 물자의 결정, 공직자의 임명이나 면직, 도편 추방제를 실시할 것인지 말 것인지, 종교에 관한 문제, 상속에 관한 문제 등 사실상 모든 것을 다뤘다. 각 개월의 두 번째 모임에서는 "원하면 누구나 어떤 주제로든 민중에게, 사적이든 공적이든 상관없이, 연설을 할 수 있었고", 세 번째와 네 번째 회합은 무엇이든 상관없이 "모든 종류의 안건"을 논의했다.[7]

현대 대의제 민주주의 국가의 시민이 보기에 이런 대규모 도시 회합들에서 특별히 인상적인 것은 외교 정책 사안들을 직접 다뤘다는 점이다. 이들 사안은 회합에 출석한 시민들과 그들 도시의 생사가 달려 있었다. 페리클레스 시대에 이런 극적인 회합이 많았지만, 이를 가장 잘 묘사한 작품은 그의 사후 거의 1세기가 지난 뒤에

---

* 아테네는 1년을 10개월로 구분했는데, 민주주의 초기인 5세기 초엽에는 매월 한 번씩 총 10회의 정기 민회가 있었다. 그러다가 5세기 후반에 매월 4회의 정기 민회가 개최돼 연간 40회가 됐다.

페리클레스

등장했다. 마케도니아의 필리포스Philippos 2세[B.C. 382~B.C. 336]*가 아테네로부터 걸어서 3일 거리에 있는 중앙 그리스central Greece로 진군했다. 무엇을 해야 할지, 저항을 할 것인지 아니면 수용할 수 있는 조건으로 협상을 할 것인지, 아테네와 시민들의 운명을 좌우할지도 모르는 결정을 내려야 했다. 필리포스 2세의 팽창에 맞서 저항 운동을 이끌었던 데모스테네스가 이 회합에 대한 개인적인 생각을 후대에 기록으로 남겼다.

> 사자使者가 평의회 의장들에게 와서 엘라테이아Elatea가 함락됐다고 보고한 때는 저녁이었다. 저녁 식사를 하던 그들은 즉시 자리를 떠났고, 시장의 노점들을 치우도록 했다…… 그러는 사이 장군들을 부르고 나팔수를 부르러 사람들을 보냈다. 도시는 아수라장이었다. 다음 날 새벽에 의장들이 평의회 의원들을 의사당으로 불렀고, 여러분들[아테네 민중들]은 민회로 갔다. 그리고 평의회가 의사를 진행하고 안건을 내기 전에 모든 민중이 프닉스에 자리 잡고 앉아 있었다. 그때 평의회 의장들이 도착했고, 그들이 전달받은 소식을 보고하고 그 소식을 가지고 온 사자를 소개했다. 사자가 이야기를 마치자 전령이 "누구 발언할 분 있습니까?"라고 물었다. 그런데 아무도 나서는 이가 없었다.《왕관에 관하여De Corona》, 169-70)

고대 민주주의와 현대 민주주의의 차이를 이해하기 위해서는 오늘날 미국이 위기 상황에서, 예를 들어 미국 대사관이 점거당하는 것 같은 위기**에 어떻게 대처하는지 생각해 보면 된다. 이런 상황은 미국 정부의 방대하고 복잡한 정보 당국에 비

---

*　마케도니아 왕국의 왕으로 재위 기간 동안 그리스에 대한 지배권을 강화하고 국력을 키워 아들 알렉산드로스가 대제국을 건설할 수 있는 토대를 놓았다.

**　예를 들어 1979년 11월부터 1981년 1월까지 이어진 이란 주재 미국 대사관 인질 사건이 대표적이다.

밀 정보로 가장 먼저 도달할 것이다. 1급 비밀로 다뤄질 것이고 백악관과 국무부 그리고 국방부의 일부 인사들에게만 알려 줄 것이다. 소규모의 비공개 집단에서 정책이 논의될 것이고 한 사람, 즉 대통령이 최종 결정을 내릴 것이다. 비밀이 새어 나가지 않는다면, 사람들은 주사위가 던져지고 나서야 이를 알게 될 것이다.

데모스테네스 시기에 아테네인들이 직면했던 이와 같은 중차대한 문제가 페리클레스 시대에는 더 자주 일어났다. 그때마다 매번, 민회에서 치열한 논쟁을 벌였고 거수투표를 거쳐 다수결로 의사 결정을 내렸다. 아테네 시민들이 완전하고 궁극적인 주권을 행사했음을 이보다 더 강력하게 증명하는 예도 없을 것이다.

물론 수천 명이 모이는 회합이 누구의 도움 없이 정해진 의사일정을 치를 수는 없었을 것이다. 이 때문에 민회는 모든 아테네 시민이 추첨으로 뽑은 500인 평의회에 의존했다. 비록 이 평의회가 자신보다 덩치가 큰 민회가 효과적으로 다루지 못하는 많은 공적인 기능을 수행하기는 했지만, 주요 책임은 민회에 참석하는 시민들이 검토할 수 있게 법안을 미리 준비하는 것이었다. 이런 측면에서, 다른 기구들과 마찬가지로, 평의회는 민회의 보조 기구였다. 민회는 평의회가 작성한 의안을 기각할 수도 있고, 즉석에서 수정할 수도 있고, 지침을 주면서 다시 작성하도록 돌려보낼 수도 있으며, 또는 그것을 완전히 다른 의안으로 바꿀 수도 있었다. 완전한 주권과 공적 권위의 실질적 행사는 이런 대규모 회합과 직결돼 있었다. 특정일에 프닉스에 모인 대다수 시민이 좋아하는 것을 못 하게 막을 제도적인 장벽은 거의 없었다.

아테네에서 집행부the executive는 범위, 재량, 권력이 상당히 제한돼 있었고, 현시대에 비해 입법부와 사법부의 구분도 분명하지 않았다. 처음부터 대통령이나 총리가 없었고, 내각은 물론이고 국가 일반을 관리할, 즉 일반적인 정책을 만들거나 제안할 책임이 있는 선출직 공무원이 없었다. 미국이 '행정부administration'로 또는 영국이 '정부government'라고 부르는 조직이 없었다. 선출직 공무원들 중 최고위직은 열 명의 장군들로 모두 1년 단위로 복무했다. 직함에서 알 수 있듯이, 기본적으로 그들은 육군과 해군을 지휘하는 군 관료들이었다. 횟수에 제한 없이 재선출 될 수 있었고, 그래서 키몬과 페리클레스 같은 특출한 인물들은 거의 매년 선출됐다. 하지만 이들은 아주 예외적인 경우였다. 이들이 행사한 정치권력은 민회에 참석한 동료 시민들에게 자신의 조언을 따르도록 설득하는 개인적인 능력에 그쳤다. 그들은 특별한 정치적 또는 시민적 권위가 없었고, 군사 및 해군 작전 외에는 명령을 내릴 수도 없었다.

군사 문제에서도 장군들의 권력은 극히 제한적이었다. 군사 원정을 지휘하는 지도자들은 온전히 아테네 민회에서 투표로 선출했고, 군대의 규모와 목적도 여기서 결정했다. 장군들은 취임하기 전에 500인 평의회의 자격 검증을 받았다. 1년 동안 복무한 뒤에는 업무 성과, 특히 그들의 지출 내역이 결산을 뜻하는 고대 그리스어인 **에우티나**euthyna라고 불린 절차에 따라 감사를 받았다. 아리스토텔레스가 이 절차에 대해, 특히 공청회 이후에 어떻게 진행됐는지 자세히 설명하고 있다.

> 검사관이라 불리는 관리들이 시장 개장 시간 동안 각 부족*의 시조가 되는 전설의 영웅상 앞에 앉아 있다. 에우티나에 지출 내역을 제출한 관료 중에 개인적인 이유든 공적인 이유든, 고발하고자 하면, 그는 3일 이내에 흰색 판에 자신의 이름, 그리고 고발하는 사람의 이름, 고발하고자 하는 혐의, 그가 적절하다고 생각하는 벌금을 적어야 했다.《아테네인들의 정체》, 48.4)

검사관들은 이 혐의가 그럴 만하다고 판단되면, 민중 법정으로 넘겨 최종 판단을 맡긴다. 아테네 민중이 얼마 되지 않는 선출 공무원들을 통제할 수 있는 수단은 이

---

* 아테네는 세 개 구역(해안, 내륙, 시역)으로 나누고 각각을 다시 열 개의 구역으로 나눈 뒤 각 구역에서 무작위로 한 개 구역씩을 뽑아 묶어 하나의 부족으로 삼았다. 즉, 보통의 혈연적, 지연적 공통성을 갖는 부족 개념과 달리 아무 연관성이 없는 열 개의 구역이 하나의 부족이 된 것으로 혈연과 지연의 폐단을 없애기 위한 조치였다.

것 말고도 또 있었다. 1년에 열 번 민회는 "[장군들의] 군사 행동이 적절한지 아닌지 결정하는" 투표를 했다. "그리고 만일 시민들이 누군가의 공직 임명에 대한 비준을 반대하면, 그는 법정에서 재판을 받는다."《아테네인들의 정체》, 61.2) 공직에 선출되는 것이 명예로운 일이었기 때문에 선출된 공무원들은 민중의 지배를 저해하지 않도록 주의 깊게 감사받았다.

이와 같은 엄격한 통제에도 불구하고 아테네인들은 일부 공직만 선출직으로 채웠다. 군 장교들, 조선 기술자들naval architects, 일부 출납원들, 급수water supply 감독자들이 선출직이었다. 그 외 다른 모든 공무원은 민주적 원칙에 따라 시민적 책임을 가장 잘 수행할 역량이 있는 시민을 추첨으로 뽑았다. 이는 집행부 또는 행정부의 권리가 소수 인원의 수중에 들어가는 것을, 비록 그들이 아무리 경험 있고 특별한 재능이 있다고 하더라도, 두려워한 결과였다.

아테네에서 여러 공무가 일반 시민에게 무작위로 할당됐다는 것을 보여 주는 내역이 일부 남아 있다. 가장 먼저 나오는 것이 500인 평의회이다. 500인 평의회의 의원들은 두 번 이상 복무할 수 없었고, 주요 업무는 민회에 상정할 법안을 준비하고 외국의 전령과 사절을 맞이하는 것이었다. 500인 평의회에서 평의회의 의장단, 의장단장, 민회의 회합을 관장하는 관리들 그리고 일일 회합의 의장이 정해졌다.* 아테네의 출납원, 즉 엄청난 자금이 보관된 위대한 제국의 금고를 관리하는 관리들도 추첨으로 선택했다. 계약 발주자도 마찬가지로 추첨이었다. 그들은 공공 소유의

---

* 500인 평의회는 열 개의 부족에서 50명씩 뽑아 구성했다. 기원전 5세기에는 열 개 부족이 1년에 한 번씩 돌아가면서 당번을 정해 평의원 내에서 민회와 평의회의 의장단을 구성했으나 기원전 4세기에는 당번 평의원을 낸 부족을 제외한 아홉 개 부족의 평의원들 중에서 한 명씩 선발된 아홉 명이 하루씩 민회와 평의회의 의장단에 들어갔다. 평의원들은 평생 두 번 이상 평의원을 할 수 없었고, 500인 평의회는 요즘 식으로 말하는 행정부로 국가의 일상 업무를 담당했기 때문에 평의원들이 하루 단위로 의장단으로 구성되고 의장이 선출됐다. 주요 업무는 민회에 상정할 의안을 마련하고, 재정 업무 전반을 감독했고, 군함의 건조와 관리, 아크로폴리스를 비롯한 공공건물의 감독과 관리, 그리고 외국의 사절을 맞이하는 업무를 했으며, 재무 담당 공무원의 부정행위에 대해 벌금을 부과하는 재판권을 갖고 있었다.

페리클레스

광산을 개발하고 국가의 세금을 징수하는 공공 계약을 하청 주는 일을 했다. 수납 계원은 공공 수입을 징수해 해당 공무원들에게 분배했다. 회계원은 이들 공무원의 장부를 점검했다. 검사관은, 이미 언급한 대로 아고라에 앉아 공무원들에 의한 고충을 접수했다. 그리고 감독관은 신성한 성소들을 유지 관리하는 책임이 있었다.

아래에 인용하는 것은 아리스토텔레스가 또 다른 할당 공무원, 즉 도시 감독관의 임무를 묘사한 것으로 자주 거론된 적이 없는 아테네의 일상을 엿볼 수 있다.

> 그들은 피리 소녀들flute-girls, 하프 소녀들harp-girls 그리고 리라 소녀들lyra-girls을 고용하는데 2드라크마drachma* 이상 주지 못하도록 감독하는 일을 한다. 그리고 여러 명이 한 소녀를 동시에 고용하고자 할 경우 제비뽑기를 해서 우승자에게 지정한다. 또한 오물 수거인들이 수거한 오물을 성벽 10스타디아stadia** 이내에 버리지 못하도록 감시했다. 그들은 건물들이 거리를 잠식하거나, 발코니가 거리 위로 뻗어 나오거나, 건물의 배수관을 따라 물이 거리 위로 흘러내리거나, 창문이 거리 방향으로 열려 있지 않도록 감독한다. 그뿐만 아니라 거리에서 사망한 사람들의 시신을 [이런 용도를 위해 아테네 국가가 소유한] 공노비를 동원해 치운다.《아테네인들의 정체》, 50.2)

아테네인들은 시장 검열관도 추첨으로 뽑았다. 판매하는 상품들의 청결 상태를 검사하는 것이 그들의 임무였다. 무게와 길이를 담당하는 감독관은 납품 업자들이 눈속임을 하는지 감독했다. 곡물 감독관은 곡물과 빵 가격이 터무니없지는 않은지 그리고 빵 한 덩이의 무게가 적정한지를 감독했다. 그 외에도 많은 감독관이 있었

---

* 고대 그리스의 은화 이름으로 기원전 11세기경부터 사용한 기록이 있으나 초기에는 은이 아닌 구리나 철로 만들었다.

** 스타디움(stadium)의 복수로 고대 그리스의 길이 단위. 1스타디움이 200미터였다.

다. 현대의 사고방식으로 볼 때 다소 놀라운 것은 아테네인들이 그들의 공공 생활의 관리를 전문가, 관료, 정치가가 아닌 일반 시민의 수중에 맡겼다는 점이다.

아테네의 사법 제도는 현대의 시각에서 볼 때 이 정체의 다른 제도들에 비해 훨씬 더 낯설게 보일 수 있다. 예를 들어, 민회와 법정은 거의 형식적으로만 구분돼 있었다. 이 두 제도의 근간은 사실상 같아서 완전하고, 직접적이고, 민중적인 통치를 토대로 했다. 실제로 헬리아이아Heliaea에 등록된 6천 명의 배심원들이 매년 법정에서 근무했는데, 헬리아이아는 다른 나라들에서 의회를 지칭하는 명칭이었다. 이 배심원단에서 정해진 날에 배심원들이 특정 법정과 특정 사건에 배정됐다. 보통 배심원단의 규모는 501명이었다. 물론 51명에서 1501명까지 배심원단의 규모는 다양했는데, 사건이 공적인지 사적인지 그리고 얼마나 중요한지에 따라 달랐다. 뇌물 수수나 편파적인 판결을 막기 위해 아테네인들은 사실상 재판 뒷거래를 원천 봉쇄하는 아주 복잡한 배심원 배정 체계를 발전시켰다.

법적 절차는 현대 미국의 법정에서 이루어지는 것과 확연히 달랐다. 가장 놀라운 점은 검사나 변호사가 없었다는 것이다. 사실, 아테네에는 법률가들이 전혀 없었다. 고소 고발은 민사든 형사든, 공적이든 사적이든, 중대하든 경미하든 일반 시민들이 접수하고 논의했다. 원고와 피고, 즉 고소인과 피고소인이 각자 자신의 언어로는 아니더라도 스스로 입증해야 했다. 사건을 준비하기 위해 변론서를 다른 이에게 맡기는 것은 자유였다. 그래서 이 직업이 번성하기 시작해 페리클레스의 시대가 지나고 몇 년 뒤에는 절정에 이르렀다. 또 하나 놀라운 점은 판사가 없었다는 것이다. 배심원단이 전부였다. 자존심 있는 아테네의 민주주의자는 특정 개인에게, 그가 어떠한 자격이 있든 없든, 어떤 증거는 관련이 있고 어떤 것은 없는지, 어떤 법률과 선례를 적용할 수 있는지 판단을 맡기지 않았다. 그렇게 하면 전문적인 지식과 의견에 너무 치우칠 수 있었다. 그리고 부패의 위험과 비민주적 편견의 위험이 증가할 수도 있었다. 따라서 관련 법률과 선례를 인용하는 것은 원고와 피고에게 직접 맡겼고,

그 가운데 누가 옳은지 결정하는 것은 전적으로 배심원들에게 달려 있었다. 이처럼 아테네의 민주주의자는 정의와 공정성이라는 근본적인 문제에서 전문가들을 신뢰하지 않았다.

법정에서 원고와 피고는 각자 사건을 진술하고, 상대를 반박하고, 법률을 인용하고, 증거를 제시하고, 자신의 증언을 요약해 설명할 수 있는 기회가 있었다. 각 단계별로 어느 정도 시간 제약은 있었다. 관리 한 명이 물시계로 시간을 쟀다. 재판은 하루를 넘기지 않았다. 마지막에 사건이 배심원단으로 넘어갔다. 배심원단은 비용을 받거나 지시를 받지 않았다. 판결은 심의가 아니라 비밀 투표로 했다. 단순히 과반에 따라 사건을 결정했다. 처벌이 필요한데 이를 따로 규정한 법(드물기는 했지만)이 없으면 그다음 절차를 따랐다. 즉, 원고가 어떤 처벌을 제안했고, 피고가 다른 처벌을 제안했으면, 배심원단이 투표해서 한쪽의 제안을 들어줬으면 들어줬지 별도로 다른 처벌을 제안할 수는 없었다. 대체로 피고와 원고 모두 적당한 처벌을 제안했는데, 터무니없는 제안을 할 경우 배심원단의 눈 밖에 날 수 있었기 때문이었다. 이런 민주주의가 아테네인들이 소송을 남발하게 만들었다고 비난하는 사람들도 있지만, 사실 이런 제도는 소송을 억제하기 위해 마련된 장치였다. 만일 고소인이 정해진 비율로 배심원들의 표를 받지 못하면, 공적인 기소에서는 국가에, 사적인 기소에서는 피고에게 오히려 상당한 벌금을 배상해야 했다. 이런 제도가 경솔하고, 악의 있고, 쓸데없이 무모한 소송이 난무하는 것을 막는 데 기여했을 것이다.

아테네의 사법 제도는 명백한 결함이 있었다. 판결에 일관성이 없었고 예측 불가능했다. 과거 선례에 따라 검증하지 않았기 때문이다. 배심원단은 편견을 가질 수 있었다. 배심원들은 자체 정보와 지식이 없을 경우 원고와 피고가 법률을 잘못 인용하고 역사를 왜곡하는 것에 대응할 수 없었다. 증거나 사건과의 관련성에 기초하지 않은, 그리고 배심원들이 부과하는 강제 규율을 따르지 않는 변론들speeches은 비현실적이고, 틀리고, 궤변적인 것일 수 있었다. 그러나 현대의 관점에서 아테네의 제도는 많은 매력이 있다. 미국의 법률 제도와 소송 절차가 너무 기술적이고, 거의 이해할 수 없고, 법률가들과 판사들이 중심 역할을 하다 보니 급격히 상승한 소송 비용을 부담할 여력이 있는 부자들에게 아주 유리한 판결을 양산한다는 비난을 받고 있다. 아무 근거 없는 소송을 방지할 수 있는 방법이 없어 소송 사건 예정표가 꽉 채워져 있다. 배심원단 선정과 법 절차상의 문제에 대한 이견으로 허비하는 시간이 가뜩이나 기일의 제한이 없는 소송 절차를 계속 늦춘다. 소송 관련자들이 재판을 받기까지 여러 해를 기다리는 것이 예삿일이다. 간혹은 재판 기일 전에 원고가 사망하기도 한다. 소송 관련 규정이 계속 복잡해지다 보니 소송 참가자들의 권리를 제대로 보호하자면 판결이 늦어질 수도 있다는 것을 아무도 납득하지 못한다. 그리고 판사들은 일반 시민들은 이해할 수 없는 복잡한 법적 또는 절차적 토대를 바탕으로 판결을 내린다.

모든 결함에도 불구하고, 아테네의 제도는 단순했고, 신속했고, 공개적이었고, 시민들이 이해하기 쉬웠다. 그리고 온건한 처벌을 제시하도록 유도하고 터무니없는 소송을 막기 위한 규정들이 있었다. 법에 관한 전문성이나 지식이 아테네인들과 그들의 법률 사이에 장벽이 되지 않았다. 아테네의 법률은 항상 평범한 아테네인들의 상식에 의지했다.

페리클레스 시대에 절정에 도달한 아테네의 민주주의는 여러 세대에 걸쳐 혹독한 비판을 받았다. 고대의 저술가들은 대중 회합과 공무원들을 추첨으로 선발하는 정부 개념을 집중 공격했다. 아테네의 변절자인 알키비아데스Alkibiades[B.C. 450?~B.C. 404?]*는 스파르타인들 앞에서 이렇게 말했다. "민주주의에 대해서는…… 어리석음

---

* 고대 그리스 아테네의 정치가이자 웅변가이며 장군이었다. 소크라테스의 제자로 아테네 민주주의를 중우 정치(어리석은 민중이 이끄는 정치)라고 비판했다. 그는 정적들의 비판이 거세지자 스파르타로 망명해 그곳에서 전략가로 활약하며 펠로폰네소스 전쟁에서 스파르타가 아테네에 승리하는 데 기여했다.

을 자인하는 데 달리 새롭게 할 말이 없습니다."(6.89) 플라톤은 소크라테스를 내세워 이 점을 좀 더 충분히, 심각하게 지적한다. 그는 집을 짓거나 배를 건조하는 문제에 있어서는 아테네 민회가 전문가들의 말에 귀를 기울인다는 사실을 목격한다. 전문성이 없는 자가 이런 문제들에 조언하려고 하면, "그가 아무리 잘생기고 부자이고 귀족이어도" 그의 말을 들으려 하지 않는다. 대신, "그들은 그가 입을 다물거나 스스로 물러나거나 경위들에게 끌려 나가거나 의장들의 명령으로 쫓겨날 때까지 비웃고 야유한다". 그러나 국무affairs of state에 대한 논의에 있어서는 "누구든, 다시 말해 목수, 땜장이, 구두장이, 승객과 선주, 부자와 빈민, 귀족과 평민 상관없이 일어나 발언할 수 있었다. 그리고 앞선 사례에서처럼 누구도 그가 지식이 없고 배운 것이 없다고 해서 일어나 의견을 말하는 것을 저지하지 않았다".(《프로타고라스Protagoras》, 319D-E)

사실, 아테네인들은 공공의 이익을 위해 존재하고 사용될 수 있다고 생각한 것들에 대해서는 지식, 숙련, 재능 및 경험의 중요성을 인정했다. 이에 따라 군 관료, 출납원, 조선 기술자, 급수 관리자 들을 선출했다. 그들은 정치학 교수나 철학자 또는 자신들을 통치하고 재판을 담당할 법률가들을 선출하지는 않았는데, 그들이 이들 분야에 유용한 전문지식이 있다는 것에, 비록 있다고 하더라도, 공공선을 위해 그것이 안전하고 이롭게 쓰일 수 있다는 것에 회의적이었기 때문이다. 지난 2500년의 경험이 그들이 틀렸다는 것을 보여 줬는지는 확실치 않다.

다음으로, 많은 바보들 또는 무능력자들이 공무를 수행하는 데 있어 중요한 역할을 담당했을 것 같지는 않다. 그랬다고 해도 오늘날만큼은 아닐 것이다. 민회 자체가 일반적으로 생각하는 것과 달리 다루기 힘들거나 무능하지 않았다. 한 시민이 연간 개최되는 최소 회기의 절반을 참석한다고 할 경우, 그는 아테네에서 가장 유능한 사람들, 즉 주로 현직에 있는 선출직 공무원이나 이전에 선출직 공무원으로 일했던 자들, 모든 파벌의 정치 지도자들, 그리고 다양한 주제에 전문성이 있는 상당수의 전문가들이 벌이는 논쟁을 스무 번 정도는 들었을 것이다. 더구나 이것들은 미리 준비해 와서 할 수 있는 것이 아니었기 때문에 진짜 논쟁들이었다. 발언자들은 난해한 질문과 반대편의 주장을 즉석에서 응수해야 했다. 그뿐만 아니라 무책임하게 아무 말이나 할 수도 없었다. 진지한 논쟁들 다음에 곧바로 발언자들과 청중에게 중요한 결과를 미치게 될 투표가 진행됐다. 민회에 출석한 사람이 10년 동안 이런 논쟁들에 귀를 기울였다면, 이런 경험들만으로도 훌륭한 유권자 집단, 아마 역사적으로 어느 집단과 비교해 봐도 더 계몽되고 세련된 집단을 형성했을 것이다. 게다가 매년 500명의 아테네인들이 평의회에서 복무했다. 이곳에서 그들은 매일 가장 사소한 것에서 가장 중대한 것까지 아테네의 사무를 관리하고 민회에서 논쟁에 부쳐 투표를 통해 결정할 의안들을 만드는 경험을 쌓았다. 따라서 민회에 참석하는 수천 명의 아테네인들 가운데 아마 대다수는 평의회에서 이런 훈련을 받은 사람들이었을 것이다. 이런 경험에 비춰 볼 때 아테네에서 의사 결정이 무지한 다수에 의해 이뤄졌다는 생각은 설득력이 없다.

그렇다면 민회에서 이뤄진 논쟁들을 평범한 아테네인들, 즉 전문적인 지식과 식견이 없는 시민들이 주도했을까? 증거에 의하면 그렇지 않았다. 경험이 없고, 정보에 밝지 않고, 교육을 받지 못한 사람들의 발언을 제약하는 장치들이 있었기 때문이다.

다년간 미국의 유명 대학들의 학과들이 주최한 회의들에 참석해 보니 참석자가 채 100명도 되지 않는 회의에서 그다지 논란의 여지가 없는 정책을 논의하는데도 거의 하나같이 과감하게 나서서 찬성이나 반대 의견을 이야기하는 사람이 별로 없었다. 드물게 열띤 논쟁을 야기하는 주제를 다루는 규모가 큰 회의를 말하는 것이 아니다. 회의 참석자들은 교육을 많이 받고, 지적 능력도 뛰어나고, 사람들 앞에서 발언하는 것이 직업인 사람들이다. 회의 진행도 정해진 규칙이 있어서 발언을 가로막거나 인신공격을 못 하게 했다. 하지만 그럼에도 불구하고, 참석자들 대다수는 거의 발언을 하지 않는다. 수줍기도 하고 당황할까 봐 나서지 못하는 것이다.

반면, 아테네 민회의 회합들은, 전혀 없었을 수는 없겠지만, 항상 조용할 틈이 없었다. 디카이오폴리스가 "발언자들에게 소리치고, 방해하고, 욕을 해 댈 거라고" 위협한 것, 또는 플라톤이 아테네인들이 자기들 보기에 필요한 전문 지식이 부족한 발언자들을 얼마나 비웃거나 야유하거나 반대를 외쳤는지 이야기한 것을 잊어서는 안 된다. 이런 비공식적인 제약 조건들이 민회에서 발언자들의 수를 크게 줄인 유일한 요소였다. 하지만 그들에게 발언 전에 신중히 생각하도록 고무하는 공식적인 장치도 있었다. 어느 시점에, 페리클레스가 살아 있을 때였을 수도 있지만 확실한 것은 그가 죽고 나서 채 15년이 지나지 않았을 때, 아테네인들이 **그라페 파라노몬** graphe paranomon이라 불리는 절차를 도입했다. 이 절차는 민회에 참석한 시민들을 아테네 민주 정체의 수호자들로 만드는 효과가 있었다. 어느 시민이든 평의회 또는 의회가 제안한 것이 현행법에 위배될 경우 거부할 수 있었다. 그러면 이 제안은 의결이 중단되거나 이미 의결이 된 것이라면 시행이 중지됐다. 제안자는 민중 법정에 세워졌다. 배심원단이 그에게 불리한 판결을 내리면, 그의 제안은 기각되고 벌금형을 받았다. 이와 같은 일로 세 번 판결을 받으면 제안자는 시민으로서의 권리를 박탈당했다. 따라서 민회의 기본 역할과 절차들이 의안 심의 과정에서 무지하고 무능한 자들이 중요한 역할을 하지 못하도록 제약했다.

세대가 거듭될수록 페리클레스가 장려했던 것과 같은 민주주의에 대해 비난의 강도가 더 높아졌다. 이런 비난은 아테네 민주주의는 원래 불안정해서 파벌 투쟁 및 계급 투쟁을 야기하고, 재산권에 무관심하며, 결과적으로 인구의 대다수를 차지하는 가난한 자들이 소수인 부자들을 지배한다고 말했다. 페리클레스가 죽은 뒤 몇 년 지나지 않은 시점에 '늙은 과두주의자'라고 불린 익명의 저자가 민주주의를 반대하는 작은 소책자를 썼다. 그는 민주주의가 부자들을 희생해 가난한 자들의 이익을 늘린다고 간단히 치부했다. 이 저자에 따르면, 아테네인들은 "대중이 일반 시민들보다 더 잘할 수 있을 것이라고 봤기"(가짜-크세노폰Pseudo-Xenophon*, 〈아테네인들의 정체 Constitution of the Athenians〉**, 1.1.) 때문에 민주주의를 택한 것이다.

플라톤은 "민주주의는 가난한 자들이 승리하고, 적들을 죽이거나 추방하고, 나머지 사람들에게 시민권과 공직 기회를 균등하게 나눠 주며, 행정관들 대다수를 추첨으로 뽑는 것이 근원이다."(《국가》, 557A)라고 말한다. 나아가 그는 어떻게 민주주의가 일정 시간 뒤에 참주 정치로 퇴보하는지 묘사한다. 즉, 가장 숫자가 많고 영향력이 큰 집단이 "인민 대중이다. 이들은 맨손으로 일하는 자들로 정치에 관심이 없고, 가진 것도 거의 없다". 그들이 민회에 오는 것은 그들의 약탈물을 나눠 갖기 위해서이다. "그들의 지도자들은 부자들의 재산을 빼앗아 일부를 대중에게 나눠 주고 나머지 대부분은 자신들이 갖는다."(《국가》, 565A) 재산이 있는 자들을 공격하면서 민주주의에서 이탈하고, 이어 민중이 피에 굶주린 폭도가 된다. 그들은 지도자를 중심으로 결집해 그가 "계속 채무 탕감과 토지 재분배를 언급하면서 [부자들을] 추방하고 사형을 집행"하도록 그를 지지함으로써 "결국 그는 적들에게 살해되거나 늑대의 탈을 쓴 인간, 즉 폭군이 되는 지경으로 치닫는다".(《국가》, 565E~566A)

고대에 아리스토텔레스와 역사가인 폴리비오스Polybios[B.C. 200?~B.C. 118?]가 아테네 민주주의를 같은 맥락에서 비난했고, 이런 비난이 18세기까지 고대 민주주의에 대한 아주 유력한 의견으로 공고히 자리 잡았다. 미국 건국의 아버지들 중 한 명인 제임스 매디슨James Madison[1751~1836, 미국의 제4대 대통령]은 "민주 정체들은 소요와 논쟁이 장관이고, 개인의 안전이나 재산권은 신경 쓰지 않으며, 치명적으로 폭력적인 만큼 대개 그 수명이 짧다."라고 말했는데, 사실 이는 미국 건국의 아버지들이 보이

---

* 〈아테네 국가에 대하여On the Athenian State〉라고도 불리는 이 소책자는 처음에 크세노폰이 저술한 것으로 알려졌으나 지금의 학자들은 이에 동의하지 않는다. 그래서 '가짜-크세노폰'으로 표기한다.

** 아리스토텔레스 또는 그의 제자 중 한 명이 쓴 것으로 알려진 《아테네인들의 정체》와 제목이 같다.

페리클레스

던 전형적인 견해였다.

매디슨과 그의 동료들[미국 건국의 아버지들]이 2000년도 훨씬 더 전에 멸망한 체제의 특징을 오해한 것은 용서될 수 있다. 그러나 플라톤이 아테네 민주주의에 대해 그릇된 설명을 한 것은 용서할 수 없다. 기원전 461년에 에피알테스와 페리클레스는 완전한 민주 정체를 수립했다. 이후 140년 동안 아테네의 민주 정체는 온전하게 그리고 질서 있게 유지됐다. 두 번 과두제에 의해 중단됐던 적은 있었다. 첫 번째는 길고 험난한 전쟁[펠로폰네소스 전쟁] 중에 쿠데타가 일어나 중단됐는데 4개월밖에 가지 않았다. 두 번째는 펠로폰네소스 전쟁 이후 스파르타인들이 강제로 중단시켰는데 채 1년이 가지 못했다. 두 번 모두 큰 소동 없이, 다시 말해 계급 전쟁, 복수 또는 재산 몰수 없이 온전한 민주주의가 원상태로 돌아왔다. 여러 해 동안 어려운 전쟁, 패전, 외세의 점령, 과두제의 선동을 겪었음에도 아테네 민주 정체는 살아남았고, 어느 정체와도 견줄 수 없는 절제와 자제력을 보여 줬다.

이런 행동은 페리클레스 시대의 민주주의와 그 이후에 지배적이었던 정치적 및 제도적 조건들에 비춰 볼 때 한층 더 놀랍다. 아테네인들은 군산 복합체라고 불리는 것의 힘에 직면하지 않았고, 작동 방식이 복잡한 대의제 정부, 견제와 균형, 파렴치한 로비스트들의 계략으로 인해 좌절하거나 대중 매체의 불가항력적인 기만에 조종되지도 않았다. 그들은 민회가 열리는 날에 프닉스에 올라가 연설을 하고 가장 근본적인 사회경제적 변화들을 위해, 예를 들어 채무 탕감, 부자들에 대한 징벌적 과세confiscatory taxation, 아니면 간단히 극소수 부자들의 재산 몰수에 대해 투표하면 그만이었다. 하지만 그들은 절대 그렇게 하지 않았다. 정치적 평등이 민주주의의 근본 원리였지만, 경제적 평등은 페리클레스 시대의 아테네에서는 존재하지 않았다. 반대로 그가 주도했던 아테네의 민주 정체는 사유 재산권을 옹호했고 그것의 불평등한 분배를 바꾸려고 하지도 않았다. 배심원들이 재판에 앞서 하는 선서에 이런 조항이 있었다. "나는 개인의 채무가 탕감되도록, 아테네 시민들이 소유한 토지나 가옥이 재분배되도록 하지 않을 것입니다."(데모스테네스, 《티모크라테스에 대한 반대Against Timocrates》, 149) 게다가 최고 집정관은 매년 "제가 이 공직을 맡기 전에 누가 무엇을 소유했든 제가 물러날 때까지 그는 그것을 고스란히 간직할 것입니다."(아리스토텔레스, 《아테네인들의 정체》, 56.2)라고 맹세했다.

　기원전 5세기의 마지막 30년은 무시무시한 전쟁, 역병, 빈곤, 좌절의 시기였다. 그러나 펠로폰네소스 전쟁 기간이나 이후에 아테네 민중은 사유 재산에 손대거나 경제적 평등을 추구하지 않았다. 페리클레스 시대의 민주주의에서 아테네의 시민들은 법 앞의 평등, 완전한 정치적 권리, 그리고 이것들이 제공하는 기회의 평등 같은 것만을 요구했다. 이런 규칙들에 근거해 엄청난 재앙과 엄청난 유혹에 맞서고자 했다. 페리클레스는 민주주의라는 것이 이처럼 정치적으로 평등하고, 개인주의적이고, 법을 준수하며, 관용적이라는 것을 이해시키기 위해 엄청 노력했고, 동료 시민들이 이에 공감하고 있다는 확신에서 자랑스럽게 이 점을 호소하고 지적할 수 있었다.

　민주주의에 적대적이었던 고대의 저술가들이 페리클레스가 민주주의의 탄생에 기여했다고 비난하는 것에 놀랄 필요가 없다. 그들은 페리클레스가 대중에게 공무 수행의 대가로 보수를 지급해 타락시켰고 자신의 권력을 강화할 목적에서만 민주적 개혁들을 이용했다며 비난했다. 우리의 관점에서 볼 때 다소 놀라운 것은 그들 중 일부는 페리클레스 시대의 아테네가 진정한 민주주의였다는 것 자체를 부정했다는 점이다. 페리클레스와 동시대인이자 그를 찬미한 역사가 투키디데스는 그가 이끌었던 아테네는 이름만 민주주의였다고 말한다.(2.65.7) 페리클레스의 고대 전기 작가인 플루타르코스는 이 아테네의 정치가가 진정한 민주주의자는 아니었다고 주장한다. 하지만 사실 페리클레스는 권력을 얻기 위해 민주적 원리democratic platform를 이용하기는 했지만 민중에게는 자비심을 베풀되 확고하게 지배했다. 그는 정치적 지위를 확고히 하고 나서 다음과 같이 행동했다.

　　　　　　　　　　　　　　　　　　　　　　　페리클레스

조타수가 바람에 순응하듯 민중에게 순종적이고 그들의 요구에 따라 행동하고 들어줄 준비가 되어 있었던 예전의 그가 아니었다. 오히려 그는 이런 애매하고 연약한 민중 선동 방식을 포기했고…… 귀족적이고 권위적인 방식으로 국가 관리를 강화했다. 그는 정직하고 진솔한 태도로 가능한 한 모두의 이익을 위해 자신의 리더십을 사용했다. 대체로 그는 민중을 설득하고 가르치면서 자발적인 사람들을 선도했지만, 가끔 그들이 그에게 화를 내면 지배권을 강화해 그들 스스로 자신들에게 좋을 것을 하게 했다. 마치 그는 합병증에 만성 질환을 앓는 환자를 다루는 의사처럼 어떤 때는 환자의 기분을 달래고자 위약을 처방하고, 어떤 때는 병세를 호전시키기 위해 쓰디쓴 약을 처방한다.(플루타르코스, 《페리클레스》, 15.2-3)

이런 주장들을 어떻게 해석해야 할까? 투키디데스의 언급은 현대의 독자들에게 로마의 초대 황제인 아우구스투스의 원수 정치principate*를 떠올리게 한다. 그러나 페리클레스 시대의 아테네와 비교하는 것은 언뜻 봐도 적절치 않다. 아우구스투스의 지배는 지중해 세계에서 유일하게 남아 있던 어마어마한 군사력을 주도하는 그의 절대적인 통제력에 의존했다. 페리클레스는 군대를 통제하지 않았다. 경찰도 마찬가지였다. 그는 아테네 민중의 지속적이고 자유의사에 따른 지지에 전적으로 의존했다. 국가의 모든 의사 결정이 민회에서 다수결로 이뤄졌고, 모든 선거에 강제성이 없었다. 장군이 그의 유일한 직책이었는데 매년 선거를 치러야 했고, 지출 내역은 공개적으로 감사를 받았고, 언제든 해임될 수 있었으며, 공개 재판에 소환될 수 있었다. 이런 체제가 진정한 민주주의라는 데 의심이 있을 수 없다.

페리클레스가 진정성이 없었다는 것, 다시 말해 페리클레스가 민주주의의 원칙들을 신뢰했던 것이 아니라 그것을 자신의 목적을 달성하기 위해 이용했다는 비판

---

* 로마 제국 초기의 통치 양식.

은 어떻게 받아들여야 할까? 페리클레스가 정치적으로 보인 행태만으로도 쉽게 반박할 수 있다. 그는 아테네에서 지배적인 파벌의 주도권을 잡은 이후 30년 넘게 의욕적으로 활동했고, 그의 위신과 영향력은 해를 거듭할수록 커 갔다. 때로는 그의 정책들이 민회에서 거부됐다. 때에 따라서는 그의 친구들과 사랑하는 사람들이 정적들로부터 공격을 받는데도 전면에 나서서 옹호하지 못했다. 그가 사망하기 이전 해에 민회는 그의 정책을 기각했고, 그를 공직에서 해임했으며, 엄청난 벌금을 부과했다. 민회는 이전 30년 동안 언제든 이렇게 할 수 있었음에도 불구하고 그렇게 하지 않았다. 페리클레스는 이런 민주 정체로부터 자신을 보호하려고 한 적이 없을 뿐만 아니라 그것의 규정을 바꿔 군림하려고 하지도 않았다.

그런데 귀족 정체에서 지배자로 또는 전제 정체에서 군주로 살 수 있었던 사람이 왜 민주 정체를 선호했을까? 페리클레스의 경우 몇 가지 떠오르는 답이 있다. 첫째, 민중 정부를 지지하는 것이 가문의 전통이었다. 그의 외할아버지인 클레이스테네스는 민주 정체의 설립자였고, 그의 후손들이 이에 자부심을 갖는 것은 당연했다. 둘째, 아낙사고라스의 가르침 때문이다. 우리가 이해한 것이 정확하다면, 그의 가르침은 다소 계층적인 전통 신념들과 대립하는 민주적인 통치 체제의 철학적 토대를 제공했고, 페리클레스는 합리적이고 철학적인 분석의 영향을 많이 받은 사람이었다.

마지막으로 페리클레스가 당대의 누구보다 민주주의의 위대한 잠재력을 잘 알아봤기 때문에 그것에 헌신적이었다고 추정해 볼 수 있다. 앞으로 보겠지만, 페리클레스는 그의 도시를 누구도 넘볼 수 없는 위대한 나라로 발돋움시키려고 했다. 아테네의 안전, 풍요, 권력은 제해권과 전함의 노를 젓는 하층 계급에 달려 있었다. 그들의 열렬한 지지가 있었기에 민주주의가 승리했던 것이다. 오직 소수에게만 시민권을 인정한 다른 체제들은 대다수 민중이 지닌 엄청난 잠재력을 낭비한 것이나 마찬가지였다. 억압적인 체제들은 소외된 대중을 감시할 필요가 있기 때문에 그들의 잠재력을 억눌렀다. 오직 민주주의만이 모든 사람의 에너지가 완전히 발산할 수

페리클레스

있는 가능성을 지녔고, 그래서 이전에 없던 잠재력을 갖춘 폴리스를 탄생시켰다. 이런 가능성이 다른 어떤 것보다 페리클레스를 줄곧 굳건한 민주주의자로 만들었을 것이다.

군인

4

아테네에서 민주주의가 대성공을 거두면서 이 도시의 외교 정책에 급격한 변화가 일어났다. 그리고 이 새로운 정체와 제국에 대한 통제, 심지어는 도시의 자율성을 위협한 전쟁을 촉발했다. 현대의 학자들은 이 전쟁을 제1차 펠로폰네소스 전쟁이라고 부른다. 이는 아테네가 주도한 델로스 동맹과 스파르타의 패권 아래에 있던 펠로폰네소스 동맹 간의 경쟁이었다. 양측은 기원전 460년에서 기원전 445년 사이에 육상과 해상에서 간헐적으로 싸웠다. 아테네인들의 힘이 최고조에 이르렀을 때 그들의 힘은 시칠리아Sicilia에서 나일강 삼각주Nile delta*에까지 미쳤고, 그들의 군대는 중앙 그리스를 비롯해 펠로폰네소스반도로 접근하는 경로를 통제했다. 다른 때는 그들의 모국과 도시의 성벽들을 방어해야만 했다. 이 전쟁 기간 동안 페리클레스는 정치 지도자 및 체제 개혁가로서뿐만 아니라 외교관, 전략가 그리고 함대와 군대의 사령관으로서 활동해야 했다. 그는 이 모든 활동을 하는 데 있어 서로의 상관성을 누구보다 잘 이해했을 뿐만 아니라 그의 특별한 재능을 적극적으로 쏟아부었다.

---

*   이집트 북쪽 나일강 하류에 형성된 삼각주로 지중해와 바로 인접해 있다. 세계에서 가장 큰 삼각주의 하나로 동쪽 알렉산드리아에서 서쪽 포트사이드까지 지중해를 따라 약 240킬로미터에 걸쳐 형성되어 있으며 남북 간의 폭은 대략 160킬로미터 정도이다. 이집트 인구의 대다수가 이 지역에 밀집해 산다.

아테네의 정치 혁명은 그리스 국가들 간의 관계에서 외교적 혁명을 가져왔다. 그들의 군대가 스파르타에게 쫓겨나자 아테네인들은 페르시아 전쟁 당시 스파르타와 맺었던 동맹을 파기했다.* 그리고 스파르타와 이웃하는 도시이기는 했지만 적대 관계에 있던 아르고스Argos[남부 그리스에 위치한 고대 도시]와 용맹하고 우수한 기병 부대를 갖춘 북부 그리스에 위치한 테살리아와 상호 방위 조약을 맺었다. 아르고스와의 동맹은 분명히 스파르타에게 위협이 됐다. 테살리아와의 동맹은 아테네의 군사력을 증대시켜 이 위협을 더 키웠다. 이런 새로운 적대 관계는 키몬이 그동안 공들여 왔던 평화와 우애가 얼마나 보잘것없는 것이었던가를 드러냈다. 그것은 국가들보다는 파벌들 간의 동맹에 가까웠다. 스파르타의 강경파들은 아테네의 힘을 의심하고, 질투하고, 두려워했기 때문에 자신의 리더십을 그리스 국가들과 나눠 갖는 것을 내켜 하지 않았다. 스파르타를 싫어했던 아테네인들은 스파르타의 적개심을 알고 있었기 때문에 자신의 이익을 위협하는 스파르타를 그냥 두고 볼 수 없었다. 아테네인들은 그리스 본토에 더 깊숙이 개입하기로 결정하고 이전까지 의심의 여지가 없었던 펠로폰네소스반도에 대한 스파르타의 통제력과 월등히 앞섰던 육상 전력land warfare에 도전했다.

보병 부대는 고대 시기를 통틀어 지배적인 군대였고, 그중 스파르타는 단연 우수한 보병 부대를 가지고 있었다. 그들은 잘 훈련받고 규율이 엄격했던 밀집 대형의 장갑 보병hoplite phalanx을 보유하고 있었다. 장갑 보병은 중장비로 무장한 보병으로 허리에 단검을 차고 있었지만, 주된 무기는 길이가 7.5~9피트[대략 2.3~2.7미터]에 이

---

* 앞에서 보았듯이 기원전 464년에 스파르타에 강력한 지진이 발생하면서 노예들이 반란을 일으켰다. 스파르타는 자체적으로 이들 반란군을 진압하려고 애썼지만, 여의치 않자 기원전 462년에 페르시아 전쟁 당시 동맹(구 그리스 동맹)을 맺었던 아테네에 도움을 요청했다. 스파르타와 우호 관계에 있던 키몬이 4천 명의 군사를 이끌고 스파르타를 도우러 갔지만, 석연치 않은 이유로 스파르타가 철군을 요청했고 아테네는 이것을 모욕적인 처사로 받아들였다. 결국 이를 빌미로 키몬의 정적들이 그를 도편 추방했고 아테네와 스파르타의 동맹 관계는 종식됐다.

르는 긴 창*이었다. 장갑 보병은 가슴 받이[흉갑], 투구, 정강이 받이가 있는 갑옷으로 몸을 보호했다. 왼팔에는 크고, 둥글고, 무거운 방패를 휴대한 채 전면과 왼쪽 측면을 막았고 왼쪽 어깨 넓이보다 좀 더 길게 뻗을 수 있었다. 이렇게 넓게 뻗어 동료 병사의 노출된 오른쪽을 보호했다. 그래서 각 장갑 보병은 동료 병사가 왼쪽으로 좀 더 뻗은 방패 뒤로 움직여 오른쪽을 방어했다. 방패는 부상자를 실어 나르는 들 것으로 또는 시신을 덮는 덮개로도 사용할 수 있을 만큼이나 컸다. 그러나 도주 중에는 엄청 걸리적거렸기 때문에 장갑 보병이 퇴각할 때는 내버리기 일쑤였다. 장갑 보병은 적어도 여덟 개의 행렬로 된 방진 모양의 밀집 대형으로 진영을 갖췄다. 장갑 보병이 대형을 이탈하지 않고 용맹하게 싸우면 사상자도 거의 없고 패할 일도 없었다. 하지만 소수가 전열을 이탈해 대열이 흐트러지면 결과는 보나 마나 대패였다.

그리스에서 장갑 보병 전투는 일반적으로 소규모 영토를 차지하기 위해 다투는 두 폴리스의 군대 사이에서 일어났다. 곡물이 익어 수확철이 되면 한쪽 군대가 다른 쪽의 영토를 침범했다. 방어하는 쪽은 자신의 들판을 방어하든지 아니면 항복하는 수밖에 없었다. 그러지 않으면 작물이 파괴돼 주민들이 굶주릴 수 있었다. 밀집 대형 전투는 공동체가 함께 협력해야 하는 일로 용맹과 규율, 병사들의 개인적 헌신에 의존했다. 각 시민의 생존은 동료 시민들과의 협력에 달려 있었고, 도시 또한 모든 시민의 협조 없이는 존속할 수 없었다.

개인이 공동체에 종속돼 있었던 스파르타가 이상적인 폴리스에 가장 가까워 보였다. 초기에 스파르타인들은 다른 그리스인들과 다르지 않았다. 하지만 기원전 약 725년에 인구가 증가하면서 이웃한 메세니아Messenia 지역을 정복하기 위해 전쟁을 일으켰다. 이 전쟁에서 승리함으로써 늘어난 인구를 부양할 수 있는 충분한 영토를 획득했다. 피정복민은 노예, 즉 헬롯으로 삼아 자신들을 부양하게 했고, 그 결과 스

---

* 이렇게 긴 창을 가지고 방진 모양의 밀집 대형을 유지해서 밀집 장창 보병대라고 부르기도 한다.

파르타인들은 땅을 경작해야 하는 일에서 자유로울 수 있었다. 그러나 기원전 7세기 3분기에 노예들, 즉 헬롯들이 펠로폰네소스반도에 위치한 이웃 국가들의 도움을 받아 일으킨 반란이 길고 치열한 전쟁으로 비화하면서 스파르타의 생존을 위협했다. 이 전쟁이 스파르타의 역사에서 전환점이 되었다. 스파르타인들은 자신들의 생활 방식을 근본적으로 바꾸지 않는 한 수적으로 볼 때 10대 1의 비율로 우세했던 헬롯들을 억제할 수 없다고 생각했다.

새로운 생활 방식은 각 스파르타인을 태어날 때부터 통제하는 것이었다. 그래서 국가 관리들은 아이가 태어나면 육체적으로 생존 가능성이 있는지 판단했다. 스파르타의 소년은 일곱 살에 부모와 떨어져 교관에게 인도된 뒤 체육과 무술 훈련을 받았다. 또 궁핍한 생활을 견디고, 신체적 고통을 참고, 직접 땅에서 나는 것들에 의지해, 필요한 경우 도둑질을 해서라도 생활하는 법을 배웠다. 스무 살에 스파르타 청년은 군에 입대해 병영에서 동료들과 서른 살이 될 때까지 생활했다. 젊은이와 노인 간의 동성애homosexual liaison를 통해 세대 간의 유대를 달성했고, 이런 육체적 관계가 나이 많은 조언자mentor에 의해 젊은이의 성격이 향상되는 데 기여한다고 여겼다. 이런 통과 의례를 거쳐야 육체적 관계도 끝이 났다. 하지만 이런 개인적 유대는 계속 유지돼 공동체를 결속하는 데 기여했다.

이들 젊은이에게 결혼이 허용됐지만, 일반적인 결혼과는 달랐다. 스파르타의 젊은 남성은 부인을 자주 찾아갈 수 없었는데 이마저도 은밀히 이뤄졌다. 서른 살에 스파르타 남성은 온전한 시민, 즉 '동등한 사람homoios'이 됐다. 그는 자신의 식사를 공동 식사 공간public mess에 가져가 동료들 14명의 틈바구니에서 같이 먹었다. 먹는 음식은 블랙 수프black soup* 같은 간단한 식단으로 다른 그리스인들이 보고 질겁했다. 군 복무는 예순 살까지 해야 했다. 이후 퇴역해야 집과 가족의 품으로 되돌아갈 수 있었다.

---

* 삶은 돼지 다리 고기, 선지, 소금, 식초 등을 넣어 만든 수프로 스파르타인들의 주식이었다.

페리클레스

이런 생활 방식은 여성들에게도 적용됐다. 군사 훈련을 받지는 않았지만, 어린 여자애들은 어린 남자애들과 같은 방식으로 신체적으로 건강한지 검사를 받았다. 여자들은 체조를 배웠고, 다른 그리스 여성들보다 자유가 더 허용됐으며, 스파르타의 숭고한 이상들을 똑같이 주입받았다. 그리스인들 사이에서는 스파르타의 여성들이 남성들보다 더 용맹하다는 인식이 널리 퍼져 있었다. 스파르타의 어머니들은 아들을 전장에 보내면서 방패를 들고 돌아오든지 아니면 방패에 실려 오든지 하라고 말했다.

전체적으로 이런 생활 체계는 아내, 아이, 가족에게 헌신하는 자연적인 감정을 폴리스에 좀 더 헌신하도록 돌리기 위해 고안한 것이었다. 사생활, 사치, 심지어는 안락한 생활이 군인들을 양성한다는 목적으로 희생됐다. 스파르타 군인의 체력, 훈련, 규율은 그리스 세계에서 단연 최고였다. 군사 의무 이외에 다른 생각을 할 틈을 전혀 주지 않았다. 가족이나 돈, 특히 금전coin은 스파르타인들의 야망을 더럽힐 수 있다고 생각해 원천 금지됐는데, 이런 것들이 그들에게 유일하게 허락된 야망, 즉 전쟁에서 용맹하게 싸워 영광과 존경을 얻는 것을 방해할 수 있다고 보고 허락하지 않았다.

비록 대다수 그리스인과 마찬가지로 아테네인들도 스파르타인들의 것과 같은 이상을 품고 있었지만, 그들은 개인적이고 가족적인 가치들에 충실한 자연적인 감정을 포기할 이유가 없었다. 이것은 아테네에 민주주의가 수립되기 전에도 마찬가지였다. 민중 정부의 등장과 그들의 제국에 들어오는 부가 쌓이면서 오히려 이전보다 더 개인의 자유에 심취했다. 두 동맹 세력을 대표했던 아테네와 스파르타는 극명한 차이가 있었다. 스파르타와 아테네가 기원전 5세기 마지막 60년 동안 치른 전쟁들은 강대국들 간의 전쟁일 뿐만 아니라 서로 대립하는 이념과 정치 체제, 생활 방식 간의 전쟁이었다.

전쟁에 접근하는 방식 또한 현저히 달랐다. 스파르타는 어디에나 최상의 장갑 보병을 보유하고 있던 병영 국가military state였다. 그리고 스파르타의 동맹국들이 양질의 군대를 파견했기 때문에 스파르타의 지휘를 받는 펠로폰네소스 군대에 필적할 수 있는 국가는 어디에도 없었다. 스파르타가 육상을 지배했다면, 아테네는 바다를 지배한 해상 제국이었다. 그리고 동맹국들이 함선들이나 화폐를 제공했다. 비록 아테네인들이 그리스의 적들을 상대로 그리고 마라톤 전투에서, 더 나아가 기원전 480년에 페르시아가 침공했을 당시 보여 준 것처럼 자신들의 방진 대형으로 잘 싸우기는 했지만, 펠로폰네소스의 대군과 전면전을 벌일 생각은 할 수 없었을 것이다. 아테네는 육상으로 치고 들어오는 공격에 취약했다. 적군이 아테네 군대를 파괴하거나 성벽 안쪽으로 몰아넣는다면, 위대한 제국 해군도 무용지물일 수 있었다. 포위군은 아테네의 농장, 올리브 나무, 포도나무 들을 파괴할 수 있었고, 도시와 항구를 잇는 길을 차단할 수 있었으며, 사람들을 굶주리게 만들어 굴복시킬 수 있었다. 스파르타인들과 그들의 펠로폰네소스 동맹은 이런 전략을 구사할 수 있는 유일한 그리스인들이었다. 키몬은 스파르타와 좋은 관계를 유지함으로써 이런 문제를 피했다. 하지만 키몬의 정적들이 그의 정책을 거부하면서 아테네인들은 새로운 정책이 필요했다. 펠로폰네소스반도에서 스파르타에 적대적이었던 국가들과 동맹을 맺는 것이 가장 그럴듯한 대안으로 등장했고, 민주주의자들이 키몬을 도편 추방한 뒤에 이러한 정책을 실행에 옮겼다. 하지만 이 전략이 실패하면서 페리클레스는 자신에게 닥칠 큰 도전, 즉 스파르타의 강력한 군사력을 다룰 방법을 고안해야 하는 과제에 직면했다.

아테네가 아르고스 및 테살리아와 새롭게 맺은 동맹이 스파르타인들에게는 그 자체로 도전장이었지만, 아테네인들은 이에 그치지 않고 훨씬 더 도발적인 행동을 취했다. 반란을 일으킨 뒤 이토메산으로 들어가 몇 년 동안 저항을 해 온 헬롯들이 펠로폰네소스반도를 무사히 떠날 수 있게 해 주겠다는 조건을 받아들여 항복했다. 스파르타인들은 그들이 그리스 전역으로 뿔뿔이 흩어져 더 이상 위협이 되지 않을 것으로 기대했을 것이다. 하지만 아테네인들이 다른 방식으로 이 사태에 끼어들었다. 얼마 전에 코린토스만 북쪽 연안 해협에 위치한 나프파크토스Nafpaktos항을 획득한 그리스인들이 이곳을 집 없이 떠돌던 헬롯들에게 정착지로 제공했고, 그들은 이를 기꺼이 수락했다. 나프파크토스항은 천예의 해군기지로 많은 스파르타 동맹국, 특히 코린토스Korinthos*의 상업 및 해상 활동을 간섭하기에 이상적인 곳이었다. 아테네는 이 목적을 달성하기 위해 자신들의 처우에 고마워하는 헬롯들을 이용할 수 있었다. 하지만 이런 전략적 고려는 부차적인 것이었다. 아테네인들은 "그들이 이미 스파르타인들에 대해 가지고 있던 증오심 때문에"(1.103.3) 헬롯들을 기꺼이 도운 것이었다.

이어 아테네인들은 스파르타인들을 훨씬 더 곤란에 빠뜨리는 조치를 취했다. 스파르타의 두 동맹국인 코린토스와 메가라가 국경 지대의 영토를 차지하기 위해 전쟁을 시작했다. 메가라인들은 전세가 불리해지자 스파르타의 펠로폰네소스 동맹에서 탈퇴하고 아테네에 동맹을 맺자고 제안했다. 코린토스인들과 전쟁을 하고 있는 자신들을 도와 달라는 것이 조건이었다. 아테네인들에게 이 제안은 기회이기도 했지만 위험하기도 했다. 메가라인들은 영토의 양끝이 산악 지형으로 둘러싸인 코린토스 지협**에 위치한 작고 메마른 평원에서 살았다. 곡물 생산이 많지 않아서 2만 5천 명에서 4만 명에 이르는 메가라인들이 먹고살기에 충분하지 않았다. 하지만 지대가 높아 양 떼를 먹일 초목이 풍부해 메가라 최대의 수출품인 올이 성기고 가격이 저렴한 모직 코트를 생산할 수 있었다. 또 돼지도 키웠다. 그 외 수출품으로는 마늘과 아주 짠 소금이 있었다. 펠로폰네소스 전쟁 중에 메가라인들이 무역이 위축되고 영토가 황폐화돼 힘겹게 살고 있을 때, 아리스토파네스는 그들의 불행과 굶주림을 놀려 댔다. 밀고자들이 "메가라의 짧은 외투에 대해 계속 투덜댔다. 그리고 누구라도 오이, 산토끼, 새끼 돼지, 마늘 한쪽 또는 소금 덩어리를 보기라도 하면 메가라의 것이라고 비난하면서 몰수했다".(《아카르나이의 사람들》, 519-22)

---

* 고대 그리스의 상업 및 예술 중심지.

** 지협은 육지 사이를 잇는 좁고 잘록한 땅으로 바다를 잇는 해협과 반대되는 개념이다.

비록 이웃하는 두 강대국의 틈바구니에 끼어 있기는 했지만, 메가라인들은 수 세기 동안 독립을 유지했고, 코린토스인들 및 아테네인들과 싸워 차례로 격퇴할 만큼 충분히 강했다. 그러나 기원전 6세기 초엽에 그들은 영토 분쟁 끝에 서쪽의 국경 지대는 코린토스에, 사로니코스Saronikos만'의 살라미스섬은 아테네에게 빼앗겼다. 이렇게 영토를 잃자 메가라는 두 이웃 국가들의 위협으로부터 자신을 방어하고자 스파르타의 동맹 제안을 환영했을 것이다. 이후 스파르타인들에게 충성을 맹세했던 메가라인들은 스파르타가 지진이 발생하고 헬롯들의 반란으로 정신 없을 때 자신들은 안중에 두지 않고 잠자코 있던 코린토스인들에게 고마움을 표시하자 마음을 돌렸다. 스파르타가 아테네와 잇따라 일으킨 파열음이 그들에게 하나의 출구가 됐다. 스파르타인들이 자신들을 포기하면 그들은 편을 바꿔 아테네인들에게 코린토스에 맞서 자신들을 지지해 주는 조건으로 동맹을 제안할 수 있었다.

아테네의 서쪽 국경을 맞대고 있던 메가라는 전략적으로 엄청난 요충지였다. 메가라의 서쪽 항구인 페가에Pegae는 코린토스만에 접근할 수 있는 통로였다. 아테네인들은 오직 이 길고 위험한 통로를 지나 펠로폰네소스반도에 접근할 수 있었다. 메가라의 동쪽 항구인 니사이아Nisaea는 사로니코스만에 위치해 있어 적이 아테네의 모항home port인 피레우스Piraeus''를 기습 공격하기 위해 이용할 수 있었다. 이보다 훨씬 더 중요한 것은 메가라의 호의가 있어야만 접근이 가능한 메가리드Megarid 평원'''의 산악로들을 아테네가 통제할 경우 펠로폰네소스 군대가 아티카를 침범하는 것을, 불가능하게는 아니지만, 아주 어렵게 만들 수 있었다. 메가라와의 동맹은 외

부의 공격에 맞서 안전을 가져다주고, 안전이 담보되면 자유가 확보돼 다양한 기회를 추구할 수 있었다. 다른 한편, 이 동맹은 부유하고 강력한 국가로 정복이 쉽지 않은 코린토스와의 전쟁을 의미했다.

호메로스의 시대부터 코린토스는 '풍요로운wealthy'이라는 수식어가 따라다녔다. 아름다운 도자기, 청동 제품, 예술 작품 들을 만들어 판매하는 뛰어난 장인들 덕분이기도 했지만, 주된 이유는 지리적 입지 때문이었다. 코린토스는 상업에 아주 유리한 입지 조건을 갖추고 있었다. 코린토스인들은 지리적 입지 조건을 이용해 코린토스 지협을 가로지르는 돌방죽을 건설했다. 동서 노선을 운항하는 배를 한쪽 항구에서 다른 쪽 항구로 끌어 나를 수 있어 펠로폰네소스반도를 돌아 항해할 필요가 없었다. 다시 말해, 코린토스는 오늘날의 수에즈 운하나 파나마 운하와 같았다. 거의 모든 배가 코린토스에 정박했다. 펠로폰네소스반도, 특히 남단의 툭 튀어나온 말레아곶Cape Malea을 지나는 항로가 길고 험하기도 했지만, 코린토스가 남쪽의 펠로폰네소스반도에서 중앙 및 북부 그리스로 가는 유일한 육로의 지협에 놓여 있었기 때문이었다. 육상의 북-남 노선과 해상의 동-서 노선을 통제하고 있던 코린토스인들은 사방에서 자신들의 영토를 경유하는 교역trade에 세금을 부과해 국고를 채웠다.

이뿐만이 아니었다. 코린토스는 관광지이자 뱃사람들의 도시였다. 이스트미아 경기Isthmian Games*[지협 경기]는 고대 그리스 세계의 4대 제전이자 운동 경기 중 하나로 코린토스 영토에서 개최됐고 이를 보고자 엄청난 사람들이 몰려들었다. 아프로디테Aphrodite** 신전도 마찬가지였는데, 이 신전은 "정말 부유해서 천 명이 넘는 신전-노예들temple-slaves, 즉 사람들이 이 사랑의 여신에게 바친 매춘부들을 소유했다".(스트

---

* 이스트미아 제전으로 부르기도 한다. 코린토스 인근에서 2년마다 열렸고 포세이돈을 기념하기 위해 열렸다. 올림피아 제전, 피티아 제전, 네메아 제전과 더불어 고대 그리스의 4대 제전 중 하나였다.

** 고대 그리스 신화에 나오는 올림포스 12신 중 하나로 사랑과 미의 여신.

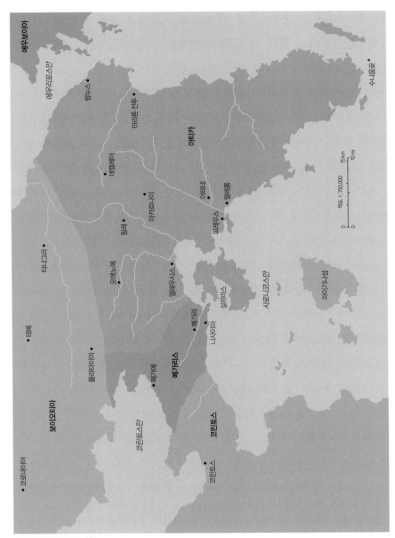

아티카와 코린토스 지협

　지금은 수니온곶(Cape Sounion)으로 불린다.

라본Strabon,《지리지Geōgraphiká》, 378) 이들 명소는 많은 관광객을 도시로 끌어들였고 현지의 상인, 장인, 가게 주인 들을 부유하게 만들었다. 그리고 비용이 얼마나 많이 들었던지 "코린토스로 항해하는 것이 누구에게나 허락되지 않는다."란 속담이 나왔을 정도였다.

코린토스인들은 스파르타의 펠로폰네소스 동맹국들 가운데 가장 부유했고 가장 독립적이었다. 많은 점에서 중세 후기 상업 국가였던 베네치아Venezia와 닮았었다. 그들은 아테네 제국의 한복판이라고 할 수 있는 서쪽과 에게해에 식민지들을 소유했다. 과두 정체가 견고했고, 외교와 협상에 능한 사람들이 통치했다. 무역 중심지로서의 위상 덕분에 다른 나라들의 정보와 주요 인물들의 소식을 쉽게 접할 수 있었다. 그들은 만만치 않은 상대였다.

코린토스를 멀리하는 것보다 훨씬 더 심각한 것은 스파르타를 배반한 국가를 아테네의 동맹으로 받아들이는 것이었다. 이것은 펠로폰네소스 동맹에 전쟁을 선포하는 것이나 다름없었다. 그럼에도 불구하고 아테네인들은 주저하지 않고 그들을 동맹으로 받아들였고, 니사이아 항구에 요새를 구축했으며, 이 항구에서 메가라까지 잇는 긴 성벽을 축조했다. 아테네인들 입장에서는 펠로폰네소스 동맹과의 전쟁이 기정사실이라고 할 경우 메가라 동맹*은 이 전쟁을 안전하고 성공적으로 치를 수 있게 하늘이 준 기회였다.

투키디데스에 따르면, 메가라 동맹은 "코린토스인들이 처음으로 아테네인들을 죽도록 증오하게 된"(1.103.4) 이유였다. 그리고 오래전부터 아테네는 현대의 학자들이 제1차 펠로폰네소스 전쟁이라 부르는 전투에서 코린토스와 이 나라가 속한 펠

---

* 제1차 펠로폰네소스 전쟁(기원전 460년에서 기원전 445년)의 도화선이 됐던 것이 메가라가 스파르타가 주도한 펠로폰네소스 동맹에서 탈퇴해 아테네와 동맹을 맺은 것이었다. 메가라는 제1차 펠로폰네소스 전쟁 당사자들이 '30년 강화 조약(Thirty Years' Peace)'을 맺고 전쟁을 끝내면서 펠로폰네소스 동맹에 복귀했다.

로폰네소스 동맹국들에 맞서 싸우고 있었다. 이 중대한 전쟁을 대비하고 있었을 때, 아테네인들은 본국에서 아주 멀리 떨어진 곳에서 다른 중요한 전쟁에 휘말려 들었다. 상당한 규모의 아테네 제국 함대가 이미 페르시아에 대한 전쟁의 일환으로, 그리고 제해권을 수중에 넣기 위해 키프로스에서 군사 작전을 벌이고 있었다. 이 군사 원정은 키몬이 몰락하기 전에 보낸 것이었을 것이다. 하지만 키몬이 도편 추방을 당한 뒤에, 다시 말해 에피알테스 세력이 지배권을 장악했을 때 페르시아가 지배하고 있던 이집트 영토에서 반란이 일어났다. 반란을 주도한 리비아Libya의 이나로스Inaros* 왕으로부터 도와 달라는 요청을 받은 아테네인들은 키프로스를 포기하고 수백 척의 함대를 나일강으로 보냈다. 그들은 그리스에서 중대한 전쟁에 직면해 있던 바로 그때 이집트에서 페르시아인들에 맞서 어찌 보면 다소 무모해 보이는 대규모 군사 작전을 벌였다.

페리클레스는 자신의 파벌이 채택한 정책들을 곧바로 승인했다. 그리고 그가 이 파벌의 가장 뛰어난 웅변가였기 때문에, 아테네인들이 그것을 수용하도록 설득하기 위해 발 벗고 나섰다. 순교한martyred 에피알테스의 정책에서 가장 핵심은 스파르타에 대한 적개심이었다. 그리고 이 덕분에 그의 파벌이 권력을 잡을 수 있었다. 그의 협력자이자 후계자가 이런 적개심을 계속 장려하지 않는 것은 상상할 수 없는 것이었다. 이집트에 있는 페르시아 영토 공격은 기원전 479년 이래 모든 아테네인이 지지했던 계획program과 전적으로 일치했다. 이 계획의 기틀을 다진 것은 페리클레스의 아버지였고, 페리클레스 본인은 기원전 460년대 후반에 자신의 함대를 저 멀리 동쪽에 있는 페르시아인들이 통제하던 수역으로 이끌고 갔었다. 더구나 이집

* 기원전 460년에 페르시아를 상대로 반란을 일으킨 왕으로 이집트 제26대 왕조 계열의 프삼티크(Psamtik)라는 리비아 왕자의 아들이었다. 이나로스 2세(Inaros II)로도 불린다. 이 반란은 결국 실패했는데, 전해 오는 기록에 따르면 그는 페르시아에 사로잡혀 기원전 454년 십자가에 못 박히는 형을 받았다고 한다.

페리클레스

트는 밀과 보물이 풍부한 가장 탐나는 대상이었다. 반란 세력이 승리하면 페르시아인들은 약화되고 아테네는 강해지는 것이었다. 따라서 페리클레스 또한 이집트의 반란 세력들을 돕고 싶어 했다고 추정해 볼 수 있다.

기원전 460년에 아테네 제국은 여전히 새로웠다. 발전에 걸림돌이 되는 외국 국가들과 그리스 국가들을 상대로 놀라우리만큼 연승을 거뒀다. 온전한 민주 정체는 훨씬 더 새로운 것이었고, 그것의 지도자들은, 프랑스 혁명과 러시아 혁명 직후의 지도자들처럼, 자유로운 사람들이 고결한 대의에 따라 그들 앞에 놓인 모든 걸림돌을 쓸어버릴 수 있으리라고 생각했을 수 있다. 이후 결과들을 보면 사실 너무 낙관적이었다. 하지만 오랜 시간 뒤에 비로소 그들은 큰 성공을 거뒀다. 페리클레스는 여전히 어렸다. 그리고 다른 누구보다 성공을 갈망했다. 그는 위대한 성과들을 달성하기 위해 위험을 감수할 준비가 돼 있었다.

아테네인들의 전략이 무엇이었는지는 고대의 저술가들이 다룬 적이 없기 때문에 그들의 행동에서 유추할 수밖에 없다. 아테네인들은 메가라인들을 전력을 다해 도왔다. 따라서 그들은 동맹국들을 끌어들여 코린토스를 무찌를 계획을 세웠을 것이다. 코린토스인들은 분명히 스파르타와 다른 펠로폰네소스 동맹국들에게 도움을 요청했을 것이다. 펠로폰네소스 동맹이 소집한 군대가 아테네와 그의 동맹국들이 끌어들인 군대를 수적으로 압도했다. 아테네는 스파르타가 헬롯들의 반란으로 전력이 계속 약해진 것에 어느 정도 희망을 품었을 것이다. 그러나 아테네 전략의 핵심은 바로 아르고스였다.

아르고스는 한때 펠로폰네소스반도를 지배했던 강대국이었다. 아르고스의 참주 페이돈Pheidon[B.C. 700?~B.C. 660?]은 큰 전투에서 스파르타인들을 무찌르고 올림피아 제전과 전략적으로 중요한 아이기나Aegina섬*에 대한 지배권을 획득했었다. 그

---

* 그리스 살로니카 제도의 섬이자 도시 명칭. 아테네에서 27킬로미터 떨어진 사로니코스만에 위치해 있다.

는 펠로폰네소스반도 전체에 동일한 도량형을 부과했고, 전해 오는 이야기에 의하면, 그리스에서 최초로 은화를 주조했다고 한다. 그러나 수 세기 넘게 스파르타인들이 그들보다 우위에 있었다. 스파르타인들은 펠로폰네소스반도의 알자스로렌Alsace-Lorraine*으로 불렸던, 그리고 두 국가 간의 불화의 원천으로 분쟁 지역이었던 티레아티스Thyreatis[원래 명칭은 티레아]의 국경 지대를 지배했다. 기원전 5세기 초에 스파르타인들이 전투에서 압도적으로 승리하면서 아르고스는 거의 파괴됐다. 페르시아 전쟁 이후부터 아르고스는 스파르타의 지배에 맞서기보다는 무관심으로 일관하면서 세력을 회복했고, 스파르타가 다른 곳으로 주의를 돌린 틈을 타 아르골리스Argolis의 작은 도시들과 국경 지대를 지배했다. 새로운 민주 정체에서 본국을 하나로 통합하면서 아르고스는 예전의 권력과 위상을 회복하고 펠로폰네소스반도에 대한 통제권을 다시 차지하기 위해 작정하고 스파르타에 도전했다. 기원전 461년에 아르고스인들이 아테네와 동맹을 맺었다는 것은 그들이 승리를 확신하고 싸울 준비가 돼 있었다는 것을 증명한다.

스파르타에 적대적이면서 강하고 독립적이었던 아르고스의 등장이 아테네인들에게 열세였던 군사력을 만회할 수 있는 길을 열어 줬다. 이 군사적 열세는 아테네의 안전을 위협했고 해군력으로는 그리스의 주력 군대였던 지상군을 이길 가망이 없었다. 펠로폰네소스반도에서 스파르타와 적대적인 국가들과 동맹을 맺음으로써 아테네인들은 아테네의 안전은 지키면서 사실상 스파르타의 본토에서 전쟁을 치를 수 있었다.

아테네인들이 페리클레스의 조언에 따라 채택한 이 전략은 그가 후견했던 알키비아데스가 40년 뒤에 이용한 것과 비슷하다. 차이점이 있다면 알키비아데스의 전략을 우리가 좀 더 잘 알고 있다는 것이다. 그의 목표 역시 아테네 군대가 자신보다

---

* 프랑스 북동부의 지방으로 예로부터 독일과 영유권을 다투던 지역이었다.

훨씬 더 강한 적의 장갑 보병과 직접 맞부딪치지 않고 펠로폰네소스 동맹을 와해하는 것이었다. 기원전 421년*에도 마찬가지였지만, 기원전 461년[제1차 펠로폰네소스 전쟁]의 시작점은 아르고스와의 동맹이었다. 아테네인들은 아르고스로 하여금 과거 펠로폰네소스반도의 지배자로서 위상을 되찾도록 부추겼다. 즉, 펠로폰네소스반도의 국가들을 스파르타로부터 끌어내 아르고스가 주도하는 새로운 동맹에 끌어들이도록 했다.

이런 계획을 실행에 옮길 때가 무르익었다. 변화의 바람이 펠로폰네소스반도 북쪽과 서쪽에서 불고 있었다. 엘리스Elis**와 만티네이아Mantinea***가 각각 마을들의 집합체가 아닌 통합된 국가가 됐다. 그리고 각자 민주 정체를 채택해 스파르타에게는 의심의 눈초리를 샀고 민주적인 아르고스로부터는 동정심을 샀다. 엘리스는 가능한 한 메세니아의 국경 부근까지 세력을 확장했다. 메세니아는 스파르타의 주요 곡창 지대이자 대다수 헬롯들의 고향으로 스파르타로서는 비상 상황이나 다름없었다. 스파르타의 북쪽 아르카디아Arcadia 지역에 있던 테게아Tegea와 다른 도시들은 10여 년 전에 스파르타와 여러 차례 전쟁을 벌여 번번이 패했다. 그들이 스파르타인들에게 여전히 원한이 있는 상황에서 그에 대항하는 새로운 움직임이 일자 따라서 동참했을 수 있다고 생각해 볼 수 있다. 연안 국가들은 무역에 간섭하고 해상에서 그들의 영토와 도시들을 공격함으로써 스파르타인들로부터 떼어 놓을 수 있었을 것이다. 아르고스인들과 그들이 끌어모을 수 있었던 동맹국들로 인해 정신이 없

---

* 기원전 431년에 시작한 제2차 펠로폰네소스 전쟁은 기원전 421년에 '니키아스 강화 조약'으로 휴전에 합의했다. 하지만 이 조약에 반대했던 알키비아데스는 스파르타에 적대적이었던 국가들을 끌어들여 새로운 동맹을 결성했다. 즉, 그는 이 동맹을 통해 스파르타의 힘을 약화시킬 생각이었다. 하지만 아테네인들은 그의 전략을 그다지 지지하지 않았고, 결국 만티네이아 전투에서 스파르타에 패하면서 '니키아스 강화 조약'이 무효가 됐다.

** 그리스 남부 펠로폰네소스반도의 북서쪽에 있던 고대 그리스의 도시 국가.

*** 그리스 남부 펠로폰네소스반도의 아르카디아 지역에 있던 고대 도시 국가.

었던, 그리고 바다에서 싸울 해군이 없었던, 스파르타인들은 어쩌할 도리가 없었다. 결과적으로 연안 국가들은 잘 익은 과일처럼 나무에서 떨어져 나올 수밖에 없었다.

뒷날 알키비아데스의 전략도 이와 같았다. 하지만 기원전 461년 이후 시기에 아르고스인들은, 기원전 421년 이후 시기에도 마찬가지이지만, 이런 동맹의 주도권을 결코 다시는 잡지 못했다. 따라서 기원전 461년에 아테네인들에게 제시된 전략은 가설로 남겨 두어야 했다. 그러나 제1차 펠로폰네소스 전쟁에서 그들이 보인 행동은 이런 전략과 일치한다. 그리고 더 그럴듯한 가설이 있는 것도 아니다.

이 전략에서 아테네의 역할은 일차적으로 해상 전투를 맡는 것이었지만 일부 육상 전투도 포함했다. 무엇보다 아테네는 스파르타와 그 동맹국들이 아르고스를 공격할 경우 지원할 수 있어야 했다. 이를 위해서는 군대를 신속하고 안전하게 아르고스로 보낼 능력이 필요했다. 참전하는 목적은 일차적으로 아르고스를 보호하는 것이었지만 아테네와 아르고스 항구 사이의 연안을 통제함으로써 이 주요 교통로의 안전을 확보하는 것이었다. 기원전 약 460년에 아테네인들과 아르고스인들이 아르고스의 속령으로 스파르타에서 아르고스로 오는 길 위에 있는 오에노에Oenoe라는 작은 마을에서 스파르타인들을 무찔렀다. 아마 스파르타는 아르고스가 아테네와 맺은 동맹이 끼칠 우환을 미리 차단하고자 원정 군대를 보냈을 것이다. 하지만 아르고스와 아테네 군대가 이미 대비하고 있던 터라 승리를 거뒀다. 큰 전투는 아니었지만 육상에서 스파르타와 싸워 이겼다는 것은 놀라운 성과였다. 아르고스인들은 이 승리를 기념하고자 델포이 신전에 조각 작품들을 봉납했고, 아테네인들은 아고라에 있는 유명한 채색 주랑painted porch, 즉 스토아 포이킬레Stoa Poikile*에 마라톤 전투 그림과 나란히 관련 기념화를 그려 넣었다.

---

* 스토아는 큰 건축물을 기둥으로 둘러싸서 생긴 복도를 뜻하는데 이를 '주랑'이라고 부른다. 고대 그리스에서 '주랑'은 산책이나 회합 장소로 많이 이용됐는데, 스토아학파의 창시자인 제논이 아고라의 주랑(들)에서 주로 강의를 한 데서 이 학파의 이름이 유래했다.

얼마 지나지 않아 아테네인들이 아테네와 아르고스 사이의 해상로를 통제하기 위해 아르고스 동쪽에 있는 아르골리스반도를 공격했다. 일부 해안 도시들을 손에 넣었지만, 할리에이스Halieis에서 저지당했다. 할리에이스는 아테네와 아르고스 사이에 최상의 항구를 지니고 있었다. 그것이 아테네의 수중에 들어간다면, 펠로폰네소스반도의 주요 도시로 사로니코스만에 있는 에피다우로스Epidauros에 대한 군사작전 기지로 이용될 수도 있었다. 이런 위협을 알고 있던 코린토스인들과 시키온의 이웃들이 에피다우로스인들과 같이 할리에이스로 와서 그것이 함락되는 것을 막았다. 동맹을 보호하기 위한 전투에서 아테네 함대들은 사로니코스만 수역에서 펠로폰네소스반도의 적들을 무찔렀다. 이들 초기 전투는 결말을 짓지 못했다. 아르고스는 안전했고 아테네는 해상을 지배했다. 하지만 두 국가 사이의 해로sea route는 충분히 안전하지 않았다.

사로니코스만 서쪽 해안에서 아테네인들이 전개한 활동은 아이기나섬도 겨냥한 것이었다. 아테네의 동쪽 해안에 위치한 아이기나는 오랫동안 아테네의 위협을 받았다. 아이기나는 한때 그리스에서 손꼽히는 해양 강국이자 상업 중심지였다. 헤로도토스는 아테네와 아이기나섬 간의 '해묵은 증오'에 대해 언급했다. 원인이 무엇이든 이 때문에 두 국가는 자주 싸웠다. 기원전 460년대에 이르러 아테네의 교역과 해군력이 아이기나의 그것을 가뿐히 능가했다. 하지만 페리클레스는 아티카반도에서도 바라다보이는 사로니코스만에 있는 이 적대적인 섬을 하나의 위협으로 간주했다. 그는 기념비적인 연설들 가운데 하나에서 아이기나섬을 "피레우스의 눈엣가시"라고 부르면서 제거돼야 한다고 주장했다. 기원전 458년에 아테네인들과 그들의 동맹국들이 아이기나섬 앞바다에서 아이기나 및 펠로폰네소스반도의 함대들과 대규모 해전을 벌여 승리했다. 그들은 육지에 상륙해 도시를 포위했고, 이듬해 봄에 항복을 받아 냈다. 아이기나인들은 성벽을 해체하고, 함대를 넘겨주고, 아테네 제국의 지배를 받으면서 엄청난 공물을 바쳐야 했다. 이렇게 사로니코스만이 아테네의 연못lake이 되어 갔다.

아테네가 아이기나를 포위 공격하고 있을 때 코린토스인들이 메가라의 영토를 침공했다. 그들은 아테네가 아마 메가라를 공략하기 위해 아이기나에 대한 봉쇄를 완화할 것으로 기대했다. 아테네 군대가 당시 한곳에 집중하지 못하고 얇게 분산돼 있었기 때문이다. 대규모 군대가 아이기나섬에 묶여 있었고, 역시 대규모 분견대가 여전히 이집트에 파병을 나가 있었다. 하지만 아테네인들은 양쪽 전장에서 군대를 철수하지 않는 놀라운 결기를 보여 줬다. 대신에 신중한 뮈로니데스Myronides* 장군과 대체로 연령 때문에 야전 임무에서 배제된 이들, 즉 스무 살 미만의 소년들과 쉰 살 이상의 남성들로 부대를 조직해 같이 메가라로 보냈다. 이 변변치 못한 군대가 메가리드 평원으로 진격해 들어가 코린토스인들을 무찌르고 굴복시켜 메가라를 안전하게 지켜 냈다. 훗날 희극 시인들은 뮈로니데스를 "옛 호시절good old days", 다시 말해 극단적 민주주의extreme democracy가 타락하기 이전의 시절을 대표한 불굴의 장군으로 칭송했다. 즉, "고귀한 뮈로니데스 장군이 임무를 맡았다면 누구도 시민의 의무를 수행하면서 감히 대가를 받으려고 하지는 않았을 것이다".(아리스토파네스, 〈리시스트라테〉, 302-6)

전쟁 초기 몇 년 동안 스파르타는 거의 관여하지 않았다. 기껏해야 봉쇄당한 아이기나를 돕기 위해 파병된 300명의 펠로폰네소스인들의 틈에 끼어 있었을 것이다. 그러나 이 병력도 동맹국들을 방어하기 위해 의례적으로 보낸 것이었다. 왜 스파르타인들은 그다지 적극적이지 않았을까? 아테네가 메가라를 관통하는 육로들을 통제해 아티카를 침공하는 것을 차단했다면, 왜 스파르타인들은 아르고스에 중대한 공격을 감행하지도, 코린토스나 아이기나에 상당한 도움을 주지도 않았을까?

---

* 제1차 펠로폰네소스 전쟁 당시였던 기원전 458년에 코린토스가 메가라를 침공하자 아테네는 아이기나에 배치한 군대를 움직이는 대신 노년 부대(51~59세)와 청년 부대(18~19세)를 조직하고 뮈로니데스에게 지휘권을 맡겨 메가라를 돕도록 했다.

그들이 헬롯들의 반란으로 인해 여전히 세력이 약화된 데다가 정신이 없었다고 한다면, 기원전 458년에는 어떻게 본토에서 멀리 떨어진 중앙 그리스까지 상당한 규모의 병력을 보낼 수 있었을까?

스파르타가 적극적이지 않았던 것은 정치적인 상황에서 이유를 찾을 수 있다. 아테네와 경쟁 구도를 이뤘던 기원전 5세기 내내 스파르타의 여론은 둘로 나뉘어 있었다. 한편에는 항상 아테네의 힘을 파괴하고 싶어 하는, 그래서 기꺼이 전쟁도 불사하려는 세력이 있었다. 하지만 그들은 언제나 소수였기 때문에 의견을 관철시키지 못했다. 기원전 475년에 아테네의 권력이 강화돼 델로스 동맹의 수장이 된 것에 놀란 이 세력이 아테네와 전쟁을 벌여서라도 제해권을 되찾자고 제안했다. 하지만 받아들여지지 않았다. 대다수 스파르타인들은 평화를 원했고, 키몬이 안전한 길로 아테네를 인도할 것으로 믿었다. 기원전 465년에 타소스인들이 아테네에 맞서 반란을 일으켰을 때 적어도 일부 스파르타인들이 아티카 침공에 동의했다. 그들이 다른 스파르타인들을 설득해서 이 동의를 실행에 옮길 수 있었는지 여부를 우리는 알 수 없다. 대지진과 헬롯들의 반란으로 전쟁을 할 형편이 아니었기 때문이다.

기원전 461년에 경종을 울리면서 키몬의 아테네 군대를 펠로폰네소스반도에서 쫓아낸 것도 같은 세력이었을 것이다. 아테네에 이런 모욕을 준 동기가 무엇이든지 간에 대다수의 스파르타인들은 큰 실수였음을 곧장 알아차렸다. 이 일로 키몬이 축출됐고, 그의 정적들이 권력을 잡았으며, 스파르타는 자신들에게 적대적인 위험한 동맹과 대적해야 하는 외교적 격변이 초래했다. 곤란한 상황에 처한 메가라가 아테네와 동맹을 맺은 것은 스파르타가 자신들과는 아무런 관련이 없는 코린토스의 이익을 대변한 결과였다. 평화를 선호하는 대다수의 스파르타인들은 왜 자신들이 코린토스를 대신해 위험한 전쟁을 치러야 하는지 물었을 것이다. 그들은 코린토스인들과 시키온 및 에피다우로스의 우군들이 그들을 대신해 싸우게 내버려 두자고 했던 것 같다. 이는 아테네가 한번에 많은 전선에서 성공적으로 전투를 수행할 수 있는 역량이 있고 결기가 대단했다는 것을 과소평가한 결과였다. 더욱이 스파르타의 두 왕*은 평화를 신봉했다. 둘 중 연장자인 아르키다모스 2세Archidamos II [B.C. 469?~B.C. 427]는 제1차 펠로폰네소스 전쟁에서 어떠한 군사 작전에도 참여하지 않았다. 그는 개인적으로 페리클레스의 친구였다. 또한 30년 뒤에 일어난 제2차 펠로폰네소스 전쟁에서도 아테네와의 전쟁에 뛰어들어야 한다는 제안을 거부했다. 그보다 어린 왕이었던 플레이스토아낙스Pleistoanax [?~B.C. 409]**는 평생 아테네와 평화를 유지하고 싶어 하기로 정평이 난 인물이었다. 이런 상황에서 스파르타인들이 전쟁 초기 몇 년 동안 굳이 싸우려 하지 않은 것은 놀라운 일이 아니다.

그러나 기원전 458년에 상황이 변했다. 아테네의 공세적인 움직임이 반-아테네 세력의 의심이 정당하다는 것을 입증했다. 즉, 이들은 아테네인들이 스파르타의 힘을 파괴하려 한다고 의심하고 있었다. 아테네인들이 펠로폰네소스반도 동쪽에 있는 항구 도시들을 점령했고, 아이기나섬을 공격했으며, 코린토스 군대를 굴복시켰다. 아이기나를 함락하면서 아테네인들은 해상에서 그들에게 도전할 수 있는 유일한 함대를 파괴했고, 새로운 재원을 획득했으며, 코린토스, 에피다우로스, 그 외 사로니코스만에 인접한 스파르타 동맹국들의 항구를 공격할 수 있는 편리한 기지를 확보했다. 만일 스파르타인들이 적극 나서지 않았다면, 동맹국들의 일부가 아테네의 수중으로 넘어갈 수도 있었다. 비록 그들이 버텨 냈다고 하더라도, 스파르타가 그들을 도와줄 역량이 되지 않았다면 안전을 담보했던 동맹[펠로폰네소스 동맹] 지도자로서의 위상은 손상될 수 있었다. 따라서 스파르타인들이 행동에 나서야 할 이유는 분명했다.

---

* 　　스파르타는 그리스의 도시 국가와 달리 왕이 통치했는데, 특이하게 동시에 왕을 두 명이나 뒀다.

** 　　스파르타 아기아드 왕조의 왕으로 제2차 그리스-페르시아 전쟁 당시 플라타이아이 전투에서 페르시아 군대를 물리친 파우사니아스 장군의 아들이다. 아테네와 제1차 펠로폰네소스 전쟁을 치르기는 했지만 그는 전쟁보다 평화를 선호했다.

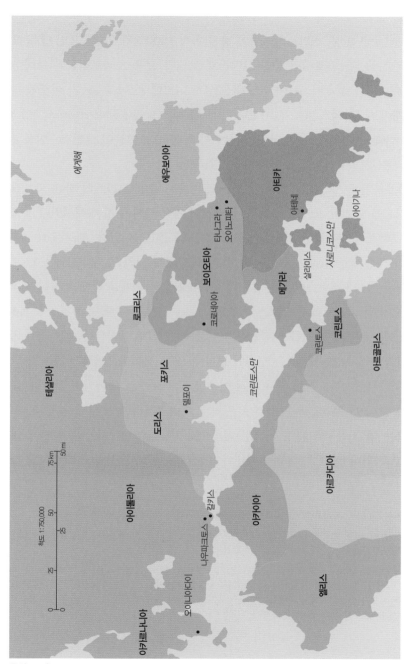

중앙 그리스

기원전 457년 봄, 스파르타인들이 자체 병력 1500명과 동맹군 1만 명을 배에 태워 코린토스만을 가로질러 중앙 그리스로 보냈다. 보통 스파르타군은 왕이 지휘했지만, 이번에는 플레이스토아낙스 대신 섭정 니코메데스Nicomedes가 이끌었다. 당시에 플레이스토아낙스는 너무 어렸다. (아르키다모스 2세가 지휘할 수 있었지만, 그가 이 작전을 승인했을 리 없다.) 아테네인들은 스파르타의 행보에 깜짝 놀랐다. 그들이 코린토스만을 건너는 것을 막을 함대가 그곳에 없었기 때문이었다.

스파르타가 군사 원정에 나선 표면적인 이유는 중앙 그리스의 작은 국가였던 도리스*Doris를 인접한 포키스**Phokis인들의 공격에서 지켜 주기 위해서였다. 도리스는 고대 그리스의 전설적인 집안인 도리스 가문의 본고장이었다. 그 가운데 스파르타에는 도리스 가문의 후손들이 가장 많았다. 전설에 의하면, 헤라클레스***Heracles의 아들들이 펠로폰네소스반도를 침략해 도리스인들의 통제를 받게 했는데, 스파르타인들은 이 전설을 토대로 도리스를 모도시mother city로 간주했다. 하지만 스파르타인들이 신속하게 포키스인들을 제압한 것으로 봐서, 이렇게 많은 군대는 필요 없었다. 따라서 동맹을 보호하는 것은 구실일 뿐 다른 숨은 동기가 분명히 있었다.

스파르타인들은 도리스 군사 작전 이후 곧장 본국으로 돌아가지 않았다. 대신 아티카와 보이오티아의 국경 지대에 위치한 타나그라라는 도시에 진을 쳤다. 보이오티아는 넓고 인구가 많고 비옥한 지역으로 주로 농사를 지었다. 평원이 넓어 말을 타고 다녀야 했고, 그래서 기병대가 발달했다. 반대로 선박에 대해서는 잘 몰랐

---

* 보통 도리스는 도리아(Doria)로 표기하기도 하는데 여기서는 도리스로 통일한다.

** 포키다로 불리기도 한다. 고대 그리스의 중부 지역으로 코린토스만에서 북쪽으로 파르나소스산을 넘어 북쪽 경계를 이루는 로크리스 산맥까지 펼쳐져 있다.

*** 제우스와 페르세우스의 후손인 알크메네 사이에서 낳은 아들로 그리스 신화 최고의 영웅이다. 여신 헤라의 질투로 박해를 받고 발광해 아내 메가라와 아들을 죽인 후 그 죗값으로 모험을 하다가 아르고스의 왕을 섬기며 용맹과 지혜를 겸비한 위대한 영웅으로 성장한다. 헤라클레스는 죽은 뒤 신의 반열에 올랐으며, 도리스 가문의 시조신이기도 하다.

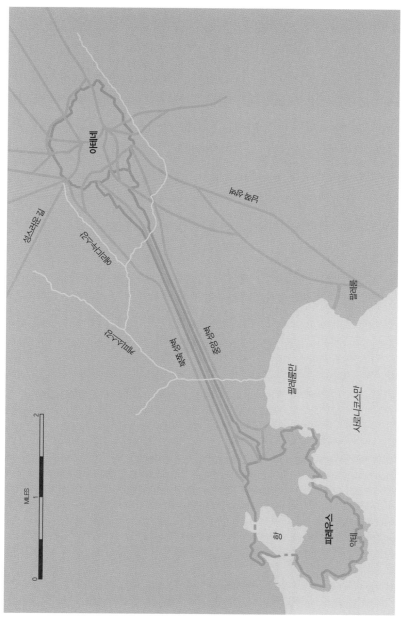

아테네와 피레우스

고, 해군이 아예 없었다. 아테네의 기준에서 보이오티아는 괜찮은 물품들을 생산하지만 거의 자체 소비하는 시골뜨기들이 가득한 낙후한 지역이었다. 아테네인들은 그들을 미개하고, 느려 터지고, 어리석다고 생각했고, 그들을 '보이오티아 돼지'라고 부르며 모욕했다. 이런 굴욕적인 별명은 기원전 5세기 초반에 이미 잘 알려져 있었다. 보이오티아 출신의 가장 위대한 시인이 쓴 다음과 같은 시구에서 이를 알 수 있다. "아이네이아스Aeneias*여, 당신의 동료들을 일깨워 먼저 헤라 파르테니아Hera Parthenia**의 이름을 칭송한 뒤 진심을 담아 우리가 보이오티아 돼지라는 오랜 굴욕에서 벗어날 수 있는지 판단케 하소서."(핀다로스, 〈올림포스 신들에게 부치는 송시Olympian 6〉) 보이오티아인들은 아테네인들보다 민첩성은 떨어졌을지 모르지만, 수적으로나 질적으로 훌륭한 전사들이었다. 스파르타인들 그리고 펠로폰네소스 동맹국들과 함께 그들은 아테네에 중대한 위협이 됐다.

투키디데스에 의하면, 스파르타인들이 타나그라에 진을 친 것은 아테네가 메가라를 통제하는 바람에 육로가 차단된 이유도 있지만 이제 그들의 위치를 알고 있는 아테네인들이 함대를 보내 해상로를 봉쇄할 수 있기 때문이었다. 그러나 아테네의 이런 대응은 사전에 충분히 예상이 가능한 것이었다. 스파르타인들은 본국을 떠나면서 귀환하는 도중에 전쟁을 해야 할 수도 있음을 분명히 알았을 것이고, 또 굳이

---

* 고대 그리스 트로이 전쟁의 영웅으로 헥토르 다음으로 용맹했다고 한다. 전설에 의하면 그는 아프로디테와 트로이 사람인 안키세스의 아들이라고 한다. 트로이가 그리스 연합군에 의해 함락된 후 아버지와 아들 율루스와 함께 이탈리아반도로 피신했다. 로마 시인 베르길리우스가 그의 이야기를 서사시 〈아이네이스〉(아이네이아스 또는 아이네이드라고도 불린다)에 기록했다. 그에 따르면 아이네이아스는 트로이를 떠나 카르타고로 가서 그곳의 여왕 디도와 사랑을 나누는 등 7년 동안 유랑한 끝에 이탈리아 라티움에 도달했다. 그리고 이곳의 왕 라티누스의 딸 라비니아와 결혼해 라비니움이라는 새로운 도시를 건설하면서 이후 로마 제국의 건국 시조로 묘사된다. 이 외에도 그가 로마 로물루스와 레무스의 조상이라는 신화도 있고, 그의 증손이 영국으로 가서 최초의 영국 왕이 되었다는 이야기도 있다.

** 헤라는 올림포스 12신 중 한 명으로 제우스의 아내이다. 여성, 결혼, 가족, 출산의 여신으로 모든 여신 중 가장 지위가 높다. 파르테니아는 처녀(maiden)라는 뜻으로 제우스와 결혼하기 전의 헤라를 지칭한다.

피할 생각도 없었을 것이다.

또한 투키디데스가 좀 더 개연성 있는 설명을 제시한다. 스파르타인들이 아티카의 보이오티아 쪽 국경 지대로 이동한 것은 "일부 아테네인들이 민주주의와 긴 성벽들을 축조하는 일을 파탄 내기 위해 그들을 은밀히 불러들인"(1.107.4) 때문이란 것이다. 이들 성벽은 페리클레스의 조언에 따라 특별히 축조됐다. 하나는 피레우스항과 이곳에 있는 해군 기지를 보호하는 성벽을 아테네를 에워싸서 요새화하는 성벽과 연결하는 것이고, 다른 하나는 아테네의 구항구인 팔레룸Phalerum까지 이어지는 성벽이며, 세 번째는 두 성벽 축조 이후 12년 즈음 뒤에 건설한 것으로 첫 번째와 200야드[약 180미터]가 채 안 되는 간격을 두고 나란히 건설됐다. 이들 성벽을 보면 처음으로 그가 아테네와 제국을 방어하기 위해 구상하고 있던 새로운 전략이 무엇이었는지 알 수 있다. 성벽들이 완성되면 아테네, 피레우스, 팔레룸 사이의 공간area이 육상에서는 공격할 수 없는, 그리고 아테네가 해상과 제국 및 이 제국이 제공하는 수입을 통제하는 한 정복할 수 없는 난공불락의 섬이 될 수 있었다. 적군이 침범했을 때 아테네인들이 지방에 있는 주택들과 농장들을 포기할 준비만 돼 있으면 그들이 패할 일은 없었다. 그들의 제국은 무한정 적의 공격을 버틸 수 있었기 때문이다. 페리클레스는 이렇게 혁신적인 전략을 고안했지만, 이는 시대를 앞서간 것이었다. 아테네인들은 기원전 457년이나 직후에 이런 희생을 감당할 준비가 되어 있지 않았다. 그렇다고 가능성이 없던 것은 아니었다. 그래도 이 전략은 당시에 적합하지 않았다.

아테네인들이 페리클레스의 새로운 전략을 채택했었다면 다소 보수적인 보병대와 귀족주의적인 기병대는 줄이더라도 해군을 강조함으로써 새롭게 확장된 민주주의 역시 강화했었을 수 있다. 이와 같은 예상이 아테네 역사에서 극히 드물었던 이런 모반treasonous conspiracy을 야기했을 수 있다. 키몬은 국외 추방 중이었다. 그가 부재한 상황에서 그의 지지자들은 따로 지도자가 없었고, 두려움에 떨었으며, 결과적으로 책임감이 없었다. 키몬이 아테네에 있었다고 한다면 그는 이들이 그렇게 행동하지 못하도록 막았을 것이다. 우리가 아는 한 그는 아테네 민주주의에 거부감이 없었다. 그는 좀 더 온건한 민주주의를 선호했지만, 에피알테스와 페리클레스가 수립한 정체에서도 행복하게 살 수 있었다. 그는 애국주의에 걸림돌이 되는 당파주의partisanship를 절대 용납하지 않았다. 그런데 그가 아테네에 없다 보니 그의 세력 중에서 다소 분별력을 상실한 이들을 통제할 수 없었다. 아마도 이 극단주의자들이 스파르타인들이 펠로폰네소스반도를 떠나기 전에 그들과 내통했을 것이다. 그리고 분명히 니코메데스에게 아테네인들이 긴 성벽들을 완공하기 전에 공격하도록 부추겼을 것이다.

그러나 이 스파르타의 사령관은 아테네 배신자들의 간곡한 권유와 약속에만 의지하지 않았다. 보이오티아의 주요 도시이자 그리스 신화에 나오는 비극적 인물 오이디푸스의 자랑스러운 고향인 테베는 기원전 6세기 이래 계속해서 아테네인들과 관계가 껄끄러웠다. 비록 테베인들이 오랫동안 보이오티아의 모든 마을을 자신들의 통제 아래에 두고 싶어 했지만 결코 뜻대로 하지 못했다. 페르시아가 침공했을 당시 테베인들은 침략자의 편에 섰다. 따라서 페르시아 군대가 도망쳤을 때 이 도시는 면목을 잃었고, 연방은 해체됐으며, 테베의 통제 아래에 있던 보이오티아의 도시들은 독립했다. 페르시아 전쟁 이후 테베는 이전의 힘을 어느 정도 회복해 기존의 연방을 복원하기 시작했다. 스파르타가 중앙 그리스로 원정을 오는 것이 임박했음을 알게 된 테베인들은 이 기회를 유리하게 활용하고자 했다. 뒤이어 일어난 타나그라 전투* 이후 그들은 스파르타인들에게 "자신들의 도시가 보이오티아에서 완전히 패권을 장악할 수 있도록 도와 달라고" 부탁했고, 그 대가로 "아테네인들과 전

---

* 제1차 펠로폰네소스 전쟁 중이던 기원전 457년에 아테네 동맹국과 스파르타 동맹국이 타나그라에서 벌인 전투를 말한다. 즉, 스파르타의 니코메데스가 이끄는 원정대가 도리스를 돕고 귀환하던 길에 아테네와 벌인 전쟁이었다.

쟁을 일으켜서 스파르타인들이 펠로폰네소스반도 밖으로 군대를 데리고 나올 필요가 없도록 하겠다."(시칠리아의 디오도로스Diodoros, 《역사 총서Bibliotheca Historica》, 11.81.1-4)라고 말했다. 군사 원정에 나서기 전, 스파르타인들은 도리스에서 귀환하는 길에 그들과 합류해 아테네인들과 싸우겠다고 약속했을 것이고, 그 뒤로 실제로 그렇게 진행이 됐다.

스파르타와 테베의 대군이 아티카의 북쪽 국경 지대에 모습을 드러내자 아테네는 심각한 고민에 처했다. 아테네인들은 펠로폰네소스인들과 보이오티아인들이 타나그라에 있다는 것을 알고 나가서 그들과 맞섰다. 긴 성벽들은 아직 완공 전이었지만, 적이 그들의 영토를 파괴하도록 내버려 둘 정도는 아니었다. 아테네의 보병대를 이 제국의 분견대와 아르고스에서 보낸 1천 명의 병사가 뒤를 받쳤다. 게다가 테살리아인들이, 별다른 도움은 되지 않았지만, 기병대를 보냈다. 비록 아테네인들이 수적으로 적을 다소 능가했지만, 테살리아인들이 전투 중에 스파르타인들에게 투항하면서 어이 없이 승기를 내주고 말았다.

고대 그리스 전투에서 승리란 전장field을 통제하는 것으로 승자는 이곳에 기념비trophy를 세우고 전사자들을 묻었고, 패자는 정전을 요청해 전사한 병사들의 주검을 거두어 묻는 식이었다. 이런 기술적 의미에서 스파르타인들은 타나그라 전투에서 승리했다. 그러나 양쪽 모두 사상자가 너무 많았다. 그래서 스파르타인들은 승리했음에도 불구하고 아키타의 벌판을 약탈할 수 없었다. 물론 아테네를 공격하거나 아테네인들을 굴복시킬 힘은 더더욱 없었다. 대신 그들은 메가리드 평원을 통과해 스파르타로 귀환했고, 아테네인들은 그들을 막으려고 하지 않았다.

아테네인들은 동맹국이었던 테살리아인들의 배신으로 전투에서 크게 패했다. 그런데 아이러니한 것은 아테네인들이 자기 진영에서 배신자가 나올 수도 있음을 우려하면서 이 전투에 임했다는 것이다. 아테네인들이 타나그라에 주둔했을 때 도편추방 중이었던 키몬이 그의 부족의 병사로 갑옷을 입고 나와 자신의 도시를 대신해 그리고 "스파르타 지지자Laconism라는 혐의를 벗으려 말이 아닌 행동으로 보여 주기 위해"(플루타르코스, 《페리클레스》, 10.1) 싸울 채비를 했다. 하지만 키몬의 정적들은 그가 병사들에게 혼란을 초래한 뒤 스파르타인들을 이끌고 아테네를 공격하려 한다고 비난했다. 결국 500인 평의회가 그가 추방 상태라는 것을 이유로 전투에서 내쫓았다. 하지만 그는 화를 내거나 못마땅해하며 돌아서는 대신 친구들에게, 특히 스파르타와의 친분으로 인해 가장 의심받는 이들에게 용감히 싸워서 그들의 의심과 혐의를 벗어 버릴 것을 촉구했다. 그의 친구들이 그의 갑옷을 받아 자신들의 무리 한가운데에 놓아두고 매우 용맹하게 싸우며 쓰러져 갔다.

페리클레스 역시 타나그라에서 혼신을 다해 싸웠다. 훗날 그가 병사들의 생명을 너무 아껴 '신중한 장군'이라는 그에게 딱 들어맞는 명성을 얻기는 했지만 전투에서는 이 말이 무색하게도 앞뒤 가리지 않고 용맹하게 싸웠다. 타나그라에서 그는 "그 누구보다 자신의 안전을 아랑곳하지 않았다".(플루타르코스, 《페리클레스》, 10.2)

전투 결과와 키몬주의자들이 보인 충성심이 아테네인들의 생각을 바꿨다. 그들이 배신할 수 있다는 우려가 기우였다는 것이 증명됐다. 비록 스파르타인들이 철수하기는 했지만, 이듬해 봄에 보이오티아를 통제하면서 힘을 비축한 테베인들과 다시 쳐들어올 수도 있었다. 키몬을 추방하는 일을 주도했던 페리클레스의 지지자들이 500인 평의회에 남아 있기는 했지만, 키몬이 아테네의 위기를 자신의 위기처럼 생각하고 충성을 다하자 그들은 파벌 싸움을 끝내기로 결정하고 새로운 관계 설정을 모색했다.

스파르타와 화해를 도모할 시기가 왔고, 그러면 협상을 수행할 수 있는 가장 적임자는 키몬이었다. 키몬이 페리클레스가 주도하는 새로운 정체를 수용할 준비가 돼 있었고, 그래서 그가 이에 맞춰 행동했다면, 그리고 페리클레스가 스파르타인들과 화해할 준비가 돼 있었다면, 실제로 그는 그럴 의사가 있었는데, 그렇다면 키몬을 활용하지 않을 이유가 있었을까? 키몬은 휴전은 물론이고 가능하다면 진정한 강화 조약을 완수할 수 있는 남다른 자질이 있었다. 혹시라도 이를 통해 시간을 벌 수 있으면 전쟁이 재개되는 경우를 대비해 성벽들을 완성하고 아테네의 방비를 강화할 수도 있었다. 따라서 페리클레스는 아직 추방 기간이 6년이나 남은 키몬을 아테네로 소환하는 포고령을 제안했다. 스파르타인들은 타나그라 전투의 결과에 대해, 그리고 이 전투가 표방했던 호전적인 정책belligerent policy에 대해 만족스러워하지 않았을 것이다. 테베인들만 이득을 봤을 뿐 자신들은 아무런 소득 없이 큰 손실만 입었다. 따라서 계속 싸운다고 해서 결과가 더 좋으리라는 보장이 없었다. 키몬이 페리클레스의 권유로 아테네에 돌아온다는 소식은 아테네인들이 적대 정책을 포기하고 스파르타와 옛 협력 관계로 복귀할 채비가 돼 있다는 것을 의미했다. 결과적으로 4개월간 휴전 협정이 체결됐다. 아마 키몬이 중간에서 협상을 주도했을 것이다.

아테네인들은 화해를 할 준비가 돼 있었지만, 많은 아테네인이 스파르타가 일조했던 보이오티아에서 탄생한 테베의 새로운 힘에 위협을 느꼈다. 테베인들은 테베 주변에 성벽들을 확충했고 보이오티아의 도시들을 자신의 연방으로 강제 편입시켰다. 테베인들은 이미 타나그라에서 아테네인들에게 적개심을 드러낸 터였었고, 보이오티아인들은 숫자도 많은 데다가 성질도 거친 전사들이었다. 결과적으로 아테네의 기다란 북부 국경 지대를 따라 테베의 통제 아래로 편입된 보이오티아 연방은 잠재적으로 엄청난 위험이었다. 따라서 타나그라 전투가 끝난 지 두 달 만에 아테네인들은 뮈로니데스 장군이 지휘하는 대군을 보이오티아로 보냈다. 아테네 군대는 타나그라에서 멀지 않은 오이노피타Oenophyta*에서 테베의 지휘를 받는 보이오티아인들과 전투를 벌여 크게 승리했다. 아테네인들은 테베를 제외하고 보이오티아 전역을 획득했고, 그들의 침공을 권유했던 민주주의자들을 각 마을마다 통치자

---

* 제1차 펠로폰네소스 전쟁이 한창이던 기원전 457년에 아테네와 보이오티아 사이에서 벌어진 전투로 타나그라 전투 후 62일 뒤에 일어났다.

로 앉혔다. 그리고 이에 그치지 않고 포키스와 로크리스Lokris*를 침략했다. 단 한 번의 군사 작전으로 아테네인들은 중앙 그리스의 지배자가 됐다. 동시에 그들은 북쪽과 남쪽의 긴 성벽들을 완성했고 아이기나섬을 굴복시켰다.

오이노피타에서 승리함으로써 아테네인들의 권력이 최고조에 이르렀다. 기원전 457년 여름에 아테네 함대가 아무런 저항 없이 에게해를 지배했다. 아테네가 통치하는 제국은 충성스럽고 안정적이었으며, 아테네 함대를 유지하는 데 필요한 재원을 매년 제공했다. 펠로폰네소스반도에서 침공해 오는 것을 막기 위해 경계를 서기도 했지만 기본적으로 메가라 동맹이 그 역할을 담당했다. 그리고 보이오티아를 지배하게 되면서 그쪽 방향에서 오는 공격을 안전하게 차단할 수 있었다. 아이기나섬을 정복하면서는 안방 수역을 완전히 통제할 수 있게 됐다. 이렇게 전략적으로 유리한 상황을 누린 나라는 거의 없었다. 아테네인들은 마음만 먹으면 해상에서 적을 공격할 수 있었던 반면 그들 자신은 쉽게 공격을 받을 수 없었기 때문이다. 하지만 오이노피타에서 달성한 승리는 대가가 따랐다. 바로 스파르타와의 평화 협상이 끝난 것이다. 여하튼 이런 성과에 고무된 호전적인 세력들이 페리클레스 세력에게 제국의 팽창을 강요했다.

기원전 457년, 페리클레스는 여전히 마흔이 안 된 나이로 아테네 정치에서 연이어 정적들의 도전을 받았다. 뮈로니데스는 오이노피타 전투를 승리로 이끈 장군이었지만, 그 전에 이미 굉장한 영향력을 미치고 있었다. 그는 테베에 대한 공격 정책을 선호했다. 대다수 아테네인도 같은 생각이었고, 그는 그들을 대변했다. 보이오티아에 대한 공격은 전문적으로 말해 정전 협정을 위반한 것은 아니었다. 이 협정은 스파르타와의 관계에만 적용됐다. 그런데 이 공격이 거둔 성과가 엄청나다 보니 평화가 안중에서 사라졌다. 비록 페리클레스는 테베에 대한 공격 정책을 선호하지

---

* 고대 그리스의 중부 지방. 도리스와 포키스에 의하여 동서로 나뉘어 있다.

는 않았지만, 그도 어쩔 수 없이 받아들이는 수밖에 없었다. 아테네의 정책이 이렇게 바뀌면서 키몬은 아테네의 정치 풍토가 마음에 들지 않자 다시 한번 추방 상태로 돌아가 상황이 바뀌어 이런 분위기가 사라질 때까지 기다리기로 마음먹었다. 펠로폰네소스인들과 전쟁이 다시 시작될 것이고, 그러면 페리클레스는 자신의 역할을 해야 했다.

아테네인들은 이어서 스파르타인들에게 압박을 가하는 전략으로 되돌아가 그들의 펠로폰네소스 동맹국들은 물론이고 해상에서 스파르타의 모국인 라코니아Laconia*까지 공격했다. 기원전 456년에 톨미데스Tolmides(?~B.C. 447)**가 아테네 함대와 병사를 이끌고 펠로폰네소스반도 부근까지 갔다. 그는 상대가 손쓸 틈도 없이 대담한 공격으로 스파르타의 주요 항구인 귀테움Gytheum에 상륙해 그들의 영토를 파괴하고 부두와 도시를 불태웠다. 이곳에서 그는 다시 코린토스만의 북쪽 해안가로 항해해 코린토스의 식민지였던 칼키스를 점령했다. 그런 다음 남쪽 바다로 항해해 코린토스와 이웃하고 있는 시키온 군대를 무찔렀다.

2년 뒤, 페리클레스가 장군으로서 코린토스만으로 또 한 번 해상 원정을 주도했다. 페가에Pegae에 있는 메가라 서쪽 항구를 떠나면서 그는 시키온 군대에 다시 한번 패배를 안겼다. 이곳에서 그는 아테네와 이미 동맹 관계였던 아카이아Achaea로 이동해 전열을 재정비한 다음 코린토스만 입구 북쪽 해안에 위치한 아카르나니아Acarnania***를 공격해 영토를 파괴하고 중심 도시인 오이니아다이Oeniadae를 포위했다. 하지만 이곳을 점령하는 데 실패한 그는 본국으로 함대의 방향을 돌렸다. 그는 "적에게는 만만치 않은 상대이지만 동료 시민들에게는 믿을 수 있고 유능한 사령관이

---

* 스파르타는 펠로폰네소스반도 남동부에 위치한 라코니아 지역에 속하는 도시 국가의 하나였다.
** 제1차 펠로폰네소스 전쟁에서 활약한 아테네의 장군이다. 기원전 450년대부터 기원전 440년대 초기에 아테네 군대의 지휘권을 두고 페리클레스 및 뮈로니데스와 경쟁 관계였다.
*** 이오니아해를 따라 그리스 서쪽 중앙에 자리하고 있던 지역.

라는 것을 스스로 증명했다. 이번 원정에서 그들이 어떠한 불행도 당하지 않았기 때문이었다". 다른 무엇보다 이번 군사 원정의 특징이라면 페리클레스가 계획하고 지휘했다는 것이었다. 해상 원정이었지만 특별한 경우 지상 전투도 마다하지 않았다. 목표와 기간이 명확했다. 그리고 원정에 나선 병사들의 안전을 최우선으로 고려했다. 이 마지막 요소가 장군으로서 페리클레스의 성격을 가장 잘 드러냈다.

> 장군으로서 그는 신중하기로 아주 정평이 나 있었다. 그는 큰 위험이나 불확실성을 수반하는 전투는 절대 하려고 하지 않았다. 그뿐만 아니라 큰 위험을 감수해 눈부신 성과를 낸, 그래서 위대한 장군으로 칭송받는 자들을 부러워하거나 이기려고 달려들지 않았다. 항상 동료 시민들에게 자신의 힘이 미치는 데 있는 한 영원히, 불멸로 살 것이라고 말했다.(플루타르코스,《페리클레스》, 18.1)

페리클레스는 '병사의 장군soldier's general'으로 유형을 나누자면 조지 S. 패튼George S. Patton[1885~1945]*이라기보다는 오마르 브래들리Omar Bradley[1893~1981]**에 가까웠다. 군인으로서 그는 키몬과 달리 타고난 재주와 과감성이 없었다. 키몬은 저돌적이고 무자비한 성격으로 승리를 위해서라면 어떠한 희생도 마다하지 않았다. 페리클레스는 군인으로서 잘 싸웠고 개인적으로 용맹했지만, 정치가로서도 그랬듯이 계산적이고 이성적이었다. 그는 목표와 수단의 관계를 절대 간과한 적이 없었다. 아테네가 목표를 달성하기 위해 활용할 수 있는 수단으로서의 인력manpower은 수요에 비해 제한적이었다. 가능한 한 그는 자신의 목표를 전쟁보다는 외교를 통해 달성하

---

* 미국 태생으로 제2차 세계 대전 당시 북아프리카, 시칠리아, 프랑스, 독일에서 전투를 지휘한 육군 장군. 특히 노르망디 상륙 작전에서 큰 활약을 했다. 저돌적인 작전과 욕설을 잘 쓴 것으로 유명했다.

** 미국 태생으로 제2차 세계 대전 당시 북아프리카와 유럽에서 미국 육군을 지휘한 사령관. 전후 미국 합동 참모 본부 초대 의장을 지냈다. 신중한 성격으로 장교들과 사병들로부터 많은 호의를 샀다.

페리클레스

고자 했다. 굳이 싸울 필요가 있다면, 특히 지상전에서는 아테네인들보다 동맹군을 활용하려고 했다. 물론 그는 동맹군보다 아테네 해군이 훈련 정도나 숙련도에서 월등하다는 믿음이 있었다. 아테네가 제국으로 누릴 수 있는 재정 수입 덕분에 그는 항상 시간이 아테네의 편이라고 생각했다. 그래서 경솔하게 행동하거나 지상에서 전투를 벌이는 것은 피했다.

아테네인들은 해상전과 달리 지상전에서는 내세울 것이 없었다. 더구나 페리클레스는 누가 뭐라 해도 정치 지도자였다. 전쟁에 나갔다가 군대가 거의 전멸하다시피 해서 귀환하는 것이 정치가에게 절대 도움이 될 리 없었다. 비록 그가 전쟁에서 눈부신 승리를 거둔 적이 없다 보니 다른 장군들처럼 엄청난 명예를 얻은 것은 아니지만, 능력도 있고 신중해서 평판이 좋았다.

스파르타는 톨미데스와 페리클레스의 중앙 그리스 정복이나 해군 원정에도 불구하고 꿈쩍하지 않았다. 아테네 함대가 코린토스만에서 경계를 서고, 메가라와 아테네 군대가 번갈아 가며 메가리드 평원을 통과하는 길들을 지키고 있다 보니 스파르타인들은 펠로폰네소스반도에 꼼짝없이 갇혀 있었다. 변변한 함대가 없었던 스파르타인들은 연안 동맹국들은 물론이고 해안 도시들도 방어할 수 없었다. 이런 상황이 좀 더 길게 지속됐다면 펠로폰네소스 동맹은 와해되기 시작해 결국 스파르타가 사라졌을 수도 있었다.

그러나 이집트에서의 사건들이 모든 것을 바꿔 버렸다. 기원전 461년 이후 아테네 군대는 이집트에서 페르시아에 맞서 싸우고 있는 원주민 반란 세력을 지원해 왔다. 마침내 페르시아 왕이 반란 세력과 이를 지원하는 아테네 동맹국들을 몰아내기 위해 엄청난 대군을 보냈다. 기원전 454년, 긴 포위 공격 끝에 아테네와 동맹국들로 구성된 그리스 군대가 페르시아 대군에 완전히 패하면서 페르시아가 이집트에 대한 통제권을 회복했다.

이 패배로 아테네인들과 동맹국들은 40척의 배와 8천 명의 병사를 잃었을 만큼 끔찍한 재앙이나 다름없었다. 이것으로 그동안 아테네가 페르시아를 상대로 거둔 연승 행보도 종지부를 찍었다. 이후 에게해에는 불안감이 감돌았고, 아테네가 그리스 본토에서 행하던 각종 노력들도 중단됐다. 자신들의 해상 제국에 위협이 감지되면서 펠로폰네소스인들을 향한 전쟁 또한 중단해야 했다. 실제로 기원전 454년에서 기원전 451년 사이에 아테네인들이 펠로폰네소스인들을 상대로 군사 행동을 벌였다는 기록이 없다.

기원전 451년에 키몬은 도편 추방 기간이 끝나면서 아테네로 돌아왔다. 페리클레스는 이전에 이미 평화를 위해 경쟁 관계였던 그와 협력할 의사가 있다는 것을 보여 줬었다. 그리고 지금 그런 협력이 기원전 457년 당시[타나그라 전투]보다 훨씬 더 절실했다. 키몬은 여전히 잠재적으로 강력한 경쟁자였지만, 예전보다는 덜 위험했다. 키몬이 도편 추방을 당한 동안 페리클레스의 인지도와 영향력이 증가했다. 더구나 키몬은 이제 자리를 잡은 지 10년이나 된 체제 변화를 받아들였다. 페리클레스는 상황이 아테네에 불리하게 흐르다 보니 키몬의 외교 정책, 다시 말해 스파르타와는 평화, 페르시아와는 전쟁을 하는 것으로 기울었다. 이집트에서 당한 참패의 여파로 아테네 제국은 페르시아를 무찌르지 않고는 유지될 수 없었다. 그리고 페르시아인들 및 펠로폰네소스인들과 동시에 전쟁을 하기에는 아테네의 재원이 충분치 않았다.

기원전 451년, 키몬이 스파르타와 5년 강화 조약을 협상했다. 스파르타인들은 상대에게 실질적인 타격을 가할 수 없어 절망하고 있던 전쟁의 위험에서 벗어날 수 있어서 기뻤고, 또 좋은 친구인 키몬이 아테네로 돌아온 것에 고무됐다. 그들이 강화 조약으로 얻어 낸 것은 아테네가 아르고스와 맺은 동맹을 포기하면서 스파르타에 가한 위험을 끝낸 것이었다. 또한 이 강화 조약은 스파르타의 동맹국들에 대한 공격, 그리고 그것이 펠로폰네소스반도에서 스파르타의 패권에 가하던 압박도 끝냈다. 반면, 아테네인들은 이미 획득한 것을 그대로 유지할 수 있었다. 여기에는 메가라와의 동맹, 보이오티아 지배, 아이기나섬 통제가 가져온 전례 없는 안전이 포함됐다. 무엇보다 이 강화 조약으로 아테네인들은 페르시아를 상대하면서 동시에 에게해 제국 내의 곤란들을 다뤄야 하는 부담을 덜 수 있었다. 그들은 이 5년이 만료되기 전에 미해결 문제들이 해결되고, 이전에 가까운 관계였던 아테네와 스파르타 간의 우호를 회복하고, 그리스 전역에서 새로운 장기 평화가 수립되기를 바랐을 것이다.

이듬해, 아테네인들이 페르시아인들에게 중대한 역습을 가할 분명한 의도에서 키몬을 바다로 보냈다. 키몬은 200척의 함대를 이끌고 지중해 동부로 향했고, 이 중 60척을 여전히 반란 세력이 버티고 있는 이집트로 보내고 나머지는 페르시아의 주요 해군 기지가 있는 키프로스로 데려가 진용을 짠 뒤 키티온Kition*을 포위 공격했다. 이곳에서 키몬이 부상당하거나 질병에 걸려 사망했다.

키몬은 30년 동안 아테네의 위대한 인물이었다. 그는 페르시아 전쟁에서 아테네인들을 단합시켜 페르시아를 물리치는 데 크게 기여했다. 그리고 자신의 외교적 및 군사적 재능으로 델로스 동맹을 결성했고, 그것을 아테네 제국으로 전환하는 데 기여했다. 보수적인 성격에 태생과 교육, 성향이 귀족적이었음에도 불구하고 아테네의 민주주의적 분위기democratic society, 심지어는 에피알테스와 페리클레스가 확대한 민주주의를 불편해하지 않았다. 그는 아테네의 귀족 정치와 민주 정체가 조화를 이룰 수 있도록, 따라서 다른 그리스 국가들에서 민주주의가 등장할 때 수반하는 유혈 내전이 아테네에서 일어나지 않도록 영향력을 크게 행사했다. 다소 의아한 것은 고귀한 영혼noble soul이 정치적 덕political virtue을 실천할 수 있는 공간으로서 아테네 민주주의를 거부했던 플라톤이 그를 테미스토클레스나 페리클레스와 다를 것 없는

---

* 키프로스 남쪽에 있었던 소왕국으로 기원전 13세기경에 형성됐다. 스토아학파의 창시자로 유명한 제논이 이곳 출신이다.

선동가demagogue*로 취급했다는 점이다.(《고르기아스》, 515 d-e) 그러나 키몬은 선동가가 아니었다. 그는 불완전한 세계에서 완벽한 이상을 추구하면서 조국을 파괴하려고 하기보다는 가능한 한 좋게 만들고자 했던 현실적인 정치가였다.

그의 사후 아테네인들은 이집트와 키프로스에서 군대를 철수했다. 하지만 이 군사 원정이 헛된 것은 아니었다. 키프로스 앞바다에서 그들은 페르시아와 페니키아Phoenicia**인들, 키프로스인들, 킬리키아Cilicia인들의 연합 함대와 교전해 물리쳤고, 이어 그들을 키프로스섬으로 몰아붙인 뒤 지상전에서 한 번 더 타격을 가했다. 아테네인들은 페르시아인들에게 심각한 패배를 가함으로써 주요 목적을 달성했다. 즉, 바다에서 제해권을 되찾았고, 페르시아의 동맹국들이 반란을 일으키지 못하게 저지했으며, 페르시아인들이 동맹국들을 도와 에게해를 넘보지 못하도록 억제했다.

키몬이 아테네 정치에서 더 이상 고려 대상이 아니게 되자 페리클레스는 자신의 정책들을 추구할 수 있는 자유재량을 갖게 됐다. 그가 여생 동안 수행하려고 새로운 외교 정책을 세웠다는 것이 이후 사건들로 바로 드러났다. 페르시아에 대한 공세적인 전쟁 계획은 많은 성과를 냈지만, 앞서 이집트에서 겪은 참사는 팽창 정책을 극단적으로 추구하다 보면 모든 성취가 물거품이 될 수도 있다는 것을 보여 줬다. 그가 펠로폰네소스인들과의 전쟁, 그리고 그리스 본토에서 추구한 팽창 정책에 대해 어떠한 생각을 했었는지 모르지만, 이로 인해 역시 제법 많은 것을 성취했다. 중앙 그리스를 정복한 이후 아테네인들은 테살리아로 진출하려고 두 번 시도했으나 모두 실패했다. 해상 공격은 여전히 펠로폰네소스 동맹을 해체시키지 못했고, 타

* 현재 선동가로 번역되는 데마고그(demagogue)는 고대 그리스에서 데마고고스(demagogos), 즉 민중의 지도자라는 뜻으로 사용됐다. 데마고고스는 민중을 뜻하는 데모스(demos)와 지도자를 뜻하는 아고고스(agogos)의 합성어였다.

** 고대 가나안의 북쪽에 근거지를 둔 고대 문명으로 중심 지역은 오늘날의 레바논과 시리아, 이스라엘 북부로 이어지는 해안이었다.

나그라 전투는 스파르타 군대와 직접 대적하는 것이 큰 도박임을 보여 줬다. 이런 모든 사정으로 인해 페리클레스는 스파르타뿐만 아니라 페르시아와의 전쟁을 끝내고자 했다. 그는 아테네가 이집트 참사 이후 충성심이 예전만 같지 않은 도시들에 대한 지배력을 회복하고 아테네 제국이 새롭고 견고한 토대를 다지기 위해서는 평화가 필요하다는 것을 알았다.

제국주의자

5

키몬이 사망하면서 페리클레스로서는 페르시아와의 강화를 모색하고, 이를 통해 모든 전쟁을 종식하는 것이 수월해졌다. 이 일로 그리스 세계에 평화가 찾아오면서 아테네는 페리클레스와 아테네인들에게 주요 목표였던 제국의 안전을 지킬 수 있었다. 사실, 아테네가 방어하고자 했던 것은 제국 그 자체였다. 아테네 제국은 새롭게 고개를 내밀 수 있는 페르시아의 위협에 대해 안전을 의미했고, 언젠가 있을지 모를 스파르타의 도전을 차단할 수 있는 수단을 제공하기도 했다. 그런데 이보다 더 본질적인 것은 여기서 얻는 수입이었다. 페리클레스는 이 수입을 이용해 아테네를 그리스 세계의 어느 도시보다 가장 풍요하고, 아름답고, 문명화된 도시로 만들고자 하는 계획을 세웠다. 이런 도시가 내뿜는 영광이 그가 아테네에 품고 있던 구상의 가장 중요한 부분이었다.

따라서 페리클레스와 아테네인들은 자신들의 제국을 필수 불가결한 것으로 간주했다. 하지만 이 또한 심각한 문제들을 제기했다. 제국이 그것의 성장과 야망을 억누르면서 자신을 안전하게 유지할 수 있을까? 아니면 다른 도시들을 지배할 수 있는 제국의 힘에 심취해 스스로 몰락을 초래하지는 않을까? 제국, 특히 그리스인 위에 군림하는 그리스인에 의한 제국이 도덕적으로 정당할까? 또는 이것이 자만심,

다시 말해 자신들이 마치 신이라도 된 듯 다른 이들을 지배하고자 했던 자들을 응징하는 것을 정당화하게 되는 광포한 오만violent arrogance의 증거가 아닐까?

아테네인들의 정책을 안전한 방향으로 인도하면서 아테네 제국을 본인들뿐만 아니라 다른 그리스인들의 입장에서 인정하도록 정당화하는 일이 아테네 민중의 지도자로서 페리클레스의 수중에 떨어졌다. 페리클레스는 이 두 가지 임무를 기존과는 완전히 다른 방향에서 시작했다. 그는 제국적 팽창을 중단하고 아테네의 야심을 누그러뜨렸다. 또한 아테네 제국이 합법적이고 모든 그리스인에게 이익이라는 것을 증명하기 위해 말로만이 아니라 행동으로도 역설했다.

아테네인들이 애초에 제국을 획득하려고 시도하지 않았다는 것, 그리고 아테네 제국의 전신이었던 델로스 동맹이 등장하게 된 것이 스파르타가 약속을 이행하지 않았기 때문이었음을 환기하는 것이 중요했다. 아테네인들은 델로스 동맹의 리더십 제안을 수락하는 데 조심스러워했지만, 이것이 페르시아인들과의 전쟁에서 선두에 서는 것을 주저했다는 의미는 아니었다. 스파르타인들이 적당한 구실을 대며 델로스 동맹에서 아테네의 패권을 반대했지만, 아테네인들은 더 그럴듯한 구실로 그것을 받아들였다. 무엇보다 페르시아인들이 그리스인들을 정복하러 다시 올 수 있다는 두려움과 전망이 좋은 구실이었다. 페르시아인들은 20년 동안 세 번이나 그들을 공격했다. 따라서 그들이 최근의 패배를 영원히 받아들이리라고 믿을 근거가 없었다. 둘째, 아테네인들은 최근의 페르시아 공격으로 입은 피해를 거의 복구할 시도조차 못 했다. 게다가 에게해와 그것의 동쪽에 있는 영토들은 아테네의 무역에 있어 중요했다. 그들은 우크라이나에서 수입하는 곡물에 의지했는데, 흑해를 지나 아테네까지 가져와야 했다. 이것은 페르시아가 제한적인 군사 작전으로 보스포루스Bosporus 해협*이나 다르다넬스 해협을 통제할 경우 그들의 생명줄이 끊길 수 있음

* 터키 이스탄불의 아시아와 유럽을 구분하는 경계선이자 흑해와 마르마라해를 연결하는 해협.

을 의미했다. 마지막으로 아테네인들은 대다수 도시에서 페르시아의 위협에 직면해 있던 이오니아의 그리스인들과 조상, 종교, 전통이 같다는 유대 관계가 있었다. 아테네의 안전, 번영, 감정 모두가 페르시아인들을 에게해, 다르다넬스 해협, 마르마라Marmara해*, 보스포루스 해협, 흑해의 모든 해안과 섬에서 몰아내는 데 초점이 맞춰져 있었다.

이 새로운 동맹은 펠로폰네소스 동맹과 페르시아의 침공에 맞서 조직된 헬레네Hellene 동맹**과 더불어 그리스 세계에 존재했던 세 개의 국가 간 기구들interstate organizations 중 하나였다. 이 동맹은 스파르타인들이 에게해에서 철수했을 때조차 붕괴되지 않고 고스란히 남아 있었다. 델로스 동맹이 수립되고 나자 헬레네 동맹은 점차 존재감이 사라지더니 첫 번째 시험first real test에서 붕괴하고 말았다. 사실상 중요하고 실질적이고 활동적이었던 동맹은 본토에서 스파르타가 주도한 펠로폰네소스 동맹과 에게해에서 아테네가 주도한 델로스 동맹뿐이었다.

처음부터 델로스 동맹은 다른 동맹들보다 좀 더 실질적이었다. 이 동맹이 전적으로 자발적이었던 데다가 결성 목적이 동맹국들에게 본질적이었고 조직도 단순하고 명료했기 때문이다. 아테네가 지도자였다. 초기에 대략 140개였던 회원국들이 아테네의 친구는 모두의 친구이고, 아테네의 적은 모두의 적이라는 종신 서약perpetual oath을 맹세했다. 즉, 델로스 동맹은 아테네가 주도하는 항구적인 공격 및 방어 동맹이었다. 그러나 패권은 지배domination가 아니었다. 동맹 결성 초기에 아테네인들은 "공동 회의common synods에 참석하는 자율적인 동맹들의 지도자들"(1.97.1)이었다. 이

---

* 터키 서북부에 유럽과 아시아 사이에 있는 바다로 마르모라(Marmora)로 표기하기도 한다.

** 기원전 492년에 일어나 기원전 448년까지 이어진 그리스-페르시아 전쟁(또는 페르시아 전쟁) 당시 페르시아에 맞서 결성된 고대 그리스 도시 국가들의 동맹이다. 페르시아 전쟁은 그리스 세계를 하나로 묶는데 기여했지만, 전쟁 중에 스파르타와 아테네의 힘이 강해지면서 결국 페르시아 전쟁 이후 그리스 세계가 두 국가를 중심으로 갈리게 된 계기가 되기도 했다.

때만 하더라도 델로스에서 열린 회의에서 정책이 결정되고 의사 결정이 이뤄졌으며, 아테네는 오직 한 표만을 행사했을 뿐이었다.

이론적으로 아테네는 공동 회의에서 사모스Samos섬*, 레스보스Lesbos섬**, 키오스섬, 또는 심지어 아주 작은 세리포스Seriphos섬과 마찬가지로 똑같이 하나의 투표권이 있는 동등한 협력자였다. 그래도 이 동맹은 아테네에게 유리하게 작동했다. 아테네의 육군과 해군력, 상대적으로 막대한 규모의 분담금, 패권국hegemon으로서 엄청난 위신이 많은 작고 힘없는 국가들을 자신의 영향력 아래로 끌어들였다. 규모가 큰 국가들이 아테네인들에게 도전했을 수 있지만 쉽게 투표수로 이겼다. 여러 해가 지난 뒤에 불만 가득한 목소리로 미틸레네Mytilene인들이 이렇게 말했다. "투표권자들이 너무 많아서 동맹국들이 단결할 수도 방어할 수도 없었다."(3.10.5) 그러나 초기만 하더라도 동맹국들 사이에서는 영토의 크기가 크든 작든 상관없이 협력과 협의가 잘됐다. 그리고 아테네의 영향력도 그것의 기여도에 비례했다. 그런데 처음부터 아테네는 불법적으로 또는 폭력적으로 그렇게 한 것은 아니지만 델로스 동맹을 통제할 수 있는 유리한 위치에 있었다.

이 동맹의 초기 행동들은 만장일치로 전폭적인 지지를 받았다. 즉, 유럽의 본거지들에 남아 있던 페르시아인들을 몰아냈고, 스카이로스Skyros섬***에 있던 해적들의 은신처를 파괴함으로써 에게해의 해상 교통로들을 안전하게 만들었다. 연전연승에다 페르시아의 위협이 사라진 것처럼 보이자 일부 동맹국들이 이 동맹과 이것이 부담 지운 의무가 더 이상 필요하지 않다고 생각했다. 역사적으로 봤을 때 이는 일정한 시간이 흐른 뒤에 동맹을 바라보는 흔한 사고방식이다. 위험이 가시면 동맹국들은

---

*   그리스 동부 에게해에 있는 섬.

**   그리스 동부 에게해에 있는 가장 큰 섬.

***   에게해 중북부, 에우보이아섬 동쪽에 위치한 섬으로 시로스라고도 불린다. 전설에 의하면 이 섬은 테티스가 아킬레스를 감춘 곳이자 테세우스가 리코메데스에게 살해된 곳이라고 한다.

부담을 덜고 싶어 한다. 이런 경우 좀 더 냉철한 판단을 하는 것은 일반적으로 패권 국가이다. 델로스 동맹에서는 아테네인들이 그랬다. 그들은 페르시아의 위협이 가신 것이 아님을 직시했다. 그렇기는 해도 페르시아를 몰아내면서 그리스인들의 경계심이 누그러졌다. 투키디데스가 분명히 지적하듯이 훗날 델로스 동맹에서 일어난 반란들은 동맹국들이 합의한 선박이나 현금을 납부하길 거부하고 당연히 이행해야 하는 군역 의무를 거부한 것이 주된 이유였다. 아테네인들은 그들에게 엄격히 책임을 물었다.

> [그리고 그들은] 더 이상 지도자들로서 예전만큼 달갑지 않았다. 그들은 군사 작전들에서 더 이상 동맹군들과 동등하게 행동하지 않았고, 반항하는 국가들을 손쉽게 항복시켰다. 이에 대한 책임은 전적으로 동맹국들에게 있었다. 그들 대다수가 선박 대신 현금으로 분담금을 냈는데, 이렇게 하면 군역 의무가 줄어 고향을 떠나 있을 필요가 없었기 때문이었다. 결과적으로 아테네는 동맹국들이 납부한 돈으로 함대를 늘렸고, 한편 동맹국들이 반란을 일으키려고 하면, 그들은 전쟁 수단이나 전쟁 경험이 없는데도 전쟁을 하러 갔다.(1.99.2-3)

델로스 동맹이 결성되고 나서 채 10년이 되지 않은 기원전 469년경에 동맹의 군대가 소아시아의 에우리메돈Eurymedon강* 하구에서 페르시아 함대와 육군에 대승을 거뒀다. 페르시아가 결정적인 패배를 당한 이후 동맹국들은 동요하기 시작했고, 아테네인들은 기고만장해져 미움을 샀다. 기원전 465년에서 기원전 463년까지 타소스섬의 반란과 봉쇄가 같은 결과를 초래했다. 아테네인들이 타소스인들의 반란을

---

* 터키 안탈리아주에 위치한 강으로 지금은 쾨프뤼차이(Köprüçayr)강으로 불리며, 지중해로 흘러 나간다. 실제 연도는 논란이 있지만, 저자의 말대로 기원전 약 469년에 키몬 장군이 이끄는 델로스 동맹군이 이곳에서 페르시아 함대와 군대를 크게 무찔렀다.

진압하기 위해 델로스 동맹군을 이용했다. 하지만 타소스인들의 반란은 아테네인들과의 불화 때문으로 델로스 동맹과는 아무런 관련이 없었다.

제1차 펠로폰네소스 전쟁으로 아테네는 보유하고 있던 자원을 있는 대로 소모하면서 거의 바닥이 드러났다. 기원전 450년대 중반에 이집트 군사 원정의 실패로 충격을 받아 델로스 동맹이 제국으로 빠르게 전환했다. 많은 동맹국에게 이 패배는 아테네의 권력이 붕괴되기 시작한 것으로 비쳤고, 따라서 새로운 반란들을 부추겼다. 아테네인들은 신속하고 효과적으로 대응해 이러한 반란들을 진압했고, 다시 반복되지 않게끔 조치들을 취했다. 그들은 자신들에게 우호적이고 의존적인 동맹국들에게 민주 정체를 이식했다. 이전에 반란을 일으켰던 국가의 행동을 감시하기 위해 때로는 주둔군을 배치했고, 때로는 아테네 관리들을 부임시키기도 했으며, 때로는 이 두 가지를 모두 하기도 했다. 이 모든 것이 속국subject state의 자율성을 해치는 것이었다.

기원전 440년대에 아테네인들은 제국에 대한 통제력을 더욱 강화했다. 그들은 아테네의 도량형과 화폐를 사용하도록 강제하면서 다른 동맹국들의 화폐 주조소들을 폐쇄시키고 그들의 주권과 자율성을 나타내는 상징symbol을 박탈했다. 그들은 납부한 공물의 수집과 교부 규칙을 강화하여 이를 위반해 고발된 자들의 재판을 아테네에서 받게 했다. 공물을 납부하는 것에 반발하거나 거부하는 식민지들은 군대를 동원해 진압했다. 간혹 아테네인들은 이를 위반한 국가의 영토를 몰수해 자신들에게 충성하는 동맹국들 또는 아테네 시민들에게 식민지로 나눠 줬다. 이런 식민지가 아테네인들로 이뤄졌을 경우에는 '클레루키아klèroukhia*'라고 불렀다. 클레루키아는 이주자들이 독립적인 도시를 새로 형성한 것이 아니라서 아테네 시민권을 그

---

* 고대 아테네가 정복한 지역에 설립한 특수한 형태의 식민지. 아테네인들은 이곳에서 시민권을 유지하면서 농지를 분할 받아 정착했다.

페리클레스

대로 유지했다. 아테네인들이 반란을 진압하고 나면 보통 민주 정체를 수립하고 원주민들에게 충성을 맹세하도록 했다. 다음은 콜로폰Colophon*인들에게 강요했던 맹세이다.

나는 아테네와 동맹국들의 사람들과 관련해 내가 할 수 있는 좋은 것이라면 무엇이든 행동하고 말하고 계획할 것입니다. 그리고 나는 말이든 행동이든, 나 스스로든 다른 사람에게 복종해서든 아테네인들에게 반항하지 않을 것입니다. 그리고 나는 아테네 인들을 사랑할 것이며 의무를 저버리지 않을 것입니다. 그리고 나는 나 스스로든 다른 사람에게 복종해서든, 다른 도시로 가거나 그곳에서 흥미를 갖더라도 콜로폰의 민주 주의를 파괴하지 않을 것입니다. 나는 이 모든 것을 본 맹세에 따라 거짓 없이 그리고 손해를 입히는 일 없이 제우스, 아폴론, 데메테르의 이름을 걸고 진심으로 이행할 것 입니다. 그리고 내가 이를 어기면 나와 내 후손들이 영원히 파괴될 것이지만, 내가 이 맹세를 지키면 나에게 엄청난 부귀영화가 올 것입니다.8)

얼마 뒤 칼키스인들에게 비슷한 맹세를 강요했다. 하지만 이번에는 아테네의 동맹국들이 아닌 아테네인들에게만 충성을 바칠 것을 맹세하도록 했다.

동맹이 제국으로 전환하는 데 가장 결정적인 조치가 기원전 454년~기원전 453년에 취해졌다. 이때 델로스 동맹의 금고를 델로스에서 아테네의 아크로폴리스로 이전했다. 페르시아인들이 에게해로 함대를 보낼 우려가 있다는 것이 이유였다. 이런 우려가 진짜였는지 핑계에 불과했는지는 알 수 없지만, 아테네인들은 금고 이전을 자신들에게 유리하도록 지체 없이 수행했다. 이해부터 펠로폰네소스 전쟁 후반까지 아테네인들은 동맹국들이 납부하는 공물의 6분의 1을 도시의 수호신인 여신 아테

* 소아시아 서안에 위치한 이오니아 지방의 고대 도시로 기원전 1000년경에 형성돼 상업이 발달했었다.

나 폴리아스Athena Polias*를 위한 만물first fruits**로 그리고 나머지는 새롭게 결성된 동맹, 즉 제국의 몫으로 가져갔다. 아테네인들은 여신 아테나의 몫을 꼭 동맹의 목적을 위해서는 아니더라도 자기들 마음대로 사용할 수 있었다. 그리고 페리클레스는, 앞으로 보겠지만, 이것이 어떻게 사용되어야 하는지에 대해 아주 분명한 생각이 있었다.

아테네인들이 동맹국들의 자발적인 동맹을 다분히 아테네가 지배하는 비자발적인 제국으로 탈바꿈한 것은 고대 그리스 세계에서조차 너무 중요하고 급격한 것이어서 정당화가 필요했다. 많은 측면에서 그리스인들이 권력, 정복, 제국 그리고 이것들에서 오는 이익에 대해 보인 태도는 다른 고대인들과 비슷했다. 그들은 세계를 치열한 경쟁이 일어나는 장소로 보았다. 이런 세계에서는 승리와 지배가 명예와 영광을 가져다주는 최상의 목표였고, 반면 패배와 종속은 치욕과 불명예를 가져다줬다. 그들은 그리스 신화의 가장 위대한 영웅인 아킬레스가 내세웠던 "항상 다른 모든 이보다 최고가 되라."라는 신조에 경의를 표했다. 귀족적인 영웅들의 신화적 세계가 도시-국가들의 세계에 자리를 내주면서 경쟁의 영역이 개인들, 집안들, 씨족들 간의 대결에서 도시들 간의 대결과 전쟁으로 옮겨 갔다. 페리클레스가 사망하고 나서 10년이 더 지난 기원전 416년에 아테네의 대표자들이 멜로스Melos의 관리들officials에게 자신들이 생각하는 국제 관계에 대해 설명했다. "우리가 신들에 대해 생각하는 것, 그리고 우리가 인간들에 대해 알고 있는 것은, 본성상 필연적으로, 그들이 권력을 잡고 있는 곳에서 항상 지배한다는 것입니다."(5.105) 비록 굉장히 직설적이기는 하지만, 대다수 그리스인들의 생각이 이와 다르지 않았다.

---

*   아테나 폴리아스는 '도시의 수호신 역할을 하는 아테나'라는 뜻이다.
**   신에게 바치는 첫 수확물을 뜻한다.

페리클레스

그러나 위 주장에서 엿볼 수 있듯이 이 멜로스 대화*는 당시 도덕적으로 문제가 있었던 아테네 제국의 위상을 단적으로 보여 줬다. 아테네인들이 이런 거친 말을 한 것은 멜로스인들이 아테네인들이 부당하게 행동하고 있기 때문에 신들은 그들의 편일 것이라며 도발을 했기 때문이다. 멜로스인들의 불평은 아테네인들이 채택했거나 계획했던 특정 행동들과 관련이 있을 수 있었지만, 그리스인들 사이에서는 이 주장이 공감을 얻었다. 그리스인들은 권력에 대해 그리고 그것이 가져다 줄 수 있는 안전과 영광에 대한 현대적인 편견modern prejudice에서 자유로웠지만, 그들의 역사적 경험은 다른 고대 국가들의 그것과 달랐다. 그들의 문화가 위대한 제국들이 아니라 작고, 자율적이고, 독립적인 폴리스들에 의해 형성되었기 때문에 그들은 **자유****가 그런 환경에서 성장한 사람들에게 자연적인 조건이라고 생각하게 됐다. 시민들은 일단 본인들이 자유로워야 했고, 그들의 정체, 법, 관습을 유지할 자유가 있어야 했으며, 그들의 도시가 외교 관계를 수행하고 권력과 영광을 위해 다른 도시들과 경쟁할 자유가 있어야 했다. 또한 그리스인들은 폴리스의 삶으로 누리는 자유가 우수한 시민과 특별한 권력을 창조한다고 믿었다. 그들에게는 자유롭고, 자율적인 폴리스가 세상에서 가장 강력한 국가들보다 위대했다. 기원전 6세기[대략 기원전 560년경]의 시인인 포킬리데스Phokylides***는 작정하고 아테네를 위대한 아시리아Assyria**** 제국과 비교했다. "고지대에서 질서 있게 살아가는 작은 폴리스가 앞뒤

---

* 투키디데스의 《펠로폰네소스 전쟁사》 제5책 제84-116장에 나오는 일화이다. 기원전 416년에 아테네가 멜로스섬을 공격한 것을 배경으로 하는 이 일화는 아테네인들이 국제 관계를 국가 또는 인간 행위자의 이기적 본성과 이익 극대화라는 냉혹한 현실주의적 시각에서 바라보고 있음을 잘 보여 준다.

** 옮긴이가 문맥의 이해를 위해 강조한 부분이다.

*** 밀레투스 태생의 그리스 시인으로 "인생에서 중요한 법칙은 중용을 지키는 것이다." 같은 많은 유명한 격언(maxims)을 남겼다.

**** 지금의 중동 지역에서 기원전 25세기 또는 기원전 24세기부터 기원전 605년까지 존재했던 강대국.

꽉 막힌 니네베Nineveh*보다 더 위대하다." (단편Fragment, 5)

폴리스들은 주로 국경 문제 때문에 싸웠고, 그래서 승자가 대체로 국경 지대의 영토를 통제했다. 패자는 노예가 된다거나 영토가 병합 또는 점령되거나 하지 않았다. 이와 같은 문제들에서, 많은 문제들에서도 그랬지만, 그리스인들은 이중 잣대를 끌어들여 자기 자신들과 그리스어를 하지 못하고 또 그리스 문화 전통이 몸에 배어 있지 않은 외국인들alien people을 구분했다. 이런 사람들이 **바르바로이**barbaroi**, 즉 바바리아인들barbarians이었다. 그들의 말이 그리스인들에게 '바르 바르bar bar'라고 말하는 것처럼 들려서 그렇게 불렀다. 그리스인들이 보기에 그들은 자유로운 공동체에서 자유로운 인간으로 성장하지 않았을 뿐만 아니라 지배자의 신민subjects으로 살았기 때문에 천성이 노예나 다름없었다. 그래서 현실에서 그들을 지배하고 노예로 삼는 것은 절대적으로 옳았다. 다른 한편, 그리스인들은 태어나면서부터 자유로웠다. 그들은 이것을 폴리스라는 자유로운 제도들을 창조하고 그 안에서 살아감으로써 증명했다. 이런 사람들을 지배하는 것, 그들의 자유와 자율성을 부정하는 것은 분명히 잘못일 수 있었다.

이것이 그리스인들의 기본적인 생각이었지만, 그들이 항상 생각대로 행동한 것은 아니었다. 아주 일찍이 스파르타인들은 본토인 라코니아와 이웃 나라인 메세니아에 거주하는 그리스인들을 정복한 뒤에 노예로 만들었다. 기원전 6세기에 그들은 우리가 펠로폰네소스 동맹이라고 부르는 동맹을 맺었다. 이 동맹은 스파르타인들에게 동맹국들의 외교 정책을 통제할 수 있는 상당한 권한을 주었다. 하지만 스파르타인들은 동맹 도시들의 내정에는 간섭하지 않았다. 그래서 겉으로는 계속 자율성을 지키고 있었다. 페르시아 전쟁이 끝나고 20년 뒤에 아르고스인들이 아르골리

---

*   고대 아시리아 제국의 수도.

**   바르바로이는 이방인을 뜻하는 바르바로스(barbaros)의 복수형이다.

다에 있는 일부 마을들을 말살한 뒤 자신들의 영토에 병합한 것 같다. 하지만 일반적인 경향에서 벗어난 이런 일탈은 예외적인 것으로 그리스인들은 거대 제국의 신민이 아니라 자유로운 폴리스에서 자유로운 인간으로 살아야 한다는 일반적인 기대를 넘어서지 못했다.

그리스인들은 거대 권력과 제국이 누리는 안락함과는 상충되는 또 다른 신념을 공유했다. 그들은 인간에게 아무리 좋은 것도 너무 지나치게 축적하면 일련의 단계를 거쳐 그들이 **히브리스**hybris라고 부르는 것으로 나아가게 된다고 생각했다. 그런 사람들은 인간이라면 넘지 말아야 할 경계를 넘은 것으로 이 때문에 **네메시스**nemesis*, 즉 신의 노여움과 천벌을 받는다고 여겨졌다. 이런 생각들은 델포이의 아폴로 신전의 신탁에서 나오는 주요 내용이었다. 그런 신탁 중에 인간이 **히브리스**를 피할 수 있도록 신이 내린 두 가지 경고가 있다. 하나는 "너 자신을 알라."이고, 다른 하나는 "지나침이 없도록 하라."였다. 기원전 5세기에 그리스인들에게 **히브리스**와 **네메시스**의 대명사처럼 여겨진 인물이 바로 페르시아 제국의 대제 크세르크세스였다. 그는 권력에 심취한 나머지 거만해져 그리스 본토로 자신의 지배를 확장하려고 하다가 결국에는 본인과 백성들을 재앙에 빠뜨렸다.

따라서 아테네인들이 페르시아 전쟁 이후 델로스 동맹의 리더십을 맡았을 때, 그리고 이 리더십이 부와 권력을 가져다주면서 사실상 이 동맹을 제국으로 봐도 손색이 없도록 바꿨다는 것은 전통적인 사고방식으로는 납득하기 쉽지 않다. 제국은 아테네인들에게 유·무형의 많은 이점이 있었다. 가장 분명한 이점은 재정적인 부분이었다. 동맹국들이 공물, 배상금, 기타 특정하기 어려운 여러 납부 형태로 직

---

* 네메시스는 그리스 신화에 나오는 율법의 여신으로 인과응보, 보복의 여신이다. 여기서는 보통명사로서 '천벌'로 번역한다.

접 지불하는 수입이 펠로폰네소스 전쟁 초기에 연간 600달란트talent*에 이르렀다. 그리고 매년 거둬들이는 400달란트의 국내 소득home income 가운데 상당 부분이 이 제국 덕분이었다. 아테네의 모항 피레우스에서 거둬들이는 수입 관세와 기타 항만 관련 세금들, 아테네에서 재판을 받는 동맹국 시민들이 지불하는 법정 수수료court fees가 수입과 관련이 있었다. 기타 비슷한 항목들이 이런 소득의 상당 부분을 차지했다. 또한 아테네인들은 사적인 영역에서 재판이나 기타 제국과 관련한 업무를 보기 위해 그리고 위대한 아테네 그 자체에 끌려 피레우스와 아테네를 찾는 많은 방문객에게 서비스를 제공해 이득을 얻었다. 이 모든 것이 제국이라서 가능했다.

이 제국의 수입은 민주주의를 유지하기 위해 필수적이라고 생각할 수 있다. 실제로 이 돈은 공무 수행의 대가를 지급하는 데 사용됐다. 하지만 실상은 이와 다르다. 아테네인들이 공무 수행에 대가를 지급하기 시작한 것은 동맹국들이 납부하는 공물의 6분의 1을 자신들의 몫으로 떼어 놓기 전이었다. 심지어 아테네인들은 제국과 그것의 수입이 뚝 끊긴 뒤에도 계속해서 공무에 대가를 지급했다. 물론 아테네 제국이 성공해 전리품의 형태로 아테네에 엄청난 부를 가져다주고 교역 또한 늘면서 이런 대가를 지급하기 시작했다는 것, 그리고 여신 아테나에게 수입의 10분의 1을 봉납하는 관례가 도입되던 시기에 이를 확대해 배심원들에게도 대가를 지급했다는 것이 관련이 없을 수는 없다. 어쨌든 페리클레스의 시기에 아테네 민중은 민주주의의 성장과 융성을 제국의 혜택과 연관 지었던 것 같다.

직접적인 재정 수입, 그리고 그들이 생각한 대로 민주주의에 대한 재정 지원과는 별개로 아테네인들은 삶의 질이라고 하는 요즘 유행하는 혜택을 누렸다. 앞서 언급

---

* 고대 그리스에서는 탈란톤으로 불렸는데, 라틴어로 탈렌툼으로 번역되면서 뒤에 달란트로 불리기 시작했다. 고대 그리스와 서아시아에서 질량과 화폐의 단위로 쓰였다. 탤런트는 영어식 표현이다. 고대의 화폐 가치를 현대의 등가물의 가치와 비교하기는 어렵다. 1달란트가 아테네의 전함에 한 달 동안 배속된 선원 200명과 맞먹었다는 것을 알면 그 가치를 가늠하는 데 조금은 도움이 될 것이다.

페리클레스

했던 '늙은 과두주의자'에 따르면, 아테네인들은 이 제국으로 인해 많은 지역에서 찾아온 사람들과 섞일 수 있었다. 이를 통해 그들은 다음과 같은 것을 발견했다.

> 호사스러운 다양한 먹거리들, 그리고 시칠리아, 이탈리아, 키프로스, 이집트, 리디아, 펠로폰네소스반도 또는 그 외 다른 지역의 특산품들이 그들이 해상을 통제하면서 아테네로 넘치게 들어왔다. 그들은 모든 지방의 언어를 들으면서, 한 사람으로부터 한 가지, 또 다른 사람으로부터 또 다른 한 가지를 고른다. 다른 그리스인들이 자신들의 언어와 생활 방식과 의복을 고수한 것과 달리 아테네인들은 모든 그리스인과 외국인들한테서 여러 요소들을 골고루 받아들였다. (가짜-크세노폰, 〈아테네인들의 정체〉, 2.7-8)

당대의 한 희극 시인이 이런 제국 덕분에 아테네인들이 이용할 수 있었던 이국적인 음식들과 실용적인 세공품들의 목록을 좀 더 자세하게 기록하고 있다.

> 키레네Cyrene*에서 실피움silphium**과 쇠가죽, 헬레스폰토스Hellespontos***에서 고등어와 온갖 절인 생선, 이탈리아에서 소금과 소갈비 …… 이집트에서 선박과 밧줄, 시리아에서 유향, 크레타에서 우상 제작용 삼나무를 들여온다. 리비아는 많은 상아를, 로도스Rhodos섬은 건포도와 달콤한 무화과를, 한편 에우보이아Euboea섬은 배와 달콤한 사과를 공급한다. 프리기아Phrygia[소아시아에 있던 고대 국가]에서 노예들 …… 파가사이

---

* 고대 그리스의 식민지 도시 중 하나로 지금 리비아의 샤하트 마을에 위치했다.

** 고대부터 약초로 쓰이던 식물로 주로 피임약으로 사용되었다. 지금은 리비아 해안가에 일부 재생하는 것으로 알려져 있다.

*** 다르다넬스 해협의 옛 그리스 이름으로 '헬레의 바다(Sea of Helle)'라는 뜻이다.

Pagasae[•]는 문신한 노예들, 파플라고니아Paphlagonia^{••}는 대추야자와 아주 기름진 아
몬드, 페니키아는 대추야자와 밀가루, 카르타고Carthago^{•••}는 융단과 다채로운 색상의 방
석을 공급한다.(아테나이오스Athenaeus^{••••}의 저술《현자의 연회Deipnosophistae》(15권)에 등장하는 헤르미포
스Hermippos^{•••••}, 1.27e-28a)

　이런 것들은, '늙은 과두주의자'가 목격하듯이, '부차적인 문제들'이다. 하지만 아
테네인들이 제국과 이것으로 가능했던 해상 지배의 이점들을 절실히 느낄 수 있게
했다.
　아테네 제국의 가장 큰 매력이라면 이런 유형의 것이 아니라 무형의 것이었다.
즉, 수 세기에 걸쳐 많은 문화에서 공통으로 발견되는 인간 본성의 한 측면에 호소
하는 어떤 것이다. 대다수의 사람이 자기 자신을 추종자보다는 지도자로, 피지배자
보다는 지배자로 생각하는 것을 선호한다. 가장 가난한 런던내기들조차 '대영 제

[•]　고대 테살리아의 남부 마그네시아(Magnesia) 지역에 있던 작은 도시이자 폴리스. 파가사이 외에 파가사
에 또는 파가라로 불렸다.

^{••}　아나톨리아의 북쪽 중앙 근처 흑해 연안에 있던 고대 지역이다.

^{•••}　아프리카 북부의 고대 도시 국가로 지금의 튀니지 지역에 있었다. 기원전 841년 페니키아인에 의해 건
설되어 오랫동안 서부 지중해를 다스리며 로마와 통치권을 다투었다. 기원전 146년 파괴되었다가 기원
전 29년 로마에 의해 재건되었다. 카르타고는 고대 로마인들이 부른 이름이고, 그리스인들은 칼케돈이
라고 불렀다.

^{••••}　서기 200년 무렵에 활약한 이집트 태생의 그리스 산문 작가이며 저서로는《현자의 연회》(15권)가 남아
있다.

^{•••••}　기원전 5세기 펠로폰네소스 전쟁 당시, 즉 구희극(Old Comedy) 시대에 활약했던 아테네의 희극 작가
로 페리클레스를 겁쟁이라고 비난할 정도로 적대 관계였다. 참고로 그리스 희극은 구희극과 신희극(New
Comedy)으로 나뉘는데 구희극은 공적인 인물과 사건을 주로 풍자했고, 신희극은 허구의 평범한 시민들
을 풍자한다. 구희극의 대표적인 작가로는 아리스토파네스가 있고, 신희극의 대표적인 작가로는 메난드
로스(Menandros, B.C. 342~B.C. 291)가 꼽힌다.

국British Empire은 해가 지지 않는다'와 '브리타니아Britannia•가 대양을 지배한다'는 생각에 큰 자부심을 가졌듯이 아테네인들도 국가의 위대함에 자부심이 있었다.•• '늙은 과두주의자'는 재판 때문에 아테네에 있는 법정으로 오는 동맹국의 시민들로부터 아테네인들이 어떻게 이익을 보는지 설명하면서 평범한 시민이 그런 감정을 어떻게 향유하는지 보여 준다.

> 동맹국 사람들이 재판을 받으러 오지 않았다면, 그들은 해외로 나온 아테네인들, 예를 들어 장군들, 함대 사령관들 그리고 사절들만을 존중했을 것이다. 그런데 현재는 동맹국 사람들이 아테네에 와서 재판을 받으며 선고받는 형벌이나 배상이 오로지 아테네 민중들에게 달려 있다는 것, 그리고 이것이 아테네에서 법이란 것을 깨닫고 그들에게 굽실거리지 않을 수 없다. 따라서 그는 법정에서 정중하게 변론해야 하고 사람들이 법정에 들어올 때 애원의 뜻으로 그들의 손을 잡아야 한다. 이런 상황이 동맹국 사람들이 아테네인들에게 종속되는 것을 강화했다.(가짜-크세노폰, 〈아테네인들의 정체〉, 1.18)

아테네 제국이 아테네인들에게 가져다준 이 모든 혜택 덕분에 제국의 원장imperial ledger은 결코 적자unbalanced가 아니었다. 사실, 동맹국들도 이 동맹에 참여하면서 많은 혜택을 받았다. 그중 가장 큰 혜택은 이 동맹의 주요 결성 목적이었던 페르시아 지배로부터의 자유, 그리고 아테네인으로 히포니코스Hipponicos의 아들 칼리아스가 페르시아 제국과 협상을 통해 얻어 낸 평화였다.••• 이오니아의 도시들은 한 세기 넘

• 브리튼(Britain)의 고대 로마 시대 명칭으로 대영 제국(Great Britain 또는 British Empire)과 같은 의미로 사용된다.

•• 따옴표는 문맥의 이해를 돕기 위해 옮긴이가 표시한 것이다.

••• 페르시아 제국과 협상을 통해 강화 조약이라는 평화를 얻어 낸 인물은 히포니코스의 아들이 아니라 그의 아버지인 칼리아스 2세이다. 히포니코스의 아들은 칼리아스 3세였는데 역사적으로 큰 족적을 남긴

게 이방인의 지배babarian rule를 받으며 자유를 위해 투쟁했기 때문에 이런 성취가 무엇보다 값졌다. 또한 동맹과 제국의 성공은 에게해를 항해할 수 있는 전례 없는 자유를 가져왔다. 게다가 페르시아에 대한 군사 작전들이 참전국들에게 전리품이라는 부수입을 안겨 줬다. 아테네를 부유하게 만든 상업 호황이 많은 동맹국에게도 번영을 가져다줬다. 결론적으로 아테네인들이 에게해를 둘러싸고 있는 모든 그리스인에게 페르시아 지배로부터의 자유, 평화, 번영을 선사했다.

아테네가 많은 동맹국에 개입하면서 민주주의를 전파했지만, 이것이 아테네의 목표는 아니었다. 페리클레스와 아테네인들은 될 수 있으면 이미 존재하는 체제를, 그것이 과두제이거나 참주제이더라도 그대로 놔뒀다. 반란이 일어나 개입할 수밖에 없는 경우에만 민주 정체를 강제했다. 하지만 이것도 항상 그러지는 않았다. 페리클레스의 제국 정책은 신중하고 실용적이었지 이데올로기적이지는 않았다. 그럼에도 불구하고 해를 거듭할수록 아테네인들은 제국 전반에서 그들에게 반기를 드는 과두제나 참주제 국가들에 민주 정체를 수립하고 지원했다. 20세기의 관점에서는 이것을 이 제국의 진정한 이익unalloyed benefit으로 볼 수 있지만 페리클레스 시대의 모든 사람이 그렇게 본 것은 아니었다. 귀족들과 상층 계급들은 대개 민주주의를 이상하고, 부자연스럽고, 부당하고, 무능하며, 저속한 통치 형태로 간주했다. 그리고 민주주의를 지지하는 아테네의 역할에 분개한 것은 그들만이 아니었다. 많은 도시, 아마 거의 모든 도시에서 하층 계급들조차 아테네가 그들의 내정에 간섭하는 것을 그들의 자유와 자율성에 대한 침해로 간주했다. 그리고 아테네의 간섭을 받지 않는 비민주적 정체를 아테네가 간섭하는 민주 정체에 비해 선호했다.

것은 없다. 키몬의 여동생 엘피니세의 남편이기도 했던 칼리아스 2세는 아테네의 군인이자 외교관으로 펠로폰네소스 전쟁 초기에 활약했다. 그리고 기원전 449년에 그가 델로스 동맹을 대표해 페르시아 제국의 아르타크세르크세스 1세(Artaxerxes I)와 강화 조약을 체결했다. 그래서 그의 이름을 따서 '칼리아스 평화 조약' 또는 '칼리아스 화약'이라고 부른다.

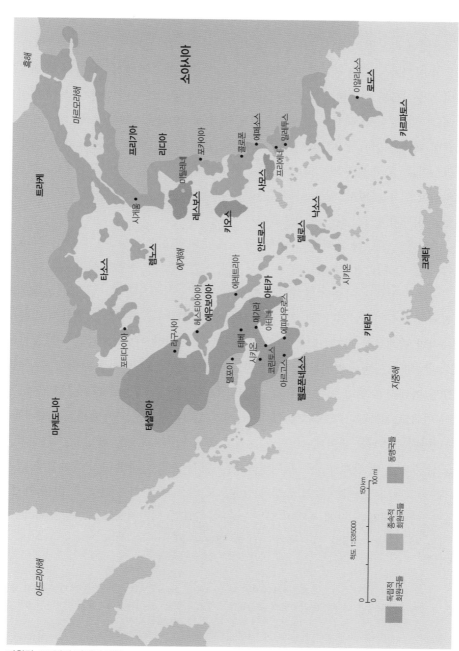

기원전 450년경 아테네 제국

현대의 학자들은 아테네가 민주주의를 지지한 것이 동맹 도시들의 민중에게 제국이 인기가 있었던 이유이고, 반대로 그들이 아테네에 적대적이었다는 견해는 고대 저술가들의 귀족주의적 편향이 초래한 왜곡 때문이라고 주장한다. 하지만 아테네의 지지로 직접 혜택을 누린 소수의 민주적 정치인들을 제외한 모든 계급에게 아테네 제국은 인기가 없었다는 것이 대체로 공통된 의견이다. 아테네 제국 밖의 그리스인들, 특히 내부의 그리스인들이 민주주의에 적대적이었다는 고대의 의견을 의심할 이유는 없다. 일부 아테네인들조차 제국의 동맹국들에게 아테네가 보이는 행동이 도덕적이지 않으면 거부했다.

페리클레스는 각 동맹국에 아테네의 지배와 아테네가 계속해서 공물을 거둬들여야 하는 이유를 정당화하는 일을 수행했다. 그는 델로스 동맹의 성격concept이 바뀌었다는 주장으로 이를 정당화했다. 델로스 동맹 초기에 일부 동맹국들은 아테네가 설립한 식민지들이었다. 그리스인들 사이에서 식민지는 열등의 의미가 아니라 가족적인 관계로서 자랑스러운 지위였다. 이뿐만 아니라 아테네인들은 오랫동안 이오니아의 도시들도 자신들이 건설했다고 주장했다. 이오니아인들은 이를 수긍했을 뿐만 아니라 오히려 이를 이유로 아테네인들이 델로스 동맹의 리더십을 받아들여야 한다고 설득했다. 델로스 동맹의 금고가 아테네로 이전하던 시기는 아테네에서 4년마다 개최되는 판아테나이아Panathenaia* 축제가 예정돼 있던 해였다. 식민지와 모도시 간의 유대 관계가 좋은 편이었고, 이 관계를 종교 의례에 따라 축하했다. 이 축제 때 아테네의 동맹국들이 충성의 상징으로 암소 한 마리와 갑옷 한 벌을 가져오는 것이 관례였다. 크게 부담이 되는 것은 아니었고, 식민지에게는 아크로폴리스에 있는 성스러운 아테나 신전까지 거대한 행렬에 참여할 수 있는 영예를 주었다. 이

---

* 기원전 566년에 그리스 아테네에서 시작된 제전(religious festival)으로 서기 300년까지 4년마다 한 번씩 열렸다. 종교 행사 외에 각종 운동 경기들이 개최됐고, 페플로스(고대 그리스 여성들이 어깨에 걸쳐 입던 주름 잡힌 긴 상의)를 입은 여성들이 아테나 신전까지 긴 행렬로 행진했다.

후 아테네의 모든 동맹국이 이와 같은 영광을 나눠 가졌다.

모두가 이 영예에 감사하거나 지금 상황이 델로스 동맹이 만들어졌던 당시와 크게 달라졌는데도 계속 공물을 납부한 이유가 이런 식민지 관계 때문이라고 볼 필요는 없다. 확실히 그들의 의구심은 기원전 449년에 칼리아스가 페르시아 제국과 협상을 통해 맺은 평화 조약의 내용으로 증폭됐다. "아시아의 모든 그리스 도시는 자율성을 가질 것이다. 페르시아의 태수satrap는 배로 3일 걸리는 거리 이내까지는 접근하지 않는다. 페르시아의 전함은 파셀리스Phaselis*와 키아니안 바위Cyanean rocks** 사이의 해역을 항해하지 않는다. 페르시아의 왕과 장군들이 이 세 가지 조건을 존중한다면, 아테네인들은 페르시아 왕이 지배하는 지역으로 원정 군대를 보내지 않을 것이다."(시칠리아의 디오도로스, 《역사 총서》, 12.4.5-6)**9)** 이 협정으로 페르시아인들은 에게해와 인접해 있는 그리스 국가들에 대한 권리, 그뿐만 아니라 다르다넬스 해협을 지나 흑해로 이어지는 아테네의 물자 보급로를 포기했다. 이로써 페르시아와의 전쟁이 비로소 끝났고, 아테네인들은 스파르타인들이 미완으로 남긴 승리를 완료했다고 주장할 수 있었다.

대단한 순간이었지만 몇 가지 의구심이 들었다. 비록 페르시아와의 전쟁을 줄기차게 추구했던 키몬이 사망했지만, 그가 보인 모범, 기억 그리고 남아 있는 지지자들은 오랜 숙적과 맺은 강화 조약에 의문을 표시했다. 더구나 페르시아와 강화 조약을 맺었다고 해서 이것이 동맹국들의 공물 납부, 델로스 동맹, 아테네 패권의 종식을 의미했을까?

첫 번째 문제, 즉 아테네 정치에 관한 의문에 대해 페리클레스는 흔한 술수를 노련하게 이용했다. 아테네의 협상자로 칼리아스를 내세운 것은 의미심장한 선택이

---

* 터키 안탈리아주의 고대 리키아(Lycia, 오늘날 터키의 남동 해안에 위치)에 해당하는 고대 그리스의 도시.
** 흑해 바다 입구에 있는 암초로 심플레가데스(Symplegades) 바위로 불리기도 한다.

었다. 그는 키몬의 여동생 엘피니세의 남편, 즉 키몬의 처남이었다. 칼리아스가 이런 중책을 맡았다는 것은 페리클레스와 키몬의 우정이 키몬이 사망한 뒤에도 여전했다는 증거였다. 그리고 그는 페리클레스가 키몬의 세력을 누르고 새로운 정책을 채택할 수 있도록 많은 역할을 수행했다. 페리클레스는 다른 여러 방식으로 키몬주의자들과 어울렸고, 수년에 거쳐 이런 관계를 유지했다. 현대의 어떤 학자는 다음과 같이 주장한다. "아테네의 공공 정치public politics의 이면에는 위대한 가문들의 가족 정치family-politics가 있었다. 페리클레스는 이에 능숙했다."10)

현대의 위대한 역사가가 복기한 사건들이 옳다면 페리클레스의 정치 활동은 분명히 공적인 측면이 있었다. 키프로스에서 승리한 이후 아테네인들은 감사의 뜻으로 약탈물의 10분의 1을 아테나 신전에 봉납했고 페르시아의 패배를 기념하기 위해 시인 시모니데스Simonides[B.C. 556?~B.C. 468?]*에게 축시를 의뢰했다. 그의 축시는 "키프로스에서의 전투를 그리스 세계가 지금까지 목격한 것 중에 가장 영예로운 행동으로 칭송했다. 동시에 그것은 키몬이라는 사람과 떼려야 뗄 수 없었던 페르시아 전쟁 전체에 대한 추도사였다".11) 우리는 이런 선전 활동의 배후에 페리클레스가 있었다고 추정할 수 있다. 이 선전 활동은 페르시아 전쟁에서 승리한 것은 강화 조약의 결과가 아니라 아테네가 싸워 쟁취한 영예로운 것이었음을 함의했고, 키몬을 페리클레스의 새로운 정책과 묶어 두는 역할을 했다. 동시에 키몬에 대한 추도는 그의 지지자들을 유인하고 회유하기 위한 몸짓이기도 했다.

페리클레스는 아테네의 화합과 통합이 필요했다. 모처럼의 평화에도 불구하고 페리클레스는 하나의 제국이 된 델로스 동맹을 포기할 생각이 없었다. 그뿐만 아니라 그는 이와 함께 따라오는 영광, 정치력과 군사력 및 부를 희생하고 싶지 않았다.

---

* 고대 그리스의 서정 시인으로 에게해에 있는 케오스섬 출신이다. 비상한 기억력의 소유자로 기억의 궁전(Mind Palace)이라는 자신만의 기억법을 남겨 기억술의 아버지로 불리기도 한다.

아테네는 자신의 안전을 지키기 위해서나 페리클레스가 생각하는 위대한 민주주의 사회를 창조하고 유지하기 위해서라도 이 제국이 필요했다. 비용이 아주 많이 드는 건축 계획building program도 이것의 일부분이었을 것이고, 그렇다 보니 비군사적이고 순전히 아테네만을 위한 목적으로 제국의 금고를 끌어들일 필요가 있었다. 따라서 페리클레스와 아테네인들은 동맹국들의 관심을 새로운 목적으로 돌리는 것뿐만 아니라 그들이 분담금을 계속 납부하는 것을 정당화할 필요가 있었다.

그러나 이미 이 제국에는 고민거리가 있었다. 기원전 454년~기원전 453년에 208개의 도시들이 공물 납부 명부에 있었고 이들이 납부한 공물이 498달란트 이상이었다. 4년 뒤에는 겨우 163개 도시들이 432달란트를 납부했다. 그러나 몇몇 도시가 일부만을 납부했고, 일부는 늦게 납부했으며, 일부는 아예 납부하지 못했다. 망설임, 불확실성 및 저항이 아테네 제국의 존속을 위협했다. 동시에 스파르타가 위협할 조짐을 보이기 시작했다. 키몬이 협상에 나선 정전 협정[5년 강화 조약]이 몇 년 뒤에 효력을 다하지만, 그가 더 이상 그곳에 없다 보니 스파르타의 두려움을 누그러뜨릴 수 없었다. 두 강대국들 사이에는 큰 차이가 남아 있었고, 이 차이를 전쟁을 하지 않고 극복할 수 있을지는 불확실했다. 그래도 페리클레스의 구상들은 평화를 필요로 했다.

칼리아스의 강화 조약이 맺어지고 나서 얼마 지나지 않았을 때 페리클레스가 아주 기발한 제안으로 문제들을 해결하고자 했다. 그가 다음과 같은 법안을 제출했다.

모든 그리스인을, 그들이 어디에 살든, 유럽에 있든 아시아에 있든, 작은 도시든 큰 도시든, 초대해서, 아테네에서 개최되는 의회congress에 대표자들을 파견해서, 이방인들이 파괴했던 신성한 장소들에 대해, 그리고 그들[그리스인들]이 빚지고 있는, 즉 이방인들과 싸울 때 신에게 바치기로 했던 희생들에 대해, 그리고 모두가 두려움 없이 항해하면서 평화를 유지할 수 있도록 바다에 대해 논의하자는 [법안을 제출했다].(플루타르코스,

　전령들을 그리스 세계 곳곳으로 보내 "그리스의 평화와 공동의 이익을 함께 모색해 보자는" 초대장을 전달했다. 어떤 학자가 주장한 대로 페리클레스는 "기원전 480년에 스파르타 주도로 결성된 그리스 동맹이 했었어야 했지만 실패했던 것을 하고자, 그리고 그때까지 델로스 동맹이 채워 주었던 평시 욕구를 충족하고자 또 다른 기구를 수립하기 위해 그리스 세계를 소환한 것이었다".**13)** 이 밖에도 이 초대장은 아테네가 새로운 토대에서 그리스 세계에 대한 리더십을 천명한 것이었다. 전쟁이 처음부터 그리스인들을 하나로 단결시켰지만, 평화와 안전을 유지하기 위해서는 이 단결을 더 굳건히 해야 했다. 종교적 믿음, 범그리스주의Panhellenism 그리고 공공선이 충성과 희생이 계속되어야 하는 것을 정당화했다.

　페리클레스는 진심이었을까? 페르시아인들이 불태운 신전들은 거의 모두 아티카에 있는 것이었고, 평화를 유지하는 임무를 맡은 함대들은 주로 아테네의 것이었다. 따라서 페리클레스는 스파르타인들과 그 동맹국들이 그의 제안을 거부할 것이고, 그러면 이것이 그에게 제국을 공고히 할 수 있는 새로운 구실을 제공할 것이라고 기대했을 수 있다. 반대로, 페리클레스는 이런 장치를 활용해 정직하게 그리스의 자유, 안전, 통합을 달성하고자 했을 수도 있다. 이것을 냉소적으로 보는 이들은 페리클레스가 도편 추방 중인 키몬을 소환해 화해했었다는 사실, 그리고 스파르타와의 휴전 협정이 순전히 영구 평화라는 새로운 정책을 준비하기 위한 사전 작업이었다는 것을 간과한다. 그러나 페리클레스를 범그리스적 협력에 별다른 열의가 없었던 인물로 보는 시각은 이 회합이 성사돼서 그의 제안들이 받아들여졌을 경우 아테네가 누렸을 엄청난 혜택을 간과한다.

　페리클레스는 스파르타인들이 그의 초청을 수락할 수 있다고 생각했을 수 있다. 스파르타의 과격분자들의 정책은 그들 자신에게 재앙을 초래했고 아테네의 위상만 높여 줬다. 기원전 451년에 스파르타가 아테네와 5년 강화 조약을 체결한 것은 이 세력이 불신을 샀음을 보여 준다. 페리클레스가 예기치 않게 키몬과 동맹을 맺고 새로운 외교 정책으로 분명히 방향을 튼 것을 확인한 강화파peace faction가 키몬의 시대처럼 아테네의 해상 제국이 처한 곤란한 상황을 영구 평화를 협상하는 데 유리하게 이용할 수 있었다고 보는 것은 터무니없는 것이 아니었다. 사태가 이런 식으로 발전했다면 페리클레스의 목표는 달성됐을 것이고, 그랬다면 평화적 제국주의pacific imperialism라는 그의 새로운 정책이 외교적 승리를 거둔 것으로 볼 수 있었을 것이다.

비록 스파르타가 거절한다고 하더라도 잃을 것은 없고 얻을 것이 많았을 것이다. 아테네는 그것의 범그리스 정신, 종교적 헌신, 그리고 그리스인들이 공동의 이익을 얻는 방향으로 이끌고 나가려는 의지를 보여 주었을 것이다. 그래서 걸림돌 없이 또는 다른 도시들의 불만 없이 자신의 목표들을 추구할 수 있는 분명한 도덕적 기반을 확보했을 것이다.

이는 제2차 세계 대전 이후 미국이 직면했던 상황과 비슷하다. 유럽은 이미 두 개의 세력권으로 나뉘고 있는 중이었다. 전후에 소련과 그 위성 국가들을 포함해 유럽 전역에 원조를 제공했던 미국의 마셜 플랜Marshall Plan*은 미국에 상당한 영향력을 주었고 소련의 영향력은 약화시켰다. 마셜 플랜의 주요 목표는 서유럽의 힘을 강화하는 것으로 정치적이었지만, 미국이 전후 유럽의 고통을 보고 움직였다는 것도 완전히 부정할 수는 없다. 다행히 이런 고통을 경감시켜 준 것이 정치적 목표들을 달성하는 데 기여한 측면도 있다. 미국인들은 러시아인들이 그들의 원조를 거부하리라는 것을 확신할 수 없었다. 사실, 얼마 동안 러시아인들도 받아들일 것처럼 보였다. 미국은 그들이 어떻게 나오든 준비가 돼 있었다. 결국 러시아인들이 원조를 거

---

* 제2차 세계 대전 이후인 1947년에서 1951년까지 미국이 서유럽의 전후 복구를 지원하기 위해 행한 대외 원조 계획이다. 정식 명칭은 유럽 부흥 계획(European Recovery Program, ERP)이지만, 이를 공식 제안한 당시 미국의 국무 장관이었던 마셜(G. C. Marshall)의 이름을 따서 '마셜 플랜'이라고 부른다.

부했는데 사실 놀랄 일은 아니었다.

러시아인들처럼 스파르타인들은 초청을 거부했고, 국제적 협력을 위한 새로운 구상에도 참여하지 않았다. 이렇게 되자 의회도 성사되지 못했다. 그러나 스파르타의 거부는 선전 활동 측면에서 볼 때 아테네에게 엄청난 승리였다. 아테네인들이 이제 경쟁자들이 그리스인들의 행복에 무관심하고 그들의 신성한 맹세와 의무를 이행할 의지가 없다고 비난할 수 있게 되었기 때문이었다. 비록 의회는 성사되지 않았지만, 이 일은 아테네가 신성한 책임을 수행하는 데 앞장설 준비가 돼 있음을 그리스 세계에 선포한 것이나 마찬가지였다. 또한 아테네에 자신의 신전들을 재건하는 일에도 정당성을 부여했다. 이제 페리클레스는 자유롭게 제국의 질서를 회복할 수 있었고, 새로운 토대에서 계속 공물을 징수할 수 있었으며, 이 수입을 그가 염두에 둔 계획들projects을 이행하는 데 사용할 수 있었다.

현재 프랑스 동북부의 스트라스부르Strasbourg에 보관돼 있는 훼손된 파피루스를 통해 이 계획들이 무엇이었는지 짐작해 볼 수 있다. 이 파피루스에는 이 의회가 무산된 직후인 기원전 449년 여름에 페리클레스가 발의한 포고문이 실려 있다. 5천 달란트를 금고에서 즉시 꺼내 아크로폴리스에 새로운 신전들을 건립하는 데 사용하고, 향후 15년 동안 공사를 완료할 때까지 매년 200달란트를 꺼내 쓴다는 내용이었다. 그러나 이 건설 계획은 공물 납부를 정당화했던 함대 유지에 걸림돌로 작용하지는 않았다. 500인 평의회는 낡은 배들을 수선하고 매년 10척의 배를 새로 건조하도록 조치했다.[14] 아테네가 이전에 이렇게 했었다고 한다면 의문이 들었겠지만, 이제는 그런 일이 있을 수 없었다. 자유로운 국가들의 **동맹**symmachia*인 델로스

---

* 고대 그리스 시대에 아테네와 스파르타가 각각 주도한 델로스 동맹과 펠로폰네소스 동맹은 '공격과 방어 동맹', 즉 공수 동맹으로 이를 쉬마키아(symmachia)라고 불렀다. 이와 달리 방어 동맹은 에피마키아(epimachia)라고 불렀다.

동맹이 아테네인들이 스스럼없이 **제국**arche*으로 부를 수 있는 것이 됐다. 이 제국은 여전히 공동의 이익을 창출했지만, 아테네인들이 지배하면서 그들에게만 유독 유리한 기구가 되었다.

이런 새로운 제국 정책은 페리클레스의 작품이었다. 알려진 증거가 충분하지는 않지만, 페리클레스의 정적들이 개시한 공격이 부정할 수 없는 증거이다. 새로운 계획이 시작된 지 몇 년 뒤에 페리클레스는 멜레시아스Melesias의 아들 투키디데스Thucydides**가 이끄는 만만치 않은 정치 세력의 도전을 받았다. 키몬의 인척으로 그의 매제brother-in-law로 추정되는 투키디데스는 뛰어난 연설가이자 정치 조직책이었다. 그는 페리클레스가 자신을 참주로 낙인찍으려 한다고 주장하면서 지지 기반을 넓히기 위해 흔한 인신공격을 가했다. 그뿐만 아니라 페리클레스의 건축 계획에 제국의 자금을 활용하는 것도 교묘히 싸잡아 공격했다. 플루타르코스가 아테네 민회에서 제기된 주요 불만들을 기록으로 남겼다.

헬레네스Hellenes[그리스 사람들]의 공동 기금을 델로스에서 아테네로 옮긴 일로 민중이 창피해서 고개를 들지 못하고 있다. 페리클레스 때문에 이를 비난하는 이들에게 이방인들이 의심스러워 그것을 보호하고자 이곳으로 공동 기금을 옮겼다는 가장 그럴 듯한 변명도 못 하게 됐다. 헬라스Hellas***는 전쟁에 대비하고자 그들에게 갈취한 돈으로 우리 도시를 마치 화냥년wanton woman처럼 값비싼 대리석들과 석상들 그리고 엄청

---

* '아르케(arche)'란 그리스어로 기원, 본질 또는 근원을 뜻한다. 즉, 아테네인들은 자신들을 그리스 세계의 본질로 본 것이다.

** 고대 아테네의 저명한 정치가이며 오랜 기간 아테네 보수 진영(conservative faction)의 지도자로 활약했다. 기원전 449년에 키몬이 사망하고 나서 기원전 443년에 그를 계승한 인물로, 《펠로폰네소스 전쟁사》를 쓴 투키디데스와 동명이인이다.

*** 고대 그리스인이 자기 나라를 부르던 이름. 앞의 헬레네스도 고대 그리스인들이 자기 자신들을 부르던 명칭으로 같은 뜻이다.

난 값어치가 나가는 사원들로 채워 가며 화려하게 치장하는 것을 보면서 엄청난 오만 [hubris]에 능욕을 당하고 있다.(《페리클레스》, 12.2)

이 공격은 빈틈없고, 교활하며, 나름대로 호소력이 있었다. 이는 제국 자체나 그것에서 갈취한 공물을 나무란 것이 아니었다. 그렇게 하면 아테네인들을 이간질하는 것일 수 있었다. 대신 이 공격은 한편으로는 제국의 자금을 페리클레스 개인의 국내 구상에 전용한 것을 불평했다. 이 불평은 이제 페리클레스 연합의 일원이 된 키몬의 지지자들에게 원래 키몬의 정책이었던 것이 중단되고 왜곡됐다는 것을 상기시켰다. 다른 한편으로 아주 도덕적인 어조로 많은 아테네인에게 호소했다. 종래의 종교적 언사와 시대에 뒤진 도덕적 감정을 동원해 많은 아테네인이 동료 그리스인들 위에 군림하는 것에 대해 느꼈던 모호한 감정을 파고들었다.

투키디데스가 공격해 오자 페리클레스는 아테네인들 앞에서 제국과 그의 새로운 제국 정책을 변호하지 않을 수 없었다. 주요 불만들에 답변은 했지만 사과는 하지 않았다. 그는 아테네인들이 동맹국들을 이방인들로부터 보호해 주는 한 그들에게서 받는 자금에 대해 대수롭지 않게 여겨도 된다고 말했다.

그들은 말이나 선박이나 장갑 보병을 제공한 것이 아니라 오직 금전을 제공하는 것뿐입니다. 이 금전은 주는 자의 것이 아니라 받는 자, 다시 말해 받는 자가 거래 조건을 이행하기만 하면 그의 것입니다. 그런데 이제 이 도시가 전쟁에 필요한 것들을 충분히 구비한 마당에 그것의 재원을 그런 일들에 써도 된다고 봅니다. 그것들이 완성되면 불멸의 명성을 가져다줄 것입니다. 그리고 완성해 나가는 동안 계속 번창할 것입니다. 온갖 업종이 새로 생기고 다양한 수요가 발생해 모든 기술이 잠에서 깨어나고, 모든 손이 바삐 움직이며, 거의 도시 전반에 급료를 지급하게 되면 도시는 아름다워지고 번창할 것이기 때문입니다.(플루타르코스, 《페리클레스》, 12.3-4)

페리클레스

이 반박의 초반부는 도덕적 공격에 대한 답변이었다. 즉, 제국의 기금을 아테네의 목적을 위해 사용하는 것을 폭정과 비교할 것이 아니라 계약을 맺은 사람이 아무런 구속을 받지 않고 임금이나 이윤을 사용하는 것과 비교해야 한다고 페리클레스는 주장한다. 또 도덕적으로 태만이 있다면, 아테네는 계속 보호를 제공하는데 공물을 납부하려고 하지 않는 일부 동맹국들의 태도에 있다는 것이다. 중반부는 이 제국으로부터 가장 직접적으로 혜택을 누리는 하층 계급들을 특별히 겨냥했다. 그는 그들에게 아주 쉬운 말로 제국이 그들에게 무엇을 의미하는지 상기시켰다. 해리 S. 트루먼Harry S. Truman[1884~1972, 미국의 제33대 대통령]이 1948년 대통령 경선에서 비슷한 주장을 했다. 그의 정적들이 뉴딜 정책을 무력화하려고 하는 것을 탓하면서 그는 "그들이 그것을 폐기하도록 놔두지 맙시다"라는 표어를 사용했다. 그의 연설을 들은 유권자들은 그의 말을 이해했고 그에게 투표했다.

아테네인들도 페리클레스를 잘 이해했다. 그리고 기원전 443년에 결과를 확신한 그는 자신의 리더십에 대한 신임 투표이자 그의 정책에 대한 찬반 투표 차원에서 도편 추방제를 요청했다. 투키디데스가 쫓겨났고, 페리클레스의 정치적 영향력은 새롭게 절정에 이르렀다. 아테네 민중은 특히 이 제국에 걸려 있는 그들의 강력한 이해관계 때문에 그를 지지했다.

'제국empire'이란 개념은 오늘날의 세계에서 별다른 지지를 받지 못하고 있고, 이것에서 파생한 '제국주의imperialism'란 단어는 19세기에 처음 등장한 이래 아주 경멸적인 의미로 사용되어 왔다. 이 두 단어는 지배자들의 이익을 위해 피지배자들을 착취하는 체제에서 생활하는 소외된 사람들alien people을 무력에 의해 또는 무력으로 위협해서 지배하는 것을 뜻한다. 비록 '제국주의'라는 용어를 약한 국가들에 영향력을 행사할 수 있는 '강대국'•에 적용하려는 편향된 시도들이 있기는 하지만, 역

•   따옴표는 문맥의 이해를 돕기 위해 옮긴이가 표시한 것이다.

사적 경험에 비춰 볼 때 '정치적 및 군사적 지배를 정당화하는 것'*으로 좀 더 중립적인 의미로 정의할 필요가 있다. 이런 의미에서 현대 세계에는 오직 하나의 제국이 있다고 할 수 있는데, 이마저도 허무하게 무너져 내리고 있다. 즉, 러시아인들이 다양한 민족들을 소련Soviet Union으로 요약되는 체제로 지배하고 있는 것을 제국이라고 할 수 있다. 그러나 소련이 쇠퇴하기 전에도 러시아인들은 자신들만이 이룩한 성취[사회주의 체제]를 대놓고 자랑스러워하지 않았다. 대신 그들은 자신들을 이런 식으로 설명하는 것을 기만이자 모욕으로 간주했다. 이와 같이 현대는 이런 용어들을 싫어한다.

그런데 제국에 대한 이런 시각은 문명이 탄생한 이래 지구상에 살았던 사람들 가운데 유독 지금 시대의 사람들만이 보이는 견해이다. 우리가 이런 견해를 갖게 된 것은 기독교 전통, 특히 신약 성서의 영향이 가장 크다. 신약 성서는 권력과 세속적 영광을 경시하고 겸손humility을 칭송한다. 그러나 기독교가 권력과 제국에 반드시 적대적이었다고 볼 수는 없다. 기독교는 탄생 이후 단 300년 동안 로마 제국을 통제했고, 역사상 처음으로 제국에 대한 적대감을 전면에 드러낸 현세기까지 이어져 오는 동안 다양한 제국들과 원만히 지낼 수 있었기 때문이다. 아마 지난 200년 동안 등장한 민주주의와 민족주의가 다른 중요한 원인이 됐을 수 있다. 왜냐하면 이것들은 인간의 자유와 자율성을 최고의 가치로 여기기 때문이다. 이런 제국에 대한 현대인들의 태도는 현대 전쟁의 가공할 공포와, 제국이 되기 위한 경쟁이 전쟁으로 이어지는 경향이 있다는 역사적 경험이 크게 작용했을 수 있다. 그런데 이런 태도에는 뭔가 이상한 점이 있다. 이런 태도가 제국을 거부할 뿐만 아니라 권력 사용 자체를 본질적으로 나쁜 것으로 간주하기 때문이다. 그럼에도 불구하고, 권력은 그저 "효과적으로 행동하거나 실행하는 능력 또는 역량"[15]이라서 그것을 사용하는 것은 어

* 위와 마찬가지이다.

차피 불가피하다.

그러나 페리클레스 시대의 아테네인들이 지배한 제국과 이에 대한 그들의 태도를 이해하고자 한다면, 그들의 견해와 우리 시대의 의견을 나누는 큰 간극을 간과해서는 안 된다. 이러한 인식의 발전들developments이 자긍심과 만족감의 원천이었지만, 몇 가지 측면에서는 당혹감을 초래했는데, 적어도 일부 아테네인들에게는 수치심이 들게 했다. 앞으로 보겠지만, 페리클레스도 여러 번 이 문제에 직면해서 정말 정직하고 솔직하게 해결하려고 노력했다. 물론 그도 아테네인들도 제국이 지닌 모호성을 해소할 수는 없었다.

아테네인들도 그들의 지배가 호의적이지 않다는 것을 누차 인정했다. 그리고 당대에 가장 식견이 뛰어났던 역사가 투키디데스가 이에 대해 자신의 생각을 남겼다. 펠로폰네소스 전쟁 초기에 그는 이렇게 말했다.

> 스파르타인들의 입장에서는, 특히 그들이 그리스를 해방시키고 있다고 주장한 이후, 시종일관 선한 의지가 있었다. 모든 개인과 모든 국가가 총동원돼 가능한 한 말이나 행동으로 그들을 도왔다. …… 대다수가 아테네인들에 대한 원성이 너무 높아 일부는 그들의 지배에서 벗어나고 싶어 했고, 일부는 자신들이 지배를 받게 될까 봐 두려워했다.(2.8.2)

페리클레스는 이런 감정을 너무 잘 알고 있었고, 이것이 제기하는 윤리적 문제들과 실질적 위험들 또한 이해했다. 그러나 그는 제국을 옹호하는 일을 결코 포기하지 않았다.

전쟁의 위협이 임박했던 기원전 432년[제2차 펠로폰네소스 전쟁]에 아테네 사절단이 스파르타에 도착했다. 겉으로는 '다른 용무' 때문이라고 했지만 실제로는 아테네의 입장을 스파르타인들과 그 동맹국들에게 전달하기 위해서였다. 그들의 주장은 페리클레스의 것과 완전히 일치했다. 사절단은 아테네가 자신들이 어쩌지 못하는 상황의 결과로, 그리고 자연스러운 인간 본성의 작용으로 제국을 수중에 넣었다고 주장했다. 한편으로 그들은 다음과 같이 지적한다.

> 우리는 이 제국을 무력으로 획득한 것이 아니라 당신들[스파르타인들]이 남아 있는 이 방인들에 대해 기존의 입장을 거부하자 바로 동맹국들이 우리에게 와서 그들의 지도자가 돼 달라고 요청해 그렇게 된 것입니다. 이러한 사정으로 우리의 제국을 지금의 상태로까지 발전시킨 것으로 처음에는 두려움으로, 그다음에는 영광으로, 그리고 마지막에는 이익이 되니까 움직인 겁니다. 그러다가 대다수 동맹국이 우리를 증오하게 되고, 그중 일부가 반란을 일으켜 진압하고, 그리고 당신네가 이전과 달리 더 이상 우리에게 호의적이지 않고 의심하고 다투기만 하다 보니 그냥 더 두고 보기에는 안심이 되지 않습니다. 모든 반란자가 당신네 쪽으로 넘어갈 수 있기 때문입니다. 물론 엄청난 위험들 앞에서 자신의 이익을 찾는다고 해서 비난할 수는 없습니다.(1.75.3-5)

다른 한편, 그들은 스파르타인들이 그들의 리더십을 계속 유지했었다면 해야 했을 수 있는 것을 자신들이 했을 뿐이었고, 그래서 그들이 똑같이 증오의 대상이 되었을 수 있다고 주장했다. "이런 식으로 제국을 제의받았을 때 수용한 것이, 그런 다음 그것을 포기하는 것을 거부한 것이 놀라운 어떤 것을 하거나 인간의 본성에 반하는 행동을 한 것은 아닙니다. 우리는 그저 위대한 명분들, 명예, 두려움 그리고 이익에 따라 그렇게 한 것입니다."(1.76.2)

페리클레스는 주변의 사정들이 제국을 불가피한 것으로 만들었고, 그리고 플라타이아이와 미칼레 전투 이후 아테네가 보인 행동의 주된 동기는 페르시아인들이 돌아올 수도 있다는 두려움이었다고 분명히 생각했다. 델로스 동맹이 성공하고 동맹국들의 헌신이 줄어들자 아테네인들은 동맹이 해체되고 페르시아인들이 돌아오

페리클레스

는 것은 아닌지 두려워했다. 스파르타인들이 적대적인 태도를 보이자 아테네인들은 동맹국들이 변절해 새로운 적이 되는 것은 아닌지 우려했다. 어쩔 수 없이 이러한 문제들을 처리해야 하는 상황이 상당한 증오를 유발했고, 그렇다 보니 통제를 포기할 경우 더 위험한 상황을 초래할 수도 있었다. 나중에 페리클레스는 이런 상황을 아테네인들에게 다음과 같이 설명했다.

> 우리가 자유냐 노예냐의 문제만을 두고 싸우고 있다고 생각하지 마십시오. 오히려 우리는 우리의 제국을 잃을 수도 있는 위태로운 상황, 그리고 제국에서 우리를 증오하는 자들이 제기하는 위험과 싸우고 있습니다. 그리고 만일 여러분 중에 지금 이 순간이 두려워서 책임 있는 행동을 포기하고 싶은 마음에 미덕의 예복trapping of virtue을 걸치고 싶어 하더라도 제국을 포기하는 것은 더 이상 가당치 않습니다. 그런데 지금 여러분이 이 제국을 참주제로 간주하고 있는 마당에 그것을 획득하는 것이 잘못일 수도 있지만 그냥 내버려 두는 것도 위험한 것일 수 있습니다.(2.63.1-2)

분명히 페리클레스는 제국을 유지하자고 주장하는 것이 위험하다는 것을 잘 알았다. 하지만 그는 그것을 유지하는 것이 명예이자 이익이라고 주장하는 쪽으로 기울었다. 기원전 431년에 전몰자 추도 연설*에서 그는 이 제국과 그것의 수입이 가져다준 실질적인 이익들을 환기시켰다.

> 우리는 연중 내내 정기적으로 치르는 경기들과 제전들의 노역에서 벗어나 심적으로 쉴 수 있는 여유를 제공했고, 우리의 가정들은 보석들beauty과 맛있는 것들로 가득하

---

* 페리클레스가 펠로폰네소스 전쟁 초기 전투에서 전사한 아테네 병사들의 장례식에서 한 추도 연설로 그는 이 연설에서 아테네의 위대한 성취들을 찬양했다.

며, 이런 것들을 즐기느라 근심이 생길 여유가 없습니다. 지상의 모든 좋은 것이 이 도시의 위대함 덕분에 흘러들어 오고 있습니다. 우리는 이곳 고국에서 수확하는 것 못지않게 나머지 세계에서 들어오는 물건들을 누릴 수 있는 은총을 받았습니다.(2.38)

그러나 페리클레스에게 중요한 것은 이런 즐거움과 이익보다는 아테네인들이 제국으로부터 획득하는 영예와 영광, 즉 그들이 생명을 무릅쓰는 것을 정당화하는 보상들이었다. 그는 자신의 동료-시민들에게 "매일 여러분 도시의 힘을 우러러보면서 그녀의 **애호가**erastai가 되십시오. 그리고 여러분이 그녀의 위대함을 인정한다면, 이 모든 것이 자신들의 임무를 알고 명예심에 위대하게 행동한 용맹한 사람들이 이룩해 놓은 것임을 생각하십시오."(2.43.1)라고 요청한다. 이듬해 처참히 패배할 가능성을 완전히 배제할 수 없는 암울한 상황에서 페리클레스는 다시 아테네인들에게 그들의 제국이 성취한 힘과 영광 그리고 그것이 영원히 유지될 것이라는 점을 환기시켰다.

분명히 우리의 행동들을 좋아하지 않는 자는 이 모든 것에서 결점을 찾으려 할 것이나 우리처럼 뭔가를 이루고 싶은 자는 그것을 자신의 목표로 삼을 것이고, 그것을 달성하지 못하는 자들은 우리를 질시할 것입니다. 잠시 동안 미움을 사고 평판이 나빠지는 것이 항상 다른 이들을 지배하는 자들의 숙명입니다. 하지만 위대한 목표들을 달성하고자 하는 사람이라면 누구나 상대의 악의를 감내하는 것이 맞습니다. 증오라는 것이 오래 지속되는 것이 아닙니다. 그러나 지금 빛나는 순간은 영원히 기억될 미래의 영광입니다. 미래의 영광에 대한 선견지명을 갖고 지금 명예롭게 행동해야 합니다. 그런데 사실 열정을 다해 노력해야 이 둘을 얻을 수 있습니다.(2.64.3-6)

이런 주장들을 순전한 수사로 간주하는 것은 잘못이다. 페리클레스는 아테네 역사에서 가장 중요한 순간마다 연설을 통해 동료 시민들이 마음속으로 가장 중요하게 여기는 가치들에 호소했다. 그리고 우리가 그에 대해 알고 있는 모든 것이 그 또한 이러한 가치들을 소중히 여겼다는 것을 보여 준다. 그러나 그는 아테네 평민에게 중요하지도 않고 별다른 호소력도 없는 이유들을 거론하며 제국을 높이 평가했다. 그는 새로운 종류의 국가, 즉 인간성에 내재한, 특히 그리스 문화에 내재한 미적이고 지적인 위대함을 발전시킬 여지가 있는 국가를 창조하고 싶어 했다. 아테네는 '그리스의 교양education of Greece'이 되고자 했고, 이를 위해 위대한 시인, 화가, 조각가, 철학자, 예술가 그리고 모든 분야의 교사를 끌어들여야 했다. 제국이 가져온 권력과 부가 이러한 목적을 위해 그들이 쓴 위대한 시들과 희곡들의 공연, 그들이 건립한 웅장한 건물들, 그리고 도시를 풍요롭게 만든 아름다운 회화들과 조각들의 대가를 지급하기 위해 필요했다.

이런 구상을 실현하기 위해서 제국이 필요했다. 하지만 이 제국은 그때까지 존재했던, 심지어는 키몬이 창조했던 것과는 다른 것이었다. 이런 새로운 종류의 제국은 오직 평화로운 시기에만 달성할 수 있는 비군사적인 목적을 위해 안전과 수입을 필요로 했다. 그러나 아테네 제국은 이전의 모든 제국과 마찬가지로 전쟁으로 성취한 것이었다. 그리고 많은 사람이 다른 하나가 있어야 하나를 제대로 이해할 수 있었다. 이미 역사적으로 새로운 형태였던 키몬주의적 제국의 특징, 다시 말해 제국의 권력이 광활한 대륙을 지배하는 육군이 아니라 해상을 지배한 해군에 기초했다는 것에서 이런 문제가 더욱 심각해졌다. 이처럼 종래와는 다른 제국이 통찰력 있는 동시대인들의 시선을 잡아당겼다. '늙은 과두주의자'가 이런 제국이 갖는 몇 가지 특별한 이점을 다음과 같이 지적했다.

본토의 작은 종속적인 도시들을 결합해서 하나의 군대를 조직할 수는 있지만, 해상 제국에서는 섬사람들을 모아서 군대를 만드는 것이 불가능하다. 바다가 그들을 나누고 있고, 그들의 지배자들이 바다를 통제하기 때문이다. 비록 섬사람들이 남의 눈에 띄지 않고 섬 하나에 모일 수 있다고 해도 그들은 굶어 죽게 될 것이다. 아테네가 통제하는 본토의 도시들 가운데 규모가 큰 도시들은 두려움에 지배당하고, 작은 도시들은 순전히 필요에 의해 지배당하고 있다. 즉, 어떤 것을 수입하거나 수출하지 않아도 되는 도시는 없다. 하지만 바다를 통제하는 자들에게 굴복하지 않는 한 이는 불가능할 것이다.(가짜-크세노폰,〈아테네인들의 정체〉, 1.2-3)

더구나 해상 세력들은 치고 빠지는 식으로 적의 영토를 공격할 수 있어 사상자 없이 피해를 입힐 수 있다. 그리고 육상 세력들로서는 불가능한 원거리 이동을 할 수 있고, 적의 영토를 안전하게 통과할 수 있다. 반면 육상 세력들은 적의 영토를 가로질러 가려면 전투를 해야 한다. 해상 세력들은 필요한 것을 수입할 수 있기 때문에 흉작을 걱정할 필요가 없다. 게다가 그리스 세계에서 그들의 모든 적은 취약점이 있었다. 즉, "본토의 모든 국가가 육지에서 바다로 좁고 길게 뻗어 나와 있는 곳headland 이나 연안의 섬이나 좁은 해협을 끼고 있어서 바다를 통제하는 자들이 이곳에 거주하는 자들을 봉쇄해 피해를 입힐 수 있다".(가짜-크세노폰,〈아테네인들의 정체〉, 2.4-6; 11-13)

역사학자 투키디데스는 해군력sea power을 칭찬하면서 그것의 중요성을 좀 더 깊이 있게 기술했다. 초기 그리스 역사를 재구성한 그는 해군력을 문명이 발전하는 원동력이자 결정적인 요소로 본다. 먼저 해군이 와서 해적을 진압해 안전하게 상업 활동을 할 수 있는 여건을 조성한다. 안전이 확보되면서 부의 축적이 가능해지고, 이어 성벽으로 방어진을 구축한 도시들이 등장한다. 이것으로 더 큰 부를 획득해 제국이 성장하는데, 이유는 힘이 약한 도시들이 안전과 번영을 얻기 위해 독립을 포기하기 때문이다. 그렇게 손에 넣은 부와 권력으로 제국적인 도시 권력이 팽창하게 된다. 이런 패러다임이 아테네 제국의 등장과 정확히 맞아떨어진다. 그러나 투키디데스는 제국을 하나의 자연적인 발전, 즉 해상 권력의 특성에 기본적으로 내재하

페리클레스

는 것, 그리고 당시 아테네에서 최초로 실현된 것으로 제시한다.(1.4-19)

　페리클레스는 해상 제국의 이런 독특한 특성을 아테네가 위대함을 달성하기 위해 동원할 수 있는 수단으로 이해했다. 그리고 펠로폰네소스 전쟁 직전에 그것의 이점을 일일이 열거하면서 아테네인들을 독려했다. 이 제국 덕분에 아테네가 우위를 얻게 된 엄청난 보유금과 제해권으로 이 전쟁을 분명히 이길 수 있다고 본 것이다.

> 그들이 지상군으로써 우리 영토로 진군하면, 우리는 그들의 영토로 항해할 것입니다. 그리고 우리가 펠로폰네소스반도에 입힐 피해는 그들이 아티카를 파괴하는 것과는 차원이 다를 것입니다. 우리는 섬들과 본토에 풍부한 영토를 가지고 있지만, 그들은 싸우지 않고서는 다른 영토를 얻을 수 없습니다. 그렇습니다. 제해권이 이렇게 위대한 것입니다.(1.143.4)

　펠로폰네소스 전쟁 2차 연도에 페리클레스는 이 점을 더 힘주어 강조한다. 이때 그는 펠로폰네소스 전쟁 초기 큰 패배에 낙담한 아테네인들의 투쟁 정신을 고취하고자 애쓰고 있었다.

> 저는 이 점을 여러분에게 설명하고 싶습니다. 저는 이것을 여러분이 생각해 보지 않았을 거라고 생각합니다. 그것은 여러분의 제국의 위대함에 대한 것입니다. 저는 이것을 이전의 연설들에서 언급한 적이 없었을 뿐만 아니라 제가 너무 낙담해 있는 여러분들을 보지 못했다면 지금도 말하지 않았을 것입니다. 지금 이야기해 봐야 고리타분하게 들릴 것이기 때문입니다. 여러분은 여러분이 여러분의 동맹들만 지배한다고 생각하지만, 저는 여러분이 인간에게 활용할 수 있게 열려 있는 두 개의 영역들, 즉 육지와 바다 중 적어도 하나에 대해서만큼은 절대적인 주인이라고 단언합니다. 지금 여러분은 이 하나에 대해서만큼은 많은 부분을 통제하고 있고 원한다면 더 많이 통제할 수 있습

니다. 여러분들이 지금 보유하고 있는 해군을 이끌고 가고자 하는 곳으로 항해하는 것을 막을 수 있는 사람은 없습니다. 대제Great King*도 지구상의 어느 나라도 그렇게 할 수 없습니다.(2.62.1-2)

그러나 이런 전례 없는 힘을 위협할 수 있는 두 가지 취약점이 있었다. 첫 번째는 누구도 어찌할 수 없는 지리적 요인이었다. 이 위대한 해상 제국의 본토는 육상에 위치한 도시로 지상군의 공격을 받기 쉬웠다. 그들은 섬사람들이 아니었기 때문에 위치상으로 약점이 있었다. 토지를 소유한 계급들이 그들의 주택과 사유지가 파괴되는 것을 가슴 아프게 지켜봐야 하기 때문이다.

페리클레스도 이를 똑같이 지적했다. 그는 "제해권이 가장 큰 것입니다. 생각해 보십시오. 우리가 섬사람들이었다면, 정복에 노출되었을 리 있겠습니까?"(1.143.4-5)라고 말했다. 그러나 페리클레스는 태생적으로 자신의 목표를 달성하는 데 걸림돌이 되는 것을 그대로 두고 볼 사람이 아니었다. 아테네인들이 섬사람들로 난공불락일 수 있다고 한다면, 섬사람들이 되어야 했다. 이에 따라 페리클레스는 아테네인들에게 지방의 주택과 농지를 포기하고 도시로 들어오도록 요청했다. 긴 성벽들 사이의 공간에서 그들은 제국이 공급하는 것을 먹으며 살 수 있었다. 그리고 적과 군이 지상전을 치르지 않아도 됐다. 페리클레스는 지극히 선동적인 연설에서 이렇게 말했다. "우리는 주택과 토지를 슬퍼할 것이 아니라 인간의 생명을 슬퍼해야 합니다. 그것들이 인간을 만드는 것이 아니라 인간이 그것들을 만들기 때문입니다. 그리고 제가 여러분을 설득할 수 있다고 한다면, 여러분에게 밖으로 나가서 여러분이 그것들을 직접 쓸모없게 만들라고, 그리고 펠로폰네소스인들에게 여러분이 그런 것들 때문에 굴복하지 않을 것임을 보여 주라고 부탁하고 싶습니다."(1.143.5)

---

*   페르시아 제국의 대제 크세르크세스를 말한다.

           페리클레스

그러나 기원전 5세기 중반에는 페리클레스조차도 아테네인들에게 그렇게 하도록 설득할 수 없었다. 인간의 전통이나 타고난 본성normal passions에 정면으로 배치되는 냉철한 지성과 이성에 기초한 이런 전략을 구사하려면 그만이 행사할 수 있기를 희망하는 특별한 리더십이 필요했을 것이다. 그리고 기원전 446년~기원전 445년에 스파르타의 침공을 앞둔 상황에서도, 앞으로 보겠지만, 페리클레스는 아테네인들이 그들의 농장을 포기하도록 설득할 수 없었다. 기원전 431년에 그는 자신의 전략을 실행에 옮겼지만 유지하는 데 큰 어려움이 있었다. 그러나 그때만 해도 그의 영향력이 막강해서 그것을 아테네의 전략으로 만들 수 있었다.

두 번째 주된 취약점은 실체는 분명치 않지만 못지않게 중요한 것으로 해상 제국이 등장할 수 있었던 역학dynamism에서 기인했다. 아테네인들과 외국인들 중 눈썰미가 있는 관찰자들은 이것의 특성, 기회, 위험을 알아봤다. 페리클레스가 사망하고 여러 해가 지난 뒤에 그가 후견했던 알키비아데스가 시칠리아에 대한 군사 원정imperial adventure을 주장하면서 제국의 자연 역학natural dynamism이란 것은 스스로를 파괴해야만 소진될 수 있는 것으로 묘사했다. 그는 아테네가 영향력을 확대하기 위해서는 모든 기회에 응해야 한다며 이렇게 말했다. "이것이 우리가 제국을 손에 넣은 방식이기 때문에…… 우리에게 도움을 요청한 자들을, 그들이 이방인들이든 그리스인들이든, 적극적으로 도와주러 가야 합니다. 다른 한편, 만일 우리가 평화를 유지하면서 도와주어야 하는 자들과 그렇지 않은 자들을 분명히 구분하고자 한다면, 우리가 이미 가지고 있는 것에 보태는 것 없이 제국을 잃을 위험만을 감수하는 꼴일 겁니다."(6.18.2) 페리클레스처럼 그는 아테네가 정책들을 바꾸기에는 너무 늦었다는 것, 제국이 이미 궤도에 오른 만큼 순순히 그것을 포기할 수 없고, 포기할 수도 없으며, 지배하지 않으면 지배받아야 한다는 것을 경고했다. 그런데 알키비아데스는 더 나아가 아테네 제국이 팽창을 그만두는 것을 허락하지 않는 특성, 즉 한계나 안정을 허락하지 않는 내적 동력inner dynamic force을 획득했다고 주장했다. "당연히 활동적인 국가는 비활동적인 것으로 바뀌어 빠르게 파괴될 것이고, 사람들은 그들이 이미 가지고 있는 특성과 제도들을 받아들일 때, 비록 그것들이 완벽하지 않더라도, 그리고 가능한 한 그것들에 이견을 두려고 하지 않을 때 가장 안전하게 살 수 있습니다."(6.18.7)

기원전 432년에 코린토스인들이 스파르타인들에게 아테네에 전쟁을 선포하도록 종용하면서 적대적인 시각에서 이와 비슷한 주장을 했다. 즉, 그들은 제국의 역동적 성격과 아테네인들이 갖는 성향이 비슷하다고 봤다. 그들은 스파르타의 침착하고, 정적이고, 방어적인 성격과 아테네인들의 공격적인 성격을 극단적으로 대비시켰다.

> 그들이 어떤 계획을 생각해서 성공적으로 이행하지 못하고 실패했을 때 그들은 자신들이 재산을 박탈당했다고 생각한다. 그들이 마음먹은 것을 손에 넣었을 때 그들은 미래에 자신들이 얻을 것에 비하면 그것은 사소한 것에 지나지 않는다고 생각한다. 어떤 시도가 실패하는 일이 발생하면, 그들은 새로운 희망을 품고 실패를 위로한다. 이런 생각만으로 일단 그들이 어떤 계획을 획책한다면, 그들은 신속하게 계획한 것을 수행하기 때문에 그들에게는 기대하는 것과 얻고자 하는 것이 같은 것이나 다름없다. 그리고 이런 식으로 그들은 삶 전체를 고역과 위험으로 허비한다. 그들은 자신들이 별로 가지지 못한 것, 즉 사람 숫자가 적은 것을 즐긴다. 이유는 그들이 항상 뭔가를 획득하는 일에 관여하기 때문에, 그들이 자신들의 유일한 휴식을 그들에게 부여된 임무를 수행하는 것이라고 생각하기 때문에, 그뿐만 아니라 고요하기만 한 평화를 고통스러운 활동보다 더 큰 재앙으로 간주하기 때문이다. 결과적으로 평화를 누리지도 못하고 그것을 다른 사람들에게 용납하지도 못하는 것이 그들의 본성이라고 말하는 사람이 있다면 그가 옳은 것일 수 있다.(1.70)

페리클레스는 그런 분석들을 단호하게 반박했다. 그는 아테네의 해상 제국이 무한정 확장될 필요가 있다거나 민주 정체와 제국이 절대 잠자코 만족할 줄 모르는 아테네 시민을 만들었다고 생각하지 않았다. 이것은 그가 지나친 야심이 초래할 위험들에 눈감고 있었다는 뜻이 아니다. 그는 자신의 아테네인들이 새로운 영토, 특히 지중해 서쪽에 있는 시칠리아, 이탈리아, 심지어는 카르타고를 정복하고 싶어 한다는 것을 알았다. 그러나 그는 나중에 행동으로 분명히 보여 주지만, 아테네 제국이 더 팽창하는 것을 극구 반대했다. 펠로폰네소스 전쟁 기간 동안 그는 아테네인들에게 제국의 규모를 키우려 하지 말 것을 거듭 경고했다. 또한 이것은 그가 사망하기 직전 해까지, 즉 아테네인들이 의기소침해 있어서 그들을 독려하기 위해 특별한 조치가 필요하던 때까지도 결코 해상 제국의 엄청난 잠재력에 대해 이야기하지 않았다는 것을 보여 준다. 그가 이렇게까지 자제했던 것은, 그의 말에 따르면, 단지 허세를 부리지 않으려는 것도 있었지만 야심이 너무 지나치게 이글거리는 판에 부채질까지 할 필요는 없어서였다.

페리클레스가 제국을 팽창시킬 계획을 세웠었다고 하더라도 이집트 군사 원정이 재앙에 가까운 결과를 초래하면서 다른 식의 마음을 먹은 것이 분명하다. 이 군사 원정의 실패로 제국의 근간이 흔들렸고 아테네의 안전을 위협했다. 이때 이후 페리클레스는 팽창주의자들의 야심찬 욕구에 줄곧 반대하면서 과도한 위험은 피하고자 했다. 솔직히 그는 지성과 이성이 분별없는 열정을 억제하고, 제국을 현재의 규모로 유지하며, 그것의 수입을 그리스인들이 지금까지 알고 있었던 것과는 다른, 더 안전한, 하지만 훨씬 더 위대한 영광을 위해 사용할 수 있으리라고 믿었다. 비스마르크Otto Von Bismarck[1815~1898]*가 1871년에 독일을 통일한 뒤에 그것이 "포화 상태saturated"의 권력이 될 것이고 발칸반도의 싸움이 "건강한 포메라니아Pomerania 병사

---

* 독일을 통일해 독일 제국을 건설한 프로이센의 외교관이자 정치인.

한 명의 유골 값도 안 될"* 것이라고 확언했듯이 페리클레스도 아테네 제국이 충분히 크기 때문에 그것을 확장하는 것이 필요하지도 않고 위험한 것이기도 하다고 생각했다. 페르시아와의 전쟁이 끝난 상황에서 페리클레스의 계획과 정책의 성공 여부는 스파르타인들과 평화를 만들고 유지하는 그의 역량에 달려 있었다.

---

* 비스마르크가 19세기 말 러시아와 오스트리아-헝가리 제국의 각축장이었던 발칸반도(그리스, 마케도니아, 몬테네그로, 보스니아 헤르체고비나, 불가리아, 알바니아, 세르비아, 크로아티아)에 대해 중립적인 입장을 취하며 했던 비유이다. 독일이 러시아와 오스트리아-헝가리 제국 중 어느 한쪽을 지지할 경우 발칸반도의 문제는 유럽 전역의 문제로 비화할 가능성이 있었기 때문이다. 제1차 세계 대전이 이를 잘 대변한다. 참고로 포메라니아는 과거 독일 동북부에 위치한 지역으로 지금은 독일과 폴란드로 분리돼 있다.

페리클레스

피스메이커

6

아테네를 위한 페리클레스의 대전략grand strategy은 제국을 하나로 통합하기 위해 방어 가능한 수준으로 규모를 제한하고 경쟁자인 두 강대국, 즉 스파르타 및 페르시아와 평화를 유지하는 것이었다. 이 해상 제국은 아테네의 함대가 섬이나 연안 국가가 일으킨 어떠한 반란도 진압할 수 있을 만큼 막강했기 때문에 걱정이 없었다. 페르시아와의 강화 조약[칼리아스 강화 조약]은 사실상 페르시아 대제가 아테네와 계속 싸울 의사가 없다는 것을 의미했다. 그러나 스파르타와의 강화 조약은 근거가 빈약해 안심할 수 없었고, 최근에 그리스 본토에서 획득한 육상 제국land empire은 공격에 취약했다. 이 육상 제국은 오이노피타 전투에서 스파르타인들에게 거둔 단 한 번의 승리, 즉 이 전투에서 패한 스파르타인들이 펠로폰네소스반도로 퇴각한 뒤 돌아올 수 없게 돼 자연히 수중에 넣은 것이었다. 이 육상 제국은 원래 과두제였던 보이오티아 국가들에게 아테네인들이 강제로 이식한 민주 정체들에 의존했다. 일부는 추방 상태였고, 고향에 남아 있던 나머지 과두주의자들은 패배를 인정하지 않고 복수를 모의했다. 그래서 재정비를 마친 스파르타가 지원해 주리라는 전망이 있거나 아테네가 조금이라도 약점을 드러내기라도 하면 보병대, 다시 말해 아테네인들이 약점을 갖고 있는 육군을 동원해야만 진압할 수 있는 총봉기general uprising가 일어날 수도 있었다.

　스파르타인들로서는 아테네의 힘이 계속 커 가는 것에 자존심이 상했다. 특히 그들은 아테네가 메가라와 맺은 동맹, 이 결과 펠로폰네소스반도로 들고 나는 움직임에 대한 통제권을 아테네에 넘겨준 것, 이에 따른 스파르타의 위신 하락, 이것이 스파르타 동맹에 제기한 모든 위협에 화가 치밀었다. 키몬이 복권된 것이 이 문제들을 해결하기 위해, 또는 적어도 우호적이고 신뢰할 수 있는 조치로 이것들을 경감하기 위해 협상을 진행할 수 있으리라는 기대감을 주었었다. 하지만 그가 죽으면서 이런 기대가 물거품이 됐다. 스파르타가 범그리스 회의Panhellenic Congress에 초대된 것을 단칼에 거절한 것은 [스파르타 안에서] 평화를 지지하는 자들이 아테네인들에게 도전하고 싶어 하는 이들에게 이미 밀렸었다는 것을 보여 준다.

　아테네인들의 동맹이었던 포키스인들은 기원전 457년으로 거슬러 올라가는 오이노피타 전투에서 아테네가 승리한 뒤에 델포이에 있는 아폴로 신전과 신탁을 통제했었다. 아마 기원전 448년 봄에 스파르타인들이 델포이에 군대를 보내 그것을 성직자들에게 다시 돌려줬다. 스파르타의 공격은 공식적으로 '5년 강화 조약'을 파기하는 것은 아니었으나 사실상 그것의 정신에는 위배됐다. 더구나 아테네와 페르시아의 평화는 도덕적으로 아테네인들과의 분쟁을 기도하는 것을 더 쉽게 만들었다. 아테네인들에게 반기를 드는 것에 대해 더 이상 스파르타가 이방인들[페르시아인들]을 돕는 것이라고 말할 수 없었기 때문이다. 아테네가 아르고스를 포기한 것이 스파르타인들이 실질적으로 받는 압박을 다소 덜어 줬다. 최근에 그들이 아르고스인들과 맺은 조약이 펠로폰네소스반도에서 적에게 노출된 측면 공격을 막아 주었기 때문이다. 군대를 보내 델포이 신전을 성직자들에게 되돌려 주면서 스파르타는 프로만테이아promanteia, 즉 아폴로 신탁을 의뢰할 수 있는 우선권의 영예를 얻었다. 이것은 아테네의 승리와 팽창으로 심하게 손상된 그들의 위신을 회복하는 데도 도움을 주었다. 반면 아테네는 그만큼 위신이 하락했다.

스파르타의 행동은 중앙 그리스에서 아테네의 권력과 영향력에 공개적으로 도전하는 것이었다. 그리고 아테네가 이것에 대응하지 못하면 약점으로 비춰져 적들의 반란을 부추길 수도 있었다. 대략 45세의 나이로 이제 전성기였던 페리클레스가 델포이로 군대를 보내 포키스인들에게 그것의 지배권을 돌려주면서 아테네는 프로만테이아의 권리를 되찾았다. 그가 육상 제국에 대해 무슨 생각을 했었든지 간에 페리클레스는 스파르타의 도전에 맞대응할 필요가 있었다.

　그러나 아테네의 대응은 보이오티아에서 들끓고 있던 분란을 막기에는 충분치 않았다. 스파르타가 델포이에서 보인 행동에 용기를 얻은 과두주의자들이 많은 도시에서 총봉기를 일으켰다. 기원전 446년 봄에 추방된 과두주의자들이 보이오티아 서쪽에 있는 두 도시를 장악했고, 다른 보이오티아 도시들의 과두주의자들, 그뿐만 아니라 이웃한 영토들의 과두주의자들이 이런 흐름에 재빨리 합류해 아테네가 심어 놓은 꼭두각시들을 몰아내고 자신의 도시에 자율성과 과두제를 복원했다. 저돌적인 아테네 장군 톨미데스가 즉각 보이오티아에 군대를 데려가고 싶어 했지만, 페리클레스는 이를 막으려고 노력했다. 플루타르코스에 따르면, 페리클레스는 "민회에서 고명한 의원들the wisest of counselors에게 그의 유명한 소견, 즉 톨미데스가 페리클레스에게 설득당하지 않을 수 있다고 해도, 때를 기다리는 일을 그르치지는 않을 것이라고 말하면서 톨미데스를 저지하고 설득하고자 했다".《페리클레스》, 18.2-3)

　페리클레스가 톨미데스를 저지한 이 유명한 일화는 당시 상황에 대해 귀중한 실마리를 제공한다. 이것은 그가 중앙 그리스에서 제국을 지키고자 육상에서 전면전을 할 의사가 없었다는 것을 보여 준다. 델포이를 만회한 것처럼 간혹 본보기로 군대를 동원해 대리 정부들surrogate regimes을 지원함으로써 육상 제국을 유지할 수 있다면 그것만으로도 괜찮은 것이었다. 그러나 평상시와 달리 일제히 들고일어난 보이오티아에 맞서 비용이 많이 들고 위험하기도 한 지상전을 해야 한다면 대가가 너무 컸다. 아테네인들 가운데 누구보다 신중했던 페리클레스는 아티카와 해상 제국을 위험에 빠뜨리기보다는 중앙 그리스를 포기할 마음의 준비가 돼 있었다. 그러나 그가 의회에서 톨미데스를 완전히 저지하는 대신 때를 기다려 보자는 식으로 주장했다는 것은 아테네의 일반적인 분위기가 그의 생각과 달랐음을 보여 준다. 대다수 아테네인은 반란을 쉽게 제압할 수 있다고 보고 그것을 진압하기로 결심한 톨미데스를 지지했다. 그들은 그에게 1천 명의 보병대를 승인했다. 그리고 정확히 알 수 없지만 동맹국들의 많은 병사가 이에 합류했다. 아마 톨미데스는 병사 수가 얼마가 됐든 필요하다고 생각했던 것 같다.

처음에는 그를 신임한 것이 정당했던 것처럼 보였다. 그가 반란을 일으킨 도시들 중 하나를 순식간에 진압했기 때문이다. 그러나 유감스럽게도 아테네인들은 보이오티아인들의 힘을 과소평가했다. 본국으로 개선하던 도중에 군대가 적의 매복에 걸려들어 절멸했다. 많은 군사가 죽고 포로가 됐다. 죽은 장병들 중에는 톨미데스 본인을 비롯해 알키비아데스의 아버지 클레이니아스Kleinias[?~B.C. 447]* 같은 저명한 아테네인도 있었다. 아테네인들은 즉각 강화 조약을 맺어 포로가 된 아테네인들을 풀어 주는 조건으로 보이오티아에서 철수하기로 합의했다. 보이오티아를 포기하면서 포키스 및 로크리스와의 동맹을 더 이상 유지할 수 없게 됐고, 따라서 중앙 그리스에서 아테네의 육상 제국이 단숨에 사라졌다.

페리클레스가 중앙 그리스는 싸울 가치가 없다고 생각했던 것이 옳았을 수도 있다. 그렇다고 싸우지 않는 것이 능사는 아니었다. 분할된 세계에서 강대국에 도전하는 적들이 있다는 것은 강대국 자신이 드러내는 피로나 약점에 대한 경고의 신호라고 할 수 있다. 만일 아테네인들이 페리클레스의 조언에 따라 힘들이지 않고 중앙 그리스를 포기했더라면, 이 군사 작전에서 쓰러진 많은 군사를 잃지 않았을 것이고,

---

* 고대 그리스의 저명한 알크마이오니다이 가문 사람으로 제1차 펠로폰네소스 전쟁 기간인 기원전 447년에 델로스 동맹과 보이오티아 동맹 사이에 벌어진 제1차 코로네이아 전투(First Battle of Coronea)에서 사망했다.

불만에 찬 속국들과 동맹국들이 반란을 일으켜도 괜찮겠다는 생각을 하지 못하도록 했을 것이다. 확실한 것은 제대로 정비되지 않은 군대를 보내 패배의 쓴맛을 본 것은 보내지 않은 것만 못했다는 것이다. 그렇다고 아테네인들이 톨미데스가 이끈 병력보다 규모가 다섯 배나 큰 군대를 보냈었다고 해서 쉽게 승리를 장담할 수 있었을까? 그런 규모의 병력이라면 사상자 없이 반란 세력을 진압하고 귀환할 수 있었을 것 같기는 하다. 그리고 이런 힘의 과시가 분란이 더 커지는 것을 차단했을 수도 있다. 당시에 페리클레스와 아테네인들이 중앙 그리스에서 철수하는 것이 현명하다고 생각했다면, 그들은 여유 있게 체면을 구기지 않고 안전하게 그렇게 했을 수 있다.

페리클레스는 평소 그답게 합리적으로 행동한 것으로 보인다. 그는 육상 제국을 유지할 수 없고 필요치도 않다고 판단했다. 그래서 아테네가 중앙 그리스에서 물러나는 것을 받아들였다. 그가 이 퇴각의 위험을 알고 있었다는 것은 의심의 여지가 없다. 하지만 그는 아테네의 새로운 지위가 이전보다 더 강하고 더 확고하다는 것을 알았다. 이제 아테네는 역량이 불충분한 육군보다는 무적함대unbeatable fleet에 전적으로 의지했다. 이 점은 누가 봐도 분명히 알 수 있는 사실이었다. 아테네인들의 책임이 줄었고 그들의 자원이 바닥을 드러낸 지금, 해상에서 접근할 수 있는 동맹국들의 반란을 진압하는 것이 더 쉬울 수 있었다. 그러나 과거의 패배들에 분을 삭이지 못하는 사람들은 항상 사리 판단이 분명하지 않다. 그들은 흥분 상태에서 자주 동요하고 좀 더 냉철한 평가보다는 두려움과 겉으로 강한 척하는 모습에 쉽게 단념한다.

따라서 보이오티아에서 당한 패배가 새로운 분란에 불을 지폈다. 아테네의 많은 적이 봉기할 기회를 엿보며 기다리고 있었고, 아테네가 무적이 아니었다는 이런 증거가 그들을 부추겼다. 역시 아테네의 패배failure에 고무된 스파르타인들이 다른 도시들과 공동보조를 취한 것으로 보인다. 기원전 446년 여름에 에우보이아가 반란을 일으켰다. 페리클레스로서는 이 반란이 보이오티아를 잃은 것과는 아주 다르고 훨씬 더 심각한 위험이었다. 아티카의 바로 동쪽 연안 앞에 있는 섬인 에우보이아는 해상 제국의 부유하고 중요한 일부로서 상당한 공물을 납부하는 여러 도시들을 포함하고 있었다. 이 섬은 다르다넬스 해협을 지나 흑해로 가는 주요 해로 위에 바로 위치했다. 페리클레스는 직접 군대를 데리고 반란을 진압하러 갔다. 하지만 그는 도착하기 전에 훨씬 더 위태로운 위협을 전달 받았다. 메가라인들 역시 스파르타인들과 공모해 반란을 일으켰던 것이다. 그들은 펠로폰네소스반도의 이웃 국가들인 코린토스, 시키온, 에피다우로스의 도움을 받아 아테네의 주둔병들을 살해했다. 메가라의 동쪽 항구인 니사이아에 있는 요새로 달아날 수 있는 병사들만이 겨우 살아남았다. '5년 강화 조약'의 시효가 소멸했고, 아티카로 이어지는 길을 차단하는 관문 역할을 했던 메가라가 등을 돌렸으며, 스파르타인들은 펠로폰네소스 군대를 진두지휘하면서 아테네로 진군하고 있었다.

거의 하룻밤 사이에 아테네의 안전이 증발했다. 제국에는 반란이 일어난 상태였고, 본국은 위협을 받고 있었다. 페리클레스는 아테네를 방어하기 위해 병력을 본국으로 회항시켰다. 아테네인들이 상대하기에는 침략군이 너무 막강했지만, 그들은 적에 맞서 싸우고자 했다. 스파르타의 어린 왕 플레이스토아낙스와 그의 참모로 경험이 많았던 클레안드리다스Cleandridas* 장군이 이끄는 펠로폰네소스인들이 아티카에 들어와 국경 근처 영토를 파괴하기 시작했다. 결정적인 전투가 임박한 것처럼 보였을 때 펠로폰네소스인들이 방향을 틀어 본국으로 돌아갔다.

고대의 저술가들은 이 철수를 간단명료하게 설명한다. 즉, 페리클레스가 이 왕과 참모에게 뇌물을 주어 침략을 포기하도록 종용했다는 것이다. 플루타르코스에 따르

---

* 고대 스파르타의 장군이자 정치가로 스파르타의 어린 왕 플레이스토아낙스의 참모였다. 플레이스토아낙스의 아티카 침공 기간 동안 그를 도왔다. 기원전 446년~기원전 445년 뇌물죄로 유죄 판결을 받고 사형을 당했다.

면, 너무 화가 난 스파르타인들이 플레이스토아낙스 왕에게 납부 불가능한 거액의 벌금을 부과한 뒤 이를 구실로 그를 추방했다. 클레안드리다스 또한 재판을 받는 대신 망명을 해 궐석 재판에서 사형을 선고받았다. 한편, 그해 군사 원정 내역에서 페리클레스는 "필요한 지출"이라며 한 항목에 10달란트를 기입했다. 평소 의심이 많은 아테네인들이 별다른 추가 조사 없이 그의 지출 내역을 받아들였다.(《페리클레스》, 22-23)

이런 이야기들의 전말이 사실일 수 있다. 우리는 페리클레스가 스파르타의 지도자들에게 뇌물을 주지 않았다는 것을 확신할 수 없다. 아테네로서는 펠로폰네소스 군대를 아티카에서 몰아내는 것이 10달란트보다 훨씬 더 가치가 있었을 것이다. 그러나 이런 이야기들은 미스터리한 사건들을 그럴듯하게 설명하기 위해 꾸며낸 것일 수 있다. 위 두 명의 스파르타인은 임무를 완수하지 못한 채 철군하기 위해서는 그럴듯한 구실이 필요하리라는 것, 그리고 그런 구실 없이 돌아갔다가는 처벌을 면하기 어려우리라는 것을 알았다. 페리클레스가 뇌물을 주었든 주지 않았든, 그는 그들에게 철군의 대가로 거절하기 어려운 아주 좋은 강화 조건들을 제안했을 것이다. 아마 그 조건들은 그해 말에 스파르타와 30년 강화 조약Thirty Years' Peace을 협상하면서 내밀었던 것들과 완전히 일치하지는 않아도 아주 비슷했을 것이다. 중앙 그리스는 아테네의 수중을 완전히 벗어났다. 펠로폰네소스 군대의 지원을 받고 적대적인 정부가 통치하는 메가라는 회복할 수 없었다. 그뿐만 아니라 에우보이아가 여전히 반란 중이었지만 달리 손쓸 방법이 없었다. 아테네는 새로운 현실을 받아들임으로써 얻을 것만 있었지 잃을 것은 아무것도 없었다.

스파르타인들도 전투를 피해야 할 명분이 있었다. 아테네 군대가 버티고 싸우면 펠로폰네소스인들이 승리한다고 하더라도, 타나그라 전투가 보여 줬듯이, 엄청난 사상자가 발생할 수 있었다. 아테네 군대는 패한다고 하더라도, 비록 적이 시골 마을을 파괴하는 것을 그냥 두고 볼 수밖에 없겠지만, 아테네의 성벽 안으로 들어가 피신할 수 있었다. 이런 식으로 아테네인들은 그들의 도시, 항구, 함대, 보유 자금으로 에게해 제국의 통제력을 회복할 수 있었다. 페리클레스가 이미 작정을 하고 나온 마당에 스파르타인들이 싸워서 얻을 수 있는 것은 아무것도 없었다. 분별력이 있는 스파르타인이라면 그에게 뭔가를 더 요구할 수 없었다. 사실, 플레이스토아낙스는 평생 동안 아테네와 좋은 관계를 유지하고 싶어 했고, 클레안드리다스도 분명히 그와 같은 생각이었을 것이다.

물론 모든 스파르타인이 똑같이 분별력이 있지는 않았다. 그들 가운데 호전적인 스파르타인들은 기원전 478년에 아테네가 스파르타의 리더십에 도전했을 때 형성된 증오의 기억을 공유했다. 그들은 오직 아테네 제국의 파괴만을 원했고, 그것을 달성할 수 있는 절호의 기회를 놓쳤다고 생각했다. 그들은 전투를 해서 얻을 수 있는 이익이 제한적이라는 말을 납득하지 않았고, 부패와 배신 아니고는 싸우지 않기로 결정한 것을 설명할 수 없다고 믿었던 것 같다. 그들이 장군들[플레이스토아낙스 왕과 클레안드리다스 장군 등]에게 유죄 판결을 내렸다는 것은 이런 세력들이 우위를 점하고 있었음을 보여 준다. 그러나 흥분이 가라앉자 스파르타인들은 추방당한 관리들이 협상한 강화 조약을 무효화하지 않았다. 이성을 되찾은 그들은 강화 조약이 담고 있는 조항들에 여러 이점이 있다는 것을 확인하고 전쟁을 재개하지 않았다.

스파르타가 철수하고 도발을 자제하자 페리클레스는 한숨 돌릴 시간적 여유를 얻었다. 그는 50척의 전함과 5천 명의 보병을 이끌고 에우보이아섬으로 돌아가 무리 없이 질서를 회복했다. 잔혹한 학살을 자행해 비난을 받은 헤스티아이아Hestiaea* 사람들을 전부 축출하고, 그들의 토지를 아테네인들에게 나눠 줬다. 다른 반란을 일으킨 도시들도 진압한 뒤에 클레루키아들을 설립해 아테네인들을 이주시켰다. 주둔군을 배치했고, 인질을 잡았다. 그리고 패배한 반란자들에게 가혹한 서약을 강요했다. 다른 속국들이 반란의 기미라도 보이면 페리클레스는 이를 진압하기 위해 신

---

* 아테네 북동쪽에 있던 고대 아티카의 도시.

속하고 단호하게 행동했다.

기원전 446년 하반기에 스파르타인들과 아테네인들이 공식적으로 강화 조약에 합의했고, 기원전 446년~기원전 445년 겨울에 맹세를 함으로써 이를 비준했다. 합의 내용 전체를 알 수 있는 온전한 문건은 남아 있지 않다. 그래서 여러 문서들에 단편적으로 남은 규정들을 종합해야만 전체를 알 수 있지만, 본질적인 내용은 분명하다. 영토와 관련한 규정들에서 아테네인들은 그들이 펠로폰네소스반도에 가지고 있던 모든 영토를 포기하기로 합의했다. 이것은 그들이 일시적으로 유지하던 육상 제국의 지위를 포기하는 것이었다. 코린토스만 북쪽 해안에 있는 나프파크토스항은 강화 조약에서 언급되지 않는데 이곳의 지위는 포기하지 않은 것 같다. 실제로 아테네인들은 이 귀중한 항을 그 뒤에도 계속 유지했다. 반면, 스파르타인들은 아테네 제국의 나머지 부분에 대해 공식적으로 인정했다고 볼 수 있는 조치를 했다. 스파르타와 아테네가 각자 서로의 동맹들을 대신해 맹세했던 것이다. 다른 규정들은 그리스 세계를 두 개의 진영으로 나누고, 각 진영의 구성원들이 동맹을 바꾸지 못하도록 금지했다. 이것은 최근의 전쟁[제1차 펠로폰네소스 전쟁], 즉 메가라가 진영을 바꾸면서 시작한 전쟁이 반복되지 않도록 방지하기 위해 뻔하지만 중요한 조치였다. 중립국들이 어느 진영이든 가입할 수 있도록 허용하는 다소 전향적인 규정도 있는데, 이는 엄청난 곤란을 초래할 수도 있는 너무 순진하고 민감한 조항이었다. 기원전 451년 이후 스파르타와 동맹 관계였던 아르고스에 대해 특별 협정도 맺었다. 아르고스는 30년 강화 조약에서 배제됐는데, 아르고스의 선택에 따라 아테네와 직접 교섭을 하도록 허용했다. 교섭 결과 아르고스와 아테네가 동맹을 맺더라도 아르고스-스파르타 조약*이 만료되는 기원전 421년까지는 스파르타에 반기를 들 수 없도

•   제1차 펠로폰네소스 전쟁 기간인 기원전 451년에 아테네와 스파르타는 5년 강화 조약을 맺어 휴전을 한다. 둘 다 내부 사정으로 전쟁을 수행할 여건이 되지 않았기 때문이다. 이 강화 조약의 내용 중 핵심이 그동안 해상과 육상에서 스파르타의 손발을 묶어 놓았던 아테네-아르고스 동맹을 아테네가 포기하는 것

록 했다. 어쨌든 아르고스는 이런 허용을 활용하지 못했다.

가장 새롭고 흥미로운 조항은 양측이 향후 불만이 있을 경우 구속력 있는 중재 binding arbitration를 따르도록 했다는 것이다. 이런 장치를 통해 영구 평화를 유지하려고 한 것은 아마 역사상 처음일 것이다. 누가 이런 생각을 내놓았는지 알려진 것은 없지만, 페리클레스였을 가능성이 있다는 생각이 든다. 그는 다른 많은 정치적 및 외교적 혁신의 고안자였다.

모든 조약이 똑같지는 않다. 어떤 조약은 한쪽이 완전히 파괴된 전쟁을 매듭짓는 기능을 한다. 로마와 카르타고와의 마지막 전쟁*을 종결지은 조약이 대표적이다. 이것은 강화 조약이라기보다는 전쟁에서 패한 쪽의 연고자들에게 시신의 처리와 관련한 방침을 선포하는 것과 같았다. 두 번째 종류는 전쟁 이후에 한쪽이 패배는 했지만 완전히 파괴되지 않은 적에게 가혹한 조건들을 부과하는 것이다. 예를 들어 제2차 포에니 전쟁[기원전 219년~기원전 201년] 이후에 로마가 카르타고에 부과한 조약, 또는 1870년**에 프로이센Preussen***이 프랑스에 강제한 강화 조약, 그리고 이미 널리

이었다. 이후 아르고스는 스파르타와 따로 30년 강화 조약을 맺는다. 이후 아르고스가 아테네와 동맹을 다시 맺을지 여부는 아르고스의 선택으로 남겨 놨다.

* 기원전 264년에서 기원전 146년까지 로마와 카르타고 사이에 전쟁이 일어났다. 이를 포에니(Poeni) 전쟁이라고 부른다. 카르타고의 장군 한니발과 로마의 대결이라는 점에서 한니발 전쟁이라고도 부른다. 당시 지중해에서 패권을 잡고 있던 카르타고와 새로이 떠오르는 로마의 이해관계가 충돌해 발생한 전쟁으로 전쟁 초기에는 한니발에 밀려 이탈리아 본토까지 침략당했으나 끝내 역전에 성공해 카르타고를 무찌르고 지중해 서부의 패권을 차지했다. 총 세 차례의 전쟁을 치렀는데, 제1차 포에니 전쟁은 기원전 264년~기원전 241년, 제2차 포에니 전쟁은 기원전 219년~기원전 201년, 그리고 제3차 포에니 전쟁은 기원전 146년에 일어났다. 마지막 전쟁에서 패배한 카르타고는 멸망했다.

** 프로이센-오스트리아 전쟁에서 오스트리아 제국을 무찌른 비스마르크가 독일 통일의 마지막 걸림돌인 프랑스를 제거하고 독일 통일을 마무리하고자 했던 목적으로 1870년에 일으킨 전쟁이다. 보불 전쟁이라고도 불린다.

*** 독일 북부 지역에 위치한 왕국으로 1701년 1월 18일부터 1918년 11월 9일까지 독일 제국의 중심 역할을 한 국가였다.

페리클레스

알려져 있듯이, 제1차 세계 대전 이후 프랑스 베르사유 궁전에서 패전국 독일에 부과된 조약*이 있다. 이런 조약은 또 다른 전쟁의 원인이 되기도 한다. 패자에게 굴욕을 주기는 해도 보복을 할 수 있는 역량을 파괴하는 것은 아니기 때문이다. 세 번째 종류는 전쟁에서 승패를 떠나 양쪽 모두 전쟁의 위험과 평화의 가치를 깨닫고 분쟁을 끝내는 것이다. 1648년의 베스트팔렌Westfalen 조약**과 나폴레옹 전쟁을 종결지은 빈Wien 회의***가 좋은 사례이다. 그런 조약의 목적은 파괴나 징벌이 아니라 안정을 보장함으로써 전쟁이 재발하는 것을 차단하는 데 있다. 이런 조약이 유지되기 위해서는 군사 및 정치 상황을 정확히 반영해야 하고 진지한 태도로 임해야만 작동할 수 있다. 조약의 당사자들 모두가 그것을 단지 전투와 전투 사이의 휴전이 아니라 영구 평화로 간주해야 한다.

기원전 446년~기원전 445년의 30년 강화 조약은 세 번째 범주에 가까웠다. 여러 해 동안 전쟁을 치르면서 양쪽은 커다란 손실과 위험을 감내했다. 어느 쪽도 눈에 띄는 결정적인 승리를 거두지 못했고, 한쪽은 육상에서 다른 한쪽은 해상에서 우위를 보였다. 당연히 각자 전쟁을 이길 수 있을지, 자신의 의지를 강제할 수 있을

* 프랑스 베르사유 궁전에서 조인돼 베르사유 조약으로 부른다. 제1차 세계 대전 이후의 국제 관계를 확정한 의의를 지닌 조약이다. 이 조약으로 독일은 해외 식민지를 잃었고, 알자스로렌을 프랑스에 반환했으며, 유럽 영토를 삭감당했다. 그리고 전쟁 도발의 책임을 물어 연합국에 엄청난 전쟁 배상금을 지불해야 했다.

** 페르디난트 2세(Ferdinand Ⅱ, 1578~1637)의 반종교 개혁에 반발해 일어난 보헤미아의 반란으로 시작된 독일 30년 전쟁(1618~1648)은 독일을 무대로 전개되었지만 덴마크와 네덜란드, 스웨덴, 프랑스, 에스파냐 등 유럽의 여러 나라들이 참가한 국제 전쟁이었다. 이 30년 전쟁을 끝내기 위해 1648년에 체결된 평화 조약을 베스트팔렌 조약이라 부르는데, 가톨릭 제국으로서 신성 로마 제국을 사실상 붕괴시켰고, 주권 국가들의 공동체인 근대 유럽의 정치 구조가 나타나는 계기가 되었다.

*** 나폴레옹 전쟁(1803~1815), 즉 프랑스 제1제국 및 동맹국들과 영국이 재정 및 군사적으로 주도하는 연합군 사이에서 벌어진 일련의 전쟁의 결과를 수습하기 위해 오스트리아 재상 클레멘스 폰 메테르니히(Klemens Wenzel Lothar Fürst von Metternich-Winneburg zu Beilstein, 1773~1859)의 주도하에 영국, 프로이센, 오스트리아, 러시아 등이 모인 회의로 오스트리아의 수도 빈에서 열렸기에 빈 회의라고 부른다.

지 의구심을 품었다. 따라서 그들이 추구한 것은 타협이었다. 서로 만족할 만한 기본적인 요소들을 담고 있는 것 같은 타협이었다. 가장 중요한 것은 그것의 현실주의realism였다. 30년 강화 조약은 현실적으로 두 동맹 간의 세력 균형을 반영했다. 본토에 대한 스파르타의 패권과 에게해에 대한 아테네의 통제를 상호 인정함으로써 페르시아 전쟁 이후 그리스 세계를 불안하게 만든 주된 원인을 제거하는 원대한 발걸음을 내딛었다.

기원전 479년에서 기원전 477년 사이에 발생한 사건들•이 그리스의 리더십을 분할했다. 그리스 세계가 스파르타의 리더십 아래 통합되어 있다는 근거 없는 주장이 기원전 462년에 키몬이 펠로폰네소스반도에서 쫓겨날 때까지 가까스로 유지됐다. 제1차 펠로폰네소스 전쟁은 이쪽 아니면 저쪽의 리더십 아래 그리스 세계의 통합을 복원할 수 있는 기회였다. 어느 쪽도 자신의 군대로 상대를 무찌를 수 있을 만큼 충분히 강하다는 것을 입증하지 못했기 때문에 그리스 세계에서 이런 이원주의dualism를 인정하는 평화가 미래의 안전을 담보했다.

그러나 여느 타협과 마찬가지로 불안을 초래할 수 있는 요소들을 포함하고 있었다. 상호 불신이 결코 사라지지 않았다. 일부 아테네인들은 팽창을 계속하려는 꿈을 포기하지 않았고, 일부 스파르타인들은 아테네와 패권을 나눠 갖는 것에 분개했다. 다른 스파르타인들과 그들의 일부 동맹국들은 아테네의 야심을 두려워했고, 일부는 방대한 해상 제국을 지배하고 있는 강력한 아테네의 존재가 다른 그리스인들의 안전과 독립을 위협한다고 생각했다. 아테네인들은 자신들에 대해 이런 의심과 적의가 존재한다는 것을 알았다. 그리고 그들 가운데 일부는 스파르타인들과 그들의 동맹국들이 호시탐탐 아테네를 공격할 기회를 엿보고 있다는 것을 두려워했다.

•   제3차 페르시아 전쟁 당시 페르시아 대군이 아테네 주도의 마라톤 전투에서 패배하고, 이어 아테네 주도로 델로스 동맹이 만들어진 시기를 말한다.

페리클레스

일부 스파르타인들은 플레이스토아낙스 왕이 싸워 보지도 않고 아티카에서 철수한 것에 좌절했고, 싸웠으면 제대로 승리했을 것이라고 확신했으며, 기회가 오면 다시 전쟁을 재개할 기세였다. 코린토스는 아테네인들이 나프파크토스항에 대한 통제력을 계속 인정받은 것, 메가라가 아테네의 주둔병들을 학살했던 정부의 통제를 받게 된 것에 화가 났다. 보이오티아, 그리고 특히 테베가 [코린토스와] 유사한 정치 체제 및 비슷한 감정을 지니고 있었다. 아테네 제국에 아이기나처럼 스파르타와 특별한 우호 관계를 주장하는, 그리고 포티다이아Potidaea*처럼 코린토스에 그런 우호 관계를 주장하는 국가들이 속해 있다는 것이 잠재적인 곤란거리였다. 중립적인 국가들이 어느 쪽이든 선택해서 동맹을 맺을 수 있도록 한 권리도 어떤 상황에서는 분란을 초래할 수 있었다.

이 모든 것이 위험과 불안정의 원천이 될 수 있었다. 그러나 강화 조약을 맺은 자들이 이것을 유지하고자 했다는 것을 의심할 필요는 없다. 당시까지 전례가 없었고 간단히 거부할 수도 없는 중재 조항arbitration clause이 양측이 정말 평화를 원했고 장래에 일어날 전쟁을 피하기 위해 어떠한 수단도 강구하고자 준비가 돼 있었다는 것을 보여 준다. 그렇다면 다음과 같은 중요한 의문이 든다. 양측이 상대의 의심을 가라앉히고 상호 신뢰가 형성되도록 행동할 수 있었을까? 양쪽 나라에서 평화를 지지하는 자들이 다소 호전적인 반대 세력들 대신에 권력을 잡을 수 있었을까? 양쪽의 지도자가 각자의 동맹국들이 불안을 조장하고자 위협을 가할 때 이를 차단할 수 있었을까? 페리클레스가 기원전 446년~기원전 445년에 30년 강화 조약을 맺었을 때는 이런 의문들에 대해 강한 확신이 들 만한 충분한 이유가 있었다.

이 강화 조약의 첫 시험대는 의외의 장소, 즉 그리스 세계의 끝단이라고 할 수 있는 멀리 남부 이탈리아 지역에서 맞닥뜨렸다. 강대국들에게 중요하다고 할 만한 일

* 기원전 600년경에 코린토스인들이 그리스 동북부 팔레네반도에 설립한 식민지.

이 일어난 것은 아니었지만, 페리클레스는 자신의 평화적 의도를 스파르타인들과 그들의 동맹국들에게 보여 주기 위해 이곳에서 일어난 사건을 활용할 방법을 찾았다.

타란토Taranto 만*에 시바리스Sybaris**라는 그리스 도시가 있었다. 이곳 시민들은 호화로운 생활을 좋아해서 시바리스 사람들은 쾌락주의자들voluptuaries과 동의어로 불렸다. 그들은 요리사들에게 금관을 수여했고, 경연에서 우승한 비극들을 무대에 올릴 **코레고이**에게 대접할 음식을 준비할 수 있는 영예도 주었다고 한다. 그들은 말들이 춤을 출 수 있게 조련했는데 전투 중에 적들이 피리를 불어 기병대를 유인하는 바람에 전투에서 패한 적도 있었다. 그들은 밤새 파티를 즐기고 낮에 잠을 잤다. 소음 금지법을 최초로 만들어 마을에서 수탉 키우는 것을 금지했다.

기원전 720년경에 만들어진 시바리스는 이웃 도시들과 전쟁을 하면서 여러 번 파괴됐다. 기원전 445년에 30년 강화 조약이 맺어진 직후 또다시 전쟁에 패해 집을 잃은 시바리스인들이 도시를 재건하고자 했다. 이때 그들은 그리스의 주요 도시들에 저마다 도움을 요청했고, 스파르타인들과 아테네인들에게도 새로운 도시 건설에 참여하라고 초청했다. 그리스의 대다수 식민지는 본토에 경작지가 부족한 상황에서 인구 압박을 완화하기 위한 방안으로 모도시가 내보내 만든 것들이었다. 일부는 무역에 유리한 거점을 확보하기 위해 만든 것들도 있었다. 물론 스파르타인들은 내보낼 인구가 없었고, 무역에도 관심이 없었기 때문에 이를 거절했다. 반면 아테네인들은 얼마 동안 식민지 개척자들과 클레루키아들을 내보내고 있었는데 특히 30년 강화 조약을 맺은 해에 집중적으로 이뤄졌다. 이들 개척지의 대다수는 에게해의 전략적 요충지들, 특히 최근에 반란을 일으킨 도시들에 집중돼 있었고, 제국을

* 이탈리아 남쪽 이오니아해에 있는 만.
** 이탈리아 남부의 고대 그리스 도시로 '시바리스 사람들'은 사치와 향락을 일삼는 무리라는 뜻으로 사용됐다.

페리클레스

좀 더 안전하게 만들기 위한 목적이 숨어 있었다. 이는 아테네에 해외의 좋은 농지가 있는 도시로 가서 입에 풀칠하고 살 수 있는 것만으로도 만족해하는 인구가 많았음을 보여 주는 것이기도 하다.

그리스인들이 거주하는 가장 비옥한 지역들 중 한 곳인 이탈리아에 새로운 정착지를 건설하기 위해 내보낸 식민지 개척자들은 [전략적 목적이 아니라] 기본적으로 농지land를 찾아간 것이 틀림없다. 그들은 아테네의 식민지를 건설하기 위해서가 아니라 개별 이주민 자격으로, 즉 새로운 시바리스의 시민들로 간 것이었기 때문이다. 그러나 오랫동안 이웃 도시들과 불화를 겪은 시바리스인들은 이제 새로운 동료 시민들과 싸웠다. 그들은 우월한 권리superior rights를 주장하며 새로운 이주민들을 자극해 결국 내전이 일어났다. 몹시 무례하고 고립적인 시바리스인들이 다른 이주민들을 격분하게 만듦으로써 그들은 "아테네인들과 다른 그리스인들에 의해 파괴됐다. 비록 이들은 시바리스인들과 함께 살기 위해 왔음에도 불구하고, 그들[시바리스인들]을 살해했을 뿐만 아니라 도시를 다른 곳으로 옮겨서 투리오이Thurioi*라고 불렀을 만큼 그들[시바리스인들]을 기만했다".(스트라본,《지리지》, 263쪽, 6.1.13)

시바리스에 남게 된 시민들이 그리스 본토에 가서 이주자들을 더 보내 달라고 요청했다. 아테네인들이 다시 응했다. 그러나 이번에는 방식이 달랐다. 기원전 444년~기원전 443년에 그들은 투리오이를 전면적으로 재건할 목적에서 식민지 원정대를 조직했다. 투리오이를 아테네의 식민지가 아니라 범그리스의 식민지로 건설할 생각이었다. 그래서 아테네인들이 식민지 개척자들을 모집하기 위해 그리스 전역으로 전령들을 보냈다. 이주민 대표chief founder는 람폰Lampon**이었다. 이주민들 가운

---

* 남부 이탈리아에 있던 고대 그리스 도시로 현재 칼라브리아주 코센차현의 타란토만에 위치한 마그나 그라이키아(Magna Graecia)의 도시.

** 고대 아테네의 예언가.

데는 역사학자 헤로도토스와 연설가 리시아스Lysias[B.C. 455?~B.C. 380?]*가 끼어 있었다. 모두 페리클레스의 친구들이었다. 이때 범그리스주의Panhellenism라는 생각이 그리스 식민지 건설에 처음 등장하는데, 기본 취지는 페리클레스가 몇 년 전에 제안했었던 의회 법안Congress Decree**과 같았다. 그는 왜 이런 새로운 생각을 고안했을까?

현대의 일부 학자들은 페리클레스가 아테네의 제국적 야심을 중단하고자 한 적이 없는 팽창주의자였다고 믿는다. 그리고 이런 범그리스주의라는 모양새에도 불구하고 그들은 투리오이의 설립을 아테네 제국이 동쪽에서뿐만 아니라 서쪽에서 지속적으로 확장하고자 했던 야심의 증거로 바라본다. 만약 그들이 옳다면, 페리클레스는 앞서 우리가 살펴본 것과는 아주 다른 목적과 정책을 추구했어야 한다. 그러나 그가 그렇게 하지 않았다는 것을 보여 주는 증거들이 있다. 사실 아테네인들은 30년 강화조약과 펠로폰네소스 전쟁을 초래한 결정적인 위기 사이의 10년 동안 서쪽에 별다른 관심을 보이지 않았다. 이런 주장을 입증하는 증거가 바로 투리오이이다. 아테네인들은 이 도시를 구성하는 열 개 부족 중 하나에 지나지 않았다. 그중 가장 큰 부족집단은 펠로폰네소스인들이었다. 이렇다 보니 페리클레스는 투리오이의 행태를 통제하려고 하지 않았고, 그것을 아테네의 목적을 위해 활용하려고 하지도 않았다. 더구나 식민지 투리오이의 역사를 보면 그런 의도가 전혀 없었다는 것을 보여 준다.

투리오이가 새롭게 건설되고 얼마 지나지 않아 타라스Taras***의 스파르타 식민지와 전쟁을 벌여 패했다. 이 전쟁에서 승리한 타라스인들은 펠로폰네소스반도의 올림피아 평원에 전승 기념비를 세우고 모든 사람이 볼 수 있도록 다음과 같은 문구를

---

* 고대 그리스의 연설문 작성자(logographer)이자 유명한 연설가.
** 페르시아 전쟁이 끝난 직후인 기원전 449년에 페리클레스가 페르시아 전쟁으로 파괴된 파르테논 신전 복구 문제를 논의하기 위해 그리스 전역의 도시 국가 대표를 아테네로 초청해 회의를 열자고 제안한 포고령이다. 하지만 아테네의 권력 독점을 의심한 스파르타의 격렬한 반대로 무산됐다.
*** 이탈리아 남부 마그나 그라이키아의 고대 도시로 지금은 타란토(Taranto)로 불린다.

페리클레스

이탈리아

타라스 •

타란토만

시바리스 •
투리오이 •

티레니아해

크로톤 •

리파리섬

크로톤 •

메시나 • 레기움

시칠리아

이오니아해

시라쿠사 •

척도 1 : 4 990 000

0   100   200 km
0   50   100   125 mi

남부 이탈리아

새겨 넣었다. "타라스인들이 투리오이인들로부터 빼앗은 전리품의 10분의 1을 올림포스의 제우스신에게 바쳤다." 이 지점에서 투리오이가 아테네 제국주의의 전진기지로 만들어졌다고 믿는 사람들은 이상하리만치 아무런 조치도 취하지 않은 아테네인들의 행동에 대해 설명할 수 있어야 한다. 만약 페리클레스가 투리오이를 아테네 제국의 서쪽 거점으로 삼고자 했었다면, 아테네인들에게 또는 서쪽의 동맹국들에게 이 사건에 개입하도록 촉구했어야 했다. 그런데 그는 그리스인들이 가장 많이 모이는 공공장소에서 일개 스파르타의 식민지가 승리를 과시하는 것을 저지하지 않고 그냥 지켜봤다.

투리오이에 대한 아테네의 이런 태도가 펠로폰네소스 전쟁[제2차 펠로폰네소스 전쟁]으로 이어질 수도 있는 위기가 한창이던 기원전 434년~기원전 433년에 엄격한 시험대에 직면했다. 이해에 아테네와 스파르타 간의 긴장이 고조되면서 투리오이인들 사이에서 식민지가 누구의 것인지를 놓고 불화가 발생했다. 아테네인들은 단일도시로는 아테네가 가장 많은 이주자를 보냈기 때문에 그들이 창립 도시founding city라고 주장했다. 다른 이주자들은 아테네보다는 펠로폰네소스반도의 연합 도시들에서 온 숫자가 더 많기 때문에 펠로폰네소스인들의 것이라고 주장했다. 이런 논란은 이 도시가 결코 아테네의 식민지가 아니라 범그리스의 식민지로 여겨졌었다는 것을 방증한다. 그러나 새로운 국제적 긴장 상황이 조성되면서 이를 다르게 바라보고자 하는 시각이 생긴 것이다. 이 문제를 수습할 수 없었던 투리오이인들이 델포이에 가서 신탁에게 물었다. "누가 이 도시의 설립자라고 할 수 있습니까?" 신은 자신을 설립자로 봐야 한다고 대답했다. 이렇게 평화가 회복됐다. 이 식민지의 범그리스적 성격이 재확인됐고, 아테네와의 연결 고리는 확실히 부정됐다.

또다시 아테네인들은 아무것도 하지 않았다. 하지만 이번에 그들이 아무것도 하지 않은 것은 훨씬 더 놀라운 일이었다. 펠로폰네소스인들과의 전쟁이 실제로 가능해지면서 투리오이가 한층 더 중요해졌다. 아테네의 수중에 있다고 한다면, 곡물 생산의 전초 기지이자 원천으로 유용했을 것이다. 펠로폰네소스인들의 수중에 있다고 한다면, 같은 이유로 스파르타에게 기여했을 것이다. 그러나 페리클레스는, 비록 델포이 신탁이 스파르타에 우호적이었음에도 불구하고, 굳이 개입하려고 하지 않았다.[16] 만일 그가 투리오이의 설립자가 아테네라고 주장했다면 이 식민지는 전쟁이 일어날 경우 스파르타에 붙을 가능성이 더 클 수 있었다. 투리오이는 순전히 범그리스의 식민지였고, 페리클레스는 이런 식으로 그것을 다뤘다.

페리클레스는 왜 이러한 정책을 추구했을까? 그는 그저 이번 기회를 통해 아테네의 분명한 입장을 전달하고 싶어 했던 것 같다. 아테네가 투리오이의 설립자라고 주장했다면 투리오이인들의 도발은 일어나지 않았을 수 있다. 하지만 이는 그때뿐이고 금세 잊힐 수 있었다. 범그리스의 식민지라는 생각을 고안하고 그것을 아테네의 영향력이 미치지 않는 지역에 이식함으로써 페리클레스는 하나의 외교적 신호를 보내고 있었다. 투리오이는 자신의 식민지를 설립할 수 있는 기회를 차 버린 아테네가 서쪽에서는 제국적 야심이 없었고 평화로운 범그리스주의의 정책을 추구하고자 했다는 것을 확실히 보여 주는 증거일 수 있다. 우리는 그가 내보낸 신호가 받아들여지고 이해됐다는 것을 보게 될 것이다.

투리오이의 설립은 페리클레스의 외교 정책과는 별개로 다른 이들의 이목을 끌었다. 기원전 444년~기원전 443년에 그는 멜레시아스의 아들 투키디데스로부터 전에 없이 강력한 정치적 도전에 직면했다. 투키디데스는 제국의 기금을 비군사적인 목적을 위해 사용하는 것에 반대했고, 반제국주의와 범그리스주의를 결합할 것을 호소하며 나왔다. 이에 따라 페리클레스는 투리오이인들의 요청을 이런 국내 정치적 갈등의 무기로 사용하고자 했던 것 같다. 그해 어떤 시점에, 분명한 것은 투키디데스의 도편 추방*이 결정되기 직전에, 페리클레스가 새로운 투리오이 식민지를

---

* 투키디데스는 기원전 442년에 도편 추방을 당했다.

건설하겠다는 계획을 발표했다. 이 계획은 그의 정적의 기세를 단번에 잠재울 수 있었던 일격이었다. 그리고 그의 관용과, 30년 강화 조약의 정신을 고수하고자 하는 그의 의지, 그의 범그리스적 정서를 드러내는 것이기도 했다.

페리클레스가 새로운 식민지 건설을 제안한 데에는 정치 및 외교와는 별도로 또 다른 이유가 있었다. 그는 성년기를 원대하고 독창적인 구상에 기초해 위대한 도시와 찬란한 도시 생활을 발전시키고, 찬미하고, 방어하는 데 쏟았다. 그가 태어난 도시는 그의 작업장이었고 아테네의 제국적 민주 정체는 그가 가장 공들여 만든 작품이었다. 하지만 그가 이룩한 성취는 다른 많은 이가 여러 세대에 걸쳐 구상하고 발전시킨 것을 바탕으로 했다. 투리오이에 완전히 새로운 도시를 건립한다는 구상은 새로운 식민지를 처음부터 새롭게 설계할 수 있다는, 즉 종래의 지식을 이용해 무계획적으로 그리고 시행착오를 거쳐 만든 도시들과 달리 당대의 최고 지성을 활용해 도시를 창조할 수 있다는 매력적인 기회를 제공했을 것이다.

새로운 식민지 건설의 책임자로 람폰을 선택한 것이 의외일 수 있다. 비록 그가 페리클레스의 친구이자 측근이었다고 해도, 그 또한 아테네의 전통적인 종교 생활, 즉 합리적이고 세속적인 아테네 정치인들이 그다지 선호하지 않았던 영역에서 활동한 주요 인물이었다. 플루타르코스에 따르면, 람폰과 자연 철학자 아낙사고라스 그리고 페리클레스가 함께 있는 자리 앞에 유니콘unicorn*이 놓여 있었다. 초자연적인 징후들과 신탁들의 예언가이자 해설가였던 람폰은 이런 이례적인 상황을 페리클레스와 투키디데스 간의 갈등을 암시하는 것으로 그리고 페리클레스가 결국 승리함으로써 이 갈등이 해결되고 국가가 다시 일치단결한다는 것을 예고하는 우주적 계시cosmic message라고 해석했다. 다른 한편, 아낙사고라스는 이 동물의 두개골을 절개한 뒤 뇌강brain cavity의 비정상적인 형태에 따라 합리적이고 자연적으로 이 현

---

*   말 비슷하며 이마에 뿔이 하나 있는 전설적인 동물로 힘과 순결을 상징했다.

페리클레스

상을 설명했다. 물론 페리클레스는 아낙사고라스의 설명을 좋아했다. 그러나 새로운 식민지에서 아테네 이주자들을 이끌 지도자는 아테네인이어야 했다. 그리고 대다수 아테네인들, 특히 이 여정에 동참할 가난한 아테네인들은 초자연적인 현상들과 전조들을 굳게 믿었기 때문에 이런 점들을 고려해 람폰이 선정됐다. 그들에게 람폰은 존경받는 공인public figure이었을 뿐만 아니라 신의 승인과 안내를 보증하는 상징이었다.

새롭게 이주할 장소 또한 전통적인 방식, 즉 델포이 신탁의 조언에 따라 선정됐다. 그러나 새로운 도시는 그리스 도시 계획의 선구자인 밀레투스의 히포다모스에 의해 가장 최신의 방식으로 설계됐다. 히포다모스는 바로 얼마 전에 아테네에서 나날이 번창해 나가고 있는 항구 도시 피레우스를 설계한 인물이었다.

고대의 도시들은 보통 계획적으로 설립된 것이 아니라 필요에 따라 발전해 나온 것이었다. 길거리는 소 떼의 이동 경로를 따라 구불구불 굽어서 나 있었다. 오늘날 아테네의 아크로폴리스 북쪽에 있는 구지구old section인 플라카Plaka를 걸어 보면 이런 특징을 쉽게 발견할 수 있다. 히포다모스가 같은 방향으로 나란히 나 있는 길을 따라 구역을 나누는 격자형 도시urban grid를 발명한 사람은 아니었지만, 적어도 그는 도시 계획술art of city planning의 거장으로 불릴 만하다. (1세기 뒤에 아리스토텔레스는 이상적인 도시는 히포다모스의 '최신modern' 방식을 따라 구획되어야 한다고 권고했다.) 히포다모스는 스스로를 자신이 태어난 도시, 즉 밀레투스 출신의 여러 자연 철학자들 중 한 명으로 간주했다. 밀레투스는 그리스 계몽주의의 본고장이자 중심이었다. 그리고 아리스토텔레스에 따르면, 그는 "최상의 정치 체제에 대해 뭔가를 말하고자 했으나 정치에는 개입하지 않은 최초의 인물"《정치학》, 1267b)이었다.

새로운 도시의 정치 체제를 입안하는 일을 맡은 인물은 당대의 주요 정치 이론가였던 아브데라Abdera의 프로타고라스였다. 이미 알고 있는 대로 투리오이의 정체는 민주적이었고, 아테네와 마찬가지로 시민이 열 개의 부족으로 나뉘어 있었다. 그런데 이게 투리오이에 대해 우리가 알고 있는 전부이다. 그리고 앞서 언급하지 못했지만 할리카르나소스Halikarnassos*의 헤로도토스도 초기 이주자 중 한 명이었다. 그는 산문 작법prose composition, 역사 조사historical investigation라는 새로운 양식을 발명한 역사의 아버지라 불리는 인물이다. 페리클레스는 람폰을 식민지 건설 책임자로 지명함으로써 전통을 존중하는 모양새를 갖추는 동시에 누구보다 그와 뜻이 맞는 시대를 앞서간 친구들에게 합리적 원칙에 기초해 새로운 도시를 건설하는 데 그들의 재능을 써 달라고 부탁하지 않았나 싶다. 그렇다고 하더라도, 그는 결과에 실망했을 것이다. 투리오이가 첫 번째 전쟁에서 패하면서 내분에 휩싸였고, 펠로폰네소스 전쟁 마지막 국면에서 적의 편에 가담했기 때문이다. 비록 투리오이는 로마 제국에서도 존속했지만, 이렇다 할 성과는 남기지 못한 것 같다.

그러나 외교 정책 측면에서 투리오이 건설은 페리클레스 본인의 목표를 달성한 것으로 볼 수 있다. 투리오이 건설 이후 얼마 지나지 않아 드러난 심각한 위기 상황의 결과가 이를 증명한다. 사모스와 밀레투스가 그들 사이에 놓여 있는 한 마을의 지배권을 두고 전쟁을 일으켰다. 사모스섬은 완전히 자율적인 아테네의 동맹 국가로 델로스 동맹의 창립 국가였고, 공납을 전혀 납부하지 않으면서 해군을 보유하고 있던 세 국가들 중 하나였다. 밀레투스 역시 처음부터 델로스 동맹의 회원국이었다. 하지만 두 번이나 반란을 일으켜 응징을 받았다. 밀레투스는 종속적인 동맹이었고, 함대가 없었으며, 공물을 납부했다. 그리고 아테네가 강제로 부과한 민주 정체를 가지고 있었다. 밀레투스한테서 방어 수단을 박탈한 아테네인들은 밀레투스가 강력한 이웃 국가에 파괴되는 것을 가만히 지켜보고만 있을 수 없었다. 그래서 밀레투스에서 사절을 보내 도와 달라고 요청하자 거절할 수 없었다.

---

* 아나톨리아(소아시아) 카리아(Caria)의 남서부 해안에 있던 고대 그리스의 도시로 현재 터키의 보드룸에 해당한다.

아테네인들이 사모스인들에게 이 분쟁을 중재에 맡기자고 요구했지만 거부당했다. 이는 페리클레스에게 제1의 질서the first order, 즉 아테네 제국의 위기로 비쳤다. 이 거절은 간과할 수 없는 반항이었다. 아테네가 강대국으로부터 약한 동맹국들을 지켜 주지 못하면서 리더십을 주장하는 것은 위선이었다. 따라서 페리클레스는 본인이 전면에 나서서 즉각적으로 단호하게 행동했다. 그는 40척의 함대를 이끌고 사모스섬으로 가서 반란을 진압했다. 그리고 과두 정체를 민주 정체로 바꿨고, 상당한 배상금을 물렸으며, 남성 50명과 소년 50명을 인질로 잡아 렘노스Lemnos섬*으로 데려갔다. 그리고 주둔군을 뒤에 남겨 두고 신속하게 본국으로 돌아왔다.

페리클레스가 이처럼 신속하게 대응하자 사모스인들이 크게 놀랐다. 그들은 빨리 냉정을 되찾았고 아테네 함대가 물러나자 더 효과적인 반란을 모의하기 시작했다. 이때까지만 해도 그들이 밀레투스와 싸우고 아테네에 저항한 것은 목적이 제한적이었다. 페리클레스의 공격 이후 사모스 봉기의 주도자들은 격분한 나머지 그들의 저항을 중대한 혁명으로 전환해 아테네와 "제해권을 두고 경쟁"(플루타르코스, 《페리클레스》, 25.3)했다. 그들 중 일부가 대륙[아프리카]과 내륙[소아시아]으로 도망쳐 페르시아의 총독 피수트네스Pissuthnes**에게 갔다. 그는 그들에게 자신의 영토에서 용병을 양성하는 것을 허락했다. 또한 렘노스섬에서 아테네인들이 붙잡고 있던 인질들을 몰래 빼내 자유롭게 풀어 줬다. 공모자들과 용병들이 야밤을 틈타 사모스섬으로 돌아와 민주주의자들과 아테네의 주둔군을 불시에 습격했다. 승리를 거둔 사모스의 과두주의자들이 마지막 저항의 표시로 사로잡은 아테네의 주둔군과 제국의 관리들을 소

---

* 에게해 북부에 있던 고대 그리스의 섬.

** 아케메네스 왕조의 리디아 총독으로 기원전 440년에서 415년까지 재임했다. 그의 아버지는 페르시아 제국의 전성기를 일군 다리우스 1세(Darius I, B.C. 550?~B.C. 486?)의 아들 히스타스페스(Hystaspes)였다. 아케메네스 왕조는 아케메네스를 시조로 하는 페르시아 제국으로 한때 동쪽으로는 아프가니스탄에서 흑해 연안의 대부분 지역과 소아시아 전체, 서쪽으로는 발칸반도에서 이집트와 리비아 등 아프리카 북부를 통치했다.

아시아의 페르시아 총독에게 보냈다.

사모스인의 반란 소식이 제국 곳곳으로 퍼져 나가면서 많은 곳에서 경쟁적으로 반란을 촉발했다. 그중 가장 위태로운 곳이 비잔티움Byzantium*이었다. 비잔티움은 보스포루스 해협을 지나는 아테네의 주요 곡물 수송로에 걸쳐 있었다. 레스보스섬의 주요 도시였던 미틸레네는 자체 해군을 보유하고 있었는데, 스파르타로부터 지원 요청이 오기만을 기다렸다가 반란에 합류했다. 아테네를 궁극적으로 붕괴시킬 수 있는 두 가지 요소들, 즉 제국 내부에서의 반란과 페르시아의 지원이 이제 채비를 마친 상태였다. 모든 것이 스파르타의 결정에 달려 있었다. 스파르타인들이 이 분쟁에 거리를 두면 반란이 잠잠해지면서 페르시아인들 역시 뒤로 물러설 공산이 컸기 때문이다. 스파르타의 지원 여부는 이제 코린토스의 결정에 달려 있었다. 펠로폰네소스인들 가운데 코린토스인들만이 아테네에 도전하기 위해 필요한 함대를 건조할 수 있었기 때문이다.

펠로폰네소스인들과 평화롭게 공존한다는 페리클레스의 정책이 중대 국면을 맞이했다. 스파르타인들과 그들의 동맹국들, 특히 코린토스인들이 투리오이 건설을 아테네 제국이 서쪽으로 진출하기 위한 전조로 간주할 경우 그들은 에게해에서 일어난 반란을 엄청난 전략적 기회로 이용하리라고 예상할 수도 있었다.

스파르타인들이 사모스의 요청에 따라 펠로폰네소스 동맹 회의를 소집했다. 코린토스의 개입이 이번 사태의 결정적인 변수인가를 두고 의견이 엇갈렸다. 나중에 코린토스의 대변인이 아테네 평의회에 출석해 "우리는 다른 펠로폰네소스인들이 사모스인들을 도와야 할지 말지 의견이 갈렸을 때 당신들에게 반대표를 던지지 않았습니다."라고 말함으로써 스파르타가 사모스를 돕는 것을 막은 자신들의 공적을 인정받았다. 회의는 어떠한 결정도 내리지 못하고 끝났다. 이에 따라 사모스의 운명

---

* 콘스탄티노플의 옛 이름으로 지금의 이스탄불에 해당한다.

페리클레스

이 결정됐고 전면적인 반란이 일어나고 페르시아가 깊이 개입할 것이라는 예상도 물거품으로 끝났다.

아테네에 대한 코린토스인들의 증오는 20년 전으로 거슬러 올라간다.* 그리고 그들은 겨우 몇 년 뒤에 일어난 결정적인 위기에서 아테네에 대항하는 전쟁을 적극 지지하고 나섰다. 그랬던 그들이 기원전 440년에는 왜 피스메이커peacemaker처럼 행동했을까? 가장 그럴듯한 설명은 당시에 아테네인들은 제국을 서쪽으로 확장하려고 하지 않는다는 페리클레스의 주장을 진심이라고 믿었고, 그러면 투리오이에 식민지를 건설하는 것이 그들에게 해가 될 것이 없다고 간주했다는 것이다. 페리클레스가 투리오이를 범그리스적 정착지로 만들겠다고 주장한 것도 별다른 의심 없이 이런 식으로 이해됐다. 따라서 이와 같은 인식이 전쟁 없이 위기 상황을 해소하는 데 도움이 됐다고 볼 수 있을 것이다.

이제 페리클레스는 펠로폰네소스인들이 개입하지 않기로 결정했음에도 불구하고 중대한 도전으로 남아 있던 사모스의 반란을 자유롭게 진압할 수 있었다. 사모스의 함대는 아테네와 "제해권을 두고 경쟁할 수 있을 만큼" 충분히 강했다. 실제로 진압 전쟁이 끝나기 전에 그들이 "아테네로부터 제해권을 얼마 동안 빼앗은 적도" (플루타르코스, 《페리클레스》, 25.3: 투키디데스 8.76.4) 있었다. 다시 한번 페리클레스가 직접 함대를 이끌고 사모스로 항해했다. 군사적 위협이 대단했다. 사모스의 해군이 훌륭하게 대처했기 때문이다. 한번은 사모스인들이 아테네의 함선들을 2주 동안 섬 주변 해역 밖으로 몰아내기도 했다. 이런 해군을 아테네인들은 증원 함대가 도착하고 나서야 겨우 무찌를 수 있었다. 이때마저도 사모스인들은 항복하지 않고 9개월 동안 포위 공격을 버텨 냈다. 페리클레스가 포위 공격을 지휘했는데, 페르시아 해군의 페니키

---

* 코린토스인들이 아테네를 증오하게 된 것은 원래 펠로폰네소스 동맹이었던 메가라가 스파르타를 배신하고 아테네와 동맹을 맺은 것이 계기였다. 이 동맹이 제1차 펠로폰네소스 전쟁(기원전 460년에서 기원전 445년)의 도화선이 됐다.

아 분견대가 사모스인들을 도와주러 오고 있다는 소문이 돌면서 상황이 복잡하게 돌아갔다. 비록 페니키아인들이 오지 않았음에도 불구하고, 그들이 오고 있다는 소문과 사모스인들의 대단한 결기가 스파르타가 도와줄 의사가 없었음에도 불구하고 반란이 다른 지역으로 확대될 수 있는 위기 상황을 조성했다.

아테네 제국에서 반란의 위협은 과두제 국가든 민주제 국가든 항상 부자들과 귀족들 사이에서 가장 컸다. 페리클레스는 이들을 믿을 수 있을지 확신을 얻고자 그의 함대를 남겨 두는 대신 의도하지 않게 얻은 기회를 이용했다. 이해[기원전 440년]에 선출된 열 명의 장군들 중 한 명이 비극 시인 소포클레스였다. 그와 동시대인이었던 키오스의 음유 시인 이온은 소포클레스를 믿고 임무를 맡길 수 있는 적임자가 아니라고 말했는데 옳은 지적이었다. 즉, 그는 "아테네의 상층 계급의 여느 누구와 마찬가지"(아테나이오스, 《현자의 연회》, 603d)였다. 원래 소포클레스는 키몬의 친구들과 가깝게 지냈던 것 같다. 하지만 키몬이 도편 추방에서 돌아온 뒤에 페리클레스주의자들의 틈에 묻혀 들어간 뒤로는 그와 다정하게 지냈다. 부자에다 귀족이며 저명했던 그는 아테네 제국의 귀족들 입장에서는 사절로서 더할 나위 없었다. 그리고 페리클레스도 당시 그의 충절이 무엇보다 필요했다.

페리클레스는 사모스섬을 공격할 증원 부대가 도착하기를 기다리는 동안 소포클레스를 동맹국들 가운데 유일하게 자치권과 함대를 보유하고 있던 키오스와 레스보스로 보냈다. 이 두 섬사람들이 아테네에 계속해서 충성을 보낸 데에는 의심의 여지 없이 여러 이유가 있었다. 그러나 페리클레스가 시인-외교관poet-diplomat을 선택한 데에도 나름의 이유가 있었다. 그의 임무는 매우 성공적이었다. 두 개의 주요 섬들이 반란을 일으키지 않은 것은 물론이고 함대를 보내 아테네인들이 사모스섬을 포위 공격하는 것을 도와주었기 때문이다.

기원전 439년, 사모스가 9개월을 버틴 끝에 항복했다. 이어 곧바로 비잔티움이 뒤따랐다. 사모스인들은 그들이 세운 성벽들을 허물고, 함대를 포기하고, 민주 정체를 받아들이고, 1300달란트의 전쟁 배상금을 26년에 걸쳐 나눠 납부해야 했다. 1년에 50달란트는 상당히 부담스러운 액수였다. 대신 그들은 공물을 납부하지 않았고 주둔군이나 클레루키아들을 받아들이지 않아도 됐다. 상대적으로 저항이 거세지 않았던 비잔티움은 이전과 동일한 조건으로 제국에 복귀했다. 추방당하거나 처형되거나 토지를 몰수하지 않았다.

사모스인들의 반항, 그들의 격렬한 저항, 페르시아인들과의 공모, 제국에서 일어난 전면적인 반란의 위협, 그리고 그들이 펠로폰네소스인들에 맞서 전쟁을 선동했었던 것이 아테네인들을 놀라게 했을 뿐만 아니라 화나게 만들었을 것이다. 아테네에서 이를 엄벌해야 한다는 정서가 틀림없이 있었겠지만[17], 페리클레스는 아테네인들을 안심시키고 그들의 분노를 억누를 수 있었다. 이런 관대한 태도가 펠로폰네소스 전쟁이 일어나기 이전에 페리클레스가 제국을 관리하는 방식이었다. 이 시기를 기준으로, 그리고 페리클레스 사후에 아테네인들이 보인 극명히 다른 행태에 비춰 볼 때, 그의 방식은 확고하면서도 적절한 정책이었다. 이런 식으로 페리클레스는 제국의 안전을 지키고 반란들을 진압하는 데 자금을 낭비하는 것을 피하고자 했다.

하마터면 큰 전쟁으로 비화해 아테네 제국을 해체시킬 수도 있었던 반란이 이렇게 끝이 났다. 페리클레스는 이번 일로 개인적인 위상이 절정에 도달했다. 그는 키몬의 업적들과 견줄 수 있는 군사적 승리를 거뒀다. 펠로폰네소스인들이 그에게 제공한 외교적 지원, 다시 말해 코린토스인들의 적극적인 지원과 스파르타인들의 그들다운 소극적인 지원이 그들에 대한 그의 정책이 아주 정당하다는 것을 입증했다. 페리클레스가 반란 세력을 너그럽게 다뤘다는 것, 그리고 람폰과 소포클레스 같은 전통적이고 존경받는 인물들을 중용했다는 것은 멜레시아스의 아들 투키디데스가 그를 비도덕적이고, 공격적이고, 급진적으로 그리고자 했던 이미지를 불식시키고도 남는다.

페리클레스가 사모스섬에서 목숨을 잃은 전사자들에게 추도사를 할 인물로 선정됐다. 그의 추도사는 굉장히 감명 깊었다. 플루타르코스에 따르면, 그가 연단에서 내려오자 "여인네들이 마치 그가 운동 경기에서 우승한 선수라도 되는 것처럼 그의 손을 부여잡았고, 머리띠fillets를 묶어 주었으며, 머리에 화환을 씌워 주었다".(《페리클레스》, 28.4) 그렇다고 모두가 그의 연설에 감명한 것은 아니었다. 일부는 페리클레스가 사모스인들과 전쟁을 한 것은 정부mistress 아스파시아Aspasia[B.C. 470?~B.C. 400]*가 자신의 고향 밀레투스를 대신해서 그에게 요구했기 때문이라는 비방을 퍼뜨렸다. 플루타르코스에 따르면, 다소 의외의 인물이 그의 추도사에 부정적인 반응을 보였다. 페리클레스가 추도사를 끝낸 뒤 여인들에 둘러싸여 있을 때 키몬의 누이동생 엘피니세가 다가와 이렇게 말했다. "이것들이 당신이 거둔 놀라운 공적들이죠, 페리클레스. 우리의 많은 선량한 시민들의 목숨을 빼앗고, 제 오빠인 키몬이 했던 것처럼 페니키아인들이나 페르시아인들과 싸운 게 아니라 우리와 피를 나눈 동맹 및 도시와 싸워 그들을 복종시킨 것 말이에요."(《페리클레스》, 28.4) 이와 같은 인식은 추방당한 지도자인 투키디데스를 여전히 추종하는 강경파들 사이에 널리 퍼져 있었을 것이다. 그러나 페리클레스는 별로 개의치 않았다. 이런 견해에 동조하는 아테네인들이 많지 않았을 뿐만 아니라 최근까지 그와 경쟁했던 투키디데스의 자리를 차지하기 위해 나서는 이들이 없었기 때문이다. 그러므로 기원전 439년에 페리클레스는 사실상 이렇다 할 경쟁자가 없는 상황에서 아테네가 오랫동안 목격한 적이 없던 시민들 간의 합의를 이끌어 내는 데 크게 기여했다.

사모스섬에서 일어났던 사건 역시 제국의 힘을 강화했다. 그것이 반란을 진압하는 아테네의 능력과, 스파르타나 페르시아의 지원에 의존하는 것이 기본적으로 큰

---

* 이오니아의 밀레투스 출신으로 페리클레스의 정부였다. '헤타이라(hetaira)'라고 불린 고급 창부로 지식과 언변 등 교양 수준이 높아 상류층들을 상대로 한 연회에서 시를 읊고 담론을 즐겼다. 수학자 아르키메데스, 소크라테스, 플라톤 등 당대의 수많은 지성과 교류했으며, 소크라테스는 그녀를 변증법과 수사학에 있어서는 최고의 스승이라고 불렀다.

페리클레스

위험 부담이 있음을 보여 줬기 때문이다. 펠로폰네소스가 적극적으로 관여하지 않은 것은 기원전 446년~기원전 445년에 스파르타인들과 그들의 동맹국들이 이미 받아들였던 상황[30년 강화 조약]이 여전히 유효하다는 것을 확인해 줬다. 사모스의 반란 이전보다 이후에 더 평화로우리라고 생각하는 것은 당연했고, 이제 페리클레스는 그의 출신 도시의 찬란한 영광을 위해 자신의 구상vision을 추구할 수 있는 재정적 · 정치적 자원을 확보했다.

선지자

7

페리클레스는 정치 지도자로서 오랫동안 자리를 지킨 덕분에 대다수의 정치인들과 관리들이 빠져드는 당면한 관심사들에서 벗어나 자신만의 원대한 목표들을 추구할 수 있었다. 그의 말과 행동을 보면 그가 세상을 단지 있는 그대로 받아들이는 것이 아니라 마음속으로 구상한 대로 만들고자 하는 상당히 이례적인 사람들 중 한 명이었다는 것을 알 수 있다. 여러 증거로 볼 때 페리클레스가 자신의 도시에 대해 그런 전망을 품고 있었다는 것, 그가 그것을 실현하기 위해 노력했다는 것은 틀림없는 사실이다. 그는 이 세계가 그때까지 알고 있었던 가장 위대한 정치 공동체, 즉 영광glory과 불멸immortality이라는 인간의 가장 강렬한 열망을 실현할 공동체를 창조할 수 있는 기회를 포착했다. 이러한 열망을 충족하기 위해서는 엄청난 불평등을 감수해야 한다. 그러나 페리클레스는 이것들을 법적이고 정치적인 평등에 기초한 민주 정체의 시민들에 의해 달성할 수 있다고 믿었다. 동시에 그는 이전에는 결코 알지 못했던 삶의 질quality of life을 만들어 내고자 했다. 그가 의도했던 삶의 질은 사람들이 사적인 이익을 추구할 수 있도록 할 뿐만 아니라 그들의 이익을 도시를 위해 맡김으로써 그것이 위대해질 수 있는 힘reason을 기르고 의존하기도 하는 최상의 목표를 추구하게 하는 것이었다.

이런 전망을 실현하고 그것의 장점을 다른 이들에게 설득하기 위해 페리클레스는 최상의 인간 생활best human life에 대한 초창기의 매력적인 두 가지 관점을 극복할 필요가 있었다. 그중 오래된 것이 호메로스의 서사시에서 유래한 귀족적 이미지였다. 이 이미지는 수백 년 동안 그리스 사회를 지배하면서 줄곧 강력한 매력을 발산했다. 새로운 이미지는 스파르타가 제시한 것으로 기원전 7세기에 형성돼 곧바로 많은 이의 상상력을 사로잡았고 수 세기 동안 그리스 사상가들을 매혹시켰다. 이 두 가지 관점은 페리클레스가 제안한 새로운 구상에 중대한 걸림돌이었다. 그는 전자는 자신의 목적에 맞게 변용함으로써, 후자는 그가 아테네에 도입했던 새로운 사회에 비해 열등하다고 치부하면서 맞섰다.

페리클레스의 구상은 폴리스가 공동체적이고 시민적인 덕목들values을 줄곧 가문, 씨족, 부족에 의해 조직된 사회에 강제하고자 했던 지난한 과정의 정점이었다. 낡은 윤리적 전통은 주로 호메로스의 서사시에서 나왔는데, 그의 서사시는 영웅들의 덕목을 높게 평가했다. 아킬레스가 트로이에 싸우러 간 것은 국가적, 민족적 또는 공동체적 대의가 아니라 개인적 목적, 다시 말해 도시들을 정복하고 전리품을 확보하는 등 호메로스가 **아레테**arete*라고 부른 영웅적 탁월성heroic excellence을 과시하기 위해서였다. 이런 과시를 통해 자신의 위대한 공적들에 대한 기억이 세대를 거쳐 전수되고, 호메로스 같은 시인들이 찬미함으로써 불멸의 명성 같은 것을 얻기를 바랐다.《일리아드》의 첫 장면에서 아킬레스는 거만한 아가멤논Agamemnon**으로 인해 명성과 체면이 실추되자 그리스인들이 연신 패배하고 있는데도 전투는 하지 않고 부루퉁한 표정으로 막사 안에 처박혀 있다. 심지어 그는 신들에게 그가 아가멤논에게

---

*   탁월성 같은 것 또는 도덕적 미덕을 의미하는 그리스어.

**   아가멤논은 펠로폰네소스반도의 여러 지역에서 높이 추앙했던 영웅의 이름이다. 그러나 역사상 실존했는지는 불분명하다. 아가멤논이 처음 등장하는 곳은 호메로스의《일리아드》이다. 이후 그의 주변에서 일어난 일화와 전설이 고대 그리스 문학의 주요 소재 중 하나가 됐다.

복수할 수 있게 적을 도와주라고 부탁까지 한다. 그가 이렇게 한 이유는, 그의 말을 직접 빌리면, "그가 최고의 아카이아인에게 경의를 표시하지 않았기" 때문이었다.

처음부터 그리스인들은 인간의 죽음mortality이라는 위대한 진리에 정면으로 맞섰다. 그들은 다른 문화들이 이 무시무시한 진리를 회피하기 위해 사용한 두 가지 중요한 장치들에 위안을 얻지 못했다. 우선, 그들은 인간이 아주 하찮은 존재라는 것, 이 광활한 우주에서 티끌만 한 먼지, 즉 인간의 죽음이 설명할 수 없는 것임을 믿지 않았다. 대신에 그들은 인간은 신들과 같은 종족, 즉 놀라운 업적들을 성취할 수 있는 피조물이라고 생각했다. 이뿐만 아니라 그들은 인간의 불멸도 믿지 않았다. 오히려 죽음은 축복이고, 고통스럽고 비참한 삶에서 해방되는 것이자 천국으로 들어가는 문이라 생각했다. 죽음은 끝이다. 그리고 그 너머에는 침묵과 어둠이 있다. 따라서 호메로스의 덕목과 가치는 세속적이고 개인적인 것이었다. 용기, 힘, 군사적 용맹, 설득력, 노련함, 아름다움, 재산 같은 것들이 **아레테**의 사례들, 즉 선량하고, 운이 좋고, 행복한 사람이 지니는 탁월한 특성들이었다. 이런 것들 가운데 일부는 노력하면 얻을 수 있었다. 나머지는 이성으로는 알 수 없는 운명의 선물이었다. 반대로 이러한 덕목들에 대한 보상이 **클레오스**kleos*, 즉 죽지 않고 영원할 것이라는 기대를 품었던 명성과 영광이었다.

기원전 8세기 어느 시점에 폴리스가 등장했을 때, 그 욕구가 곧장 낡은 영웅적 에토스ethos와 갈등을 일으켰다. 폴리스는 정치적 공동체이자 비슷한 공동체들의 세계에서 서로 경쟁하는 독립적 실체sovereign entity였다. 전쟁은 일상이었다. 그리고 살아남아 번창하기 위해 각 폴리스는 시민들의 헌신과 희생을 요구했다. 이와 같은 헌신을 얻을 수 있는 한 가지 방법이 진정한 정치적 삶을 창조하는 것이었다. 이는 역

---

* 그리스어로 명성 또는 영광이란 뜻. '다른 사람이 나에 대한 명성을 듣다'라는 뜻의 그리스어 동사 '클루에인(kluein)'에서 왔다.

사상 처음 있는 일로 진정한 정치적 삶은 이전에 극소수만이 수행할 수 있었던 인간의 역량을 능동적인 시민들이 수행할 수 있도록 했다.

대다수 폴리스가 귀족적이거나 과두적인 정체를 가지고 있었지만, 독립적인 민회sovereign assemblies에서 토론을 통해 도달한 법에 의해 지배됐다. 그리고 법은 시민들이 자신들 중에서 선출한 평의회 의원들과 집정관들이 집행했다. 재판은 다시 한번 시민들로 구성된 민중 법정에서 법에 따라 수행됐다. 대다수 그리스 도시들에서 그랬던 것처럼 초기 아테네에서 정치적 참여는 한편으로는 자유인과 귀족을, 다른 한편으로는 노예나 하층민churl을 구분하는 결정적인 요소였다. 정치적 삶을 빼앗긴 그리스인들은 엄청난 상실감에 빠졌다. 미틸레네 출신의 시인 알카이오스Alkaeos[B. C. 621?~B.C. 560?]*가 추방당했을 때 그는 자신의 집과 농지를 잃는 것보다는 정치 생활에 참가하지 못하게 된 것을 불평했다. "아게실라다스Agesiladas**, 나는 전령이 민회와 평의회를 소집하는 소리가 무척 듣고 싶다네."(알카이오스, 단편 130) 공공 회합에서 멋지게 연설을 함으로써 지지를 이끌어 내는 것은 폴리스만이 줄 수 있는 선물, 즉 웅변이라는 수단으로 **클레오스**를 얻을 수 있는 길이었다.

이러한 장점들 외에도 폴리스의 초기 개척가들champions은 그것이 문명화된 삶에 꼭 필요하다는 것, 따라서 고귀한 희생을 할 만하다는 것을 보여 주고자 했다. 기원전 6세기 초의 아테네 입법가였던 솔론Solon[B.C. 638?~B.C. 559?]***은 한발 더 나아가 폴

---

* 그리스 레스보스섬의 미틸레네 출신이며 귀족주의자로 민중의 정치적 요구에 맞서 싸웠다. 그가 쓴 시가 알렉산드리아 시대에 10여 권 이상 되었다고 하나 현재는 단편 이외에 전해지는 것이 없다. 지금 남아 있는 그의 시는 모두가 레스보스섬 방언으로 엮어 있으며, 격정적인 전술, 전투, 정치적 분쟁과 이에 얽힌 개인적 분노를 노래한 것들이다.

** 아게실라다스가 정확히 누구인지는 밝혀지지 않았다. 알카이오스의 친구 중 한 명으로 추정하고 있다.

*** 기원전 650~기원전 480년에 아테네의 정치, 경제, 도덕이 쇠퇴하는 가운데 이에 맞서 새로운 법을 세우고자 했다. 기원전 594년에 아테네 시민들이 그에게 대대적인 정치 개혁을 맡겼다. 솔론은 토지 생산물의 많고 적음에 따라 시민을 4등급으로 나누고, 각 등급에 따라 참정권과 군역의 의무를 정했다. 솔론의 개혁은 단기적으로는 실패하였으나 아테네의 민주 정체의 기초를 세우는 데 기여했다는 평가를 받는다.

리스를 잘 통치하는 것이 불공정, 파벌, 혼란을 방지하는 최선의 방법이라고 주장했다. "그것[폴리스]이 인간 세계의 모든 것을 현명하고 완벽하게 만든다."

그러나 이러한 이점들은 그 자체로 중요하기는 했지만 모든 사람이 원하는 가장 기본인 정신적 욕구, **클레오스**와 불멸에 대한 욕구를 충족하지 못했다. 부유한 귀족들은 운동 경기에서 승리하면 핀다로스 같은 시인들에게 돈을 주고 자신들의 업적memories을 시로 지어 기념할 수 있었고, 위대한 건축가들과 조각가들을 후원해 공적비를 세울 수 있었으며, 그 가운데 진짜 부자들은 심지어 신전을 건설해 본인의 이름으로 봉납할 수 있었다. 그러나 대다수 시민은, 비민주적인 국가들에서조차, 그런 기회를 누릴 수 없었다.

그럼 평범한 사람은 어떻게 **클레오스**를 성취할 수 있었을까? 헤로도토스에 의하면, 솔론이 몇 가지 답을 주었다. 비록 역사적으로 사실이었는지 미심쩍기는 하지만 비유적으로는 그럴듯하게 들린다. 리디아의 마지막 왕 크로이소스는 세상에서 가장 부유한 인물이었다. 그래서 당연히 자신의 이름이 거론될 것으로 예상하고 아테네의 현자인 솔론에게 누가 가장 행복한 사람인지 물었다. 솔론은 "아테네의 텔루스Tellus"라고 대답했다. 크로이소스는 물론이고 아테네인들을 제외하면 어느 누구도 들어 본 적이 없는 이름이었다. 크로이소스가 이유를 묻자 솔론이 이렇게 대답했다.

텔루스의 폴리스는 부유합니다. 그리고 그는 귀한 자식들의 아버지입니다. 그는 아이들 모두가 태어나는 것을 지켜봤습니다. 그들 모두 장성했습니다. 그리고 사람들과 잘 어울리며 평탄한 삶을 살다가 명예롭게 죽었습니다. 엘레우시스Eleusis*에서 아테네인들과 이웃 나라 사람들 사이에 전투가 벌어졌을 때 동료 시민들을 도우러 가서 적을

• 아테네에서 북서쪽으로 20킬로미터 떨어진 곳에 있는 도시로 사로니코스만 북쪽 끝과 가깝다.

패주시킨 뒤 아주 고결하게 죽었습니다. 아테네인들은 그가 쓰러진 지점에 그를 묻어 주었는데[마라톤 전쟁에서 죽은 자들만이 이런 특별한 영예를 안았습니다] 그에게 엄청난 영광이었을 것입니다.(헤로도토스,《역사》, 1:30)

이 이야기는 그리스의 덕목들에 대해 많은 것을 말해 준다. 행복은 어디에 있을 까? 적당한 물질적 만족, 건강, 장수, 사랑스러운 자식 그리고 **클레오스**를 성취할 수 있는 기회에 있었다. 이 중 마지막 두 가지는 가족과 폴리스의 기억 속에 보존되 는 불멸에 대한 세속적 희망을 나타낸다. 그러나 헤로도토스의 이야기에서도 그런 영광은 극소수에게만, 다시 말해 위대한 위업을 수행할 수 있는 능력과 기회를 가 진 사람들에게만 돌아간다. 평범한 시민은 그의 폴리스에서조차 정신적 욕구를 충 족할 수 없었다. 각자 알아서, 다시 말해 필요할 경우 폴리스를 희생해서라도 자신 의 이익과 가족의 이익을 추구하는 데서 찾아야 하는 것이었다.

스파르타인들은 이와 같은 폴리스의 근본 문제를 가장 극단적인 방식으로 맞섰 다. 그들은 펠로폰네소스반도의 라코니아와 메세니아 지역을 지배했는데, 전체 인 구로 볼 때 그들은 아주 극소수였다. 일찍부터 그들은 모든 경제 활동, 즉 농업, 목 축, 교역, 수공업, 제조업을 포함해 본인들과 가족들을 부양하는 데 필요한 일반적 인 수단들을 포기했다. 교역과 제조업을 위해 필요한 것이 있으면 **페리오이코이** perioikoi에 의존했다.* 페리오이코이는 라코니아의 자유로운 공동체들에서 살던 사람 들로 외교 정책의 권한을 스파르타인들에게 넘겨준 채 스파르타가 지휘하는 군대 에서 복무했다. 식량은 헬롯들에 의지했다. 헬롯들은 적어도 7대 1의 비율로 스파

---

* 스파르타는 스파르티아테 또는 호모이오이(Homoioi), 페리오이코이, 헤일로타이(헬롯) 세 개의 계급으로 구성되어 있었다. 헤일로타이는 전쟁 포로와 국가가 소유한 노예였다. 페리오이코이는 자신들의 공동체 를 유지했지만 스파르타에 공물을 바치고, 병력을 제공했다. 스파르티아테는 스파르타의 시민들로 진정 한 스파르타인들이었다.

르타인들을 수적으로 압도했던 스파르타의 국가 노예들이었다. 그들은 자신의 주인을 극도로 증오했고, 기원전 4세기의 저술가 크세노폰의 말에 따르면, "그들을 산 채로 뜯어 먹어도 시원치 않아 했다".（《헬레니카Hellenica》, 3.3.6) 간혹 헬롯들은 반란을 일으켜 스파르타의 생존을 위협했다.

이런 위협에 대처하기 위해 스파르타인들은 그들의 폴리스를 군사 학교military academy와 군부대armed camp로 전환했다. 그들은 삶의 일상적인 즐거움을 포기하고 자신들을 전적으로 국가에 맡겼다. 그들은 폴리스가 그들에게 요구하는 충성과 헌신을 방해할 수 있는 것은 아무것도 없다고 생각했다. 그래서 그들은 사생활을 거부했고, 스파르티아테Spartiate 계급*에게 엄격한 경제적 평등을 강제했고, 가족의 독립성과 자식에 대한 통제권을 약화시켰으며, 개인의 목표들을 국가의 목표들에 전적으로 종속시켰다. 그들은 금전, 예술과 과학, 철학, 심미적 쾌락, 정신적 삶life of the mind을 배척했다. 이 모든 것이 개인주의를 조장하고 폴리스에 헌신하는 것에 방해가 될 수 있었기 때문이었다. 스파르타의 대표 시인 티르타이오스Tyrtaeos는 호메로스의 가치들을 철저히 거부하면서 그것들을 단 하나의 **아레테**, 즉 밀집 대형의 장갑 보병으로서 스파르타를 위해 용감히 싸울 수 있는 용기로 대체했다.

스파르타의 삶의 방식이 다른 많은 그리스인의 감탄을 자아냈다. 하지만 어느 누구도 나서서 스파르타의 체제를 채택하려고 하지는 않았다. 키몬이 평생 동안 스파르타의 폴리스를 칭송하면서 아테네에서 가능한 한 그것을 따라 하려고 했다. 에피알테스와 페리클레스가 지배할 당시 아테네의 민주주의를 확대하는 과정에서 일어난 논쟁을 보면 그의 지지자들이 스파르타의 방식과 새로운 민주 정체를 줄곧 비교하면서 후자를 깎아내렸다는 것을 확인할 수 있다. 스파르타의 체제는 누구보다 귀

---

* 스파르티아테 또는 호모이오이는 '서로 같은 사람들'을 뜻하는 말로 스파르타인들에게는 '동료들' 또는 '지위가 동등한 사람들'로 알려진 스파르타의 남성들을 지칭한다.

족들, 즉 체육장gymnasia에서 소크라테스와 대화를 나누던 "상처 난 귀를 가진"* 젊은 귀족들에게 호소하는 면이 있었다. 그리고 플라톤 같은 철학자들은 그것의 정체를 아테네의 민주 정체에 대한 대안으로 바라보면서 유토피아적 정치 체제를 설계했다.

그러나 현실 세계에서는 어느 누구도 스파르타의 독특한 환경에서나 가능했던 이런 까다로운 생활 방식을 채택할 리 없었다. 페리클레스가 태어났던 당시에 이미 아테네가 도달했던 개방적이고 민주적인 사회에서는 적합하지 않았다. 아테네인들에게는 호메로스가 노래한 개인적이고 가족적인 가치들이 여전히 중요하고 매력적인 것으로 남아 있었다. 그러나 그들의 폴리스는 페르시아의 침공, 제국의 획득, 스파르타와 그 동맹국들의 질투라는 도전들에 맞서기 위해 스파르타와 같은 희생과 헌신을 필요로 했다. 그러나 자유롭고 민주적인 사람들, 즉 분노에 찬 헬롯들의 반란을 두려워할 일이 없는 사람들에게 그들의 사생활을 사회의 필요에 영원히 종속시키라고 말할 수는 없다. 그들의 헌신을 얻기 위해 도시는, 정확히 말하면 도시의 지도자들, 시인들, 교사들은 도시가 요구하는 것과 시민들이 요구하는 것이 양립할 수 있다는 것, 심지어는 도시가 그들의 목표를 달성하는 데 필요하다는 것을 보여줘야 한다. 페리클레스는 도시의 이익과 시민의 이익이 서로 밀접하게 연결돼 있다는 것을 설명할 수 있는 능력이 있었고, 아마 이것이 그가 위대했다는 것을 보여 주는 가장 분명한 증거일 것이다.

자유로운 사회의 시민은 '나의 도시를 위해 내가 왜 목숨을 내놓아야 하는가?'라고 물어볼 권리가 있다. 조국을 위해 군 복무를 하겠다는 의지는 시민들의 가장 기본이면서도 부담스러운 임무이다. 그러나 호메로스의 전통에서 성장한 아테네인은

---

* 고대 올림피아 경기에서 복싱 선수들은 가죽끈으로 손을 감싼 뒤 손가락만 드러낸 채 알몸으로 싸웠다. 이 때문에 귀에 상처가 많이 났을 것으로 보이는데, 플라톤이 이런 복싱 선수들을 "상처 난 귀를 가진 이들"이라고 불렀다.

페리클레스

"어떻게 하면 내가 **클레오스**를, 또 이에 따라 불멸의 기회를 얻을 수 있을까?"라고 물어볼 수도 있었다. 이런 의문들에 대한 페리클레스의 대답은 그가 사망하기 전채 2년도 안 되는 기원전 431년~기원전 430년 겨울, 즉 제2차 펠로폰네소스 전쟁의 첫해가 지난 시점에 낭독한 그의 추도사에서 대부분 찾아볼 수 있다. 이런 엄숙한 추도식은 아테네의 민주 정체에서도 아주 드물었던 일로 다분히 정치적이었다. 왜냐하면 추도사를 낭독하는 연설가는 "판단력이 좋고 명성이 높은 사람으로 폴리스가 선택한"(2.34.6) 사람이었기 때문이다. 페리클레스가 추도사를 할 당시는 사모스전쟁이 한창일 때로 그가 직접 전쟁을 지휘하고 있었다. 하지만 펠로폰네소스 전쟁 첫해에는 어떠한 전투에도 관여하지 않았다. 따라서 그가 추도 연설가로 선택됐다는 것은 그의 재능, 명성, 정치권력에 대해 아테네인들이 보내는 경의의 표시였다.

페리클레스의 추도사는 한동안 지속될 것이 분명해 보이는 전쟁 도중에 이뤄졌다. 그래서 이것의 주요 목적, 다시 말해 전사자들을 찬양하는 것보다 훨씬 더 중요했던 것은, 왜 그들이 그들의 목숨을 감수한 것이 옳았는지 그리고 왜 살아 있는 사람들이 그들처럼 기꺼이 할 수 있어야 하는지 설명하는 것이었다. 이런 측면에서 이 추도사는 에이브러햄 링컨Abraham Lincoln[1809~1865]이 1863년에 게티즈버그Gettysburg•에서 한 연설과 상당히 유사하다. 링컨은 남북 전쟁American Civil War의 대의가 얼마나 위대한지 지적함으로써 몇 가지 질문들에 아주 짧고 간결하게 대답했다. 미국은 "자유를 품은, 모든 인간은 평등하게 태어난다는 주장을 신봉하는 새로운 국가"였다. 승리는 "자유의 새로운 탄생"을 의미하는 것이었고, "국민의, 국민에 의한, 그리고 국민을 위한 정부가 지구상에서 사라지지 않을 것임"을 보장하는 것이었다. 병사들이 목숨을 걸고 싸운 이유는 특별하고 희생할 가치가 있는 정치 체

•　남북 전쟁이 한창이던 1863년 11월 19일, 격전지였던 펜실베이니아주 게티즈버그에서 죽은 장병들을 위한 추도식이 열렸다. 링컨(미국의 제16대 대통령)은 미국의 건국 정신을 지키기 위해 목숨을 바쳤던 병사들의 뜻을 이어받아 살아남은 자들이 민주주의의 이념을 굳건하게 지켜 나가야 한다고 연설했다.

제와 삶의 방식을 유지하기 위해서였다. 페리클레스의 대답도 이와 같았지만 좀 더 구체적이었고, 따라서 더 장황했다. 이때 그는 아테네에 대한 자신의 전망과 그것의 독특한 정체 및 삶의 방식이 낳게 될 시민의 유형을 제시했다. 비록 함축적이기는 했지만, 그가 제시한 것은 스파르타의 생활 방식과는 분명한 차이를 보였다. 그래서 많은 그리스인이 스파르타의 생활 방식을 칭송했지만 페리클레스는 그가 구상하고 있는 아테네에 비해 그것이 열등하다고 보았다.

그는 "우선, 저는 우리가 어떠한 실천들을 통해 현재의 위치에 도달했는지, 그리고 어떠한 정치 체제와 생활 방식으로 우리의 도시가 위대하게 됐는지 분명히 하고자 합니다."라고 말했다. 책임을 다하는 제도들이 아테네에서 처음 등장해 다른 나라들에서 본보기가 됐다. 물론 그런 제도들은 민주적이지만, 페리클레스는 민주주의의 적들이 제기하는 공격에 반박하기 위해 그것이 무엇을 의미하는지 설명한다. 민주주의에 적대적인 자들은 그것이 너무 평등에 집착한다고 강조하면서 공직을 추첨으로 나누는 것이 얼마나 어리석은지, 공무 수행의 대가를 지불하는 것이 얼마나 사악한 것인지, 심지어는 민주적 원리 그 자체의 결함들에 대해 불평을 늘어놓았다.

플라톤은 민주주의가 부당하게 "동등한 사람이나 동등하지 않은 사람에게 똑같이 나눈다."(《국가》, 55C)라고 주장한다. 뒤에 아리스토텔레스는 민주 정체들에서 정의는 "산술적 평등을 누리는 것이지 능력에 따른 비례적 평등을 누리는 것이 아니다."(《정치학》, 1317b)라고 주장했다. 민주주의의 비판가들 역시 자유liberty라 불리지만 실제로는 허가licence나 무법lawlessness에 지나지 않는 왜곡된 개인주의perverted individualism를 지적했다. 또한 그들은 시민들의 성품이 고르지 못하다고 불평했는데, 이런 시민들은 종잡을 수 없이 다양한 활동에 종사하고 어느 것 하나 제대로 정통하지 못해 전투 능력에 부정적인 영향을 미친다는 것이었다. 비판가들은 아테네의 정체가, 스파르타의 정치 체제가 했던 대로, 그리고 많은 그리스인이 온당하게 생각했던 것처럼 모든 시민에게 공통된 각인common stamp을 찍지 못한 것이 가장 실패한 점이라고 보았다. 플라톤은 아테네 민주주의가 제공한 자유는 많은 이에게 좋은 일이라고 인정했지만, 그의 개인적인 판단은 우호적이지 않았다. 즉, 민주주의는 "마음에 드는 무정부적 사회 형태로 다양성은 풍부하지만, 모든 사람을 그들이 동등하든 그렇지 않든 상관없이 평등하게 대한다."《국가》, 558C)라고 말했다. 그런 정체가 낳는 인간은 다음과 같은 결점이 있다고 했다.

> 그는 당장의 욕구를 탐닉하면서 하루하루를 살아가는데, 가끔은 술을 마시면서 피리에 심취하기도 한다네. 그러다가 한동안 물만 마셔 몸이 야위면 이제 체육에 열을 올리지. 때로는 모든 것을 내팽개치고 게으름을 피우다가도 다시 철학자인 양 살기도 하고, 간혹 정치에도 열심이어서 자리에서 일어나 머리에서 생각나는 대로 지껄이고 행동한다네. 그리고 전사인 사람이 부러우면 그쪽으로 관심을 두고, 장사하는 사람이 부러우면 또 그쪽에 관심을 두지. 그의 인생은 법도 질서도 없다네. 그런데도 그는 이렇게 종잡을 수 없는 생활을 즐거움이니 축복이니 자유니 하면서 그런대로 살아가지.《국가》, 561C)

플라톤과 아리스토텔레스의 저술은 페리클레스가 사망하고 나서 한참 뒤에 쓴 것이기 때문에 이런 묘사들이 특정 시기에 국한되지 않는 아테네 민주주의의 일반적인 모습이었는지는 확실치 않다. 그러나 그것들은 아테네 민주주의에 대한 당대의 비판들을 분명히 반영했다. 페리클레스는 추도사를 이용해 이러한 비판들에 적극적으로 대응하면서 그가 구상하는 도시가 어떻게 그것들을 충족하고 있는지 보여 줬다. 그의 추도사에 그려진 아테네인들은 이상적인 모습들로 이후 일어난 사건들은 칭찬할 만한 것이 없는 아테네 사회의 어두운 면을 드러냈다. 그러나 본질적으로 추도사가 의도했던 것은 아테네인들이 당시 경주하던 노력들[펠로폰네소스 전쟁과 건축 계획]을 탁월한 것으로 정당화함으로써 그들을 고무하는 것이었다. 또한 페리클레스가 싸우기로 결심하고 선택한 전략이 정치 공격을 심하게 받고 있었을 때 이 전쟁을 정당화하려는 실질적인 목적도 있었다.

추도사에는 경쟁, 탁월 또는 장점, 그리고 이에 대한 보상으로 불멸의 영광을 강조하는 영웅적 전통이 제기한 도전에 맞서는 부분도 있다. 이러한 귀족적 가치들은 모든 그리스인에게 한시도 매력을 잃은 적이 없는 것들로 페리클레스는 이것들을 아테네 민주주의의 가치들로 끌어들였다. 그는 민주주의가 모든 것을 하향 평준화함으로써 탁월성에 등을 돌렸다는 생각을 거부했다. 대신 다른 정체들과 사회들이 부수적으로 부과하는 장애물들을 제거함으로써 모든 이가 탁월성과 명예를 위해 경쟁할 수 있게 열어 놨다.

페리클레스는 당대 비판가들의 주요 표적이었던 공직 할당제의 도입과 대가 지급에 대해 직접적으로 언급한 적이 없었다. 이는 모든 이의 타고난 재능을 해방시켜 정치적 삶에 참여하고 폴리스에 복무할 수 있도록 하는 수단이었을 뿐이다.

> 우리의 도시는 그것이 소수가 아닌 다수에 의해 통치되기 때문에 민주주의라고 불립니다. 사적인 분쟁의 영역에서 모든 사람은 법 앞에 평등하지만, 공적 영예의 문제에 있어서는 모든 사람이 계급이 아니라 훌륭한 명성과 능력[아레테]에 따라 판가름됩니다. 더구나 도시를 위해 좋은 일을 할 수 있는 재능이 있다면, 가난하거나 태생이 천하다고 해서 누구든 배제되지 않습니다.(2.37.1)

귀족들은 가난한 사람들이 자유롭지 못하다고 믿었다. 그들이 가난해서 한가할 틈이 없었고, 따라서 공적 생활에 참여할 기회가 없었기 때문이었다. 그러나 페리클레스 시대의 아테네는 전반적으로 풍요로웠고 공무 수행에 대가를 지급받다 보니 평범한 사람들도 다른 나라들에서는 생각도 못 하는 여유가 있었다. 따라서 페리클레스는 "우리는 자유인들[엘로이데로이]*로서 공적 생활을 수행합니다."(2.37.2)라고 주장한다. 부유한 사람이든 가난한 사람이든 자신의 경제적 이해관계에 따라 정치에 참여하는 것이 금지되지 않았다.

> 그리고 같은 사람들이 개인적인 일과 정치적인 문제들에 함께 관심을 갖습니다. 자신의 개인적 용무에 더 관심을 기울이는 사람들도 정치에 대한 판단력이 뒤지지 않습니다. 유독 우리만 정치에 참여하지 않는 사람을 자기 일에만 신경 쓰는 사람이 아니라 '무용한 사람'**으로 간주합니다. 그리고 우리는 공적인 문제들을 우리 스스로 결정하고, 아니면 적어도 그런 것들을 잘 이해합니다.(2.40.2)

그러므로 페리클레스는 아테네 민주주의가 모든 시민에게 정치적 삶에 참여해 자신의 운명을 결정하도록 함으로써 그들을 고귀한 존재로 끌어올린다고 주장한다.

더 나아가 페리클레스는 아테네 시민들에게 노블레스 오블리주noblesse oblige***라고 부를 수 있는 고귀한 품성을 요구한다. "우리는 대다수 사람들과 달리 정신[아레테]도 고귀합니다. 왜냐하면 우리는 호의를 받는 것이 아니라 베풂으로써 친구들을 사귀기 때문입니다……." 마지막으로 페리클레스는 아테네 시민들이 다양한 활동들에 종사하는 것을 칭송한다. 이는 플라톤이 경멸한 대상이었지만 보통은 귀족 정체의 또 다른 특성이라는 것을 기억해야 한다. 그리스의 귀족들은 숙련된 아마추어로 사는 것을 이상으로 여겼다. 무엇보다 음악, 운동 경기, 전투 같은 다양한 기술에

---

* 엘로이데로이(eleutheroi)는 자유인이란 뜻으로 '자유로운'이란 뜻의 형용사 엘로이데로스에서 파생했다. 고대 그리스에서 노예와 대비해 자유로운 시민을 뜻하는 개념으로 사용했다.

** 따옴표는 문맥의 이해를 돕기 위해 옮긴이가 표시한 것이다.

*** 프랑스어로 '고귀한 신분(귀족)'이라는 노블레스와 '책임이 있다'는 오블리주가 합해진 단어로 높은 사회적 신분에 상응하는 도덕적 의무를 뜻한다.

능숙했지만 전문적으로 어느 하나에 전념하지 않았다. 그들은 모든 사람이 각자 자신이 가장 잘할 수 있는 것 한 가지만 해야 한다는 플라톤의 생각이 섬뜩했을 것이다. 아마 페리클레스가 묘사한 아테네인들도 마찬가지였을 것이다.

이런 귀족적 덕목들이 수여하는 보상들은 정확히 서사적 영웅들이 추구했던 것들, 즉 위대함, 힘, 영광, 명성이다. 페리클레스에게 아테네 자체는 과거든 현재든 이런 보상들prizes을 얻기 위해 폴리스 사이의 아곤agon*에 뛰어든 하나의 경쟁자였다. 그러나 그것들은 민주적 아테네의 모든 시민에 의해서 그리고 그들을 위해서 쟁취하는 것으로 페리클레스는 이런 집단적 성취의 우월성superiority을 강조한다. 그러면서 그런 명성을 기리기 위해 서사 시인은 필요치 않다며 거부하기까지 한다.

> 우리는 우리 힘의 위대한 증거를 제시했고, 증인이 없는 것도 아닙니다. 우리는 오늘날 경이의 대상이고 앞으로도 그럴 것입니다. 우리는 우리를 칭송할 호메로스나 미사여구로 지금 이 순간 우리를 기쁘게 할 다른 누군가가 필요치 않습니다. 물론 그들이 사실을 말한다고 하더라도 진실이 전달되지는 않을 것입니다. 반대로 우리는 모든 바다와 육지가 우리의 기상을 드높일 기회의 장이 되도록 힘썼고, 우리가 적에게 입힌 피해와 우리의 친구에게 해준 좋은 것을 영원히 기념할 기념비를 곳곳에 설립했습니다.(2.41.4)

최고의 보상은 불멸이었다. 불멸은 한때 서사적 영웅들에게만 사용됐지만 이제 그들의 도시를 위해 목숨을 바친 아테네 병사들에게도 부여됐다. 페리클레스는 살아 있는 이들에게도 스스로 불멸을 얻을 것을 촉구했다.

> 그들은 공공선을 위해 목숨을 바쳤고, 따라서 절대 퇴색하지 않는 숭배와 모든 무덤

* 고대 그리스에서 경품이 걸려 있는 경기 또는 경연을 뜻하는 말이다.

가운데 가장 돋보이는 무덤을 스스로 쟁취했습니다. 이들 무덤은 그들이 누워 있는 곳이 아니라 그들의 영광이 영원한 기억으로 남아 있는 곳입니다. 그들은 항상 이곳에서 필요할 때마다 연설과 행동에 영감을 줄 것입니다. 세상 전체가 유명한 사람들을 위한 무덤입니다. 그들이 태어난 조국은 그들의 공적을 기념비들에 새겨 넣어 기념하고, 다른 나라들에서는 글로 기록되지 않은, 즉 그들의 행적보다는 그들의 정신에 대한 기억이 각자의 마음속에 살아 있습니다. 이제 여러분이 그들을 본받아야 합니다. 행복이 자유를 필요로 하고 자유가 용기를 필요로 한다는 것을 알고 전쟁의 두려움에 주눅 들지 마십시오.(2.43.2-4)

이런 식으로 페리클레스는 민주주의가 지금까지 출신 성분이 좋은 소수에게만 돌아갔던 이익을 아테네의 모든 시민에게 골고루 나눠 주리라는 것을 보여 줌으로써 영웅적 전통의 도전에 맞섰다. 아테네의 민주 정체는 그것의 고전적 형태 안에서 나름의 장점을 북돋았고 이에 대해 승리, 영광, 불멸로 보상했다.

이런 민주적 전망에 좀 더 즉각적으로 도전해 온 것이 스파르타였다. 그리스인들 사이에서 스파르타의 군사력과 리더십 전통, 스파르타의 시민들이 드러낸 공공선public good에 대한 규율과 헌신은 현대의 학자가 "스파르타 신기루the Spartan mirage"•라고 부른 덕목과 탁월성의 아우라aura를 이미 창조했었다. 페리클레스는 이런 도전에 대응할 필요가 있다고 보고 추도사의 많은 부분을 할애해 아테네와 스파르타를 직접 비교한다. 아테네가 민주주의라고 불리는 이유는 소수가 아니라 다수가 지배하기 때문이다. 반대로 모든 사람이 스파르타에서는 얼마 되지 않는 소수가 거의

•   프랑스의 고전주의자 프랑수아 올리에(François Ollier)가 1933년에 저술한《스파르타 신기루》를 말한다. 그는 이 책에서 스파르타와 관련해 학술적으로 중요한 문제는 스파르타에 대한 모든 기록이 당사자들인 스파르타인들이 쓰지 않은 것이라고 지적한다. 그래서 스파르타를 객관적으로 기록하기보다는 이상적으로 과도하게 포장했다고 비판하고 있다.

대다수를 지배한다는 것을 알았다. 비록 스파르티아테 계급의 모든 남성이 **호모이오이**(동료들)로 불리기는 했어도 왕들은 특권을 누렸고, 귀족 계급은 여타 계급들과 구분됐다. 아테네에서는 모든 시민이 법 앞에 평등했다. 스파르타인들은 재산 조건을 충족해야 공적 생활에 참여할 수 있었다. 반면, 아테네 시민은 누구나 배심원이나 평의회 의원이 될 수 있었고, 민회에서 발언하고 투표할 수 있었다.

아테네인들은 사고thought, 숙고deliberation, 토론discussion을 높이 평가했다. 스파르타인들은 단순명료한 것을 선호해서 사사건건 따지고 드는 것을 싫어하기로 유명했다. 하지만 페리클레스는 민주주의가 논쟁과 토론을 좋아한다고 치켜세운다. 모든 시민에게 똑같이 확대된 표현의 자유freedom of speech는 아테네 민주주의의 대명사였다. 하지만 이런 자유는 조롱의 대상이었다. 정치적 전통에서 자란 자들 또는 정식으로 교육을 받은 자들만이 연설을 해야 한다고 생각했던 귀족들뿐만 아니라 토론 없이 환호성으로 정치적 의사 결정이 이뤄지는 스파르타를 찬미하는 자들이 이것을 조롱했다. 스파르타인들은 말이 아닌 행동을 신뢰했다. 페리클레스의 견해는 달랐다. 그는 이렇게 말한다.

> 우리는 말이 행동의 장애물은 아니지만 행동을 해야 하는 시간이 오기 전에 토론을 통해 지침을 마련하지 않으면 오히려 해가 된다는 것을 압니다. 우리는 어떤 것을 수행하기 전에 아주 생각을 많이 하는 만큼 행동을 시작하면 정말 과감하게 한다는 점에서 역시 우수합니다. 하지만 다른 이들은 무지해야 배짱이 생기고 생각이 많으면 주저하게 된다고 말합니다. 그리고 즐거움과 공포가 서로 밀접히 결부돼 있다는 것을 이해하면서 결과적으로 위험을 외면하지 않는 사람들이 가장 용맹한 자들이라고 보는 것은 맞습니다.(2.40.3)

여기서 페리클레스는 아테네 구상의 결정적 요소를 밝히고 있다. 바로 이성reason

과 지성intelligence에 대한 확신이었다. 사고thought는 영웅적 목표들을 달성하는 데 장애 요소가 아니다. 사실, 사고는 그것들을 위한 필요조건이다. 왜냐하면 위험에 대해서는 생각하지 않는 분노한 영웅들이 수행하는 용감한 행동들은 그의 기준에서 결코 용감한 것이 아니기 때문이다. 정신mind이 완전히 이해할 수 있는 위험에 맞서는 것만이 용맹하다고 불릴 만하고, 그가 자신의 폴리스에서 동료 시민들에게 기대한 것도 이것이었다.

스파르타의 위대한 명성은 당연히 군사적으로 성취한 엄청난 업적들 덕분이었다. 그리고 이런 성취들이 가능했던 것은 종교적 신앙심, 시종일관 혹독한 군사 훈련, 생활 전반에 강제된 엄격한 규율, 금욕적인 스파르타의 도덕관 때문이었다. 크세노폰이 하나의 사례를 들어 스파르타에서 사생활이 없다는 것이 어떠한 것인지 잘 보여 준다.

> 다른 도시들에서는 어떤 사람이 겁쟁이처럼 굴면 그를 겁쟁이라고 놀리면 그것으로 끝이다. …… 그러나 스파르타에서는 겁쟁이와 식사를 하거나 레슬링을 하면 부끄러운 일일 수 있다. …… 길거리에서 그는 길을 비켜 줘야 하고 …… 결혼하지 않은 누이들을 집에서 부양하면서 그들이 아직 결혼을 못 하는 이유를 설명해 줘야 하고, 집에서 부인 없이 살아야 한다. …… 그는 명성이 좋은 사람처럼 떳떳하게 돌아다닐 수 없다. 잘못하면 그보다 명성이 좋은 사람들에게 구타당한다. 나는 겁쟁이에게 이런 불명예의 멍에를 지우는 곳에서 치욕스럽고 부끄러운 삶을 사느니 차라리 죽는 게 낫지 않을까 싶다. 《스파르타인들의 정체Constitution of the Spartans》, 9.4-6)

반대로 페리클레스는 아테네 정체의 관할권jurisdiction이 제한적이어서 개인주의와 사생활에 상당한 여지, 즉 공개 감시에서 자유롭다고 지적한다. "우리는 자유인으로서 공적 생활을 할 뿐만 아니라 일상생활을 하는 데 있어 서로의 의심에서 자유롭습니다. 우리는 이웃이 자기가 하고 싶은 것을 한다고 해서 화를 내지 않고, 언짢은 시선으로, 비록 그런 시선이 해를 끼치는 것은 아니더라도, 바라보지 않습니다."
(2.37.2)

그러나 이렇게 관대하고 순탄한 삶의 방식이 법을 경시한다거나 방탕한 행동을 조장하는 것은 아니다. 스파르타인들은 법을 경건하게 받든 것으로 유명했다. 그리고 법에 대한 그들의 맹목적인 복종이 그들이 군사적으로 용맹한 원인으로 여겨졌다. 이런 세간의 평가에도 불구하고, 그리고 민주주의가 무질서하고 무법적이라고 비난하는 자들의 비판은 아랑곳하지 않은 채 페리클레스는 스파르타인들보다 더 법에 순종할 것을 요구한다. 스파르타인들은 지배 계급의 이익만을 대변한 성문법written code을 따랐다. 반대로 아테네인들은 더 포괄적이고 공정한 법 개념을 따랐고, 또 이를 굉장히 존중했다.

> 우리가 사생활에 관대하기는 하지만, 공적인 일에 있어 법을 존중하다 보니 그것을 어기지 않습니다. 우리는 공직에 있는 사람들과 법들, 특히 억압받는 사람들을 보호하고자 제정된 법들과, 비록 성문법은 아니지만, 위반하는 것이 부끄러운 일이라고 생각되는 불문율들을 따릅니다.(2.37.3)

또한 페리클레스는 스파르타의 엄격한 훈련 방식과 폐쇄적 비밀주의가 아테네의 민주주의보다 훌륭한 병사들을 양성한다는 것을 인정하지 않는다.

> 군사 임무에 대비하는 방식에서 우리와 적들 사이에는 다음과 같은 차이가 있습니다. 즉, 우리는 우리의 도시를 모든 사람에게 개방하고 적에게 유리할 수 있는 어떤 것을 감추지 않을 경우 누군가가 빼내 갈 것이 두려워 그를 배척하지도 않습니다. 대신, 우리가 행동하도록 부름을 받을 때 우리가 신뢰하는 것은 비밀 병기들이 아니라 용기입

니다. 우리의 교육 역시 다릅니다. 스파르타인들은 유년 시절부터 고통스럽고 거친 훈련을 통해 용기를 기르고자 합니다. 하지만 자유로운 삶을 사는 우리라고 해서 그들이 직면하는 것과 같은 위험에 대처할 준비가 안 되어 있는 것은 아닙니다. …… 따라서, 훈련의 멍에를 진 삶이 아니라 안락한 삶을 살면서 법이 강제해서가 아니라 우리의 생활 방식에서 저절로 생겨나는 용기로 위험에 대비할 준비가 돼 있다면, 우리에게 유리할 것입니다. 우리는 아직 닥치지 않은 미래의 문제들 때문에 우리를 혹사하지 않습니다. 그래도 막상 문제들이 닥치면 항상 훈련을 받는 이들만큼이나 우리가 과감하다는 것을 보여 줍니다. 이런 점들에서 우리 도시는 존경받아 마땅합니다.(2.39)

페리클레스가 생각한 자질들과 특성들은 군사적 탁월성과 관련이 있는데, 전쟁 중에 승리를 위해 사기를 고취하고자 수행한 연설에서 당연한 것이었다. 그러나 아테네에 대한 페리클레스의 구상에서 가장 독창적인 것은 평화가 영속되리라는 기대였다. 그는 당시의 아테네 제국이 아테네의 모든 욕구를 충족할 수 있을 만큼 충분히 크다는 전략적 판단을 내렸다. 그것을 확장하려는 시도는 필요하지 않았을 뿐만 아니라 이미 존재하는 것을 위험에 빠뜨릴 수 있었다. 그리고 그는 기록으로 남아 있는 기원전 430년의 마지막 연설에서, 비록 아테네인들이 계속 싸우도록 독려하기 위해 수행한 연설이기는 했지만, 이렇게 말했다. "계속 번창해 나가고 있고 또 선택의 여지가 있는 사람들에게 전쟁을 하는 것은 어리석은 일입니다."(2.61.1)

그의 진심을 의심할 이유는 없다. 그의 행동들이 이런 정서와 완전히 일치했기 때문이다. 페르시아와의 강화 조약, 특히 중재 조항을 담고 있는 스파르타와의 강화 조약[30년 강화 조약], 이탈리아에 건설한 범그리스 식민지[투리오이 식민지], 그리고 단호하지만 관대한 제국적 통치 정책이 모두 이런 경향을 뒷받침한다. 페리클레스가 막 착수하려고 했던, 다시 말해 아테네가 달성한 위대한 업적에 위대성이라는 가시적 증거를 덧씌우고자 했던 건축 계획이 더 분명한 증거이다. 이 계획은 결국 전쟁이 시작됐을 때 미완성 상태였고, 그리고 충분히 예상 가능하듯이 이로 인해 건설이 중단됐다. 아테네에 대한 페리클레스의 구상이 평화로운 제국적·민주적 도시였다고 하는 것은 의심의 여지가 있을 수 없다.

이런 생각은 항상 혼란과 전쟁이 끊이지 않았던 그리스의 경험과 정면으로 충돌했다. 왜 페리클레스는 여러 해 동안 지속적으로 전쟁을 하고 있었음에도 불구하고 아테네가 평화롭게 살 수 있으리라고 생각했을까? 이에 대한 해답은 아테네의 힘에서, 비록 그것이 행사하는 영향력의 범위가 그것의 특성에 비해 작기는 했지만, 찾을 수 있었다. 해상을 호령했던 함대, 해군을 유지하고 포위 공격에 맞서 보급품을 공급하는 데 필요한 충분한 수입, 난공불락의 성벽들로 둘러싸인 도시와 항구를 갖추고 있던 아테네는 역사적으로 유례가 없는 안전을 확보했었다. 아테네와 싸워 거듭 패배를 당한 페르시아인들은 아테네의 해군력에는 맞설 수 없다는 것을 깨달았다. 한편 대규모 육상 전투를 피하는 적절한 전략을 고수함으로써 스파르타와 그의 동맹들에게는 그들이 승리할 수 있다는 기대를 빼앗았다. 이러한 사실들이 너무 분명해서 공격을 억제할 수 있을 것이라고 기대할 수 있었다. 역사상 처음으로 하나의 그리스 국가가 영구 평화를 내다보고 미래에 대한 생활과 계획을 수행할 수 있었다.

이러한 예상은 환영을 받았지만, 또 그만한 문제를 제기했다. 호메로스 시대 이후 줄곧 그리스인들은 전쟁에서 용감한 행동들을 통해 얻을 수 있는 영광에 목말라했다. 그렇다면 평화로운 세상에서 무엇이 이것들을 대체할 수 있을까? 완전한 답은 아니지만 이전까지 경험하지 못한 삶의 질, 즉 물질적 번영에 따라 욕구를 충족하고, 정신적인 환희와 경이를 선사하고, 지적 능력을 자극하며, 자존감을 높여 주는 다양한 활동들일 수 있었다. 전쟁의 영광을 대체할 수 있는 또 다른 것은 아테네인들이 각자 자신의 정치적 의무를 수행하는 데서 찾을 수 있었다. 이러한 것들이 아테네인 각자가 자유롭고 소중한 존재였다는 증거였고, 따라서 자긍심의 원천이었다. 배심원으로 복무하고, 민회에서 투표하고 또는 공직을 할당받는 가장 가난한 아테네인은 그의 지식과 경험을 폴리스를 위해 사용하도록 부름 받은 것이었다. 공동의 책임을 나눠 가짐으로써 자기 자신의 재능과 인식을 발전시켜 혼자 감당하며 달성할 수 있는 것보다 더 완전한 인간이 될 수 있었다.

전시에나 평시에나 아테네인들은 도시의 영광을 위해 나눠야 하는 책임을 기꺼이 받아들이고자 했다. 이것이 페리클레스가 큰 전쟁이 닥쳤을 때 그들에게 다음과 같은 특별한 요구를 할 수 있었던 이유이다.

여러분은 매일 여러분의 도시의 위대함을 우러러보면서 그녀[**여신 아테나**]의 애호가[**에라스타이**]가 되어야 합니다. 그리고 그녀의 위대함을 이해했다면 그것을 이룩한 사람들이 용맹하고 훌륭했으며 행동에 나설 시간이 왔을 때 뭐가 필요한지 알고 있었다는 것을 생각해야 합니다. 비록 그들이 어떤 시도를 하다가 실패했더라도, 그들은 적어도 자신들의 도시가 그들의 용기[**아레테**]를 박탈당해서는 안 된다고 분명히 생각했고, 모든 봉납물all offerings 가운데 가장 아름다운 것을 바쳤습니다. 그들이 공공선을 위해 그들의 목숨을 희생했기 때문입니다. ······ (2.43.1-2)

전쟁 중에, 즉 가장 암울한 순간들에서조차, 페리클레스는 아테네인들에게 그들의 도시를 사랑하는 것이, 심지어 그것을 위해 목숨을 감수하는 것이 옳다는 것을 상기하면서 강력하게 대응할 수 있었다. 왜냐하면 그들의 도시가 유난히 위대했기 때문에, 그리고 그것을 지키고 강화해야만 평범한 사람들이 그것의 영광을 나눌 수 있고, 또 그렇게 해야 얼마간 명성과 불멸을 성취할 수 있기 때문이었다.

지금까지 남아 있는 얼마 되지 않는 그의 연설들에서 페리클레스는 주로 제국과 군사적 영광에 대해 이야기했다. 물론 이것들은 그와 아테네인들에게 확실히 중요한 가치였다. 그러나 우리가 이런 연설을 보게 된 것은 투키디데스가 기록해 놓았기 때문이다. 그런데 그의 기록은 전쟁에 대한 것이었다. 만일 우리가 페리클레스의 내면세계에 그리고 그의 긴 정치적 생애 동안 수행한 많은 연설에 접근할 수 있다면, 그가 아테네인들이 심적으로나 정신적으로 평화롭게 달성한 것들에 대해 똑같이 자긍심을 가졌음을 발견할 수도 있을 것이다. 그의 정치적 구상은 모든 아테네 시민이 행정에 참여할 수 있도록 했고, 자유인에 걸맞게 자기 자신과 폴리스의 운명을 함께 개척해 나가도록 했다. 그는 인간의 능력과 욕망이 합리적 토론이 지배하고 지성이 안내하는 공동체 생활에 참여하는 것을 통해서만 가장 높은 수준에서 충족될 수 있다고 믿었다. 2500년 뒤에 우리가 그와 그의 동료-아테네인들을 기억하는 것은 그들이 이런 위대한 시민적 행동에 헌신했기 때문이다.

■ 페리클레스는 성년기의 대부분을 선출직 장교로 재직했다. 따라서 위와 같은 전형적인 장군의 모습으로 그를 묘사하는 것이 가장 적합했다. 고대의 희극 시인들은 그의 길쭉한 두상을 비웃고는 했는데 플루타르코스는 페리클레스가 이를 숨기고자 투구를 쓴 자화상을 선호했다고 주장하기까지 했다. 이 대리석 흉상은 페리클레스와 같은 시대를 산 크레실라스Kresilas[B.C. 480~B. C. 410]*가 제작한 동상을 본뜬 것이다.

* 크레타 키도니아 출신의 고대 그리스 조각가.

■ 왼쪽 위 그림은 고대 스파르타의 상상도로 여기에 보이는 건축물들은 기원전 5세기 이후에 건립된 것이다. 페리클레스의 시기에 스파르타는 그다지 인상적이지 않았다. 투키디데스도 후대의 세대가 스파르타의 무너진 신전들과 그것의 터만 보게 되면 누구도 그것이 아테네만큼 강력했음을 믿으려 하지 않을 것이라고 말했다. 그림의 경관은 동쪽에서 바라본 것으로 전면에 에우로타스Eurotas강*이, 뒤편에 가파른 타이게투스Taygetus산맥**이 눈에 들어온다. 육지로 둘러싸여 있던 스파르타는 막강한 군대로 외부와의 접촉을 차단한 채 상업, 심지어는 화폐 사용을 금지함으로써 전통적인 관습을 지키고자 했다.

■ 바로 왼쪽 그림은 고대 아테네의 상상도로 주요 항구이자 해군 기지였던 피레우스에서 바라본 전경이다. 이 요새화한 항구로 인해 아테네는 위대한 해상 제국의 지배자가 됐고, 이 항구에서 도시로 이어지는 긴 성벽들은 육상의 공격을 막아 줬다. 해군과 하층 계급 출신의 노 젓는 사람들의 중요성을 이해하면 아테네가 민주 정체가 된 이유를 알 수 있다. 그리고 공물과 상업을 통해 획득한 부가 페리클레스 시대의 장엄한 아테네를 지탱해 주었다.

■ 위의 그림은 중앙 시장이었던 아고라의 상상도이다. 에게해 동쪽과 그 너머에 있는 지역의 풍부하고 다양한 상품들이 아테네 제국의 힘이 절정에 이르렀을 때 이곳으로 넘쳐 들어와 주체하지 못할 정도였다. 그러나 아고라는 전 세계에서 들어오는 향신료, 꿀, 올리브, 오일, 노예를 거래하는 시장 그 이상의 공간이었다. 아고라는 아테네 시민 생활의 중심이기도 했고, 신전들, 법정들, 평의회당council house 그리고 다른 공공건물들이 이곳에 있었다. 아고라가 아테네의 중심이라는 것을 이해하면 소크라테스가 이곳에서 최상의 삶과 이상적 정치 질서의 가능성에 대해 시민들과 철학적 대화를 나누는 장면들을 플라톤이 자주 묘사한 이유를 알 수 있다.

* 그리스 남부 펠로폰네소스반도에 있는 강으로 에브로타스(Evrotas)강이라고도 부른다.
** 그리스 남부에 있는 산맥으로 타이게토스(Taigetos)라고도 부른다. 그리스 신화에 나오는 타이게테(Taygete)에서 유래한 것으로 펠로폰네소스반도에 위치하며 마니(Mani)반도에 있는 마타판(Matapan)곶 남쪽 끝에서 북쪽까지 약 100킬로미터에 걸쳐 뻗어 있다.

■ 왼쪽의 상상도에 상당히 아름답게 꾸며진 장소가 아크로폴리스 남쪽 경사면을 파서 만든 디오니소스Dionysos 극장이다. 이곳에서 소포클레스, 아이스킬로스, 에우리피데스, 아리스토파네스가 그들의 연극을 공개적으로 상연했다. 모든 계급을 아우르는 많은 수의 아테네인들이 국가적 종교 제전들에서 상연되는 연극들을 보러 왔다. 그리고 이들 연극은 종종 심각한 정치적 문제를 제기했다. 페리클레스가 아이스킬로스의 비극, 즉 〈페르시아인들〉의 후원자로서 처음 공적 활동을 한 곳도 이곳이었다.

■ 아래 그림은 파에스툼Paestum(남부 이탈리아에 있는 고대 그리스의 포세이도니아Pose-idonia 식민지)에서 출토된 벽화로 귀족의 전형적인 사교 생활의 중심이었던 심포지엄 symposium[연찬회]을 묘사하고 있다. 심포지엄은 오직 남성들만 참여했고, 식사 후에는 손님들이 술을 마시고, 노래를 부르고, 경기를 하고, 시를 읊고, 또는 피리 소녀들이 연주하는 것을 들었다. 오른쪽 벽화에서 왼쪽을 바라보는 두 남성이 하고 있는 것이 코타보스 kottabos*이다. 코타보스의 목적은 하나의 잔에서 다른 잔으로 와인을 가볍게 튀기는 것이었다. 검소했던 페리클레스는 이런 모임들에 참가하지 않았다.

* 고대 그리스에서 술잔에 남은 술을 어떤 특정한 대상물에 뿌리는 놀이. 물에 띄운 술잔에 술을 부어서 가라앉히거나 공중에 매단 천칭의 접시에 부어서 아래에 있는 물건을 맞히기도 했다.

Art Resource　　Art Resource

■ 여기 이 인물들(시계 방향)은 페리클레스 시기의 그리스 계몽주의를 주도했던 대표적인 사람들이다. 올로루스Olorus(대략 B.C. 460~B.C. 400)의 아들 투키디데스는 《펠로폰네소스 전쟁사》를 저술한 역사학의 아버지이다. 플라톤(대략 B.C. 429~B.C. 347)은 페리클레스가 사망한 해에 태어난 것으로 보이는데, 그의 철학적 대화들은 페리클레스의 많은 친구와 동시대인을 묘사한다. 아이스킬로스(B.C. 526~B.C. 456)는 위대한 비극 작가들 중 단연 으뜸인 인물로 살라미스 해전에서 아테네가 승리한 것을 다루는 그의 연극 〈페르시아인들〉을 페리클레스가 제작했다. 소크라테스(B.C. 469~B.C. 399)는 당대의 가장 중요한 사상가로 아테네 민주주의가 그를 사형에 처하기 전까지 플라톤과 알키비아데스를 포함한 많은 이에게 강력한 영향을 미쳤다. 아리스토텔레스(B.C. 384~B.C. 322)는 북부 그리스에 있는 스타게이라Stageira 출신으로 플라톤의 아카데메이아Académeia*에서 공부했고 나중에 아테네에 자신의 학당인 리케이온Lykeion**을 세웠다.

* 　아카데미아(Academia)라고도 부른다. 고대 그리스의 아테네 서북쪽 교외에 위치한 고대의 영웅 아카데메스의 성스러운 숲에서 기원한 성역으로 리케이온, 키노사르게스 등과 함께 대표적인 김나지움(체육장)이 소재했다. 기원전 387년에 철학자 플라톤이 이곳에 학원을 지으면서 지명인 아카데메이아를 그대로 학원 이름으로 가져다 썼다.

** 　고대 아테네의 숲에 있던 공공 모임 장소이자 체육장이다. 리케이온이란 이름은 아테네의 수호신인 아폴론 리케이오스를 기리기 위해 붙여진 것으로 기원전 334년 또는 기원전 335년에 아리스토텔레스가 이곳에 리케이온이라는 학교를 세우고 제자들을 양성했다. 특히 그가 이곳 숲을 거닐며 제자들과 학문을 논의했다고 해서 그의 학파를 '소요학파'라고도 부른다.

Art Resource   Art Resource

Art Resource

■ 밀레투스 출신의 직업 창녀였던 아스파시아는 기원전 440년대 어느 시점에 페리클레스와 내연 관계가 됐다. 페리클레스가 그녀를 자신의 집으로 들였을 때 그는 이미 중년이었고 여생 동안 그녀를 사랑스러운 아내 대하듯이 대했다. 아스파시아는 아주 총명하고 다방면에 관심이 많은 여성으로 페리클레스계의 주요 인사들과 교류했는데 당시이는 남편이 있는 여성으로서는 있을 수 없는 일이었다. 아스파시아는 페리클레스의 정적들에게 공격을 받았고 희극 시인들이 풍자 소재로 삼았지만 그럼에도 불구하고 페리클레스는 그녀에게 끝까지 헌신적이었다.

The Bettmann Archive

■ 아크로폴리스는 '높이 있는 도시'란 뜻으로 거의 모든 그리스 도시가 방어가 용이한 언덕 위나 근방의 요새 화된 거류지로 출발했다. 시간이 지나면서 아테네인들은 그들의 아크로폴리스에 자신들이 가장 중요하게 여긴 신전들을 건립했고, 나중에 여기에 제국의 막대한 자금을 보관했다. 페리클레스가 이룬 업적들 가운데 가장 오래 남은 것은 그가 아크로폴리스의 꼭대기에 얹은 웅장한 건축물들이다. 아래는 현재 아크로폴리스 의 모습이고, 위는 페리클레스 시대의 아크로폴리스 모습을 묘사한 것이다.

Art Resource

■ 파르테논(왼쪽)은 페리클레스의 야심적인 건축 계획의 왕관에 박힌 보석이었다. 아테네의 수호 여신에게 봉납한 파르테논은 정교함에 있어서 건축을 새로운 경지에 올려놓았다. 건축가이자 페리클레스의 친구였던 페이디아스는 종래와는 다른 비율을 사용하고 변형을 가함으로써 엄청난 조화미harmonious impression를 달성했고, 외부의 메토프metope*와 페디먼트 pediment**, 내부의 프리즈frieze***, 심지어는 상징적 의미를 전달할 내부의 여신상을 위해 복합적인 조형 도안을 만들었다.

■ 아래의 그림은 파르테논보다 다소 시기적으로 앞선 아이기나의 아파이아Aphaia 신전****의 박공 부위로 당시 건축물의 전형적인 모습을 보여 준다. 이에 비춰 볼 때 페리클레스의 파르테논이 얼마나 새로운 것이었는지 알 수 있는데, 아래 그림에서 박공 아래 메토프에 새겨진 꽃문양이 아테네에서는 이야기의 전개를 보여 주는 일련의 조각들로 대체된다. 더구나 이 아이기나식 박공의 인물 조각상들은 전면에만 있을 뿐 후면은 빈 채로 남아 있다. 반면 파르테논에서는 사방이 인물 조각상으로 채워져 있다.

* 메토프는 도리스식 건축에서 트리글리프(triglyph, 세로로 세 줄의 홈이 있는 돌기석) 사이에 끼어 있는 네모진 벽면으로 소간벽(小間壁)이라고도 부른다.

** 고대 그리스 신전의 박공을 뜻한다. 쉽게 말하면 책을 펴서 엎어 놓은 모양의 지붕 형식으로 삼각형이다. 삼각형 모양의 세 꼭지에는 장식적인 벽돌을 붙였다.

*** 트리글리프와 메토프로 이루어진 부분을 프리즈라 부른다.

**** 그리스 아이기나섬에 기원전 500년 전후로 건설된 도리스식 신전이다. 아파이아는 옛날 크레타섬에서 이곳으로 옮겨 와 아파이라는 이름으로 모셔진 토속 여신이다. 신전은 정면 6주, 측면 12주로 돼 있고, 전면의 박공 벽면에 트로이 전쟁을 묘사한 군상이 조각돼 있다.

Art Resource

■ 파르테논 신전의 내실을 둘러싸고 있는 프리즈 장식은, 비록 일부 파편만 남아 있지만, 이 범상치 않은 건물에서 가장 혁명적인 요소였다. 그리스 역사상 최초로 인간들이 신들과 영웅들의 공간이라고 할 수 있는 신전에 모습을 드러냈다. 프리즈에 새겨진 장면은 아테네 제국의 모든 대표자가 참석하는 연례행사인 판아테나이아 행렬인데, 이때 아테네인들이 아테네 여신상에 입힐 새 의복, 특히 처녀들이 짠 의복을 운반했다. 이렇게 신전에 인간이 등장하는 장면은 자긍심과 애국심을 과감하게 표출하는 것으로 신앙심 깊은 전통주의자들에게는 큰 충격이었을 것이다.

The Granger Collection

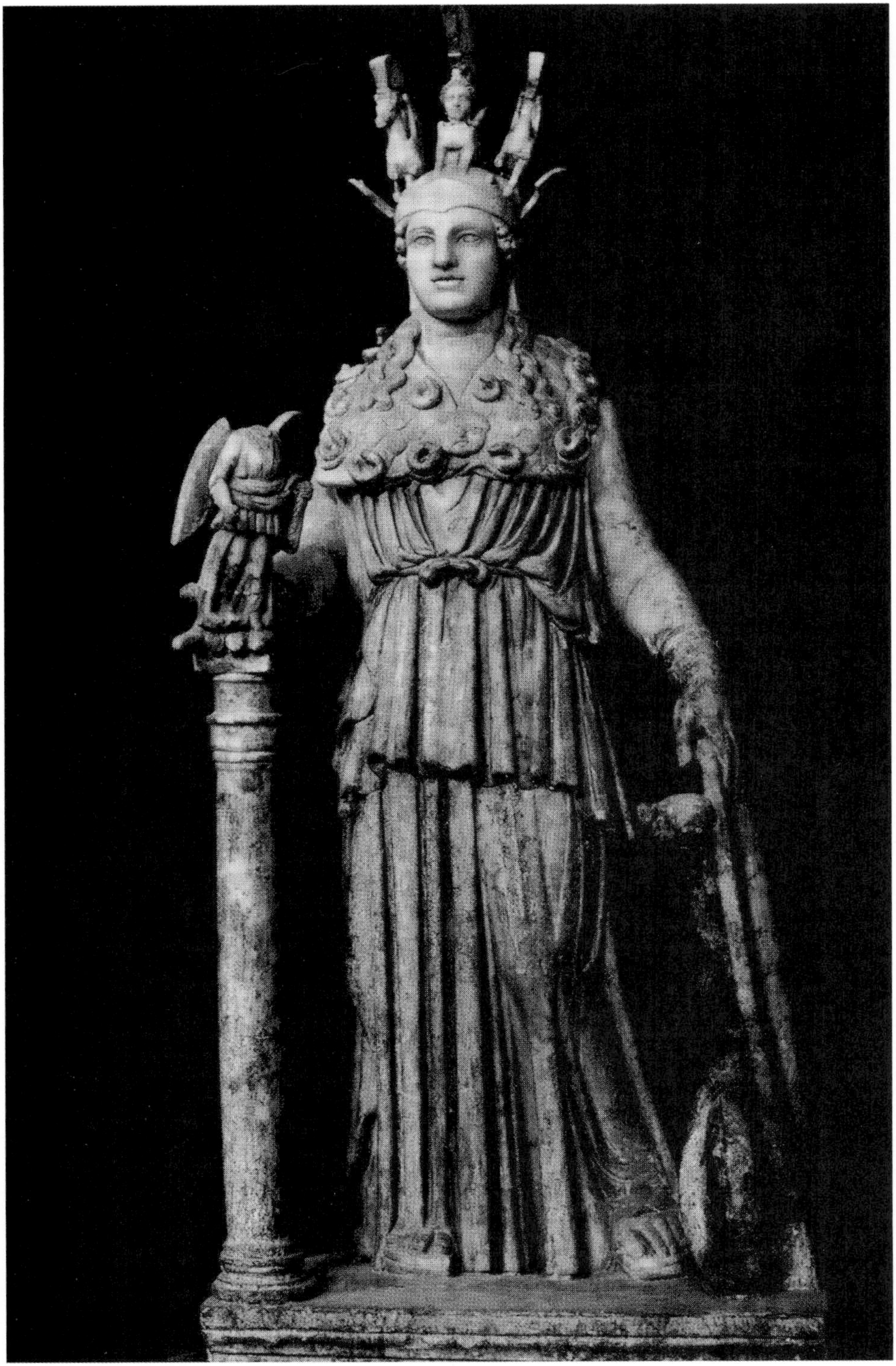

Art Resource

■ 파르테논의 주실main chamber에 세워져 있던 위대한 아테나 여신상은 높이가 40피트[12미터] 이상이었고, 왼쪽에 있는 로마 시대의 대리석 복원상보다 더 컸으며, 황금과 상아를 입혀 여신의 의복과 피부를 표현했다. 페리클레스의 지시로 페이디아스는 이것들을 제거할 수 있는 금판들로 만들어 단단히 붙여 놓았다가 유사시에 수거해 녹여 화폐로 만들 수 있게 했다. 페이디아스는 뒤에 페리클레스의 정적들에게 절도와 사기 혐의로 고발되자 금속판들을 해체해 무게를 재서 제작을 위해 배정받은 금을 빼돌린 것 없이 고스란히 사용했음을 입증했다.

■ 파르테논 신전은 17세기에 베네치아군의 폭격으로 지붕이 날아가기 전까지만 하더라도 사실상 본래의 모습 그대로 남아 있었다. 당시 그리스에 주둔하고 있던 오스만튀르크가 이 신전을 탄약 창고로 사용 중이었는데, 베네치아군이 쏜 포탄이 떨어져 폭발했다. 보는 이에 따라서는 이렇게 폐허가 된 것이 원래 모습 그대로보다 낭만적이고 향수를 자극할 수도 있다. 뒤 페이지에 나오는 파르테논 신전은 파괴된 프로필라이아Propylaea* 의 기둥들 사이로 바라본 모습이다.

* 　신전으로 들어가는 입구나 현관을 가리키는 말로 신전에 바칠 예물을 들고 들어가는 문이라고 한다. 역시 17세기 베네치아군의 폭격으로 크게 손상됐다.

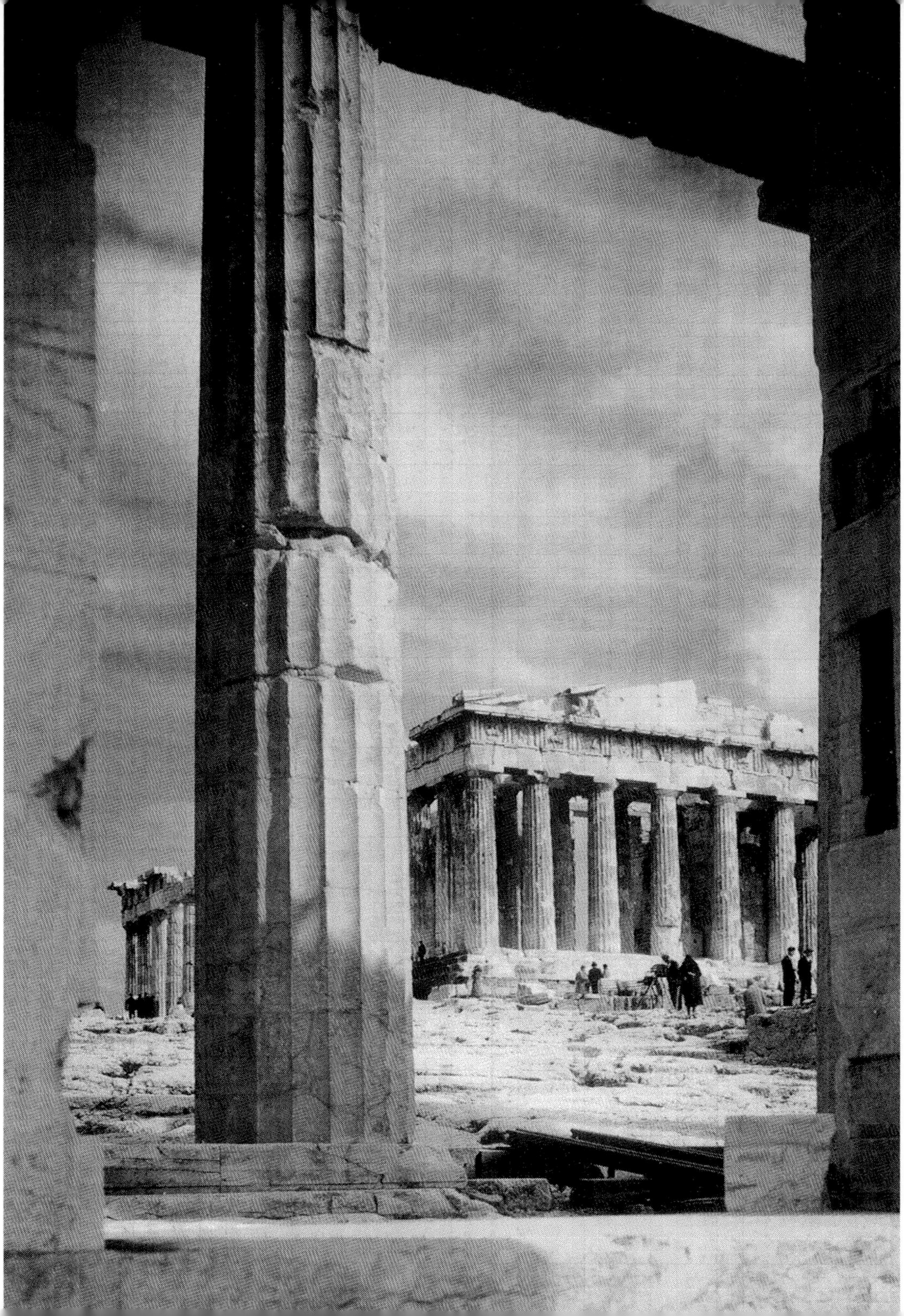

The Bettmann Archive

교육자

8

위대한 민주적 지도자가 되기 위해서는 교사여야 한다. 그의 구상이 아무리 새롭고 추구하는 목표가 탁월하다고 하더라도 사람들이 그것을 진심으로 공유하고 성취하도록 고무하지 않으면 자유로운 사회에서 달성하기 힘들다.

아테네의 법과 관습이 이러한 필수 교육에 기여했지만, 민주적 이상을 고결하고 명료하게 공식화하고, 그것을 아테네인들의 마음에 각인시키며, 달성하도록 욕망을 불어넣을 수 있는 것은 페리클레스의 특별한 재능이었다. 그의 연설들이 효과적인 교육 수단이었지만, 아테네인들을 위한 그의 구상 가운데 가장 인상적이고 구체적이었던 것은 기원전 5세기 중반에 착수한 대규모 건축 계획이었다.

펠로폰네소스 전쟁이 일어나기 몇 년 전에 아테네는 예술 활동이 전례 없이 폭발했다. 양도 양이었지만 질적인 측면이 더욱 놀라웠다. 걸작들이 완성되는 속도 역시 놀랍기는 마찬가지였다. 플루타르코스는 그것들이 완성되고 500년이 지난 뒤에도 여전히 그대로 남아 있는 모습을 직접 목격했다.

이런 이유 때문에 페리클레스의 작품들이 한층 더 경이로운 것이다. 그것들은 모든 시대를 통틀어 단시간에 창조되었다. 그것들 하나하나가 미적인 측면에서 당시에도 고풍스러웠지만, 그것이 풍기는 생기만큼은 오늘날까지도 새롭고 신선한 느낌이다. 굳이 말하자면, 영원히 지지 않는 새로움newness이라는 꽃이 그의 작품들에서 계속해서 피어나는 것과 같이 시간이 지나도 색이 바래 보이지 않게 만드는데, 마치 늙지 않는 영혼의 숨결이 그것들에 단단히 스며들어 가 있는 것 같다.(《페리클레스》, 13.3)

이 계획 자체의 범위는 아티카 전역을 포괄할 정도로 인상적이다. 아티카반도 남단의 수니온Sunion에 포세이돈Poseidon 신전, 북서쪽의 아카르나이에 아레스Ares 신전, 북동쪽 람누스Rhamnus에 네메시스 신전이 건립됐다. 그러나 역시 중심은 아테네였다. 헤파이스토스Hephaestos*와 아테나 신전이 아고라가 내려다보이는 콜로노스Colonos 언덕, 특히 아크로폴리스에 세워졌다. 아크로폴리스의 남쪽 경사면에 페리클레스는 오데움Odeum[주악당]을, 그리고 이 거대한 바위 요새 꼭대기에 파르테논 신전과 프로필라이아Propylaea라고 불리는 아크로폴리스로 이어지는 출입구를 건설했다. 또한 아크로폴리스 동서쪽 구석에 아테나 니케Athena Nike(승리) 신전과 파르테논 신전의 북쪽에 아테나 폴리아스 신전을 건립하는 계획을 수립했지만, 이것들은 페리클레스 사후에 건립됐다.

이런 야심찬 건축 계획은 페르시아 전쟁 이후 30년 동안 아테네에 공공 건설이 거의 전무했다는 사실을 고려하면 더욱 놀랍다. 기원전 479년에 페르시아가 퇴각했을 때 아테네는 불에 타 완전히 파괴돼 가옥 몇 채만 겨우 남아 있었다. 아크로폴리스의 신전들, 기념비들, 조각상들은 바닥으로 내팽개쳐져 박살이 났다. 페르시아인들이 침공하기 전에 건설 중이던 아테나 신전 역시 파괴돼 기둥들과 석재들이 여기저기 나뒹굴었다. 전란을 피해 피란을 갔다 돌아온 아테네인들은 이방인의 추가

---

* 그리스 신화에 나오는 기술, 대장장이, 장인, 공예가, 조각가, 금속, 야금, 불의 신이다. 제우스와 헤라 사이에서 태어난 맏아들이었다. 아내는 사랑과 미의 여신 아프로디테였다.

침공에 맞서기 위해 서둘러 아크로폴리스 주변의 성곽들을 보강하고 도시의 성벽들도 재건했다. 그들은 주위에 놓여 있는 자재들을 활용해 기초를 놓았고 어지럽게 쌓아 올려 흉벽battlements을 만들었다. 그럼에도 이례적인 것이 하나 있었다.

아고라에서 아크로폴리스의 북쪽 면을 올려다보면 모양이 제각각인 석재들을 불규칙하게 쌓은 벽면이 보인다. 그러나 이 불규칙한 벽면을 자세히 보면 일부러 연속해서 배열해 놓은 매끈한 면이 있는데, 꼭대기 부근 벽면에 뭉뚝한 기둥들이 박혀 있다. 이 것들은 되는대로 대충 쌓은 것이 아니라 계획적으로 줄을 맞춰 쌓은 것임을 알 수 있다. 아테네인들은 이것들이 새로 짓고 있던 아테나 신전의 기둥이었다는 것을 알고 있었다. 이것은 그들의 전쟁 기념비였고, 그 꼭대기에 폐허가 된 신전은 폐허인 채로 남겨져 있었다.[18]

그렇게 아테나 신전은 아티카의 다른 폐허가 된 신전들 및 성역들과 함께 페리클레스의 건축 계획이 시작될 때까지 30년 동안 그대로 방치됐다. 왜 늦어진 것일까?
기원전 4세기의 아테네 웅변가였던 리쿠르고스Lykurgos[B.C. 390~B.C. 324]*에 의하면, 기원전 479년에 그리스인들이 플라타이아이에서 페르시아인들과의 결전을 앞두고 행한 맹세가 있다.

나는 자유보다 목숨을 선호하지 않는다. 더구나 내 지도자들이 살아 있든 죽었든 포기하지 않을 것이다. 대신 전사한 모든 동료를 묻어 줄 것이다. 전쟁에서 이방인들을 정복한 뒤에 나는 그리스를 대신해 싸운 도시들은 파괴하지 않겠지만, 이방인들 편에 섰

---

* 아테네에서 활약했던 10대 웅변가 중 가장 신분이 높았던 인물로 아폴론의 사제직을 비롯해 종교와 관련된 일을 대를 이어 맡아 오던 종교적 귀족 가문 출신이었다. 플라톤 밑에서 교육을 받았다.

던 도시들에게는 배상금tithe을 물을 것이다. 그리고 나는 이방인들에 의해 불타 쓰러진 신전들을 재건하지 않고, 미래 세대들을 위해 이방인들의 만행을 알리는 기념비로 남겨 둘 것이다.(《레오크라테스에 대한 반론Against Leocrates》, 81)

비록 일부 고대와 현대의 비평가들이 이 맹세의 신빙성을 의심했지만, 페르시아 전쟁들 이후 기원전 5세기 중반까지 아티카의 종교 유적들이 폐허 상태로 남아 있었다는 것을 고고학적 발굴이 입증했다. 이로부터 10년 동안 아테네가 재정적으로 여유가 생기면서 적어도 이 가운데 일부를 복원한 것으로 봐서는 플라타이아이 맹세가 복구가 늦어진 가장 그럴듯한 이유였다고 볼 여지가 있다.

따라서 기원전 440년대에 재건 활동이 활발히 이뤄진 것은 "페르시아와 '칼리아스 강화 조약'을 맺으면서 평화가 달성됐고, 이 평화로 인해 아테네인들이 본인들의 맹세로부터 자유롭게 됐다고 생각했다."라고 어렵지 않게 설명할 수 있다.[19] 분명히 평화는 비용이 많이 들어가는 대규모 계획을 수행하기 위한 필수 조건이었다. 하지만 그 목적을 달성하려면 이것만으로 충분하지 않았다. 많은 부분에서 칼리아스와의 성공적인 강화 조약은 건축 계획을 구체적으로 실행하기 위해 거쳐야 했던 몇 가지 단계들 중 하나로 볼 수 있다. 이 조약의 다음 단계는 범그리스 의회를 계획하는 것이었다. 범그리스 의회는 건축 계획과 이것을 가능하게 할 제국의 수립에 대해 도덕적 기반을 확보하는 것이었다. 그리고 그다음이 파피루스 포고령Papyrus Decree이었다. 이 포고령은 제국의 자금을 아테네의 건물들을 짓는 데 사용하도록 허용했다. 마지막 단계가 스파르타와의 30년 강화 조약이었다. 이 조약으로 아테네는 안전을 보장받았고, 전쟁으로 자금이 고갈되던 상황을 모면했다.

이러한 단계들 중 몇 가지는 다른 이유들로 바람직한 것이었지만, 건축 계획이 계속 진행되기 위해서는 모두 필요한 것이었다. 이 계획은 페리클레스가 구상한 정책들의 핵심이었다. 비록 모든 부분은 아니지만, 그가 건축 계획을 수립하고 관리

감독하는 일에 많은 부분 직접 관여했고, 전문가의 개입이 필요한 경우 그가 직접 또는 간접적으로 그들을 선정했다. 스파르타와 전쟁이 일어나기 전, 이 계획에 착수한 것이 그의 정치적 리더십에 가장 위험한 도전을 야기했는데, 그는 도편 추방을 감수하면서까지 이를 적극적으로 방어했다. 그의 화려한 경력에 이보다 더 중요한 것은 없었다. 왜냐하면 그것이 정치, 경제, 제국, 교육, 종교의 영역에서 제대로 뭔가를 달성할 수 있는 길을 열어 줬고, 아테네의 위대함을 모든 이가 보고 느끼게 할 수 있는 방법을 제시했기 때문이었다.

건축 계획의 가장 분명한 목적은 페르시아와의 전쟁에서 승리한 것을 경축하는 것이었다. 특히 아테네인들과 아마존Amazon*인들, 인간과 야수, 그리스인들과 트로이인들 간의 전투 장면들이 조각된 파르테논 신전은 아테네가 그의 적들을, 문명이 야만barbarism**을, 그리고 그리스인들이 아시아인들을 무찌른 것을 기념하는 전쟁 기념비였다. 이런 내용이 페리클레스에게 정치적으로 상당한 가치가 있었다. 이유는 그가 페르시아와 맺은 강화 조약이 별다른 호응을 얻지 못했기 때문이다. 일부 늙은 키몬주의자들은 아테네에 부와 범그리스적 명성을 가져다준 페르시아인들에 대한 군사 작전을 포기한 것을 달가워하지 않았다. 그러나 이 위대한 건축들이 전쟁이 끝났기에 가능했고, 이에 따른 평화로 델로스 동맹의 자금을 사용할 수 있게 되면서 이러한 비판들을 잠재웠다. 아테네인들은 승리를 선언하고 이를 축하했다. 누가 뭘 더 이의를 제기할 수 있었을까?

건축 계획은 페리클레스가 그것이 아테네인들에게 제공한 경제적 기회들을 활용해 자신의 정치적 영향력을 공고화할 수 있도록 했다. 거의 20년 동안 이 계획은

---

*   고대 그리스 전설에 나오는 흑해 근방의 땅 스키타이(Scythai)에 살았다는 용맹한 여인족이다.
**   원래 고대 그리스에서 바바리안(barbarian)은 이방인을 뜻하지만, 여기에서는 문맥에 맞게 야만으로 번역한다.

건축 자재부터 숙련이든 비숙련이든 노동에 대한 수요를 계속 창출하면서 아테네의 모든 구성원에게 물질적 풍요라는 보상을 가져다주었다. 많은 시민에게 일자리를 제공하고 이익을 줌으로써 정치적 지지를 확보할 수 있었던 것이 공공사업 계획 public works programs의 성과 중 하나였다. 페리클레스는 건축 계획을 위해 제국의 자금을 사용하는 것을 두고 벌어진 논쟁에서 아테네인 모두가 누릴 수 있는 이런 일반적인 번영이 계속되어야 한다고 주장하며 지지를 받았다.

그러나 이 계획은 물질적 이익 이상으로 아테네인들의 지지와 헌신을 이끌어 냈다. 그들도 자신들이 건설하고 있는 웅장한 건축물들에 매료됐다. 즉, "일이 진척되면서 그것들의 웅장함이 다른 것들을 능가하고 그것들의 아름다움과 품위가 비길 데가 없자 인부들은 자신들의 솜씨가 대단하다며 서로 만족스러워했다".(플루타르코스, 《페리클레스》, 13.1) 그들은 이런 건축물들이 그들의 민주 정체와 제국에 기념비가 될 것으로 이해했고, 이런 기대에 사로잡혔다. 아크로폴리스에 웅장한 건물들이 완성됐을 때, 아테네인들은 "매일같이 [자신들의] 도시의 위엄을 우러러보며 애호가들이 됐고", 그것의 성공에서 자신들의 불멸을 볼 수 있었다. 한 세기도 더 뒤에 아테네의 웅변가 데모스테네스가 페리클레스의 건축 계획이 이렇게 작용했고, 또 그것이 성공적이었다는 것을 확인해 줬다. 페리클레스 시대의 아테네 민주주의는,

> 다른 무엇보다 영광에 더 욕심을 부렸는데 여기에 그 증거가 있다. 즉, 그들은 다른 어느 그리스인들보다 더 많은 부를 획득해서 그 전부를 명예를 위해 써 버렸다. …… 결과적으로 그들은 불후의 소유물들, 즉 자신들의 업적에 대한 기억 그리고 저 너머의 프로필라이아, 파르테논, 주랑들, 항구들 같은 명예롭게 건립한 아름다운 기념비들을 남겼다. …… 그들은 적들을 정복했고, 전 도시의 화합을 통해 올바른 생각을 하는 모든 이의 기도에 응답했고, 그들의 불멸의 영광[클레오스]을 유산으로 남겼다.(《안드로티온에 대한 반론Against Androtion》, 76)

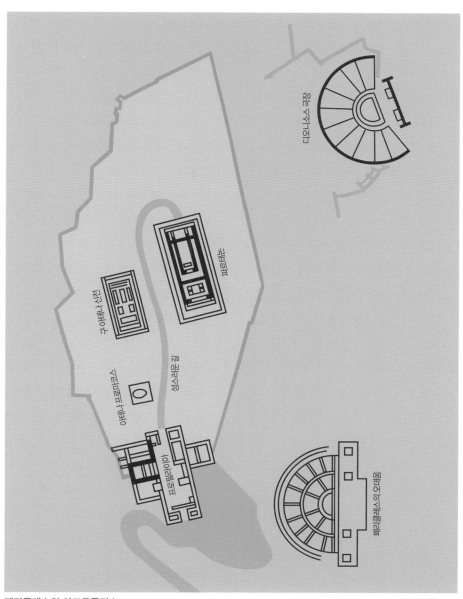

디오니소스 극장

파르테논

구 아테나 신전

성스러운 길

아테나 프로마코스

프로필라이아

할리카르나소스 무덤

페리클레스의 아크로폴리스

이러한 목적들과는 별개로 아크로폴리스 상부와 부근에 있는 건축물들, 그리고 이들 가운데 단연 최고인 파르테논 신전은, 아테네의 법 및 제도와 더불어, 페리클레스가 구상한 민주 국가를 창조할 수 있었던 시민 교육civic education의 일환이었다. 기원전 461년에 귀족 협의체였던 아레오파고스 법정의 권력을 빼앗아 민주적 평의회, 민회 그리고 법정들에 분배한 혁명이 이런 시민 교육의 첫 번째 단계였다. 기원전 450년대에 제정된 민주 법안은 두 번째 단계였다. 기원전 440년대에 시작한 예술 및 교육 계획은 페리클레스 체제의 마지막 정점과도 같은 것이었다.

아크로폴리스는 아테네의 수호 여신인 아테나에게 봉납된 가장 신성한 장소였다. 다른 그리스의 신들과 마찬가지로 아테나는 많은 모습으로 숭배와 찬양을 받았다. 그중 가장 오래되고 유서 깊은 것, 즉 공식적인 종교 숭배의 대상은 아테네의 여신 아테나 폴리아스였다. 그녀는 올리브 나무로 만든 조각상 형태로 전설에 의하면 하늘에서 뚝 떨어졌다고 한다. 그리고 아티카의 도시들이 하나의 폴리스로 통합되기 전에 이미 "세상에서 가장 신성한 것"으로 숭배됐다.(파우사니아스, 1.26.6) 그녀는 아크로폴리스 위에 가장 먼저 건립된 것으로 보이는 '낡은 신전old temple'에 모셔졌는데 기원전 480년에 페르시아인들이 침략해 들어와 파괴했다. 아마 앉아 있는 형태의 좌상으로 크기가 크지 않았던 이 나무 여신상은 금관과 보석으로 치장했고 손에는 술잔을 들고 있었다. 그리고 페플로스peplos*를 걸치고 있었는데, 페플로스는 올림포스의 신들이 거인들을 무찌르는 전투 장면을 짜 넣은 밝은 색상의 모직 의상이었다. 매년 플린테리아Plynteria**라고 불린 축제 기간 동안 여신상과 페플로스를 바다로 가져가 씻기고 세탁했다. 판아테나이아 대제전이 열리는 4년마다 여신에게 아

---

*   고대 그리스 여성이 입던 주름 잡힌 긴 상의.
**   고대 그리스 아테네에서 아테나 폴리아스를 기리기 위해 매년 열린 축제로 '씻다'라는 뜻의 플리네인(plynein)에서 유래했다.

레포로이Arrephoroi˙가 짠 새로운 페플로스를 선사했다. 말할 수 없는 물건들의 운반 자들Carriers of the Unspoken Things이었던 아레포로이는 일곱 살에서 열한 살 사이의 어린 소녀들로 귀족 가문 출신 중에서 선발한 뒤 밀교 성격의 야간 다산 의식mysterious nocturnal fertility rites에 참석한 자들이 투표로 최종 결정했다. 이 아테나는 다산, 농업, 가정의 여신이었다. 그녀에게 아테나의 여사제들이 배속됐고, 대규모 제물을 바쳐 그녀를 숭배했다.

그런데 이 여신은 아테나 파르테노스Athena Parthenos처럼 다른 모습으로도 존재했다. 파르테노스란 처녀the Maiden를 뜻한다. 그리고 호전적인 아마존인들과 같은 다른 독신 여성들처럼 그녀 역시 전사였다. 평상시에 다산과 풍요를 가져다주는 아테나 폴리아스와 달리 아테나 파르테노스는 전시에 보호와 승리를 가져다준다. 비록 아테나 폴리아스가 아테네의 유일한 숭배 대상으로 남아 있기는 했지만, 농업에 대한 의존도가 줄어들고 외국과의 교역 및 전쟁에 깊이 관여하면서 아테나 파르테노스가 점차 대중의 마음을 사로잡았다. 기원전 6세기가 시작하면서 아테나 파르테노스와 겉모습은 같으나 다소 호전적인 형태의 아테나 프로마코스Athena Promachos가 등장했다. 프로마코스는 선봉 전사Forward Fighter 또는 투사Champion라는 의미로 판아테나이아 대제전에서 열린 운동 경기의 우승자들에게 수여된 성스러운 오일sacred oil을 담아 놓는 커다란 항아리에 등장했고, 그녀가 쓴 투구가 아테네의 은화에도 등장했다.

아테네인들은 아크로폴리스의 북쪽에 있던 아테나 폴리아스 신전과 나란히 남쪽에 이 전사 여신의 신전을 건설하기 시작했으나 페르시아인들이 침공해 들어와 두 신전을 모두 파괴했다. 페이디아스가 아테나 프로마코스의 거대한 청동상을 제작한 것은 기원전 450년대로 중앙 출입구인 프로필라이아를 통해 아크로폴리스로 들

˙　의례로서 종교적 의식들을 거행한 그리스의 어린 소녀들을 뜻한다. 단수는 아레포로스(Arrephoros). 두 명의 아레포로이가 아크로폴리스에서 1년 동안 기거하면서 아르헤포리아(Arrhephoria)라고 불리는 불가사의한 의식을 수행했다.

어올 때 정면에서 바라볼 수 있도록 설치했다. 파우사니아스에 따르면, 아티카반도 남단의 수니온곶을 지나는 배에서 프로마코스가 들고 있는 창의 끝과 투구의 장식 볏이 보일 정도로 거대했다고 한다. 중요한 것은 페리클레스가 아크로폴리스의 신전 들을 복원하는 일에 착수하면서 아테네인들이 전통적으로 숭배해 온 아테나 폴리아 스 신전이 아닌 아테나 파르테노스에게 봉납된 신전을 먼저 건축했다는 점이다.

파르테논으로 불리게 될 신전의 건립은 기원전 447년에 시작했다. 이 신전 안에 페이디아스가 금과 상아로 제작한 거대한 조각상이 기원전 438년에 봉납됐고, 신 전 자체는 기원전 432년에 완공됐다. 페리클레스 자신이 감독 위원회epistatai에 들 어가 페이디아스와 모든 사안을 일일이 논의했다. 페이디아스는 모든 건축 계획의 총감독으로 파르테논 신전의 조각품들을 직접 설계했고, 동쪽 방에 있던 거대한 조 각상도 직접 조각했다. 익티노스Iktinos는 수석 건축가로 다른 누구보다 칼리크라테 스Callicrates[B.C. 470~B.C. 420]의 도움을 받았다.*

에게해 서쪽에 건축된 다른 모든 신전과 마찬가지로 파르테논 신전은 도리스식 신전**이었다. 그러나 일부 혁신적인 이오니아식 요소들***을 포함하고 있었고 이례적 으로 복합적인 설계와 다소 새로운 특징들이 가미돼 겉보기에 복잡했다. 페이디아 스의 아테나 프로마코스 여신상이 워낙 거대하다 보니 평소보다 더 큰, 특히 더 넓 은 건축물이 필요했다. 초기의 주요 신전들은 전면에 여섯 개의 기둥과 양쪽 측면

---

*   익티노스와 칼리크라테스는 모두 고대 그리스의 건축가로 파르테논 신전을 건축했다.

**   도리스인들이 살던 펠로폰네소스반도에서 시작한 건축 양식으로 받침 없이 낮고 폭이 넓은 기둥, 조각이 새겨져 있지 않은 기둥머리, 세 줄 홈 무늬의 트리글리프와 주로 부조로 된 메토프가 번갈아 나오는 프리 즈 등이 특징이다. 남성다운 건축 양식으로 꼽힌다. '도리스식 오더'라고 부르기도 한다.

***   이오니아식 건축 양식은 조형된 기둥 받침 위로 높이 솟은 원기둥, 소용돌이형 머리 장식이 있는 기둥머 리, 연속으로 조각된 프리즈를 특징으로 한다. 여성적인 우아함과 경쾌함이 있다. 기원전 7세기 초에 소 아시아 에게해 연안에 거주하던 이오니아인에 의해 발달한 건축 양식이다. 기원전 6세기 이후 아테네를 비롯해 그리스 전역으로 확대됐다. '이오니아식 오더'라고 부른다.

으로 열두 개 내지 열세 개의 기둥이 있었지만, 익티노스는 파르테논 기둥을 각각 여덟 개와 열일곱 개로 늘려 대략 4대 9의 비율이 되도록 건립했다. 이 비율은 구조 전체의 공간 관계를 특징짓는 것으로 엄청난 조화미를 제공한다.

이 신전의 건축가들은 그것의 구조에 아주 정교한 장치들을 많이 도입했다. 이런 장치들은 다른 도리스식 신전들에서도 나타나지만, 익티노스와 그의 동료들이 가장 완벽에 가깝게 구현했다. 비전문가의 눈에는 이 신전의 선들이 완벽한 직선과 직각으로 보이지만 직선, 수직, 수평에 약간의 변형을 주어 불룩하다. 바닥도 보기와 달리 평면이 아니라 약간 불룩하게 올라와 있다. 중앙이 측면의 네 귀퉁이보다 4인치 [10.16센티미터] 높고 동서쪽 끝단보다 2인치[5.8센티미터] 더 높다. 위쪽으로 기둥 상부에 있는 돌림띠entablature* 부분도 곡선이다. 더구나 양 측면의 기둥들은 안쪽으로 2인치[5.8센티미터] 이상 기울어 있고, 구석의 기둥들도 비스듬하게 기울어 있다. 구석의 기둥들이 다른 기둥들보다 두껍고 양 측면의 기둥들이 좀 더 촘촘히 세워져 있다. 모든 부분을 정교하게 가다듬다 보니 건물을 완성하는 데 더 많은 시간이 걸렸고, 따라서 비용도 그만큼 더 많이 들었다.

신전의 내부는 동쪽으로 기둥이 있는 전면 현관으로 돼 있었고, 이 현관은 아테나 프로마코스 여신상이 자리 잡고 있는 주실main room로 이어졌다. 주실 뒤로 소실smaller room이 있었는데, 서쪽으로 기둥이 있는 후면 현관을 통해 들어갔다. 이 소실은 파르테논이라 불린 공간으로 신전의 후실back room이었는데, 기원전 4세기경에 이 후실의 이름이 건물 전체를 지칭하는 명칭으로 사용됐다. 이 신전은 아테나가 소유한 재화를 보관하는 금고로 주로 활용됐다. 이러한 방들 주위에 그리고 바깥 주랑의 안쪽으로 좁은 복도가 나 있었고, 이 복도 양쪽 끝에 바로 전면과 후면 두

---

* 처마에서 기둥머리까지의 부분으로 코니스(cornice), 프리즈, 아키트레이브(architrave, 처마도리)로 이루어져 있다.

개의 현관이 있었다. 각 현관은 높이가 거의 33피트[10미터]나 되는 커다란 도리스식 기둥이 여섯 개씩 세워져 있었는데, "신전을 가로질러 세워져 있다 보니 기둥들이 빽빽이 숲을 이루고 있는 것 같은 인상을 줬고, 이는 소아시아의 이오니아식 신전들의 그것과 유사했다".[20] 도리스식 신전에서 이와 같은 이오니아식 효과가 만들어내는 인상은 서쪽에 있던 금고의 천장을 떠받치고 있던 네 개의 커다란 이오니아식 기둥들과 애초부터 이오니아식이라고 할 수 있는 건물 안쪽 꼭대기 부위의 연속되는 프리즈 부조로 인해 훨씬 더 강렬했다. 도리스식 신전에 이오니아식 요소를 도입해 변화를 가미한 곳은 내부에만 한정하지 않았다. 외부에서 "주랑을 이루는 가느다란 기둥들은 …… 길게 늘어뜨린 이오니아식 우아함을 도리스식 오더에 주입한 것 같다. 그리고 8주식 건축 외관은 대다수 도리스식 신전들의 촘촘한 6주식 배열과 반대로 전면이 넓은 이오니아 세계의 신전들을 떠올리게 한다".[21]

파르테논 신전의 부조들이 전체 설계에서 핵심 부분을 차지했다. 그것들 중 많은 수가 1687년에 발생한 대규모 폭발로 손상되거나 파괴됐다. 당시 파르테논 신전은 터키군의 탄약 창고로 사용되고 있었는데, 베네치아군의 포탄이 이곳에 떨어졌던 것이다.* 그러나 지금까지 남아 있는 고대의 증언과 설명에서, 그리고 이 폭발이 일어나기 직전에 그려진 그림들을 통해 부조들이 어떤 모습이었고 어떻게 다루어졌는지 유추해 볼 수 있다.

그리스의 신전들은 간혹 그들이 숭배한 신, 어쩌면 지역의 전설을 토대로 제작한 부조들을 담고 있었다. 그러나 대다수 부조들은 영웅들의 공적들, 올림포스의 신들

---

* 15세기 이후 베네치아는 동지중해의 제해권을 두고 오스만 제국(지금의 터키)과 계속 충돌했다. 오스만 제국은 발칸반도와 소아시아, 서아시아 일대를 지배한 대제국이었다. 1683년 7월에 오스만 제국이 빈을 공격(빈 공방전으로 불림)했지만, 결국 지고 말았다. 이때 오스만 제국이 공성전을 이겼다면 유럽의 역사는 달라졌을 것이다. 이후 오스트리아, 폴란드를 필두로 러시아와 리투아니아가 참여한 신성 동맹을 맺어 반격(대튀르크 전쟁)에 나서는데, 베네치아도 여기에 참여해 오스만 제국과 그리스에서 전쟁을 벌였다.

과 거인들 간의 전쟁들, 인간 라피타이족Lapiths*과 반인반수 켄타우로스족 간의 싸움**같이 전통적으로 회자되어 오던 주제들을 바탕으로 제작됐다. 파르테논 신전의 부조들 역시 이런 전통적인 주제들을 기본으로 했지만, 다른 점이 있다면 대다수 장식용 부조들을 아테네의 수호 여신에게 바쳤다는 것이다. 전통적인 주제들을 다룰 때조차 부조들이 표현하는 사건들은 신전의 주실인 성상 안치소cella의 거대한 아테나 여신상에 묘사되어 있는 주제들과 되도록 일치시켰다.

92개의 메토프들이 있는 외부 주랑은 좀 더 전통적인 주제들, 즉 동쪽에는 거인들과 싸우고 있는 신들, 서쪽에는 아마존인들과 싸우고 있는 그리스인들, 북쪽에는 트로이인들과 싸우고 있는 그리스인들, 남쪽에는 켄타우로스족과 싸우고 있는 라피타이족을 담았다. 남쪽의 중앙 메토프들은 초기 아테네의 전통을 나타낸 것 같은데, 여러 장면들 중에 고대 아테나 여신상을 건립한 전설의 왕 에레크테우스Erechtheus***로 보이는 인물이 부조돼 있다. 페디먼트들에 있는 부조들은 아테나 여신에게 일어났던 두 가지 불가사의한 순간들을 묘사했다. 동쪽 페디먼트에 있는 장면은 그녀가 제우스의 머리에서 태어나고, 성장해서, 무장한 모습을 묘사했다. 서쪽 페디먼트는 아테나와 포세이돈이 아테네의 수호신의 자리를 놓고 대결하는 장면과 이 대결에서 아테나에게 승리를 가져다준 그녀의 마법 같은 올리브 나무 선물이 그려져 있었다. 성상 안치소에 모셔졌던 페이디아스의 아테나 여신상은 높이가 약 40

---

*   그리스 신화에 나오는 전설적인 부족의 이름으로 테살리아 지방의 펠리온산 부근에 살았다고 전해진다. 켄타우로스와 친족 관계인 것으로 알려졌는데 일설에는 라피타이족과 켄타우로스족은 아폴론과 요정 스틸베가 낳은 쌍둥이 형제라고도 한다.

**   라피타이의 왕 페이리토스는 히포다메이아와 결혼하는데 이 결혼식에 켄타우로스들도 초대되었다. 술에 취한 켄타우로스들이 갑자기 야성이 발동해 자제력을 잃고 마는데 에우리티온이라는 켄타우로스가 신부 히포다메이아를 강간하려고 한다. 이에 격분한 라피타이인들이 켄타우로스들과 집단 싸움을 벌이게 되는데 이때 마침 결혼식에 초대받은 테세우스도 라피타이인들의 편에서 켄타우로스들을 격퇴한다. 결국 켄타우로스들은 라피타이족에게 패배하고 테살리아에서 쫓겨나고 만다.

***   고대 그리스 신화에 나오는 아테네의 임금이다.

피트[12미터]에 달할 정도로 거대했다. 나무 심wooden core에는 피부 대용으로 상아 판박들과 의복 대용으로 제거 가능한 금판들이 부착돼 있었다. 비용이 엄청나게 들었지만 결과는 웅장했다. 이 아테나 여신상은 삼중 볏triple-crested이 달린 투구를 썼고, 왼손은 뾰족한 창을 쥔 상태에서 방패에 올려놓고 있었다. 그녀의 오른손 바닥에는 날개가 있는 인물 형상, 즉 승리의 상징인 니케 여신이 세워져 있었다. 그녀의 방패에는 신전의 메토프들에 부조한 주제들 가운데 바깥에는 아테네인들이 아마존인들과 싸우는 장면들이, 안쪽에는 신들이 거인들과 싸우는 장면들이, 그리고 여신이 신고 있는 신발에는 라피타이족과 켄타우로스족의 싸움이 똑같이 새겨져 있었다.

파르테논 신전의 부조에서 가장 독창적이고 놀라운 요소는 성상 안치소를 둘러싸고 있는 프리즈였다. 프리즈에 연속해서 부조된 장면은 각각 별도의 장면으로 돼 있는 메토프의 부조와 달리 전형적인 이오니아식으로 이전에 그리스 본토의 도리스식 신전에 이러한 것이 있었는지 확실한 증거가 없다. 그런데 이보다 훨씬 더 충격적인 것은 부조의 주제이다. 그리스 역사에서 가장 처음으로 유한한 인간mortal human beings을 보여 주고 있다.

페리클레스가 아테네의 아크로폴리스를 재건하면서 가장 먼저 착수한 건축물이 왜 파르테논이었을까? 이 웅장하고, 혁신적이고, 매우 비용이 많이 소요된 새로운 건물의 성격은 무엇이었을까? 어떤 내용을 누구에게 전달하려고 했던 것일까?

처음부터 엄청난 비용이 들리라는 것은 의심의 여지가 없었을 것이다. 건축학적인 정교함만으로도 시간적으로나 금전적으로 비용이 늘어났다. 도리스식 메토프와 페디먼트에, 이오니아식 내부 프리즈에 조각된 부조들이 통상적인 수보다 더 많았고, 섬세하게 표현하기 위해 공을 더 많이 들였다. 다른 신전들의 경우 페디먼트에서 보이지 않는 인물 조각들figures의 뒷모습은 거칠게 내버려 뒀다. 그러나 파르테논 신전의 조각들은 마치 시야를 가리지 않고 사방에서 볼 수 있도록 의도한 것처럼 뒷부분까지 완벽하게 마무리했다. 이렇다 보니 비용이 훨씬 더 많이 들었다. 거대한 아테나 프로마코스 여신상에 입힌 금과 상아 역시도 엄청난 비용이 들었다. 페리클레스가 추도사에서 "우리는 미를 사랑합니다, 검소하게"라고 말했을 수 있지만, 파르테논을 보면서 그런 말은 하지 못했을 것이다. 엄청난 비용을 아낌없이 쏟아부었다. 그러다 보니 당연히 이런 건축 계획에 불만이 많았던 멜레시아스의 아들 투키디데스와 다른 비판가들의 표적이 됐다. 그러나 페리클레스는 지출하는 모든 드라크마와 오볼로스obolos*에 대해 의회에 출석한 아테네인들을 설득해 15년이 넘는 기간 동안 계속해서 지지를 얻어 냈는데, 사실 아테네 민주 정체는 모든 금전 지출에 대해 의회의 동의를 얻어야 했다.

휠씬 더 놀라운 것은 국가적 숭배 대상이었던 신성한 장소들이 담긴 북쪽의 신전을 재건하기보다는 남쪽에 신전을 새로 건립하는 일에 이처럼 공을 들였다는 것이다. 나중에 에레크테이온Erechtheion**으로 불리는 아테나 폴리아스 신전은 페리클레스가 사망한 뒤인 기원전 421년에야 착수했다. 착수가 늦어진 이유는 페리클레스가 이 신전보다는 아크로폴리스로 들어가는 웅장한 입구로 전혀 종교적 건축물이 아니었던 프로필라이아 건설에 눈길을 돌렸기 때문이었다.

학자들은 파르테논 신전이 여신 아테나에 봉헌되고, 그 안에 그녀의 조각상이 있었음에도 불구하고 이 건축물이 종교와는 거의 또는 아무런 연관이 없었으며, 실제로는 신전이 아니라고까지 주장한다. 어떤 학자는 그것을 "벽난로 선반 위에 놓인 훌륭한 장식품"과 비교했다. 또 다른 학자는 그것의 기능이 그저 제국의 금고에 지나지 않았다고 간주한다. 이런 해석들이 과도할 정도로 단순하고 엄격하지만 이 건

---

* 드라크마는 무게로 값을 정하는 형태였는데, 지역에 따라 조금씩 차이가 있었지만 1드라크마는 약 4.3그램이었다. 오볼로스는 1드라크마의 6분의 1 정도의 무게였다.

** 에레크테이온은 아크로폴리스에 있는 또 다른 이오니아식 건물로서 페리클레스가 세운 건설 계획 중 마지막 것이다. 이 건물은 아테네의 신화적 영웅인 에레크테우스의 이름을 따서 명명했다. 색다른 평면과 외관을 갖추게 된 것은 대지가 부정형인 데다 신전을 여러 개 담고 있기 때문이다.

물 또는 그것의 조각상을 숭배나 의식과 연결할 만한 증거가 없는 것도 사실이다. 성상 안치소의 프리즈에 사랑스럽게 묘사한 판아테나이아 행렬이 아테나 여신의 의복을 갈아입히는 과정을 보여 준다는 것도 놀랍다. 이런 의복 교체 의식은 파르테논 신전뿐만 아니라 아테나 폴리아스가 있던 '구신전', 다시 말해 페이디아스가 제작한 금과 상아를 입힌 거대한 조각상이 아니라 올리브 나무로 제작한 작은 '고대의 조각상'에서도 있었던 일이다.

파르테논은 분명히 신전으로 계획된 것으로 그것을 건축한 것은 종교적 신앙심의 발로였다. 그러나 페리클레스가 시도한 많은 것이 그랬듯이 종전과는 다른 새로운 특징이 있었다. 이 신전을 "숭배의 공간 안에 바친 **봉납물**"22), 즉 평화를 상징하는 다산의 신—아티카라는 한정된 영토에서 농경에 의지했던 아테네의 수호 여신—이 아니라 수공업과 상업, 해상 제국이라는 새로운 아테네의 상징이 된 처녀 전사 여신[아테나 파르테노스]에게 봉납한 것으로 생각하는 것이 최선일 것이다. 이런 아테나는 예술과 과학의 여신일 뿐만 아니라 지혜의 여신이었고, 이성, 지성, 자애의 여신이었다. 이는 페리클레스가 그의 아테네와 시민들에게 요구했던 자질과 특징이었다. 파르테논은 페르시아인들과의 전쟁에서 승리한 것을 감사하는 뜻으로 아테나에게 바친 봉납물이었다. 또한 아테네인들에게 보내는 찬사이자 그들이 창조한 위대한 도시와 제국에 바치는 기념비였다. 그러나 이 모든 것을 떠나 페리클레스는 그가 자주 했던 대로 교육적인 목적을 마음에 품고 있었다. 파르테논 신전은 추도사가 구두로 겨냥했던 것, 즉 아테네의 제국적 민주 정체에 대한 묘사, 설명, 찬양을 시각적으로 완성하고자 했던 것이다. 페이디아스와 그의 동료들은 어떤 식으로든 이런 점들을 고려해 건물과 그것을 장식한 조각들을 설계했다.

현대의 독자들은 구두로 설명하지 않은 시각 예술이 인구의 상당수가 제대로 교육을 받지 못했던 아테네인들에게 효과적으로 취지를 전달할 수 있었을까 의구심이 들 수 있다. 그러나 그렇지 않았다는 것을 알 수 있는 근거가 있다. 인쇄술이 발명되고 나서 영화와 텔레비전이 발명되기까지 말과 문자로 표현하는 방식이 지배적이었던 우리 세계의 인식에서 벗어날 필요가 있다. 우리의 감각들과 수용체들이 자기 방어에 무뎌질 때까지 허용치를 초과하는 시각 이미지들의 폭탄 세례를 받지 않았던 세계를 상상해야 한다. 페리클레스 시대에 대다수 아테네인은 어느 정도 글을 읽을 수 있었다. 그러나 읽을거리가 많지 않았다. 그리고 많이 읽지 않았다. 대다수 학습은 대개 시적인 운율을 띠는 연설을 경청하거나 눈으로 보는 것으로 이뤄졌다. 아테네인들은 음유 시인들이 호메로스의 서사시들을 노래하고, 합창단들과 개인들이 서정적이고 애처로운 시를 읊는 것을 들었다. 그리고 그들은 연설, 노래, 춤이 가미된 비극과 희극을 보고 들었다. 또한 시인들이 다뤘던 신화에 나오는 장면들을 그려 넣은 도자기들, 신들에게 경의를 표하는, 간혹 그들이 등장하는 신화들을 구현한 조각상들, 그리고 영웅들에게 경의를 보내는 조각상들, 예를 들어, 참주 페이시스트라토스의 지배를 종식시키고 아테네에 자유를 가져다준 것으로 생각되는 아테네의 폭군 살해자들*의 조각상같이 볼 것이 많이 있었다.

그러나 이런 소통 및 교육 방식들은 비교적 드물었다. 종교 제전이 있을 때 시적이고 음악적인 연극들이 상연됐는데 제전이라고 해 봐야 1년에 한 번뿐이었다. 공연들 또한 관객들에게 잘 알려진 그리스 신화 중 상대적으로 작은 부분을 또는 근래에 일어난 역사적 사건들을 다뤘다. 그렇다 보니 대다수 시민 관객이 모든 연극의 아주 세심한 부분까지 집중했으며, 복잡한 예술의 미묘한 차이를 알아차릴 수 있는 역량이 있었다. 같은 방식으로, 아마 훨씬 더 강력하게 그들은 시각 예술이 만들어 내는 인상들에 놀라울 정도로 예민했다. 공공 조각물과 기념물이 거의 없었다. 특히 기원전 480년에서 기원전 약 450년까지, 비록 아티카 전역에 신전들이 세

---

* 대표적인 인물이 하르모디오스(Harmodios)와 아리스토게이톤(Aristogeiton)이다. 두 사람은 기원전 514년에 아테네의 참주였던 페이시스트라토스의 아들 히파르코스를 살해한 뒤 참주제를 종식시키고 민주 정체를 도입한 상징적인 인물들이었다.

워져 있었지만, 그러한 것은 거의 없었다. 따라서 새로운 신전, 특히 누가 봐도 아주 웅장하고 화려한 신전이 세워지기 시작하면서 엄청난 관심을 보였으리라는 점은 분명하다. 모든 아테네인이 그것을 수천 번 올려다보았을 것이다. 그리고 아테네인들이 감독 위원회를 선출해야 했고, 그들의 계획과 건축가들을 선정하는 작업을 승인해야 했으며, 민회가 15년 동안 관련 자금의 지출을 승인해야 했기 때문에 공개 논의의 기회들, 분명히 비공식 논의의 기회들이 수도 없이 많이 있었을 것이다.

파르테논 신전의 여러 구성 요소들 중 특별히 관심을 기울인 것들이 있다. 도리스식 신전에 이오니아식 특징들을 도입한 것은 어느 정도 미적인 것을 고려한 것으로 볼 수 있다. 즉, 그것은 종전의 도리스식 신전에서는 찾아볼 수 없는 밝음, 공간, 다양성의 느낌을 제공했다. 동시에 당대인들은 놓칠 리 없는 내용을 전달했다. 아티카의 모든 신전을 포함해 그리스 본토의 신전들은 파르테논 신전이 건립되기 전까지만 하더라도 도리스 양식으로 건립되었다. 그러나 아테네는 자기 자신을 제국의 다수를 차지한 에게해의 섬들과 연안들에 있던 이오니아 도시들의 모태mother라고 주장했고 또 그렇게 인식됐다. 페리클레스는 제국을 재편성하면서 이와 같은 혈족 관계를 내세워 아테네의 식민지들이 했던 것처럼 그들에게도 판아테나이아 대제전에 암소 한 마리와 갑옷 한 벌을 가져오도록 했다. 따라서 이오니아인들은 아테나 폴리아스에게 페플로스를 가져가는 판아테나이아 행렬에 참가했을 것이고, 아테나 파르테노스 신전을 줄지어 지나가면서 그들은, 자신들이 참배자들의 행렬에 섞여 있고 자신들의 도시가 아테네가 주도하는 동맹에 속해 있었던 것처럼, 이 여신에게 봉납된 신전에 이오니아식 요소들이 접목돼 있음을 눈치챘을 것이다. 페리클레스의 추도사에는 다른 의도another theme를 드러내는, 즉 분명치는 않지만 보는 이들에게 충고의 의미로 이해할 수 있는 내용이 있었다. 한 통찰력 있는 학자가 주장했듯이, "이오니아식은 이오니아의 사치, 세련, 주지주의intellectualism를 생각나게 했고, 도리스식은 펠로폰네소스반도에 사는 헤라클레스 후손들의 칙칙하고 무신경한 단순성과 관련이 있었다. 아테네를 상징하는 신전에 대해 페리클레스가 이런 두 가지 양식이 조화를 이루기를 바란 것은 당연했다."[23] 페리클레스가 "우리는 미를 사랑합니다, 검소하게, 그리고 우리는 지혜를 사랑합니다, 연약하지 않게."(2.40.1)라고 말했을 때 그가 아테네에 요구했던 것이 바로 이런 조화였다.

　파르테논 신전의 정교함은 훨씬 더 포착하기 힘든 의미를 전달하고자 했을 수도 있다. 물론 그것은 다양한 측면들에서 해석할 수 있다. 예를 들어, 비록 형식이 미숙less-developed했을 뿐이지 도리스식 신전들에서도 일반적인 것이었다. 기능적 관점에서 볼록 올라온 바닥은 운동 경기장의 중앙부처럼 훌륭한 배수 기능을 했다. 인간의 지각 본능에 맞추고자 하는 심미적 고려들도 중요했다. 고대의 한 이론은 이런 정교함들은 긴 수평선들이 중앙부에서는 처져 보이고, 기둥의 끝단들이 얇아 보이는 등의 시각적 왜곡을 보정하기 위한 것이라고 주장했다. 정교함들은 모든 선을 직선으로, 모든 기둥은 하나같이 크기가 같게 보이도록 한다. 물론 이와 정확히 배치되는 설명도 있다. 즉, 수평선들을 아래에서 올려다보면 처져 있다기보다는 활모양으로 굴곡져 보인다고 주장한다. 따라서 이런 굴곡들은 건물을 본래보다 높고 크게 보이도록 만들기 위해 일부러 자연적 왜곡을 강화했다는 것이다. 이것 말고도 또 다른 의견이 있다. 즉, 정교함들이 보고자 하는 것과 보이는 것 간의 긴장을 만들어 내기 위해 우리 눈에 익숙해진 것에 의도적으로 변화를 준다는 것이다. 따라서 관찰자의 마음은 보고자 하는 것과 보이는 것의 불일치로 씨름하다가 타협할 수밖에 없다. 이것이 관찰자의 집중도를 높여 적극적으로 좀 더 깊이 들여다보고자 하고 이것이 건물의 생기, 활력, 관심을 지속적으로 증가시킨다. 이런 각각의 견해가 나름대로 타당한 점이 있지만, 한 학자가 마지막 견해에 대해 흥미로운 주장을 편다. 즉, 그는 이 견해가 "가장 자연스럽게 당시의 지적 경험을 반영하는 것 같다."라고 말한다.

그것은 파르테논에서 **보이는** 대로의 것들이 **알려진** 대로의 것들과 조화를 이룬다고 주장한다. **알레테이아**aletheia, 즉 추상에 의해 알게 된 '현실reality'(예를 들어, 수학적 비례)은 우리의 감각들과 뇌를 매개로 한 사물들의 경험인 **판타지아**phantasia의 토대로 제시된다. 프로타고라스의 새로운 세계가 피타고라스Pythagoras[B.C. 580~B.C. 500]*의 낡은 세계와 균형을 가져온다. 이 균형, 다시 말해 몇 가지 대립하는 요소들을 한데 융합함으로써 파르테논 신전을 고대 그리스의 사상과 경험을 시각적 예술로 가장 생생하고 포괄적으로 승화시킨 대표적인 건축물로 만든다.**24)**

이런 난해한 관념들을 이해할 수 있었던 아테네인들은 얼마 되지 않았을 것이다. 그러나 파르테논을 장식한 많은 조각품은 훨씬 더 많은 관람객에게 더 분명하고 생생한 이야기를 전달했다. 파르테논 신전의 메토프와 페디먼트, 여신상[아테나 프로마코스]은 아테네와 그리스 신화의 고전적 주제들을 담고 있었다. 그리고 아시아Asia**에 대한 에우로페Europe***의 승리, 페르시아 전쟁들과 관련한 것들, 무지에 대한 지성의 승리, 거만에 대한 지혜의 승리를 찬양했다. 거인들과 올림포스 신들의 싸움, 트로이인들과 그리스인들의 싸움, 켄타우로스족과 라피타이족의 싸움에서 우리는 더 지적이고, 더 사려 깊고, 더 문명화한 힘이 승리하는 것을 보게 된다. 그러나 이것은 지성뿐만 아니라 용기, 힘, 전투 능력을 필요로 하는 전쟁에서의 승리이다. 이러한 생각은 페리클레스가 추도사에서 비친 것과 거의 유사하다. 추도사에서 그는 "우리

---

* 만물의 근원을 수로 파악하여 균형과 조화의 미를 중시했다.

** 아시아란 이름은 본래 그리스인들이 자신들 나라의 동쪽에 있는 나라들을 가리킬 때 사용한 '아수(asu: 동쪽)'라는 아시리아어에서 유래했다고 한다. 처음에는 고대의 동방, 즉 오리엔트를 가리켰으나 오늘날에는 우랄산맥과 카스피해에서 동쪽으로 태평양 연안에 이르는 유라시아 대륙의 중부와 동부의 전 대륙을 포괄한다.

*** 그리스 로마 신화에 등장하는 인물로 페니키아의 공주였다고 한다. 제우스가 에우로페를 크레타섬으로 데려가 크레타 문명이 발전하게 됐다. 지금 유럽 대륙의 이름이 에우로페의 이름에서 따온 것이다.

페리클레스

는 어떤 것을 수행하기 전에 아주 생각을 많이 하는 만큼 행동을 시작하면 정말 과감하게 한다는 점에서 역시 우수합니다. 하지만 다른 이들은 무지해야 배짱이 생기고 생각이 많으면 주저하게 된다고 말합니다."(2.40.3)라고 주장한다.

동쪽 페디먼트 위, 즉 파르테논 신전 입구 위쪽의 영예로운 공간에 조각한 제우스의 머리에서 아테나가 탄생하는 장면은 지성과 지혜의 본보기로서 그리고 (제우스에 가장 가까이 있는) 정의의 원천으로서 그녀의 특별한 위상을, 따라서 그녀의 도시의 위상을 상징적으로 표현했다. 동쪽 메토프들에 새긴 신들과 거인들의 전투, 즉 아테나의 페플로스에 수를 놓아 줄곧 기념한 이 전투 장면은 그녀가 수행한 영웅적인 역할 때문에 특별히 중요했다. 그런데 이것 이상으로 이 신화는 거인들이 상징하는 오만함을 파괴하는 것을 나타내게 됐다. 오만은 응징되어야 한다는 도덕률moral laws은 기원전 5세기에 비극, 역사, 종교적 사유의 토대이다. 사실, 모든 메토프는 고귀한 힘들이 오만을 억누르는 것을 형상화한 것으로 볼 수 있다. 한 예리한 관찰자는 그것들이 "시종일관 함의하는 것"은 "아테나가 보편적으로 받아들여진 도덕률의 화신champion이라는 것, 다시 말해 그녀가 **오만**hybris에 맞서 **절제**sophrosyne의 편이라는"[25] 것이라고 말한다. 추도사에도 비슷한 언급이 나오는데 페리클레스는 아테네인들이 특히 "억압받는 사람들을 보호하고자 제정된" 이런 법들에, "그리고 비록 성문법은 아니지만, 어기는 것이 부끄러운 일이라고 생각되는 법들에"(2.37.3) 순종한다고 주장한다.

파르테논 신전 내부에 연속되는 프리즈의 부조는 당시에 아테네 시민들이 판아테나이아 제전에서 행진하는 장면을 보여 준다. 동쪽 끝에는 페플로스를 건네주는 의식을 올림포스의 신들과 열 명의 전설적인 영웅들이 지켜보고 있다. 아테네에는 열 개의 부족이 있었는데, 이들 부족의 이름이 이들 전설적인 영웅들에서 따온 것이었다. 파르테논에 묘사된 살아 있는 인간이 불멸의 신들 및 영웅들과 동등한 자격을 가진 존재로 승격된다. 두 명의 신[아테나와 포세이돈]이 아테네의 후견인이 되는 영광을 얻고자 싸우고 있는 서쪽 페디먼트의 장면과 함께 아테네인들이 아마존인들을 무찌르는 장면을 새긴 메토프들은 애국심의 발로, 즉 아테네인들이 그들의 수호 여신들 및 영웅적인 조상들과 연결돼 있음을 표현하는 것으로 그들에게 "[그들의] 도시의 힘을 우러러보면서 애호가가 되도록"(2.43.1) 고무했을 것이다. 이것은 다른 맥락에서 추도사를 떠올리게 한다. 페리클레스는 추도사에서 "우리는 우리 힘의 위대한 증거들을 제시했습니다. 그리고 증인들이 없는 것이 아닙니다. 우리는 오늘날 경이의 대상들이고 앞으로도 그럴 것입니다. 우리는 우리를 칭송할 호메로스 같은 시인이 필요치 않습니다. ……"(2.41)라고 주장할 수 있는 토대를 제공한다.

예일 대학 명예 교수로 그리스 예술에 정통한 제롬 폴리트Jerome Pollitt는 프리즈에 등장하는 아테네인들에게 훨씬 더 높은 지위를 부여했다.

> 페리클레스의 추도사는 아테네 사회를 신과 같은 특성들을 가진 것으로 묘사했다. 그리고 파르테논의 프리즈는 아마도 인간과 신 사이의 분명하고 정신적인 간극이 사라진 곳으로서 이와 같은 시각을 전달하기 위한 것이었다. 어쩌면 페리클레스 시기 아테네의 시민들을 신격화한 것으로 볼 수도 있다.[26)]

그럴 수도 있지만, 이 프리즈에 새겨진 아테네인들은 신격화라는 것이 의미가 없다고 보는 철학적 관점에서, 즉 인간을 충분히 고결하다고 간주함으로써 현실의 공간real place에 신들을 위한 자리는 없다는 것을 역설적으로 보여 주는 것일 수도 있다. 이런 시각은 페리클레스의 친구이자 동료로 소피스트였던 프로타고라스의 사고방식으로 보인다. 그의 유명한 두 가지 언급이 그런 가능성을 뒷받침한다. 프로타고라스는 그의 격언이 지금까지 전해 오는 최초의 불가지론자였다. 예를 들어, "신들에 대해 나는 그들이 존재하는지 아닌지 또는 그들이 어떤 모습을 하고 있는지 알 수 없다. 왜냐하면 알고자 해도 대상의 불분명함과 짧은 인생 같은 많은 장애물이 있기 때문이다". 신에 대해 설명할 방법이 없기 때문에 논리적으로 프로타고라스의 다음과 같은 또 다른 유명한 주장이 나온다. 즉, "**인간**은 만물의 척도이다. 존재하는 것들에 대해서는 그것들이 존재한다는, 존재하지 않는 것들에 대해서는 그것들이 존재하지 않는다는 척도이다". 만일 프로타고라스의 사상이 파르테논 프리즈의 설계에 영향을 미쳤다면, 이런 문장들은 프리즈에 등장하는 인물들의 준-신성 quasi-divinity보다는 현실적 인간성을 더 강조하는 것일 수 있다.

사실, 이런 강조는 프리즈가 전달하고자 하는 내용의 핵심 부분일 수도 있다. 행렬이 절정에 이르는 프리즈의 동쪽 끝 장면은 "신들이 물리적으로나 심리적으로 멀리 떨어져 등장한다"[27] 그들은 행렬의 가장자리에서 의식은 안중에도 없이 서로 이야기에만 열중하고 있고, 자신들과 서로에게만 몰입해 있으며, 축제의 절정이라고 할 수 있는 의식과 인간에게 등을 지고 있다. 이 모든 것이 파르테논을 설계한 예술가의 프로타고라스적 의도intention에서 아주 중대하다. "이것은 신들이 행렬 의식의 진정한 대상들이라기보다는 겉치레라는 것을 의미한다. 그것은 소피스트의 사상에서 중요한, 즉 종교의 중심에 있는 것은 신 그 자체가 아니라 인간의 경건한 행동이라는 시각적 전환visual shift을 만들어 낸다."[28] 이런 해석은, 만일 옳다고 한다면, 오직 소수만이 이해할 수 있었을 것이다. 그러나 프리즈에 묘사된 아테네인들의 인간다움humanity, 즉 그들이 신에 가까워지려고 하기보다는 거리를 두려고 하는 것이 신들과 영웅들이 드러내는 무관심과 무심으로 인해 도드라져 보였을 것이다. 이러한 관점에서 인간과 신을 나란히 배치한 것은 이 신전을 지배하는 애국적 상징주의 patriotic symbolism의 일부로서 아테네 민주 정체의 모든 사람을 그들의 조상들 및 그들의 수호자이자 지혜와 지성의 상징인 승리의 여신과 연결하는 것으로 볼 수 있다.

파르테논의 복잡하고 주도면밀하게 기획된 다양한 구성 요소들은 페리클레스와 그의 친구인 프로타고라스의 생각과 딱 들어맞는다. 두 사람은 민주주의가 성공하기 위해서는 시민 교육이 중요하다는 것을 이해했다. "최초의 민주주의 정치 이론가"29)로 불리는 프로타고라스는 시민의 덕목들을 교육하는 것이 민주주의에서 본질적이라고 믿었고, 그의 이름을 딴 플라톤의 대화편[《프로타고라스》]에서 그는 문명화된 사회에서는 교육이 중심이 되어야 한다고 주장한다. 민주주의에서는 전문가들보다는 평범한 시민들을 신뢰하는 것이 기본임을 정당화하기 위해 그는 민주주의 탄생myth의 기본 가설들처럼 받아들여지는 진술을 끌어들인다. 즉, 한때 신들만이 존재했다. 그다음 그들은 땅 밑에서 유한한 피조물들의 형상들을 창조했다. 이들 피조물을 밖으로 데리고 나오기 전에 에피메테우스Epimetheus*가 각각의 종들에게 그들의 고유한 특질을 공평하게 나눠 줬다. 그래서 각각의 종은 다른 종에 맞서 그리고 자연의 힘 앞에서 보호받을 수 있었다. 하지만 인간은 그런 보호를 받지 못했다. 그래서 프로메테우스가 불과 다른 재능들을 훔쳐다가 인간에게 줬고, 그 결과 인간만이 종교와 언어를 발전시키고 물질적 풍요를 누렸다. 그러나 그들은 도시 없이 따로 떨어져 살았는데, 이는 야수들을 방어하기에 적절치 않은 조건이었다. 이런 방어 목적에서 그들은 폴리스를 설립했다. 그러나 정치의 기술art of politics이 부족해서 서로 싸웠고, 함께 살 수 없었으며, 그래서 얼마 지나지 않아 다시 뿔뿔이 흩어졌다. 인간을 멸종시킬 의도가 있었던 제우스**가 헤르메스를 보내 인간에게 **아이도스**aidos(존경)와 **디케**(정의)를 가져다줬다. 아이도스와 디케는 공동체 생활을 가능하게 하는 정치적 덕목의 구성 요소들이다. 동물들에게 힘을 나눠 준 것과 같은 방식으로 인간들에게 기술과 숙련을, 다시 말해 각각의 사람들에게 각자 다른 능력을 나눠 줬다. 그러나 헤르메스가 제우스에게 물었다. "이것이 제가 존경과 정의를 나눠 주어야 하는 방식일 수 있을까요, 아니면 그것들을 모두에게 똑같이 나눠 줘야 할

---

* 그리스 신화에 나오는 티탄 신족으로 프로메테우스의 동생이자 판도라의 남편이다. 형 프로메테우스와 함께 만물의 창조에 관여했고, 인간과 동물에 각각의 재능을 부여하는 일을 했다.
** 인간의 숫자가 증가하고, 인간이 저지른 죄악에 분노한 제우스는 대홍수를 일으켜 인간을 멸종시키고자 했다.

페리클레스

까요?" 제우스는 "모두에게 나눠 줘라. 모두 나눠 갖게 하라. 기술들처럼 일부만이 덕목들을 나눠 가지면 도시들은 존재할 수 없기 때문이다. 그리고 내 권한으로 서로 존중하지도 정의롭지도 못한 인간이 폴리스의 역병으로 죽임을 당할 수 있는 법도 만들어라."(플라톤, 《프로타고라스》, 322 C-D)라고 말한다.

그럼에도 불구하고 프로타고라스는, 비록 모든 평범한 인간이 정치적 덕목들[존경과 정의]을 얼마간 나누어 갖는다고 하더라도, 이런 역량이 공평하게 나눠지지 않았다고 믿었다. 일부는 다른 이들보다 더 나눠 가지면서 교육으로 자신의 동료들을 발전시킬 수 있었다. 그는 그런 교육이 가능하리라고 믿었을 뿐만 아니라 건강한 정치 사회를 위해 필수라고 생각했다. 소크라테스와의 토론에서 그는 이렇게 묻는다. "일단 폴리스라는 것이 있을 수 있다고 한다면 모든 시민이 나눠야 하는 한 가지가 있을까요, 아니면 없을까요?" 그는 그런 것이 하나 있는데, 그건 바로 "정의, 절제 그리고 신성, 즉 인간의 **탁월성**[arete]"(플라톤, 《프로타고라스》, 325A)이라고 결론 내린다. 이것은 그가 젊은이들의 교사로서 자신의 역할을 정당화하는 것이기도 했다. 그는 그들에게 정치의 기술을 가르쳐 선량한 시민들로 만들어야 하고, 사적인 일을 처리하는 데 필요한 판단력과 국가의 일에 대해 제대로 말하고 행동할 수 있는 능력을 키워야 한다고 주장했다.(플라톤, 《프로타고라스》, 318E-319A) 그러나 그는 민주적인 사람들은 자신과 같은 소피스트들보다는 다른 사람들로부터 시민적 교육을 받을 수도 있다고 보았다. 아테네에서는 이런 교육이 시민들에게 어린 시기부터 제공됐고 평생 동안 지속됐다.

아테네에서 어린아이는 부모의 가르침을 받다가 스스로 사고할 나이가 되면 가정 교사가 가르쳤다. 모두 그에게 "무엇이 정당하고 무엇이 부당한지, 무엇이 훌륭하고 무엇이 부끄러운지, 무엇이 신성하고 무엇이 사악한지, 무엇은 할 수 있고 무엇은 할 수 없는지"(플라톤, 《프로타고라스》, 325D)를 가르쳤다. 그리고 준비가 되면 다른 교사들에게 보내 읽기와 음악을 배우게 했는데, 교사들이 중점을 둔 것을 올바른 행동을 가르치는 것이었다. 다음 단계는 개인으로서나 시민으로서 고귀한 행동의 사례를 습득하고자 서사시들을 읽는 것이었다. 그런 다음 리라를 연주하고 시인들의 시들을 읊는 법을 배웠다. "좀 더 온화하고, 균형 잡히고, 운율을 따름으로써 연설과 행동에 더 적합한 사람"이 되기 위해서였다. 다음은 젊은이들을 체육장에 보내 "그들의 신체가 그들의 건전한 마음을 담을 수 있도록 단련시킴으로써 신체가 약해 전쟁이나 그 밖의 상황에서 겁을 먹지 않도록 했다".(플라톤,《프로타고라스》, 326B-C) 마지막으로 그들은 국가의 법에 따라 교육을 받았다. 법은 젊은이들이 살고 싶은 방식대로가 아니라 국가가 제시하는 본보기에 따라 살도록 했다.

물론 모든 아테네인이 이런 평생cradle-to-grave 교육이 가르친 높은 기준high standards에 부합하지는 못했다. 여하튼 이 기준은 모든 방향에서 그들에게 영향을 미쳤다. 그리고 그들이 이런 교육을 받지 못했다면 그들의 수준은 분명히 후퇴했을 것이고, 문명화된 생활도 불가능했을 것이다. 프로타고라스는 소크라테스에게 이렇게 말한다. "당신이 생각하는 인간은 법에 따라 길러진 인간들 중 가장 부조리합니다. 그런데 그를 교육paideia*을 받지 못한 사람들과 비교해 보면, 인간성이 마치 정당하고 정의로운 또는 법정이나 법의 화신인 양 보일 수 있습니다."(플라톤,《프로타고라스》, 327D)

페리클레스도 가능한 한 많은 수단sources을 동원해 공교육을 할 필요가 있다는 것에 공감했고, 따라서 프로타고라스가 열거한 방식들에 아크로폴리스나 그 밖의 공간에 건립하고 설치한 건축물들과 조각들이 의도하는 시각적 교육을 가미했다. 그가 아테네를 "그리스의 교양"으로 불렀던 것처럼 이런 기념비들은 아테네 교육의 일부였다고 할 수 있다.

그의 개인적인 흔적이 남아 있는 건물은 아크로폴리스 남쪽 비탈에 우뚝 솟아 있

---

* 파이데이아(paideia)란 어린이를 뜻하는 파이스(pais)를 어원으로 하는데, 그리스에서 교육 또는 학습을 의미했다.

었다. 오데움 또는 주악당은 몇 가지 설립 목적이 있었는데 그중 하나가 페르시아인들에게 거둔 승리를 기념하는 것이었다. 이 건물은 경사진 둥근 지붕을 이고 있었는데 페르시아의 대제 크세르크세스의 파빌리온pavilion[정자]을 정확히 베낀 것이라고 한다. 페리클레스는 그것의 내부를 나포한 페르시아 선박들의 돛대와 활대들로 장식했다. 새로운 음악 경연들이 아테네인들에게 기쁨과 여가를 제공했지만, 오데움은 교육적 기능 역시 담당했다. 다몬의 학생[페리클레스]이 이러한 음악에 흥미를 보였으리라는 것에 놀라서는 안 된다. 왜냐하면 그의 스승이 "음악의 양식이 바뀌면 국가의 기본적인 **관습**nomoi도 바뀐다고" 가르쳤기 때문이다. 제2차 세계 대전 이전 시기에 유행했던 로맨틱 발라드 음악이 지금의 대중음악으로 양식이 바뀌는 것을 경험한 사람은, 그리고 이에 따라 관습이 바뀌었다는 것을 고려하면 다몬의 요지가 무엇인지 이해하는 데 무리가 없을 것이다. 새로운 오데움에서는 페리클레스가 제출한 법안에 따라 판아테나이아 제전의 일부가 된 음악 경연들이 펼쳐졌다. 그런데 그의 개입은 이것으로 끝이 아니었다. 그 자신이 경연들의 관리자로 선출돼 경연자들이 피리, 노래, 키타라cithara* 경연에서 준수해야 하는 규칙들도 정했다.

따라서 이런 예술적 노력 전체는 아테네인들에게 페리클레스가 요구한 그들의 도시에 대한 사랑을 주입하고, 넓은 의미에서 그들에게 필요한 덕목들을 가르치고자 했던 교육 계획의 일부로 봐야 한다. 왜냐하면 페리클레스는 성공적인 사회란 교육 기관일 수밖에 없다는 것을 알았기 때문이다. 개인의 자유와 다양성을 아무리

---

* 키타라는 고대 그리스의 발현 악기(손톱, 손가락 또는 피크 같은 도구로 줄을 퉁겨 연구하는 악기)로서 아폴론의 악기로 불리는데, 디오니소스의 피리인 아울로스와 함께 고대 그리스의 대표적인 악기이다. 아울로스가 디오니소스 신에 적합한 황홀, 정열, 관능을 상징한다면, 키타라는 냉정하고 지적인 면을 대표하는 악기였다. 구조는 리라와 흡사하나 리라보다 발달하였고 크다. 목제의 공명통에는 두 개의 팔이 있고 팔과 팔 사이에 가로 막대를 붙여 공명통과 가로 막대 사이에 현을 매었다. 현의 수는 5줄(기원전 8세기), 7줄(기원전 7세기), 11줄(기원전 5세기)로 늘어났다. 주법은 현의 하단을 손가락으로 눌러 1/4음, 1/2음, 1음을 올릴 수가 있었다. 키타라는 후세의 현악기인 기타나 치터의 어원이 되었다.

신봉한다고 할지라도 시민적 덕목에 대한 규약과 공공사업에 대해서는 다 함께 헌신적으로 참여하는 것이 필요하다. 이러한 것이 없으면 사회는 번영할 수도 없고 살아남을 수도 없다. 사회가 판단하는 옳고 그름에 대한 이해, 그것의 제도들과 가치들에 대한 자긍심, 존중, 사랑을 시민들, 특히 젊은이들에게 전수해야 한다. 무슨 수를 써서라도 깊은 인상을 남겨야 하는 지도자는 좋든 나쁘든, 고의든 아니든 교육자로 행동한다. 그를 따르는 사람들은 다른 무엇보다 그의 말과 행동에 주의를 기울인다. 그리고 그는 이 세계에 대한 그들의 전망에, 그들의 국가와 그 자신들에 그리고 그들 사이의 관계에 기여한다.

지도자의 전망이 혼란스럽고 무질서할 수 있다. 아니면 유기적이고, 분명하고, 질서정연할 수도 있다. 용기를 돋우거나 낙담시킬 수 있다. 사람들의 격을 떨어뜨리거나 높일 수 있다. 그리스의 계몽주의 지도자로서 페리클레스는 이성과 설득의 힘을 신봉했다. 그는 아테네의 후견인으로서 자신의 역할이 크다는 것을 역사상 어느 지도자보다 더 잘 이해했고, 그래서 이것을 연설과 행동을 통해 의식적으로, 주의 깊고 왕성하게 추구했다. 그는 자신의 동료-시민들이 이기적 감정selfish passions에 굴복할 경우 빠질 수 있는 혼란에서 벗어나 시민적 덕목 그리고 그것이 가져올 질서와 탁월성으로 나아가도록 인도하는 '누스', 즉 정신이 되고자 했다. 그의 구상이 민주적이고 권위적이지 않았기 때문에 그는 강요가 아니라 자신의 타고난 재능과 영감으로 이런 가르침을 실천했다. 그는 아테네의 하층 계급이 아니라 상층 계급에, 두려움과 탐욕이 아니라 명예와 위대함에 호소했다.

이런 교육적 목적의 건축물들은, 비록 혁신적이고 색다르기는 했지만, 종교적 성격 또는 종교적 의식들과 연결되어 있었다. 그럼에도 불구하고 이 건축물들은 종교적인 측면에서 다소 반발을 샀다. 파르테논 신전이 세워지자 멜레시아스의 아들 투키디데스와 그의 보수적인 동료들이 이 건축 계획을 하나같이 반대했다. 대체로 그들은 엄청나게 소요되는 비용을 불평했고, 제국의 자금을 오용하는 것을 비난했다.

하지만 그들의 공격은 종교적인 비난도 포함했다. "우리는 우리의 도시를 값비싼 보석들과 조각상들 그리고 엄청난 가치가 있는 사원들로 장식하면서 마치 음탕한 여자처럼 꾸미고 치장하고 있습니다. ……"(플루타르코스, 《페리클레스》, 12.2) 이런 비난은 그런 것들이 꼴사납고 불경에 가깝다는 것을 함축한다. 그리고 현대의 일부 학자들은 페리클레스가 반종교적, 심지어는 무신론자였고, 사원들을 포함하는 그의 건축물들은 순전히 세속적이었다고 주장한다.

분명히 페리클레스는 그의 교사들과 친구들의 세속적인 견해를 공유했다. 그는 당시에 흔했던 미신을 믿지 않았고, 주변의 세계에서 그가 목격하는 현상들에 대해 자연적이고 합리적인 설명을 추구했다. 더구나 그가 기원전 440년 사모스 전쟁에서 전사한 병사들을 위해 행한 추도 연설에는 프로타고라스의 불가지론적 견해를 생각나게 하는 구절이 있다. 그는 이렇게 말했다. "그들은 신들처럼 불멸이 됐습니다. 우리는 신들 자체를 볼 수 없지만 그들이 수여받는 영광에서 그리고 그들이 부여하는 은혜에서 그들이 불멸이라는 것을 추정합니다. 우리 나라를 위해 싸우다 죽은 전사자들도 같습니다."(플루타르코스, 《페리클레스》, 8.6)

그럼에도 불구하고 페리클레스의 종교성religiosity에 대해서는 지금과는 다른 맥락에서 이해할 필요가 있다. 고대의 종교는 기독교와 유대교 같은 현대의 종교들과 아주 달랐다. 다신교였던 그리스에는 주된 종교적 교의가 없었다. 성경책도 없었고 모든 인간의 삶을 지배하는 종교적 율법도 없었다. 그리스 종교의 핵심은 숭배와 의식이었지 교의나 신념이 아니었다. 열렬한 애국주의, 즉 아테네에 대한 강력한 헌신은 그것의 후원 여신에 대한 신봉과 떼려야 뗄 수 없었다.(한 꼼꼼한 학자가 이 점에 주목했다. "페리클레스 시대의 사람들에게 …… 아테나가 아테네이고, 아테나는 아테네가 대변하는 최고의 것이다. 아테나의 속성들, 즉 전쟁에서 거칠 것 없는 용맹, 지성, 예술에 대한 사랑은 페리클레스가 추도사에서 묘사하고 있는 아테네인들의 속성이기도 하다. 이런 의미에서 페리클레스의 이상에 자극을 받았던 모든 사려 깊은 아테네인이 아테나를 '믿었다'."30) 페리클레스의 건축 계획은, 비록 새로운 방식이기는 했지만, 전통적인 욕구를 충족했다.

파르테논 신전은 이와 같은 고대의 느슨한 종교적 숭배에 대한 이해조차도 분명히 시험하는 것이었다. "민주주의가 반세기 동안 **민중**demos을 형성해 오면서 스스로 의기양양해진 데에는 자랑스러운 신앙심이 있었다."31) 그러나 이런 새로운 종류의 신앙심은 많은 대중을 포함해 다소 전통적이었던 아테네인들을 동요하게 만들었다.

한편으로 페리클레스에 적대적인 귀족들과 다른 한편으로 미신을 믿는 대중들은 페리클레스와 그의 친구들이 대변하는 합리주의와 계몽주의라는 새로운 바람을 우려했다. 하지만 이를 우려한 것은 그들만이 아니었다. 결코 페리클레스의 정적은 아니었으나 종교적 사안들에서 경건한 전통주의자였던 비극 시인 소포클레스는 새로운 관념들에 대해 두 가지 입장을 모두 견지했다. 기원전 441년에 여전히 건립 중이던 파르테논 신전이 바라다보였던 아크로폴리스의 남쪽 비탈[오데움]에서 상연된 그의 〈안티고네Antigone〉*는 그런 그의 의구심을 대변한다. 줄거리의 핵심은 오직 이성과 권력에만 관심이 있는 지적이고 애국적인 지도자가 대변하는 국가의 실리와, 국가의 적으로 규정된 오빠의 장례를 공식적으로 요구하는 소녀[안티고네]가 대변하는 비이성적이고 전통적인 종교적 요구 사이의 갈등이다. 소포클레스는 이 사건을 섭정 크레온Creon**의 입장에서 설명하고 이해하지만 분명히 그는 안티고네의 입장

* 그리스 신화에 등장하는 테베 왕 오이디푸스의 딸인 안티고네는 전쟁에서 죽은 오빠 폴리네이케스를 조국의 배신자로 규정하고 매장을 금지한 섭정 크레온의 명령을 거부한 채 오빠의 시신에 모래를 뿌려 장례식을 치렀다가 사형을 당했다. 안티고네는 죽은 가족의 매장은 신들이 부여한 신성한 의무라고 주장했다.

** 그리스 신화에 나오는 인물로 소포클레스의 오이디푸스 3부작에 등장한다. 테베의 왕 라이오스의 아내인 이오카스테의 오빠이다. 라이오스 왕이 괴한에게 살해당한 후, 테베는 스핑크스를 물리친 영웅 오이디푸스가 다스리게 되었고, 이오카스테는 오이디푸스와 재혼했다. 테베에 전염병이 돌고 그 원인이 선왕 라이오스의 살해범 때문이라는 신탁이 내려오자, 크레온은 오이디푸스에게 살해범을 찾기 위해 장님 예언자 테이레시아스를 불러오도록 했다. 그러나 테이레시아스가 범인으로 오이디푸스를 지목하자, 오이디푸스는 크레온이 권력에 눈이 멀어 테이레시아스와 결탁한 것으로 의심하였다. 그러나 모든 진실이 밝혀지게 되자 크레온은 섭정의 권한으로 오이디푸스에게 추방 명령을 내렸다.

을 변호하고 있다. 낡은 종교는 함부로 고치거나 버릴 수 있는 것이 아니다.

얼마 지나지 않아 페리클레스의 합리주의와 지성주의, 언뜻 보기에 새롭고 대담해 보인 그의 종교적 노력들, 그리고 그가 가까이 두었던 비전통적이고 대개 이방인이었던 '참모들brain trust'이 많은 아테네인들의 심기를 불편하게 만들면서 그를 곤란에 빠뜨리는 사건들이 일어난다. 투키디데스가 베일에 가려 있던 페리클레스의 불경을 끄집어내 공격했지만 실패했다. 그러나 이후 10년 동안 새로운 적들이 나타나 종교적인 입장에서 건축 계획의 비종교적인 측면들을 물고 늘어지면서 페리클레스, 그의 동료들, 친구들 그리고 사랑하는 사람들을 공격했다.

사적 인간

———

9

기원전 440년경 페리클레스는 키몬이 지배했던 기간보다 더 긴 20년 동안 아테네의 주요 정치가였다. 기원전 443년에 그는 주요 정적이었던 멜레시아스의 아들 투키디데스를 제거했다. 그리고 역사상 어느 누구도 견줄 수 없는 엄청난 권력과 영향력을 획득했다. 악의적인 사람들이 증오의 대상이었던 페이시스트라토스와 그가 외관상 닮은 구석이 있다고 수군대기 시작했다. 일부 희극 시인들은 대놓고 그와 그의 동료들을 "새로운 페이시스트라토스 가문"이라고 부르면서 "그의 우월적 지위가 민주주의와 잘 맞지 않고 너무 권위적이라는 이유에서 그가 참주가 되지 않겠다고 서약을 해야 한다."(플루타르코스,《페리클레스》, 16.1)라고 요구했다.

멜레시아스의 아들과 그의 세력은 페리클레스의 권력이 강화되는 것에 질색하면서 아테네가 "참주제 그 자체가 되지 않게 해야"(플루타르코스,《페리클레스》, 11.1) 한다며 공개적으로 반기를 들었다. 많은 아테네인도 마찬가지로 이런 의심을 했을 것이다. 그리고 페리클레스의 정적들은 그가 이런 식의 공격에 취약할 것이라고 확신했다. 대

• 페이시스트라토스 가문은 기원전 546년에서 기원전 510년까지 아테네를 지배한 페이시스트라토스와 그의 두 아들을 일컫는다.

다수 아테네인은 그들의 도시와 제국이 도달한 위상에 분명히 만족스러워하면서 기꺼이 페리클레스가 그들의 업무를 관리하도록 했다. 그렇다고 해도 새로운 정적들이 등장해 그의 리더십에 도전했다. 하지만 그의 영향력과 대중의 지지가 워낙 커서 그들도 쉽사리 그와 그의 정책들을 공격할 수 없었다. 그래서 정치적 공세는 다른 평계를 빙자해서 이루어져야 했을 것이고, 이에 따라 그의 인성, 생활 방식, 그의 친구들에게 공격을 집중할 필요가 있었을 것이다.

리더십은 정치 체제마다 다른 형태를 띤다. 군주 국가들, 독재 국가들, 전제주의 국가들에서 지도자는 보통 사람들보다 더 위대하고 더 위에 있는 것처럼 보이려고 애쓴다. 알렉산드로스Alexandros 대제[B.C. 356~B.C. 323?]*는 자신을 신이라고 불러 달라고 요청했다고 한다. 로마 공화정 말기에 장군인 율리우스 카이사르는 왕이 되고자 한다는 비난을 받았는데 로마인들이 보기에 이는 좀 기괴한 요구였다. 로마 제국의 왕좌에 오른 카이사르와 많은 후계자는 죽은 뒤에 신격화됐다. 순박한 베스파시아누스Vespasianus [9~79]**는 마지막에 남긴 다음과 같은 말로 이런 관습을 조롱했다. "아이고, 내가 신이 되는 줄 알았는데." 그러나 그의 후임자들은 이 문제를 더 진지하게 받아들여 사람들이 지배자를 우월한 존재로 여겨 경외시하는 것이 유용하다고 판단했다.

민주 정체들에서는 상황이 이와 다르다. 비록 사람들이 간혹 조지 워싱턴 같은 특별히 고귀하고 위대한 인물을 지도자로 선출하지만, 대개는 무난한 인물을 뽑는다. 에이브러햄 링컨처럼 통나무집에서 태어나 울타리의 가로대를 쪼개는 일을 하며 성장한 것이 이점이 된다. 지도자가 부유하거나 태생이 좋으면 친화력이 좋으리

---

* 　마케도니아의 전제 군주로 알렉산더 대왕으로 부르기도 한다.

** 　로마 제국의 아홉 번째 황제로 69년에서 79년까지 재위했다. 재위 72년에 로마의 원형 경기장 콜로세움 (Colosseum)을 착공한 인물이다.

라고 생각할 수 있다. 기원전 5세기에 아테네의 정치 지도자들은 대부분 귀족이었는데, 그들 중 페리클레스 이전에 가장 성공한 정치 지도자는 키몬이었다. 그는 평범한 사람들과 잘 어울렸고, 그들이 알아들을 수 있도록 쉽게 말했다. 페리클레스는 그와 많이 달랐다.

한 무뢰한이 페리클레스가 공무 수행을 하러 돌아다닐 때 온종일 그를 쫓아다니며 욕설을 하고 성가시게 했다는 일화가 있다. 이런 일들이 아테네에서 가장 사람들이 붐비는 시장에서 버젓이 일어났다. 그러나 페리클레스는 아는 척은 물론 말한 마디 하지 않았다. 저녁이 되어서 집으로 돌아가는 중에도 절대 불쾌한 기색을 보이지 않았다. 반면 남자는 페리클레스를 따라오면서 계속 귀찮게 소리쳤다. 날이 저물어 집 대문 앞에 이른 페리클레스는 하인에게 횃불을 붙이게 하고는 그 남자가 안전하게 집으로 돌아가는지 지켜봤다.(플루타르코스,《페리클레스》, 5.2-3) 그가 이런 자제력과 귀족적 성품, 철학자의 초연함을 보였다는 것이 놀랍다. 그를 찬양하는 사람들은 이런 행동을 그의 성품이 고귀했음을 보여 주는 증거라고 주장할 수 있었겠지만, 그렇지 않은 사람들은 눈살을 찌푸렸다. 그는 건방지고, 거만하고, 고압적이라는 소리를 들었다. 그의 무표정한 얼굴은 평범한 사람들을 경멸하는 태도로 비쳤고, 근엄한 자세는 자만이자 높은 명성을 얻기 위한 의도로 간주됐다. 그가 선거와 민회에서 성공을 거뒀다는 것은 대다수 아테네인이 그에게 호의적인 시각을 지녔음을 보여 주지만, 소수를 제외한 대다수에게 그는 차갑고, 낯설고, 고독한 인물로 여겨졌다.

페리클레스의 공적인 이미지는 평범한 사람들에게는 없는 웅변 실력이 유창한 강력하고 고독한 존재였다. 실제로 그는 자신이 속한 계급의 사교 생활을 스스로 멀리했다. 그래서 희극 시인들이 그에게 갖다 붙인 올림포스의 신들과 같다는 형용어구들이 잘 어울리는 냉담한 사람이었다. 이렇게 신들과 연관 짓는 비유들은 웅변 실력 때문으로 그를 "천둥", "번개" 그리고 "혀에 무시무시한 벼락을 달고 다니는"(플루타르코스,《페리클레스》, 8.3)이라고 묘사했다. 그러나 그의 생활 방식은, 권력과 고상한 언어 못지않게 엄격한 공적인 이미지를 형성했다.

　귀족들이 경탄한 신중함, 어린 시절에 있었던 놀라운 사건들, 철학적 교육이 그가 자연스럽게 초연한 태도를 갖도록 이끌었다. 하지만 페리클레스는 고고한 태도를 바꾸기보다는 줄곧 강화했다. 그는 임무를 수행할 때를 제외하면 공개적으로 모습을 드러내는 일이 드물었다. 이마저도 공무와 관련이 있는 한 장소에서 다른 장소로 이동하는 길거리에서뿐이었다. 그는 상층 계급들 사이에서 주요 사교 형태였던 만찬과 술을 마시는 자리를 피했다. 딱 한 번 그런 자리에 간 적이 있다고 하는데, 그마저도 친척의 결혼식이었다. 이때도 그는 잠깐 머물다가 음주가 시작되자 자리를 떴다고 한다.

　사실, 페리클레스는 이름만 들어도 누군지 알 수 있는 정말 많은 친구들과 동료들이 있었다. 그러나 그들과의 관계는 당대인들의 일반적인 관행과는 다소 달랐다. 그는 그들을 여가 시간에 체육장에서, 저녁 식사 자리에서, 또는 와인을 마시면서 어울리는 대신 일부는 정치나 건축 및 예술 계획 같은 공공 활동으로 업무 시간에 만났고, 나머지는 그가 기분 전환 차원에서 가장 좋아했던 철학적인 대화를 나누기 위해 만났다.

　그에게는 정치적인 친구들과 동료들이 많았다. 사실 어느 누구라도 다른 이들의 도움 없이 민주 정체에서 30년 동안 주요 인물로 역할을 한다는 것은 불가능하다. 이런 친구들 중에 페르시아에 여러 차례 사절로 갔던 피릴람페스Pyrilampes[B. C. 480?~B.C. 413]*가 있었다. 또한 그는 기원전 449년에 칼리아스와 함께 페르시아에 가서 대제 크세르크세스에게 공작새를 선물 받았다. 크세르크세스는 이런 희귀 새들을 번식시켜 전시하길 좋아하는 사람으로 유명했다.32) 또 다른 가까운 동료

---

* 　고대 아테네의 정치가이자 페리클레스의 지지자였으며 플라톤의 의붓아버지였다. 플라톤의 어머니는 플라톤의 아버지가 어렸을 때 사망하자 피릴람페스와 재혼했다.

　　　　　　　　　　　　　　　　　　　　　　　　　　　　　　　　페리클레스

였던 메니포스Menippus는 페리클레스와 함께한 장군이었다. 페리클레스와 같은 부족의 일원이었던 글라우콘Glaucon[B.C. 445~?]*은 하그논Hagnon**이 그랬던 것처럼 몇 번이고 장군으로 그와 함께 일했고, 식민지 암피폴리스Amphipolis***를 건설하는 데에도 참여했다. 역시 장군이자 공물 납부에 대해 통제를 강화하는 포고문의 발의자였던 클레이니아스[알키비아데스의 아버지]는 페리클레스에게 고아가 된 자식들의 공동 후견인을 부탁할 정도로 매우 가까웠다. 그를 희화화하는 한 단편에 의하면, 페리클레스의 친구들 중에는 흡사 윌리엄 길버트William Gilbert[1836~1911]와 아서 설리번Arthur Sullivan[1842~1900]의 오페라 〈미카도The Mikado〉****에 나오는 무임소 장관Lord High Everything Else인 푸-바Poo-Bah 비슷한 인물이 있다.

> 메티오쿠스Metiochus는 장군이고, 메티오쿠스는 길거리를 청소한다.
> 메티오쿠스는 빵을 굽고, 메티오쿠스는 보리 케이크를 만든다.
> 메티오쿠스는 모든 것을 한다. 그래서 메티오쿠스는 유감스러워할 것이다.

이들뿐만 아니라 다른 많은 이와 페리클레스의 관계에 대해 남아 있는 기록은 없지만, 그들은 페리클레스와 함께 아테네의 군사적, 외교적, 정치적 업무를 수행했다. 그와 가까웠던 또 다른 부류는 기원전 5세기에 지적으로나 문화적으로 뛰어난 엘리트들로 이뤄져 있었다. 그의 교사들과 철학적 동료들, 즉 다몬, 아낙사고라스,

---

* 고대 그리스의 철학자로 플라톤의 작은형이었다.
** 니키아스 강화 조약의 주역이었던 니키아스의 아들로 장군이자 정치가였다.
*** 현재의 중앙 마케도니아에서 에게해로 흐르는 스트루마강 동쪽의 고원에 기원전 437년에 건설된 식민지로 8세기경에 파괴됐다.
**** 미카도는 일본의 군주, 즉 천황을 뜻하는 말로 한문으로는 어문(御門)이라고 쓰는데, 1885년 영국 런던에서 초연된 오페라 작품의 제목이다. 윌리엄 길버트가 각본을, 아서 설리번이 음악을 맡았다.

피타고라스가 이런 부류에 속한다. 또한 그는 철학자 엘레아Elea의 제논Zenon[B.C. 490?~B.C. 430]*과도 친분이 있었다. 변증법의 발명가이자 운동 또는 변화는 불가능하다는 것을 보여 주고자 주장한 역설**로 유명한 그 제논이다. 페리클레스는 아테네의 3대 비극 작가 중 적어도 두 명, 즉 아이스킬로스, 소포클레스와 개인적으로 친분이 있었다. 《페르시아 전쟁사》[짧게 《역사The Histories》라고도 불림]를 저술한 역사학자 헤로도토스는 아테네의 공공장소에서 자신의 작품을 큰 소리로 읽었다고 하며, 페리클레스가 투리오이에 이상적인 식민 도시를 건설하고자 한 것에 뜻을 같이했다고 한다. 《페르시아 전쟁사》에서 그는 알크마이오니다이를 우호적으로 다루고 있는데, 페리클레스와 특별한 관계였다는 것을 보여 준다.

아테네의 유명한 예언가였던 람폰은 아주 유익한 친구로 페리클레스가 투리오이를 설립하는 것을 비롯해 그를 믿고 여러 정치적 임무를 맡길 정도였다. 플루타르코스는 그를 페리클레스가 "신뢰한 인물들"《모랄리아Moralia》, 812) 중 한 명으로 부른다. 그는 신탁의 통역자이자 **엑세제테** Exegete, 즉 신성한 불문율unwritten sacred laws 의 주석자였다. 사실, 델포이의 피티안 아폴론Phythian Apollon***의 사제들이 그에게 그

---

* 소크라테스 이전 시대 마그나 그라이키아의 철학자이며 파르메니데스(Parmenides, B.C. 510?~B.C. 450?)가 창시한 엘레아학파의 학자. 이탈리아의 엘레아에서 태어났으며, 불생불멸의 유일한 실재를 인정했다. '운동 불가능론'을 주장했는데, 파르메니데스를 지지하는 입장에서 제논이 나눌 수 없고 영원하고 사라지지 않는 존재인 일자(一者)를 증명하기 위해 내놓은 것이었다. 그에 따르면 일자가 아니라 구별 가능한 성질과 운동이 가능한 사물들을 일컫는 다자(多者)를 믿는 것은 논리적으로 자기모순에 빠지게 된다.

** 이를 제논의 역설이라고 하는데, 사물이 움직이고 있다고 우리가 느끼는 것은 모두 환상이라는 파르메니데스의 사상을 지지하기 위해 만든 것이다. 파르메니데스는 고대 그리스의 철학자로 이탈리아 남부의 엘레아에서 태어났다. 그의 주장에 의하면 모든 진리의 바탕은 바로 이성인데, 이성에 의해서 생각할 수 없는 것은 존재하지 않는다고 보았다. 제논이 주장한 역설 중 화살의 역설이 있다. 즉, 누군가가 화살을 쏘았다. 쏜 화살의 이동 궤도를 분석해 보면 특정한 지점에서 화살은 정지해 있고, 그 지점들이 모여 화살의 이동 궤도를 구성하므로 화살은 날아가는 동안 움직이지 않았다는 결론에 이르게 된다.

*** 아폴론 앞에 피티안이라는 호칭이 붙은 것은 그가 신전의 자리를 찾아 세상을 헤매다가 크리사(Crisa)의 파르나소스산 밑에 도착해 그곳에 살던 용 피토(Pytho)를 죽이고 그 자리를 차지한 뒤였다. 이런 연유로 그를 모시는 여사제들도 피티아(Pythia)라고 부른다.

페리클레스

런 지위를 부여했다. 어떤 학자는 그를 "진정한 성직자"[33]로 부르기까지 한다.《수사학Rhetoric》에서 아리스토텔레스는 페리클레스가 람폰과 대화를 나누면서 다소 허풍기가 있는 이 성직자의 약점을 잡는 장면을 이야기한다. "페리클레스가 람폰에게 구세주 여신savior goddess이 하는 신성한 의식들의 전수 방식에 대해 물었다. 그는 전수받지 않은 자는 그것들에 대해 듣는 것이 허락되지 않는다고 대답했다. 페리클레스는 람폰은 그것들이 무엇인지 알고 있느냐고 물었다. 람폰은 그렇다고 말했다. 페리클레스는 '자네는 전수받은 자가 아닌데 어떻게 그걸 알 수 있지'라고 물었다." (1419a) 아리스토텔레스는 상대가 [람폰처럼] 진술했을 때 바로 추가 질문을 해서 그를 꼼짝 못하게 만들 수 있는 적절한 방식을 설명하기 위해 이 대화를 이용한다. 그러나 이 이야기는 페리클레스가 숭상받는 성직자를 놀릴 만큼 서로 가까운 사이였다는 것을 보여 주는 일화이기도 하다.

또한 페리클레스는 소포클레스와 가깝고 편한 친구 관계였다. 둘의 이런 관계는 기원전 441년에 함께 함선을 지휘하면서 비롯했다. 그들에 대한 많은 일화 중 하나가 소포클레스가 자신의 시선을 끈 한 소년의 아름다움을 칭찬한 일로 두 사람이 하선하게 된 사건이었다. 페리클레스가 그를 나무라면서 공금 횡령만이 관리가 저지를 수 있는 부패가 아니라며 "소포클레스, 장군은 손도 깨끗해야 하지만, 눈도 깨끗이 해야 한다네."(플루타르코스,《페리클레스》, 8.5)라고 말했다고 한다.

소포클레스는 상층 계급에 속한 많은 아테네인처럼 이성은 물론 동성과 성적 쾌락을 즐겼다. 이 위대한 비극 시인은 그의 성적 취향으로 악명이 높았다. 그러나 페리클레스는 전임자였던 키몬과 마찬가지로 엄격한 이성애자였다. 두 사람은 여러 해 동안 희극 시인들의 무자비한 풍자에 시달렸다. 동성애는 그들이 즐겨 했던 풍자 대상들 중 하나였다. 키몬도 그랬지만 페리클레스는 항상 여성들과 관련한 성적 비행들로 구설에 올랐다. 소포클레스나 키몬, 페리클레스가 아테네 귀족들이 보였던 취향의 전형이라고 할 수 있는 고대의 증거는 없다. 물론 그들이 평범한 사람들의 그것과 같았는지 여부는 더욱더 알 수 있는 방법이 없다.

페리클레스와 프로타고라스가 나눈 대화들은 좀 더 심각했던 것 같다. 두 사람의 대화 중 하나를 페리클레스의 아들 크산티포스가 퍼트리고 다녔는데 아주 신빙성이 높다. 자신의 아버지에게 화가 나서 망신을 주고 싶었던 크산티포스가 시내를 돌아다니며 두 사람의 대화 내용을 떠들었다. 운동 경기 시합 중에 한 경쟁자가 던진 창이 구경꾼에게 날아가 박히는 바람에 사망했다. 크산티포스에 따르면, 페리클레스와 프로타고라스가 책임 소재를 두고 하루 종일 토론했다. "가장 엄격한 추론에 따라"(플루타르코스, 《페리클레스》, 36.2-3) 비난을 받아야 하는 것은 창인가, 그것을 던진 사람인가, 아니면 경기를 조직한 사람인가? 이런 대화는 윤리적이고 논리적인 분석 훈련을 잘 받은 두 친구가 나눌 수 있을 법한 철학적 토론이었다. 그들은 이런 문제들의 중요성에 흥미를 갖고 깊이 파고들면서 지력 대결matching of wits을 펼치며 큰 즐거움을 얻었다. 물론 거리로 뛰쳐나온 크산티포스의 눈에는 그들이 아주 비정하고 불합리하게 보였을 것이다.

제한적이지만 이런 증거에서 드러나는 페리클레스는 냉담하고, 무관심하고, 고독하고, 무뚝뚝한 사람이 아니라 친구들과 지인들을 폭넓게 사귄 사람이라는 것을 알 수 있다. 그는 누군가와 쉽게 농담을 주고받았다는 점에서 붙임성이 있었고, 다른 이들로부터 심오한 지적 유희를 끌어냈으며, 온갖 재능과 교우 관계를 다방면에서 활용했다. 이런 점에서 페리클레스는 아테네인들과 이방인들을 구분하지 않았다. 사실 그의 친구들 중에서 가장 두각을 보인 이들, 예를 들어 아낙사고라스, 히포다모스, 헤로도토스, 파이토클레이데스Pythocleides, 피타고라스는 아테네인이 아니었다. 아테네인들과 이방인들을 구분하기 시작하던 도시들에서 이는 결코 이득이 아니었다.

아테네인들의 결혼, 특히 상층 계급들 사이에서의 결혼은 대체로 낭만적이지도 않았고 감정적으로 만족스럽지도 않았다. 결혼은 가족의 지위를 높이거나 재산을 취득하기 위한 전형적인 수단이었다. 신부의 아버지는 결혼하는 딸을 따라가서 사위의 집에 결혼 지참금을 건넸다. 친척 간의 결혼이 빈번했다. 보통 남자들은 결혼하기 위해 서른 살이 지나기를 기다렸고, 여자들은 대체로 열다섯 살에 결혼했다. 따라서 결혼은 동등한 사람들의 결합이 아니었다. 이렇게 나이의 불일치는 어린 여자가 장성한 남자, 다시 말해 결혼 전까지 아버지의 구속을 받다가 이제 다른 남자, 즉 남편의 구속을 받게 되는 것을 의미했다. 현대의 관점에서 이런 결혼은 감정적으로나 성적으로 만족스럽지 않았을 것이다. 특히 집에 남아 있어야 하는 여성들은 더욱 그랬을 것이다. 그들의 순결은 면밀히 감시를 받았다. 남자들은 집 밖의 여성들한테서 쾌락을 추구할 수 있었다. 데모스테네스는 "우리는 관능적 쾌락을 위한 고급 창부hetaira가 있고, 일상적인 신체적 욕구를 충족할 수 있는 매춘부pornai가 있고, 부인들이 있어서 적자들legitimate children을 양육할 수 있으며, 집안의 재산을 지켜주는 믿을 만한 사람이 있다."(《네아이라에 대한 반론Against Neaira》, 118-22)라고 노골적으로 말한다.

이런 기준에서, 비록 현대의 기준으로는 아니지만, 페리클레스의 결혼은 아주 성공적이었다. 그는 기원전 463년경**34)**에 본인과 출신 계급이 같은 여성, 아마 친척으로 보이는 여성과 결혼해 건강한 두 아들, 즉 크산티포스와 파랄로스Paralus를 기원전 460년경에 낳았다. 그런데 다른 측면들에서 이 결혼은 성공적이지 못했다. 부부는 사이가 좋지 못했다. 아테네에서 이혼은 합의에 의해 또는 한쪽의 요구로 쉽게 가능했다. 기원전 455년에 두 사람의 결혼은 파경을 맞았다. 페리클레스의 이혼은 서로 동의하에 한 것 같다. 왜냐하면 그가 부인이 아테네에서 가장 부유한 사람들 중 하나였던 칼리아스의 아들 히포니코스와 재혼할 수 있게 주선했기 때문이다.

그들의 두 아들은 어느 하나 두각을 나타내지 못했다. 페리클레스가 아들들을 현명하게 키울 수 있었는지 아닌지 소크라테스가 콕 집어 한 질문에 플라톤은 알키비아데스가 한 말을 그대로 옮긴다. "글쎄요, 페리클레스의 두 아들이 바보였다고 해도, 어쩌겠습니까?"《알키비아데스 IAlcibiades I》, 118E) 차남인 파랄로스의 생애에 대해서는 알려진 것이 없지만, 장남인 크산티포스는 그의 아버지와 관계가 확실히 나빴다. 크산티포스는 씀씀이가 헤펐다. 그리고 귀족 혈통이긴 해도 낭비벽이 있는 여성과 결혼하려고 해 문제를 일으켰다. 페리클레스가 집안의 재산을 통제하면서 그의 아들은 아버지가 주는 용돈을 받아 생활했는데, 그는 이것을 부당하다고 여겼다. 실제로 페리클레스가 두 아들에게 준 생활비는 충분하지 않았고 일정한 간격을 두고 조금씩 줬다. 페리클레스는 결코 부패하지 않았던 것으로 유명한데, 이는 그가 돈에 철저히 무관심했던 것과 연관돼 있는 것 같다. 앞에서 살펴본 대로 그는 사교 생활을 멀리했다. 그리고 개인적으로 크게 비용을 지출한 적도 없다. 그는 테미스토클레스가 했던 대로 자신의 업적을 기리기 위해 신전을 건립하지 않았다. 또한 키몬이 했던 대로 친구들이나 지지자들에게 선물을 하지도 않았다. 한 가지 예외가 있었다면 아이스킬로스의 〈페르시아인들〉의 공연을 위한 코레고스[공연 후원자]로 지출한 것이었는데, 이는 그의 정치적 미래를 위한 투자로 이해하는 것이 맞는다.

아테네의 일반적인 지주는 한 해의 얼마 동안은 지방의 사유지에서 보냈으며, 생산물의 일부는 집안을 유지하는 데 사용하고 나머지는 내다 팔았다. 페리클레스가 정치 지도자로서의 길을 가기 시작하면서 나라 업무가 그의 모든 시간과 관심을 흡수했다. 그는 바쁜 정치인들이 으레 그랬듯이 자신의 사유지를 관리할 수 없었다. 대신 그는 에반겔로스Evangelus에게 전적으로 관리를 맡겼다. 에반겔로스는 가장 안전한 원칙에 따라 그의 사유지를 경제적으로 관리한 뛰어난 집사였다. 대다수 시간을 도시에서 보낸 페리클레스는 관리자에게 사유지의 모든 생산물을 적절한 시기에 판매하도록 지시했고, 판매 수익으로 그가 필요한 것을 대신 구매하도록 했다. 자신의 농장을 대리인이 경영하는 벤처 기업처럼 다룸으로써 그는 국가 업무와 정신적 생활life of the mind에 대해 생각할 여유가 있었다.

그의 아들들과 며느리들은 이런 방식을 좋게 평가하지 않았고, 그를 인색한으로 간주했다. 크산티포스는 페리클레스의 친구들 중 한 명에게 가서 아버지를 빙자해 돈을 빌리는 식으로 이 문제에 대처했다. 이 친구가 페리클레스에게 아들이 빌려 간 돈을 돌려 달라고 요청했을 때 페리클레스는 돌려줄 수 없다고 거절한 것도 모자라 아들에게 소송까지 제기했다. 그런데 이 진흙탕 싸움은 돈으로 인한 불화로만 설명할 수는 없을 것 같다. 페리클레스의 자식들은 부모의 이혼으로 큰 고통을 겪었을 것이다. 그리고 페리클레스는 이에 책임이 있었다. 여하튼 가족의 불화는 밖으로 알려졌다. 크산티포스가 아버지와 관련한 수치스러운 이야기들을 떠들며 돌아다녔기 때문이었다. 이런 불화는 결코 치유되지 못했다.

비판가들은 페리클레스가 자식들을 덕성과 업적이 뛰어난 인물들로 키우지 못했다는 것에 주목했다. 플라톤에 의하면, 소크라테스는 이런 실패를 덕성이란 가르칠 수 있는 것이 아님을 입증하는 증거로 거론했고, 반면 프로타고라스는 제자가 타고난 능력이 없으면 교사도 성공할 수 없다는 식으로 응수했다.《프로타고라스》, 327b) 아테네인들의 위대한 교육자이자 지도자였던 그로서는 자식들 문제에 있어서는 성공적이지 못했음을 인정하는 것이 고역이었을 것이다. 그와 같은 실망은 자신의 또 다른 아들, 즉 그의 이름을 따서 페리클레스라고 부른 아들이 그의 사후 20년이 훨씬 더 지난 뒤에 장군으로 선출된 것을 알았더라면 그나마 위안이 되었을 것이다.

아마 그는 친자식들에게 실망하고 소원해진 관계를 친구인 클레이니아스의 고아가 된 두 아들, 즉 둘째 알키비아데스와 막내 클레이니아스[아버지와 이름이 같음]의 후견인이 되는 것으로 보상받고자 했던 것 같다. 첫째 아들 클레이니아스는 기원전 447~기원전 446년에 코로네이아 전투에서 사망했다. 이때 알키비아데스는 다섯 살 정도였고 막내는 이보다 더 어렸다. 보통 이런 경우 양육권은 아버지와 가장 가까운 친척 어른에게 맡겨졌을 텐데 그렇게 하지 않았다. 우선, 아이들의 엄마가 알크마이오니다이 가문 출신이었다. 그리고 고아가 된 아이들의 아버지는 부인의 친척이기도 했고 자신의 친구이기도 한, 즉 아테네에서 가장 영향력 있던 페리클레스를 아주 신뢰했다.

페리클레스는 막내였던 클레이니아스한테서 별다른 기쁨을 얻지 못했다. 현대의 학자는 클레이니아스를 "정신병적 범죄자pyschotic delinquent"[35]로 묘사한다. 비록 알키비아데스도 자신의 동생을 미치광이로 치부했지만, 아마 이런 의학적 진단이 알려진 증거보다 더 정확할 것이다.(플라톤, 《알키비아데스 I》, 118E) 페리클레스가 어린 클레이니아스를 "형 알키비아데스에게 물들일 것을 염려해" 형 아리프론에게 보냈다. 하지만 아리프론이 "어떻게 해야 할지 모르겠다."(플라톤, 《프로타고라스》, 320 A-B)며 6개월 만에 돌려보낸 것으로 봐서는 알키비아데스의 증언이 확실히 설득력 있게 들린다.

알키비아데스는 그 나름대로 다른 문제들을 제기했다. 그는 기원전 416년에 아버지의 재산을 물려받았는데, 그 규모가 막대해서 올림피아 경기 중 하나인 전차 경주에 개인으로서는 역대 가장 많게 일곱 대나 출전시키기도 했다. 그는 아주 잘생겨서 "귀족 가문의 많은 여성으로부터 구애를 받았다".(크세노폰, 《소크라테스 회상 Memorabilia》, 1.2.24) 그는 탁월한 웅변가로서 훈련을 받았고, 이해력이 뛰어나 한 철학자는 그를 "무엇이 필요한지 찾아내고 이해하는 데 있어 누구보다 유능하다."라고 말했다.(플루타르코스, 《알키비아데스》, 10.2-3에 나오는 테오프라스토스Theophrastos*) 물론 결점이 없던 것은 아니지만, 그런 결점마저도 그에게 도움이 됐다. 그는 혀 짧은 소리를 하는 것으로 유명했지만, 사람들은 이마저도 그의 매력으로 봤다. 외고집에, 버릇이 없었고, 예측 불가능했으며, 난폭했지만, 그의 유치한 행동들에 사람들은 경탄했고 관심을 보였다.

페리클레스는 그들이 어렸을 때 많은 시간을 같이 보내지 못할 정도로 너무 바빴다. 하지만 조숙한 알키비아데스는 자신의 후견인이 유명하고 영향력 있는 위인이

---

* 고대 그리스의 철학자로 레스보스섬의 에레소스 출신이다. 플라톤의 제자였고, 나중에 아리스토텔레스 밑에서 활동했다.

라는 것에 깊은 인상과 자극을 받은 것 같다. 이 재주 많은 소년은 속으로 야심이 있었던 데다가 부계 쪽 전통을 따라 가문을 이을 기대를 한 몸에 받았고, 목표가 원대했으며, 또 많은 아첨꾼이 찾아와 그를 부추겼다. 플루타르코스에 따르면, "그가 야심이 있고 명성을 갈구한다는 것을 알아챈 아첨꾼들이 나이에 맞지 않게 그에게 대단한 것을 달성해야 한다며 부추겼다. 그들은 그가 가능한 한 빨리 공직public career을 시작하면 다른 장군들과 정치인들을 능가하는 것은 물론이고 페리클레스의 권력과 명성마저도 뛰어넘을 것이라며 아첨했다".(《알키비아데스》, 6.3) 이것이 바로 그가 하고자 하는 것이었고, 실제로 그는 굉장한 것들을 성취했다. 그러나 경험, 지혜, 특히 그의 후견인의 품격에 미치지 못했고, 지나치게 욕심을 부리다가 결국 실패했다. 그에 대한 크세노폰의 평가는 아주 호되다. 즉, 그는 "민주 정체에서 생활한 누구보다 방자하고, 거만하고, 폭력적"(《소크라테스의 회상》, 1.2.12)이었다고 평가했다. 그는 동료 시민들에게 두 번이나 거센 비난을 들으면서 아테네에서 쫓겨났다. 그는 불명예스러운 추방 상태에서 생을 마감했다.

그러나 이 모든 일은 페리클레스 사후에 일어났다. 알키비아데스는 풋내기 어린 아이였을 때 후견인과 대화를 하며 시간을 보냈던 것 같다. 이 대화에서 그는 영특함과 전통적인 도덕관념들을 향한 경멸감도 함께 드러냈다. 그가 페리클레스를 만나러 갔다가 이 위대한 정치인이 너무 바쁘다는 말을 듣고 다음과 같이 말했다는 유명한 일화가 있다. 이때 페리클레스는 관료라면 응당 제출해야 하는 지출 내역을 어떻게 작성할지 궁리하고 있었다. 알키비아데스는 돌아가려고 뒤돌아서면서 "아테네인들에게 지출 내역을 보고하지 않아도 되는 방법을 찾는 것이 더 낫지 않을까요?"(플루타르코스,《알키비아데스》, 2.7.2)라고 말했다고 한다.

크세노폰에 의하면, 알키비아데스가 10대였을 때 페리클레스와 다음과 같은 대화를 나눴다.

"말해 주세요, 페리클레스. 법이 무엇인지 제게 가르쳐 줄 수 있으시죠?"라고 그가 말했다.

페리클레스는 "당연하지."라고 말했다.

알키비아데스는 "그럼 제발 가르쳐 주세요. 저는 법을 지켰다고 칭찬을 듣는 사람들의 이야기를 들을 때마다, 만일 그가 법이 무엇인지 모른다면, 누구도 법을 지킨 것에 칭찬을 받을 자격이 없다고 생각하거든요."라고 말했다.

"그렇구나, 알키비아데스. 법이 무엇인지 알고 싶다고? 그건 어렵지 않단다. 법은 민회에 모인 다수가 무엇은 해야 하고, 무엇은 하지 말아야 하는지 이야기하는 것을 검토하고 투표하는 모든 것이란다."

"그들이 좋은 것을 하는 것이 옳은지 아니면 나쁜 것을 하는 것이 옳은지 생각하나요?"

"당연히 좋은 거지, 나쁜 것이 아니란다, 애야."

"그런데 만일 다수가 아니라, 오히려 과두제에서처럼, 소수가 만나서 무엇을 해야 하는지 규정하는 법을 만든다면, 그건 뭔가요?"

"국가의 주권이 무엇을 해야 하는지 규정하는 모든 것이 법이라 불린단다."

"그러면 만일 참주가 국가의 지배자여서 시민들이 무엇을 해야 하는지 규정한다면, 이것 역시 법인가요?"

"참주가 지배자로서 규정하는 것도 역시 법이란다."

"그렇다면 무력과 무법은 무엇인가요? 이것들은 강자가 약자에게 그가 원하는 것을 설득이 아닌 무력으로 강제할 때 작동하는 것 아닌가요?"

"그렇지, 나도 그것에 동의한단다."

"그래서 참주가 시민들에게 법으로, 즉 설득이 아니라 무력으로 행동하도록 강제하는 모든 것이 무법 아닌가요?"

"나도 그렇게 생각한다. 그러니 참주가 설득 없이 제정하는 것이 법이라고 한 말은 철회하마."

"그리고 소수가 법안들을 통과시키는 데 다수를 설득하지 않고 힘을 이용해서 그렇게 하도록 한다면 이것을 무력이라고 부를 수 있나요, 아니면 아닌가요?"

"내가 보기에는 설득이 아니라 강제로 사람들에게 어떤 것을 하도록 하는 모든 것이, 그것이 법률이든 아니든, 무력이지 법이 아니란다."

"그렇다면 다수가 군림하면서 재산을 지닌 사람들을 설득하지 않고 제정하는 모든 것도 무력이지 법은 아니지 않을까요?"

"알키비아데스, 네 나이 때 우리 또한 이와 같은 문제에 관심이 많았단다. 지금 네가 생각하고 있는 것들과 똑같은 수수께끼들을 해결하고자 많은 시간을 보내면서 아주 깊이 파고들었지."

"아, 페리클레스. 저는 아저씨가 이런 문제들에 심취해 있던 시절 어떠했는지 알고 싶어요."《소크라테스의 회상》, 1.2.40~46)

어린 알키비아데스는 새로운 소피스트 세대와 같이 공부한 것이 분명하다. 이 세대의 법과 정치에 대한 비판은 프로타고라스 세대의 소피스트들보다 훨씬 더 '진일보한enlightened' 것이었다. 후견인으로 그를 보살피는 일은, 다소 껄끄러운 면이 있기는 했겠지만, 책임감을 갖도록 했을 것이다.

페리클레스는 이혼하고 나서 대략 6년 또는 7년 동안 배우자 없이 혼자 살았던 듯하다. 그러다가 생애 처음으로 한 여성과 교제하게 되는데, 이것이 그에게 큰 행복을 가져다주기는 했지만 거센 비난과 엄청난 고초도 겪었다. 그가 교제한 여성은 아스파시아로 기원전 440년대 초반에 고향 밀레투스를 떠나 아테네로 와서 산 젊은 여성이었다. 고대의 저술가들은 그녀를 헤타이라라고 불렀다. 헤타이라는 고급 창부로 남자들에게 성적인 것을 비롯해 그 외 여러 가지 유흥을 제공했다. 그녀는 확실히 영민했고, 밀레투스에서 최신 유행하는 토론 주제들과 기법들을 훈련받았을 수 있다. 어떠한 경우든 소크라테스는 친구들이나 제자들과 같이 있을 때 그녀와 이야기하는 시간이 가치 있다고 생각했고, 플라톤은 대화편《메넥세노스Menexenus》에서 농담조이기는 했지만 페리클레스의 추도사를 포함해 그의 연설들을 써 준 것이 그녀라고 주장한다.

동시에 그녀는 성적으로 페리클레스의 마음을 강하게 끌어당긴 아름답고 젊은 여성이었을 것이다. 당대인들은 그가 이런 성적 욕구를 충족하기 위해 온갖 추잡한 수단들을 사용했다고 비난했다. 그들은 페이디아스와 아스파시아가 그를 위해 여성들을 소개했다고 주장했다. 그들은 그가 메니포스의 아내를 유혹했다고 비난했다. 그들은 그의 친구인 피릴람페스가 페리클레스를 위해 여성들을 매수하고자 그의 유명한 공작새들을 이용했다는 혐의를 덧씌웠고, 심지어는 그가 며느리와 잠자리를 같이했다고 비난하기까지 했다. 본질적으로 같은 사안에 대해 이렇게 많은 중상 비방이 있다는 것은 없는 이야기를 꾸며낸 것이라기보다는 오히려 실제 있었던 문제들을 과장한 것으로 볼 수 있다. 플루타르코스는 아스파시아의 진짜 매력은 명석한 머리가 아니라고 딱 잘라 말한다. 즉, 페리클레스가 아스파시아를 좋아한 것은 "다분히 성적인 것이었다."《페리클레스》, 24.5)라고 했는데 이것이 더 적절한 설명으로 보인다.

모든 면에서 아스파시아는 아테네의 여성들과는 다른 뭔가 불가사의한 것이 있었다. 그녀는 여자 노예들, 아이들 그리고 여자 친척들의 좁은 세계에 갇혀 억압받으며 지내는 여자가 아니었다. 아름답고, 자유롭고, 굉장히 재치 있는 젊은 여성으로 그리스의 최고 지성들과 대화에 참여할 수 있는, 그리고 남편과 어떠한 문제든 토론하고 설명할 수 있는 자질이 있었다. 페리클레스가 그녀를 끔찍이 아끼고 열정적으로 사랑했다는 것은 의심의 여지가 없다. 왜냐하면 그들이 법적으로 결혼했든 아니든 상관없이 그가 그녀를 자신의 집에 데려가서 사랑하는 아내 대하듯 대했기 때문이다. 그는 매일 아침 집을 나서면서 그리고 매일 저녁 집에 돌아와서 그녀를 부드럽게 안아 입맞춤을 했다. 이는 결코 아테네에서 일반적인 부부의 인사 방식은 아니었다.

대략 기원전 440년에 아스파시아가 그의 아들을 낳아 페리클레스라는 이름을 지어 주었다. 엄마가 외국인이었던 어린 페리클레스는 아버지의 재산을 물려받고 집안의 성을 따를 수 있는 자격이 있는 시민이 아니었다. 그리고 이런 의미에서 그는 법적으로 사생아nothos였다. 그러나 페리클레스는 이미 합법적인 두 아들이 있었고, 그렇기 때문에 이들이 법적 상속자로서 아스파시아의 아이보다 우선했다.

아테네인이 고급 창부와 교제를 하는 것은 통상적인 일이었다. 그리고 드물기는 했지만, 그런 여성을 자신의 집에 데려와 첩으로 삼는 경우도 있었다. 절대 통상적이지도 않고, 오히려 많은 이에게 충격적이고 불쾌했던 것은 그런 여성을, 더구나 이방인을 부인으로 대우했다는 것, 그리고 아테네의 부인들은 누리지 못하는 애정을 그녀에게 아낌없이 주었고, 다른 남성들과의 대화 자리에 그녀를 계속 끼워 줬으며, 중요한 문제들을 그녀와 논의하면서 그녀의 의견을 존중해 주었다는 것이다.

지도자들의 개인적인 행동, 특히 성적 문제들에서 그들이 보이는 행동은 정치적으로 중요한 함의를 가진다. 특히 민주 정체들에서 추문을 야기해 공중도덕을 해치는 것은 심각한 해악이 될 수 있다. 페리클레스가 아스파시아와 교제하는 것을 두고 엄청난 추문이 떠돌았다. 희극 시인들이 이 추문의 대부분을 만들어 냈다. 그들은 그녀를 매춘부로, 그녀의 아들을 사생아라고 불렀다. 또 그들은 그녀를 옴팔레Omphale라고 불렀다. 옴팔레는 전설적인 리디아 왕국의 여왕으로 영웅 헤라클레스가 그녀의 노예가 된 적이 있었다.* 페리클레스의 정적들은 아스파시아를 타르젤리

---

* 옴팔레는 리디아의 왕 이아르다노스의 딸로 아버지로부터 왕위를 물려받아 리디아의 여왕이 되었다는 설과 리디아의 왕 트몰로스의 아내로 남편이 죽은 뒤 여왕이 되어 리디아를 다스렸다는 두 가지 설이 있다. 헤라클레스는 궁술의 명인 에우리토스 왕의 아들 이피토스를 죽인 죄를 씻기 위해 헤르메스에 의해 리디아의 여왕 옴팔레에게 노예로 팔려 갔다. 옴팔레의 노예가 된 헤라클레스는 그녀의 왕국에 들끓는 숱한 강도와 괴물을 물리치고 왕국을 적들의 침략에서 지켜 줬다. 옴팔레는 이런 노예의 공적에 감탄했고, 그가 헤라클레스라는 사실을 알고 난 뒤에는 그와 결혼하였다. 두 사람 사이에서는 라모스, 아겔라오

아$_{Thargelia}$*와 비교함으로써 남자를 부려먹는 여자라는 이미지를 더욱 강화했다. 이처럼 아름답고 영특한 이오니아 출신의 창부는 그리스의 많은 중요한 인물들과 사귀었고 자신의 영향력을 이용해 그들이 페르시아의 편을 들도록 구슬렸다. 이것이 함의하는 바는 분명했다. 페리클레스는 이 이방인 여성이 내뿜는 매력의 노예가 됐고, 이 여성은 자신의 정치적 목적을 달성하기 위해 그의 영향력을 활용하고 있었다. 아스파시아의 고향인 밀레투스와 사모스 간의 다툼으로 일어난 사모스 전쟁이 이런 의혹을 부추겼다. 페리클레스가 그녀의 지시로 전쟁을 일으켰다는 소문이 퍼졌기 때문이다. 페리클레스 사후, 아리스토파네스가 이런 낡은 추문들을 끄집어내 펠로폰네소스 전쟁도 아스파시아 탓으로 돌리며 익살스럽게 풍자했다.

아스파시아를 둘러싼 중상 비방들은 페리클레스에게도 영향을 미쳤는데, 이는 순전히 그가 그녀와 교제했기 때문만은 아니었다. 기원전 440년에 무대에 올린 희극 〈비천한 자들$_{Cheirones}$〉에서 크라티노스$_{Cratinus}$[B.C. 519~B.C. 422]**는 두 사람을 풍자했다. "옛날에 팍시온$_{Faction}$과 크로노스$_{Cronos}$***가 결혼했고, 팍시온이 그에게서 전례 없는 대단한 참주를 낳았는데, 신들은 이 참주를 머리-수집가$_{Head-collector}$라고 부른다. 그리고 류드니스$_{Lewdness}$****에게서 그는 자신의 헤라로서 아스파시아, 즉 개-눈을 한 매춘부$_{dog-eyed\ whore}$를 얻는다."(플루타르코스, 《페리클레스》, 3.3: 24.6) 이 문장에 숨

스, 티르세노스 등의 아들이 태어났다. 옴팔레와 결혼한 헤라클레스는 그녀의 매력에 흠뻑 빠져 영웅의 면모와는 전혀 다른 행태를 보인다. 옴팔레의 궁에서 헤라클레스는 여인의 옷을 입고 물레질 같은 여자들의 일을 하며 지낸 반면, 옴팔레는 헤라클레스의 사자 가죽 옷을 걸치고 올리브 나무 방망이를 들고 다녔다고 한다. 헤라클레스는 노예로 살아야 하는 기간이 지나고 나서야 자신의 우스꽝스러운 행동을 깨닫고 옴팔레의 궁을 떠나 다시 그리스로 돌아갔다.

* 고대 그리스의 유명한 고급 창부(hetaira)로 열네 번 결혼했다고 한다.

** 고대 그리스의 희극 시인.

*** 그리스 신화에 나오는 거인(Titans, 티탄족)의 하나로 부친의 왕위를 빼앗았으나 후에 아들 제우스에게 쫓겨났다.

**** 여기서 저자가 대문자로 쓰고 있는 '류드니스'는 사전적 의미로 '음탕', '음란', '외설'의 뜻이다.

어 있는 농담들은 아주 압축적이다. 티탄족인 크로노스는 신화에 나오는 대로 레아Rhea*와 결혼하는 것이 아니라 팍시온stasis**과 결혼한다. 이것은 페리클레스가 파벌 갈등[키몬과의 권력 투쟁]에서 빠져나와 권력을 잡는 것을 가리킨다. 크로노스의 아들이 제우스이다. 호메로스는 제우스를 "구름-수집가Cloud-gatherer"라고 부른다. 크라티노스의 제우스는 페리클레스이다. 그는 그를 "머리-수집가"라고 부른다. 악의는 없지만 그의 요상하게 생긴 머리 모양뿐만 아니라 지도자로서 그의 위상을 재미있게 지칭한 것이다. 호메로스는 제우스의 아내 헤라를 "황소-눈을 가진 부인the Ox-eyed lady"으로 찬미했는데, 크라티노스는 페리클레스의 정부인 아스파시아를 "개-눈을 한 매춘부"라고 부른다.

여기까지는 단지 풍자에 지나지 않는다. 그러나 참주와 관련지은 것은 정치적으로 상당히 중요한 의미를 지녔다. 대중적인 지도자가 파벌 싸움에서 벗어나 권력을 잡은 뒤 폭군이 되는 과정은 그리스 역사에서 일반적인 경향으로 아테네인들에게는 특별한 의미가 있었다. 참주 페이시스트라토스가 이런 방식으로 권력을 잡았다. 그는 페르시아인들과 결탁해 배신한 것은 물론이고 두 아들 역시 포악해서 모든 아테네인에게 뼈저린 기억으로 남아 있었다. 아테네 정치인이 이런 기억과 연결된다고 하면 치명상을 입기 십상이었다. 그런데 페이시스트라토스가 페리클레스처럼 위대한 건설자였다는 사실로 인해 문제가 간단치 않았다. 크라티노스가 투키디데스가 도편 추방을 당한 지 얼마 지나지 않아 무대에 올린 희극 〈트라키아 여성들〉에서 페리클레스와 그가 가장 최근에 추진한 건축 계획을 풍자했는데, 이때 그

---

* 레아는 가이아와 우라노스 사이에서 난 1세대 티탄족의 여신으로 크로노스, 오케아노스, 테티스, 므네모시네 등과 형제지간이다. 크로노스와 결혼하여 올림포스 시대의 주신들인 제우스, 헤라, 데메테르, 포세이돈, 하데스, 헤스티아를 낳았다.

** 'Faction'은 사전적 의미로 '파벌', '도당'을 뜻하며 그리스어인 '스타시스(stasis)'는 정치적 논쟁에서 하나의 입장을 취하는 사람들의 집단 또는 부류를 의미한다.

는 노골적으로 다음을 암시했던 것일 수 있다. 즉, "해총-머리의 제우스가 머리 위에 오데움[주악당]을 이고 오나니 이제 그 도편 추방이 끝날 것이다".(플루타르코스,《페리클레스》, 13.6) 그리고 사람들이 실제 오데움의 지붕이 페르시아 대제의 파빌리온[정자] 위의 그것과 같다고 지적했을 때, 그들은 짐짓 그가 민주 정체의 지도자가 아니라 한 나라의 군주처럼 행동한다고 생각한 것일 수 있다.

기원전 438년에 페리클레스의 새로운 정적들이 다른 방식으로 그를 공격했다. 그들은 반종교적이라는 그럴듯한 구실을 들어 그의 친구들을 연이어 공격했다. 페이디아스는 파르테논의 성상 안치소에 안치할 값비싼 금과 상아를 입힌 거대한 아테나 여신상을 제작하고 있었다. 그가 여신상을 제작해 봉납하고 나자 그들이 그를 횡령 및 불경죄로 고발했다. 같은 시기에 아스파시아 역시 불경죄로 비난을 샀다. 그러다가 신을 믿지 않는 것과 '하늘에 대해 가르치는 것'을 공공 범죄public crimes로 규정하는 법안이 도입됐다. 이 법안이 대상으로 한 것은 영락없이 아낙사고라스였다. 마지막으로 페리클레스가 횡령 및 뇌물죄로 고발됐다. 정적들이 페리클레스의 대중적인 지지도를 깎아내리고 그의 정치권력을 파괴할 목적에서 그와 그의 친구들에게 협공을 한 것이 분명했다.

페리클레스의 지난 행적career을 낱낱이 알고 있던 그의 정적들이 그의 지출 내역을 기록한 장부 한 장을 가지고 있었던 것 같다.* 키몬과 아레오파고스 재판소를 정치적으로 공격할 수 없다는 것을 깨달은 에피알테스와 페리클레스는 키몬이 주도하는 반란 세력[키몬 세력과 싸워 온 에피알테스와 페리클레스 세력을 의미]과의 긴 싸움에 대해 대중의 지지가 시들해진 틈을 타 키몬과 아레오파기테들이 재정적으로 부정을 저질렀다며 고발했었다. 비록 이 고발이 키몬을 기소하는 데는 실패했지만, 그들은 일

---

* 전후 맥락으로 유추컨대 페이디아스가 제작 중이던 아테나 파르테노스에 들어간 지출 내역을 기록한 장부였을 수 있다.

부 아레오파기테들을 척결하고, 키몬 일당의 지지 기반을 잠식하는 데 성공했었다. 키몬의 친-스파르타 정책이 역효과를 초래한 것이 뒤에 그를 끌어내리는 데 결정적인 원인이 됐다. [페리클레스의 정적들이 이와 같은 수법으로 그를 공격했다.]

기원전 438년, 사모스섬과 비잔티움에서 일어난 반란 사건들이 진압된 지 채 2년이 지나지 않은 때였다. 사모스섬의 포위 공격이 장기간 지속되면서 사상자도 그렇고 금전적으로도 희생이 컸다. 이 전쟁은 키몬의 여동생 엘피니세의 비판*과 페리클레스가 어쩔 수 없는 상황이 아니라 아스파시아를 대신해 이 전쟁을 시작했다는 주장들에서 드러나듯이 일부 아테네인들은 이 전쟁을 지지하지 않았다. 시간이 무르익었고, 파르테논 신전에서 페이디아스의 여신상이 베일을 벗은 것이 바로 그때였다.

페이디아스의 혐의는 그가 아테나 여신상을 제작하기 위해 교부받은 금의 일부를 횡령했다는 것이었다. 비난의 대상이 특별히 매력적이었다. 페이디아스가 페리클레스의 측근이었을 뿐만 아니라 페리클레스가 이 계획의 감독 위원회 위원으로서 책임을 나눠 맡았기 때문이다. 플루타르코스에 따르면, 페이디아스를 비난하는 자들 중 일부는 그에게 개인적으로 원한이 있었지만, 일부는 "페리클레스를 이 사안에 끌어들일 경우 사람들이 어떻게 판단할지 시험해 보려는 이들이었다".《페리클레스》,31.2) 이 조각가의 조수들 중 한 명이 시장에 마련된 탄원자의 자리에 앉아 페이디아스를 고발하는 조건으로 면죄부를 요구했다. 그런데 다른 어느 사건에 이와 같은 절차가 있었다는 기록이 없다. 따라서 이것은 정적들이 페리클레스가 행사했다고 주장하는 가공할 권력을 극적으로 보여 주고자 연출한 정치 무대에서 펼친 연기

---

* 앞에서 보았듯이 엘피니세는 페리클레스가 사모스섬 전투에서 사망한 전사자들의 추도사를 한 뒤에 연단에서 내려오는 그에게 다가가 "이것들이 당신이 거둔 놀라운 공적들이죠, 페리클레스. 우리의 많은 선량한 시민들의 목숨을 빼앗고, 제 오빠인 키몬이 했던 것처럼 페니키아인들이나 페르시아인들과 싸운 게 아니라 우리와 피를 나눈 동맹 및 도시와 싸워 그들을 복종시킨 것 말이에요."라며 비난했다.

였을 수 있다.

여하튼, 이 조수의 요구가 아테네인들에 의해 받아들여지자 그는 이 사건을 정식으로 민회의 안건으로 상정했다. 그런데 사실 페리클레스는 페이디아스에게 위기 시에, 예를 들어 전쟁이 장기화돼 아테네인들이 자금이 부족하게 됐을 때 쉽게 제거할 수 있는 방식으로 아테나 여신상에 금을 입히도록 명령했었다. 따라서 이런 경우 여신상에서 금을 회수하고 녹여 공공의 목적으로 사용할 수 있었다. 이와는 전혀 다른 상황이었지만, 페리클레스는 페이디아스에게 금판들을 끌어 내려 무게를 재도록 했다. 그 결과 없어진 금은 없었다.

그런데 페이디아스가 겪은 곤란은 이것이 끝이 아니었다. 그는 불경죄로 다시 고발당했다. 이유는 그가 아테나 여신상의 방패에 새긴 아마존인들과의 전투 장면에 등장하는 인물들 중 한 명이 "양손으로 돌을 높이 들어 올리고 있는 대머리 남성으로 그 자신을 암시했다."라는 것과, 아마존과 싸우는 또 다른 인물이 페리클레스와 완전히 판박이라는 것이었다. 이 조각들을 직접 본 플루타르코스는 이렇게 말했다. "페리클레스의 얼굴 앞으로 창을 쥐고 있는 손을 배치한 것은 두 사람이 닮은 것을 숨기기 위해 교묘히 그렇게 한 것으로 양쪽 측면에서 보면 너무나 뻔하다."《페리클레스》, 31.4)

이탈리아의 르네상스 시기에 많은 예술가가 장난으로 이런 짓을 많이 했지만, 기원전 5세기에 이런 장난을 한 것은 무모하고 위험한 짓이었다. 페이디아스가 익명의 수많은 아테네인을 파르테논의 프리즈에 새겨 넣기 전까지만 해도 유한한 존재인 인간이 그리스 신전에 등장한 적이 없었다. 여신상에 누가 누구인지 식별이 가능한 인물들을 새겨 넣은 것은 평범한 시민들 입장에서 아주 무모한 짓이었다. 아마 그들은 이런 행동을 도시 전체를 위험에 빠뜨릴 수 있는 **히브리스**[오만]라고 간주했을 수 있다.

지도자의 지성주의와 이성주의에도 불구하고 대다수 아테네인은 전통적인 의미에서 여전히 종교적이었고, 지금의 관점에서나 당대의 얼마 되지 않았던 '계몽된 사람들'의 관점에서 아주 미신적이었다. 페이디아스의 재판 이후 7년이 지나 일어난 펠로폰네소스 전쟁 초기에 스파르타군이 아티카를 침범했을 때, 합리적이고 회의적인 성향이었던 투키디데스는 이렇게 말했다. "신탁-장사꾼들이 온갖 신탁을 각자가 듣고 싶어 하는 대로 이야기했다."(2.21.3) 이듬해에 역병이 창궐하자 아테네인들은 델포이 신탁이 스파르타인들이 승리하며 자신이 이를 도와줄 것이라고 단언했던 공포를 떠올리면서 적이 아닌 그들에게 역병이 발생한 것을 신탁의 탓으로 돌렸다. 이와 같은 종교적 공포와 미신들이 항상 수면 바로 아래에 놓여 있었고, 페이디아스에 대한 공격으로 이것들이 수면 위로 올라왔다. 이 조각가는 유죄를 선고받고 추방당했다.36)

　　이런 성공에 고무된 페리클레스의 정적들이 이제 아스파시아에게 불경죄 혐의를 씌웠다. 희극 시인 헤르미포스가 그녀를 공격했다고 하는데, 상세 내용은 알려진 것이 없다. 플루타르코스는 불경죄 외에 그녀가 페리클레스의 유희를 위해 자유 부인free women, 즉 창부를 소개했다는 혐의를 받았다고 말한다. 이런 행위 자체를 불경으로 볼 수 있는지 아닌지 또는 여러 다른 비난들 중 하나였는지는 알려진 것은 없다. 그녀의 혐의를 확증하는 데 이처럼 근거가 빈약하고 개연성이 떨어지는 주장보다 구체적인 어떤 것이 분명히 필요했었을 것이다. 결국 그녀를 고발한 원고는 구체적인 혐의 내용은 슬그머니 뒷전으로 밀려나길 바라면서 사모스 전쟁으로 아스파시아에게 씌운 혐의로 증폭된 그녀에 대한 아테네인들의 편견에 기댔을 것이다. 어쨌든 페리클레스는 이 위협을 중대하게 받아들였다. 그래서 이 자존심 강하고 "올림포스의 신들"과 같이 근엄한 그가 법정에 나와 눈물을 흘리면서 배심원들에게 그녀를 풀어 달라고 간청했다.37)

　　이제 '낡은 종교old-time religion'의 광란에 찬 목소리들이 도처에서 울려 퍼졌다. 기원전 438년에 "신들을 믿지 않거나 하늘에 대한 교리들을 가르치는 자들을 고

발해야 한다"고 규정하는 법안을 신탁-장사꾼chresmologos*인 예언가 디오페이테스
Diopeithes가 제출했다. 디오페이테스는 "고대의 예언들을 모두 꿰고 있는 그리고 종
교 문제들에 있어 정통한 것으로 정평이 나 있던"(플루타르코스, 《아게실라오스Agesilaus》, 3.3)
인물이었다. 아리스토파네스는 그를 "위대한 디오페이테스, 손이 불구인 남자"로
언급하는데, 사실 그는 미쳐 날뛰는 통제 불가능한 사람의 대표격(《새Birds》, 988; 《기사
Knights》, 1085; 《벌》, 380)이었다. 그리고 일부 희극 작가들도 그가 제정신인지 의문을 품
었다. 그러나 다른 사람들은 그를 진지하게 받아들였고, 그가 제출한 법안이 아낙
사고라스를 표적으로 했다는 것을 알았던 것 같다. 이것은 페리클레스가 정면으로
맞설 수 없는 도전이었다. 재판은 열리지 않은 것으로 보인다. 프랭크 프로스트Frank
Frost**가 언급했듯이, "이런 위기에서 우위에 있던 것은 소크라테스의 정신이라기보
다는 갈릴레오의 정신이었고, 결국 이 과학자가 도시에서 쫓겨났다."[38]

페리클레스의 위상이 이들의 공격으로 약화되자 이제 그의 적들이 진짜 그를 겨
냥하기 시작했다. 드라콘티데스Dracontides***가 페리클레스에게 그의 공금 장부를 프리
타니에스Prytanies****, 즉 500인 평의회의 의장단에 넘기고 신성한 재산을 횡령한 혐의
에 대해 해명할 것을 요구하는 법안을 제안했다. 이례적으로, 아마 전례 없이 유일
하게, 배심원들에게 "아크로폴리스의 여신 제단에 놓여 있던 투표함"(플루타르코스, 《페
리클레스》, 32.3)을 이용해 평결을 내리라는 단서 조항이 붙었다. 이 절차의 성격이 신성

---

* 크레스몰로고스(chresmologos)는 신탁들의 수집가(collector of oracles)로 예언이 필요한 사람에게 수집
한 신탁들 중 상황에 맞는 것을 골라 판매했다. 즉, 크레스몰로고스는 엄격한 의미에서 예언가로 보기는
어려웠다.

** 1929년 미국 태생으로 고대 그리스의 역사를 연구한 연구자이자 고고학자이다.

*** 누군지 분명치 않으나 고대 그리스 민주주의의 한 축이었던 500인 평의회의 일원이었을 것이다.

**** 500인 평의회는 고대 그리스를 이루던 열 개 부족에서 50명씩 선발해 구성했는데, 모두 상근을 할 수 없
었기 때문에 매년 한 개 부족 50명이 1년 임기로 상근을 하는 집행부, 즉 프리타니아(Prytania)를 두었다.
이 프리타니아의 의원들을 프리타니에스(Prytanies)라고 불렀다.

페리클레스

하다 보니 "미신을 믿는 배심원들은 페리클레스의 유죄를 입증해야 하는 것을 사명 duty-bound으로 여겼을 것이다."[39] 페리클레스가 자신의 결백에 대해 조사하는 것을 굳이 걱정할 이유는 없었다. 하지만 이런 유례 없는 법적 절차는 그의 정적들이 다른 재판들과 법안이 불러일으킨 오랜 종교적 편견들을 이용해 그를 난처하게 만들고, 아마도 유죄를 선고할 의도가 있었음을 보여 준다. 이때 그의 친구이자 저명한 장군이었던 하그논이 구세주로 나섰다. 그는 드라콘티데스의 법안을 수정해 이 사건에 대해 1500명으로 구성된 배심원단이 일반적인 절차에 따라 재판을 하도록 했다. 이 수정 법안이 정적들의 계획을 철저히 무산시켰다. 1500명의 배심원단은 아테네 어디에서도 페리클레스의 유죄를 입증할 수 있는 단서를 찾지 못했다. 그가 공공 재산을 횡령했다는 혐의를 입증하지 못한 것이었다. 당연히 이 사건의 재판은 열리지 않았다.

　기원전 460년대에 아레오파기테들과 키몬을 공격했던 자들의 배후에 정치 집단이 분명히 있었듯이 이러한 공격들의 배후에도 그런 집단이 있었을까? 일부 아테네인들이 제1차 펠로폰네소스 전쟁 기간 동안 페리클레스의 정책들이 충분히 공세적이지 않았다고 생각했던 것은 분명했다. 기원전 443년에 투키디데스가 도편 추방을 당한 뒤에 그들이 비판의 목소리를 높이며 적극적으로 행동에 나섰던 것 같다. 더 이상 민주주의와 제국의 대의를 위해 집결할 필요가 없었기 때문이다. 또한 그들은 사모스와 비잔티움의 반란 세력과 맺은 강화 조약이 너무 관대하다고 믿었을 수 있다. 기원전 446년~기원전 445년에 에우보이아인들이 반란을 일으켰을 때 아테네인들은 그들의 토지를 몰수해 클레루크cleruch들*에게 나눠 줬다. 그런데 이에 반해 근래에 발생한 반란들에 대해서는 왜 온건하게 대했을까? 최소한 그들은 많은 공물을 내야 했을 것이다. 그러나 그러지 않았다. 그리고 일부 아테네인들은 이런

---

* 　클레루키아에 땅을 할당받아 이주한 아테네인을 클레루크라 불렀다.

솜방망이 처벌이 새로운 반란만을 부추길 뿐이라고 주장했을 것이다. 실제로 클레온Cleon[?~B.C. 422]*이 기원전 420년대에 이러한 주장을 했다. 이때 그는 아테네인들에게 반란을 일으킨 미틸레네인들을 죽이라고 촉구했다.

페리클레스의 생애 말년에 클레온은 그의 주요 비판자이자 반대자였던 것 같다. 물론 기원전 438년~기원전 437년만 해도 클레온은 아직 주요 경쟁 세력의 지도자로 두각을 나타낸 인물은 아니었다. 그러나 펠로폰네소스 전쟁 초기에 이미 그는 페리클레스가 느슨하게 전쟁을 하는 것에 대해 비난을 선동했다. 클레온은 아테네에서 새로 등장한 정치 계급에 속했다. 이들은 전통적인 토지 귀족 출신이 아니라 제조업과 상업을 통해 부를 축적한 평민common ancestry 부자들이었다. 그리스인들의 귀족 규범에 비춰 이런 직업들은 천하고 무가치한 것이었다. 아리스토파네스는 희극 시인답게 클레온을 무두장이이자 가죽-상인으로 조롱했고, 목소리가 "폭포수처럼 우렁차고" 펄펄 끓는 물에 빠진 돼지처럼 괴성을 지르는 도둑이자 말싸움꾼이라고 희화했다. 그는 항상 화나 있는 것 같은, 즉 끊임없이 증오를 부추기는 호전적인 인물로 그려진다. 이런 수식어들은 아테네 희극이 지나치게 과장한 면이 있기는 하지만, 온건한 역사학자였던 투키디데스조차 그를 "가장 폭력적인 시민"으로 불렀고, 그의 연설 방식을 거칠고 거만한 것으로 묘사했다. 아리스토텔레스 역시 그를 부정적으로 그리고 있다. 즉, 클레온은 "사람들을 평소보다 더 부패한 사람으로 공격하는 것 같다. 다른 연사들은 온당하게 행동하는 데 반해 그는 민회에서 연설하면서 가장 먼저 고함을 지르고, 가장 먼저 욕설을 하고, 사람들 앞에서 연설하면서 가장 먼저 스커트를 획 들어 올리는 [계속 돌아다닌] 사람이었다", 《아테네인들의 정체》, 28.3) 이런 희화화는 페리클레스를 "올림포스 신들 같은"이라고 희화한 것과 극명한

---

* 펠로폰네소스 전쟁 기간 중 활약한 아테네의 장군으로 기원전 430년대 후반 이후 펠로폰네소스 동맹에 소극적인 전략으로 일관했던 페리클레스에 반대했다.

대조를 이룬다.

클레온의 입장을 지지하는 시를 쓴 희극 시인 헤르미포스가 아스파시아를 고발한 바로 그 인물이라는 점이 흥미롭다. 그러나 클레온이 아테네인들 앞에 나타난 최초의 선동가는 아니었다. 자신의 희극 〈기사〉에서 아리스토파네스는 클레온(연극에서는 파플라곤Paphlagon이라는 이름으로 불림)이 어떻게 파괴될지 신탁의 예언을 이야기한다. 즉, "신탁은 처음에는 뱃밥*-판매인oakum-seller이 와서 나라의 일을 지배할 것이다. …… 그의 뒤를 이어 양-판매인sheep-seller이 온다. …… 그는 그보다 더 파렴치한 자가 등장할 때까지 지배하다가 파괴될 것이다. 가죽-판매인leather-seller인 파플라곤, 즉 도둑이 와서 그를 대신할 것이다. …… 라고 분명히 말합니다."(〈기사〉, 128-73) 고대의 평론가들은 뱃밥-판매인은 에우크라테스Eucrates[?~B.C. 404]**와, 양-판매인은 페리클레스 시대의 웅변가이자 장군이었던 뤼시클레스Lysicles[?~B.C.428]***와 동일시한다. 이들은 기원전 438년~기원전 437년에 전도유망한 가죽-판매인인 클레온의 도움을 받아 페리클레스를 맹렬히 공격했던 자들이었을 것이다. 페리클레스는 물론이고 이전의 모든 아테네의 정치 지도자들과 달리 이들은 귀족이 아니라 부유한 상인들이었다. 평범한 아테네인에 가까웠던 그들은 많은 이가 페리클레스와 가깝게 지내던 소피스트들, 철학자들, 예술가들—대다수가 이방인이다—에게 보이던 반감을 이해하고 공감하기도 했을 것이다. 또한 그들은 이방인들이 들여온 새로운 이성주의와 지성주의 그리고 그 결과 나타난 전통적인 종교를 향한 경시를 불신했다.

페리클레스는 이런 역경을 뚫고 나아갔다. 물론 개인적으로 상당한 희생이 있었

---

* 낡은 밧줄을 푼 것으로 배의 누수를 방지하는 틈새 메움 용도로 사용됐다.

** 아테네의 장군으로 니키아스의 형이다. 니키아스는 기원전 421년에 니키아스 강화 조약을 주도해 제2차 펠로폰네소스 전쟁을 종식시켰다.

*** 아테네의 장군으로 페리클레스의 친구였다. 하지만 그는 페리클레스와 달리 스파르타와의 전쟁을 강력히 주장했다. 페리클레스 사후 그는 페리클레스의 정부였던 아스파시아와 함께 살면서 아들을 낳았다.

다. 그럼에도 불구하고 그의 정치적 위상은 전혀 흔들림이 없었다. 시련들을 겪고 난 뒤에도 얼마 동안 그는 그의 정책들에 대해, 심지어 새로운 정책들뿐만 아니라 원래 지지를 받지 못했던 것들에 대해서도 대다수의 지지를 끌어낼 수 있음을 보여 줬다. 상상력이 풍부하고 사려 깊은 모든 민주적 지도자들처럼 그는 균형 감각을 철저히 유지할 필요가 있었다. 지도자의 임무는 현재에 안주하는 것이 아니라 멀리 내다보며 정책을 수립하는 것이고, 그를 따르는 일반인들의 임무는 즉각적이고, 실용적인 목적들을 추구하면서 그들의 전통을 고수하는 것이다. 일부 의견이 일치하지 않아 긴장이 발생하기도 한다. 대중적인 지도자와 그를 지지하는 지지자들 사이에서도 긴장이 생길 수 있는데, 이런 상황에서 대체로 반대 세력들이 기회를 붙잡는다.

페리클레스의 통치 방식을 두고 군주제적이라고 하는 비난이 이 시기에 일어난 것 같다. 법률적 관점에서 이는 불합리했다. 민회에 참석하는 사람들이 최고 권력이었다. 그들은 지도자의 정책을 거부할 수 있었고, 공직에서 물러나게 할 수 있었으며, 할 수 있으면 그를 처벌할 수도 있었다. 그러나 이 주장도 어느 정도 일리는 있다. 페리클레스가 전능한 존재great intelligence와 맞먹는 통제력을 행사했기 때문이다. 현대의 학자가 이 점을 잘 지적한다. "한때 '그리스의 기적Greece miracle'이 있었다면…… 사실상 그것은 전능한 주권과 법적 주권 사이의 이러한 대화가 합의를 이뤘다는 것이었다. 이 합의는 불협화음이 없지는 않았지만, 그것의 울림과 결실은 오래도록 지속됐다."[40]

기원전 438년의 시련들은 페리클레스의 생애에서 하나의 전환점이었다. 20년이 넘도록 그는 성공에 성공을 거듭하면서 엄청난 업적들을 이룩했다. 경우에 따라 실패한 것들도 있지만, 그렇다고 이것들이 그의 구상을 계속 밀고 나아가는 데 방해가 된 것은 아니었다. 이때까지만 해도 그가 상대했던 적들은 처음부터 줄곧 보수적인 귀족들, 스파르타의 친구들, 민주 정체와 그것의 통제를 받는 제국에 적대적인 자들, 즉 이 시대에는 맞지 않는 용어이지만 이해를 돕기 위해 가져다 쓰면, 멜레시아스의 아들 투키디데스가 주도한 '우파들rightists'이었다. 이들 보수 세력은 제국으로부터 얻는 부를 바탕으로 민주주의가 빠르게 성장하는 것, 대중의 권력이 늘어나고 정치가들이 그들에게 의존하는 것, 그리고 자신과 같은 사람들의 영향력이 사라지는 것을 두려워했다.

그러다가 처음으로 페리클레스가 좌파the left의 반대에 직면했다. 이 좌파의 지도자들은 아테네인들 가운데 이전에 정치 영역political life에서 높은 지위에 오르지 못하고 배제됐던 부류의 출신들이었다. 그들은 상업을 통해 축적한 자금으로, 또 뛰어난 웅변술과 정치를 조직하는 능력으로 영향력을 확보한 자들이었다. 외교 문제에 있어서 그들은 제국의 팽창을 지지하고 동맹국들을 거칠게 다루는 것을 선호했던 듯하다. 그들은 스파르타인들에게 적대적이어서 오히려 페리클레스보다 더 전쟁에 적극적이었다. 국내에서 그들의 주요 목표는 페리클레스를 제거하고 자신들이 활동할 수 있는 여지를 넓히는 것이었다. 그리고 그 목적을 달성하기 위해 대중의 종교적 공포와 편견을 활용했다.

그들의 움직임은 생소하기도 하고 잠재적으로 위험하기도 했다. 그들이 페리클레스를 그의 정치적 기반으로부터 차단하려고 했기 때문이다. 그가 아테네인들이 최선의 방향을 선택할 수 있게 교육시킬 수 있다고 생각한 것은 그 나름대로 이성적 판단과 자신의 웅변술에 대한 확고한 믿음이 있어서였다. 비록 그가 새로운 적들을 잘 극복해 나가기는 했지만, 기원전 438년의 사건들은 적어도 어느 정도는 그가 판단 착오를 했다는 것을 보여 준다.

경세가

10

기원전 437년에 페리클레스는 상당히 만족스러운 표정으로 세상을 바라봤을 것이다. 제국은 다시 한번 평화로웠고 계속 번창했다. 스파르타 및 펠로폰네소스 국가들과 맺은 합의가 기원전 440년~기원전 439년에 발생한 사모스 위기로 중대한 도전을 맞았지만, 굳건히 유지됐다. 아테네에서 페리클레스는 여러 정적들[저자의 표현으로 우파]을 물리쳤고, 새로 등장한 파벌[저자의 표현으로 좌파]의 공격에서 살아남았다. 파르테논 신전이 완공됐고, 아크로폴리스로 이어지는 커다란 새 출입구, 즉 프로필라이아를 건설하는 일이 차근차근 진행되고 있었다. 그의 사생활은 아름다운 아스파시아 덕분에 활기가 넘쳤다. 그녀는 50대 중반인 그에게 아들을 낳아 줌으로써 그를 행복하게 해 줬다. 그의 명성이 최고조에 이르렀다. 투키디데스는 기원전 433년 당시의 그를 "이 시기 아테네인들 가운데 가장 중요한 인물protos aner*로 연설과 행동에서 가장 영향력이 있었다."(1.139.4)라고 묘사했다.

이런 모든 성공과 행운은 얼마 지나지 않아 전쟁[제2차 펠로폰네소스 전쟁]이 일어나면서 산산조각이 났다. 기원전 5세기에 그리스인들의 시각에서 이 전쟁은 1914년

---

* '일인자'로 번역할 수도 있다. 여기에서는 문맥에 따라 '가장 중요한 인물' 또는 '일인자'로 번역한다.

~1918년에 일어난 전쟁이 당시 유럽인들에게 그랬던 것처럼 세계 전쟁으로 생각할 만했다. 이 전쟁은 "그리스인들을 뒤흔든 역사상 가장 큰 격변으로 일부 이방인들barbarians에게까지 영향을 끼쳤는데 혹자는 인류 대다수에게 영향을 줬다고 말할 수도 있었다".(1.1.2) 이 전쟁으로 아테네 인구의 3분의 1 이상이 희생됐다. 그리고 함대, 성벽, 제국을 잃었으며, 한동안은 민주 정체와 자율성도 상실했었다.

역사적으로 다른 많은 큰 전쟁과 마찬가지로 펠로폰네소스 전쟁으로 이어진 갈등 역시 그리스 본토에서 멀리 떨어진 원래 그렇게 중요하지 않았던 지역에서 비롯했다. 투키디데스는 다음과 같은 말로 이 전쟁을 설명한다. "에피담노스Epidamnus는 이오니아만으로 항해해 들어갈 때 오른편에 있는 도시이다."(1.24.1) 그는 이렇게밖에 말할 수 없었는데, 이유는 당대의 독자들 대다수가 그것이 어디 있는지 몰랐기 때문이다. 에피담노스에 대한 아테네인들과 스파르타인들의 관심과 지식은 사라예보Sarajevo에서 프란츠 페르디난드Franz Ferdinand 대공의 암살 사건으로 제1차 세계 대전이 일어났던 당시 유럽인들의 그것에 비해 훨씬 더 거리가 있었다. 고대 로마인들이 디라키움Dyrrachium으로, 현대의 이탈리아인들이 두라초Durazzo라 부르는 에피담노스는 지금은 알바니아의 두러스Durrës*라는 도시이다. 그리스에서 이탈리아와 시칠리아로 가는 통상적인 항로의 북쪽에 있는 에피담노스는 특별히 부유하지도 전략적 요충지도 아니었다. 그리고 어느 동맹에도 속해 있지 않았다. 어느 누구도 이 외지고 중요하지도 않은 곳에서 발생한 국내 사태가 그렇게 큰 전쟁으로 이어지리라고는 예측하지 못했다.

에피담노스는 귀족이 지배했지만 내전 및 이웃하는 이민족들과의 전쟁으로 귀족들의 지배가 약화됐다. 마침내 민주주의자들이 이민족들의 군대에 합세해 정적들을 도시에서 몰아냈다. 에피담노스는 코르키라Corcyra(현재의 케르키라)의 식민지였다. 그

---

*　알바니아에서 두 번째로 큰 도시이자 최대의 항구 도시이다.

　페리클레스

래서 민주주의자들에게 패한 세력들이 모도시에 도움을 요청하러 갔다. 그러나 코르키라인들은 고립 정책에 만족하고 있었기 때문에 개입하는 것을 거절했다.

　모도시에 거절당한 에피담노스의 귀족들은 조모도시grandmother, 즉 코르키라의 모도시인 코린토스로 눈길을 돌렸다. 코린토스는 많은 식민지가 있었는데, 코르키라를 제외한 다른 모든 식민지와는 관계가 원만했다. 수 세기 동안 코르키라와 모도시는 일부 다른 식민지들에 대한 통제권을 두고 자주 싸우기도 하고 전쟁을 하면서 불화를 겪었다. 에피담노스의 귀족들이 정적들을 몰아내는 것을 도와주는 대가로 그들의 도시를 코린토스의 식민지로 넘겨주겠다고 제안했다. 코린토스인들이 즉각 이 제안을 수락하고 에피담노스에 군대를 보내 민주주의자들과 그들의 이민족 동맹들을 몰아내고 귀족들을 복권시켰다.* 그들은 코르키라의 반발이 있을 것으로 예상하면서도 밀어붙였다. 사실, 코린토스인들은 싸우고 싶어 안달이었다. 이 골칫거리 식민지와의 오래된 경쟁 관계 때문이었지만, 합리적으로 납득하기 어려운 좀 더 깊은 이유가 있었다. 투키디데스에 따르면, 그들이 개입한 데에는 다음과 같은 이유가 있었다.

　　부분적으로는 그들이 이 식민지[에피담노스]가 코르키라인들의 것인 만큼 자신들의 것이기도 하다는 생각이 있었기 때문이었다. 동시에 코르키라인들에 대한 증오도 있었다. 코르키라인들은 코린토스인들의 식민지 사람들이었음에도 불구하고 그들에게 무례했다. 공동의 축제들에서 그들은 모국인 코린토스인들에게 관례상 특권customary privileges을 주지 않았을 뿐만 아니라 다른 식민지들이 하던 대로 축제를 시작하면서

---

*　투키디데스의 서술에 따르면, 에피담노스의 민주주의파가 귀족들을 축출하려 하자, 귀족들이 비헬라스인(일리리아인)들과 합세하여 도시를 약탈했다. 이에 민주주의파는 코르키라에 구원을 청하려 했으나 거절당하고 이어 코린토스에 손을 내밀게 된다(투키디데스, 1.24~25). 귀족파들이 코르키라-코린토스에 구원을 요청하고 전쟁의 단초를 제공했다는 위 서술은 원문 상의 오류로 보인다.

코린토스인에게 축제의 개시를 알리는 제물을 바치는 의식을 맡기지도 않았다. 대신 그들에게 모멸감을 줬다.(1.25.3-4)

어느 것도 코린토스인들이 에피담노스에 개입하도록 강제한 것은 없었다. 그들의 이익이나 권력 또는 위상을 위협하는 어떠한 일도 없었다. 그러나 그들은 정말로 이 기회에 이 거만한 식민지에 타격을 가해 굴복시키고 싶었고, 전쟁의 결과도 확신했다. 그들은 코르키라가 동맹이 없었기 때문에, 그리고 코린토스인들은 같은 펠로폰네소스 동맹에 가입한 많은 동맹국이 있었기 때문에 누구도 간섭하지 않을 것으로 기대했을 것이다. 코르키라인들이 결사 항전을 할 수도 있지만, 코린토스는 승리를 확신했다.

코르키라인들은 에피담노스에서 일어난 내전에서 누가 승리하든 신경 쓰지 않았다. 하지만 그들은 코린토스가 개입하는 것은 극구 반대했고 에피담노스에 함대를 보내 다음과 같이 통첩했다. 에피담노스의 민주주의자들은 코린토스가 보낸 식민주의자들과 주둔군을 돌려보내고 추방된 귀족들을 다시 데려올지어다. 그러나 이 통첩은 받아들여질 수 있는 것이 결코 아니었다. 따라서 코르키라인들은 고립주의 정책에도 불구하고 역시 싸울 준비를 했고, 함대 전력에 있어서는 절대 우위를 확신했다. 코르키라는 아테네를 제외하고 평시에 해군을 유지한 유일한 그리스 국가로 120척의 전함을 보유하고 있을 정도로 대단했다. 다른 한편, 코린토스는 상업 강국이기는 했지만 이렇다 할 전함이 없었다. 코르키라인들은 쉽게 이길 것으로 예상하고 콧대가 높았다.

그러나 전쟁 초기에 군사력만을 놓고 봤을 때 코르키라는 큰 실수를 저질렀다. 코린토스인들은 부유했고, 융통성이 있었고, 단단히 화가 나 있었으며, 단호했다. 그들은 단단히 각오하고 긴 전쟁을 할 준비가 돼 있었다. 그들이 가지고 있는 자원의 잠재력이 코르키라의 것보다 훨씬 컸기 때문이다. 에피담노스의 민주주의자들

페리클레스

은 코르키라의 통첩을 거부했다. 그러자 코르키라는 40척의 선박, 추방당한 에피담노스의 귀족들 그리고 이민족인 일리리아Illyria인들과 함께 바다와 육상에서 에피담노스를 봉쇄했다. 그러나 코린토스의 대응은 코르키라인들의 이런 봉쇄 전략이 얼마나 근시안적이었는지 보여 줬다. 그들은 에피담노스에 새로운 식민지를 건설하는 계획을 발표하고 그리스 전역에서 이곳에 정착할 정착민들을 초대했다. 굉장히 인상적인 대응이었다. 꽤 많은 정착민이 30척에 달하는 코린토스의 전함 및 3천 명 병사들의 호위를 받으며 에피담노스로 출항했다. 코린토스의 부탁을 받은 일부 도시들이 선박과 자금을 추가로 보내 줬다. 이들 중 가장 중요한 도시는 아테네와 사이가 좋지 않았던 메가라였다. 심지어는 트로이젠Troezen과 헤르미오네Hermione 같은 작은 국가에도 각각 두 척과 한 척의 선박을 보내 줄 것을 요청했는데, 군사적 목적보다는 심리적인 목적이 컸다. 이들 대다수 도시는 펠로폰네소스 동맹에 속해 있던 국가들이었지만, 스파르타는 여기에 가담하지 않았다. 스파르타가 군대를 보냈다면 코르키라에 굉장한 위협이 되었을 수 있지만, 우리가 아는 한 스파르타인들은 도움을 요청받지 않았다. 아마 그들은 코린토스의 군사 원정에 벌써 반대 의견을 냈었을 수 있다.

　스파르타인들 없이 코린토스가 끌어모은 연합 군대만으로도 자신만만해하던 코르키라인들을 깜짝 놀라게 했다. 코린토스가 군사 원정을 준비하고 있다는 소식을 듣게 된 그들은 코린토스에 사절단을 보내 상황을 논의하고자 했다. 사절들은 처음부터 코르키라의 요구 조건들을 강조했지만, 동시에 이 사건을 서로 수용할 수 있는 펠로폰네소스반도의 국가 또는, 만일 코린토스인들이 원한다면, 델포이 신탁의

---

* 　일리리아인은 고대 발칸반도 서부, 이탈리아반도 연안 남동부에 거주하던 민족이다.

** 　지금의 트리지나를 뜻한다. 그리스 펠로폰네소스반도 북동부에 있는 작은 마을로 고대에는 아르골리스 지방의 일부였다.

*** 　트로이젠과 마찬가지로 아르골리스 지방의 작은 항구 도시이다.

중재에 맡기자고 제안했다. 이 제안에는 위협이 따랐다. 즉, 코린토스인들은 전쟁이 일어나게 놔둬서는 안 됐다. 만일 그렇게 하면, 코르키라인들은 그들이 이미 도움을 요청한 나라들 외에 다른 곳에서 그들을 도와줄 우군을 찾으려 할 수도 있었다. 그들이 아테네에 도움을 요청하리라는 것은 의심의 여지가 없었다.

코르키라인들은 진심으로 평화적 해결을 추구했다. 그러나 그들의 생각과 달리 코린토스는 전쟁에 열을 올렸고 그들의 동맹국들까지 끌어들였다. 여하튼 코르키라인들은 더 이상 싸울 마음이 없었다. 그들이 펠로폰네소스반도 국가들 중에서 중재자를 찾아보자고 제안한 것은 그들이 타협책 또는 외교적 패배마저 받아들일 준비가 돼 있다는 증거였다. 그렇다고 코린토스의 위협에 굴복해 굴욕을 당할 마음은 전혀 없었다. 만일 벼랑 끝까지 내몰린다면 끝까지 싸울 결심으로 아테네에 가서 도움을 요청할 수도 있었다.

그리스 세계의 외딴 구석에서 우연히 일어난 사건이 이제 일상의 평화를 위협하는 사건으로 발전했다. 스파르타인들이 이 위협을 경고했다. 코르키라인들이 코린토스에 협상을 하러 가면서 혼자 가지 않은 이유였다. 그들은 스파르타와 시키온의 공식 대표단을 대동했는데, 그들이 평화적 해결에 대한 코르키라인들의 요구에 무게를 실어 줬다. 위기가 시작되자 스파르타인들은 평화적인 해결책을 지지했다. 그들은 전쟁이 일어날 경우 코르키라가 아테네에 도움을 요청할 수 있고, 그래서 아테네가 승낙하면, 코린토스는 스파르타를 끌어들이고자 할 수도 있다는 점을 우려했다. 이 결과 스파르타인들로서는 아무런 이해관계가 없는 문제로 큰 전쟁을 할 수도 있었다.

스파르타가 개입했음에도 불구하고 코린토스인들은 코르키라의 다양한 제안들을 거부하고 전쟁을 선포했다. 그들이 전쟁을 선포한 것은 코르키라가 아테네인들과 동맹을 맺을 수 있다는 위협을 심각하게 받아들이지 않았음을 드러낸다. 왜냐하면 아테네가 해전에 관여한다는 것은 곧 코린토스의 패배를 의미하는 것일 수 있는

페리클레스

데도 그런 결정을 내렸기 때문이다. 코르키라인들이 그런 동맹을 추구할 수 있다고 하더라도 코린토스인들은 아테네가 거절할 것이라고 확신했다. 그들이 페리클레스가 개입하고 싶어 하지 않을 수 있다고 생각한 것은 어쩌면 옳다. 즉, 30년 강화 조약과 그것이 맺어진 이후 아테네가 보인 행태들에 비춰 볼 때 아테네가 서쪽 지역에서 코린토스의 재량권을 용인했다고 볼 여지가 있었다. 그러나 이런 견해는 특별한 문제들을 초래한 이 전쟁의 특징, 즉 코르키라가 보유한 대규모 해군을 간과했다. 코린토스가 평소 코르키라에 품었던 분노 때문에 치명적인 결과를 초래할 수 있는 이런 상황을 간과했던 것이다.

이에 따라 코린토스의 명령을 받는 함선 75척이 북쪽으로 에피담노스를 향해 항해했다. 그러나 도중에 코르키라의 함선 80척에 가로막혔고, 레우킴네Leucimne 전투에서 패했다. 같은 날, 에피담노스가 이곳을 포위 공격하던 코르키라인들에게 항복했다. 코르키라는 분쟁의 대상인 이 도시를 차지하고 해상을 지배했다. 그들은 코린토스에 굴욕을 안기고자 서쪽 지역에 있던 코린토스의 동맹국들을 약탈하고 불태웠다.

코린토스인들은 패했을 수는 있지만, 절대 단념하지는 않았다. 다음 2년 동안 그들은 복수를 준비했다. 그들은 전례 없는 속도로 전함들을 건조했고, 아테네 제국을 포함해 그리스 세계 전역에서 경험 많은 선원을 끌어들였다. 아테네인들은 굳이 간섭하지 않았다. 이는 그들이 관여할 의사가 없었거나 크게 경각심을 갖지 않았다는 것을 의미했다. 다른 한편, 코르키라인들은 완전히 겁에 질려 있었다. 그들은 외부의 도움을 받지 못할 경우 독기를 품은 코린토스에 대적할 수 없다는 것을 알았다. 더구나 코린토스는 많은 동맹국의 도움을 받았고 노잡이들을 대거 고용했다. 다시 말해, 코린토스인들은 노골적으로 전쟁 준비를 했다. 결국 코르키라인들이 아테네에 사절을 보냈다. 이를 알게 된 코린토스인들 또한 "아테네 함대가 코르키라의 함대와 연합하는 것을 막기 위해" 사절단을 보냈다. "그렇게 되면 자신들이 바라는 방식대로 전쟁을 하는 데 방해가 될 수 있었기 때문이었다."(1.31.3)

현대의 독자가 기원전 433년 여름에 아테네에서 있었던 당시의 장면을 떠올리기란 쉽지 않다. 미국에서 이런 사안들은 외교 사절들과 이들을 맞이하는 선출직 및 임명직 공무원들 사이에서 논의가 진행된다. 논의는 비공식적으로 은밀하게 진행되며, 중요한 결정들은 어떤 조약이 비준을 위해 상원에 제출되기 전에 이미 이뤄질 수 있다. 일반 시민들은 외부에 공개되는 일부만 알 수 있을 뿐이다. 아테네의 절차는 완전히 달랐다. 모든 논의가 민회가 열린, 즉 그들의 시장[아고라]이 내려다보이고 아크로폴리스 위에 새로 건설된 파르테논 신전과 프로필라이아가 바라다보이는 프닉스 언덕에서 공개적으로 이뤄졌다. 그들은 양측에서 파견한 사절들이 하는 이야기를 낱낱이 들었다. 그런 다음 어떤 행동을 취할지 서로 논쟁을 벌였다. 그러나 보잘것없는 시민들은 모든 논쟁을 경청한 뒤에 가장 노련한 정치 지도자[페리클레스]와 똑같이 하나의 투표권을 행사했다. 모든 시민이 이런 사안이 자신들의 도시와 제국의 안보, 즉 전쟁과 평화의 문제와 결부돼 있다는 것을 알았다. 만일 투표 결과가 전쟁을 하는 것이었다면, 시민들은 싸우고자 했을 것이다.

코르키라의 대변인은 아테네인들을 설득하는 데 진땀을 흘렸다. 아테네인들은 그들에게 어떠한 책임도 없었고, 이전에 우호 관계가 있었던 것도 아니었기 때문이다. 페리클레스가 통치하는 아테네는 평화를 유지하길 원했다. 그리고 코르키라와 코린토스와의 싸움에 관여하는 것에는 전혀 관심이 없었다. 대변인은 먼저 자신이 사절로 파견된 도덕적 및 법적 정당성을 주장한 뒤에 바로 본론으로 들어가 아테네의 주요 관심사에 호소했다. "우리는 여러분의 것을 제외하면 가장 규모가 큰 해군을 보유하고 있습니다." 이 해군은 아테네 동맹에 큰 보탬이 될 수 있는 군사력이었다. "역사상 이렇게 많은 이점을 단번에 받은 나라는 없었습니다. 그리고 이렇게 동맹을 요청하러 와서 자신들이 기대하는 안전과 명예를 받는 만큼 돌려주려고 하는 나라도 없을 겁니다."(1.33.1-2)

이어 두려움에 호소하면서 코르키라의 사절들은 자신들이 동맹을 필요로 하는

　　　　　　　　　　　　　　　　　　　　　　　페리클레스

만큼 아테네도 그러할 것이라고 주장했다. 그들은 아테네와 펠로폰네소스반도와의 전쟁이 다가오고 있다며 이렇게 주장했다.

> 만일 여러분 중에 누군가 전쟁이 일어나지 않으리라고 생각한다면 그건 오산입니다. 스파르타인들이 여러분은 안중에 없이 전쟁을 못 해 안달이라는 것, 코린토스인들이 그들에게 상당한 영향력을 행사하고 있다는 것, 그리고 그들 역시 여러분의 적임을 인식하지 못해서 그런 겁니다. 그들은 장차 여러분을 공격할 심산으로 지금 우리를 떠보고 있는 것입니다. 우리가 그들에 대한 증오로 공동보조를 취하지 못하게 하려고 하는 건데, 그래야 우리보다 앞서서 두 가지, 즉 우리에게 먼저 해를 입히거나 그들 스스로 강해지거나 할 수 있기 때문입니다.(1.33.1-2)

이런 주장은 전쟁이 불가피하기 때문에 아테네인들이 자신들을 보호해 줘야 한다는 논리로 이어졌다. 사절은 코르키라가 이탈리아와 시칠리아로 가는 연안 항해에서 유리한 곳에 위치하고 있다는 것을 지적했다. 어느 쪽이 통제하든 코르키라는 스파르타에 우호적인 도리스의 식민주의자들이 인구의 다수를 점하고 있는 이들 지역에서 출항하는 함대들이 펠로폰네소스인들을 도와주러 가는 것을 차단할 수 있었다. 반대로 자신들의 함대는 안전하게 그곳들에 보낼 수 있었다. 아테네는 코르키라가 제안하는 완전 공격 및 방어 동맹을 받아들여야 했다. 자신의 운명이 그것에 달려 있었기 때문이었다. 그들의 주장은 잔인할 정도로 분명했다.

> 그리스에서 함대라고 할 만한 군사력을 보유한 나라는 세 나라입니다. 여러분의 것, 우리의 것 그리고 코린토스인들의 것입니다. 만일 코린토스인들이 먼저 우리를 통제하게 된다면, 여러분은 나머지 두 함대가 하나가 되는 것을 보게 될 것이고, 그러면 여러분은 코르키라와 펠로폰네소스의 함대에 맞서 동시에 싸워야 할 것입니다. 만일 여

러분이 우리의 제안을 수락한다면, 여러분은 여러분의 함대에 우리의 함대를 더해 그들에게 맞서 싸울 수 있을 것입니다.(1.33.3)

코린토스가 보낸 사절들의 임무는 쉽지 않았다. 우선 도덕적 동기가 나빴다. 그들은 분명히 에피담노스를 침범한 자들이었다. 더구나 평화적 해결을 위한 모든 제안, 심지어 동맹국들인 시키온과 스파르타의 충고를 거부했다. 그들이 할 수 있던 최선은 아테네인들에게 과거의 호의를 상기시키고 코르키라인들의 명성을 실추시키는 것이었다. 그들은, 비록 문제가 있는 주장이기는 했지만, 아테네와 코르키라가 맺는 조약의 합법성을 따지고 들었다. 기술적으로 그런 조약이 30년 강화 조약의 내용을 위반하는 것은 아닐 수 있었지만, 그것의 정신을 위배하는 것일 수 있었다. "왜냐하면, 비록 조약이 중립적인 도시가 선호하는 동맹 어디에든 가입할 수 있다고 돼 있지만, 해당 조항은 어느 한쪽을 해할 의도에서 다른 쪽에 가입하는 것을 허용하는 것으로 볼 수는 없기 때문입니다."(1.40.2) 즉, 이 조항은 어느 한쪽이 다른 쪽과 이미 전쟁을 했던 중립국과 조약을 맺는 것을 허용하는 것은 결코 아니었다. 이 조약을 엄격히 해석하면 아테네가 코르키라의 제안을 받아들이는 것은 가능했다. 하지만 상식적으로 볼 때 그렇게 하는 것은 코린토스에 전쟁을 선포하는 것, 그리고 넓은 의미에서는 30년 강화 조약을 파기하는 것과 같았다. 여하튼 코린토스인들은, 만일 아테네인들이 코르키라와 동맹을 맺는다면, 그들이 코린토스와 싸워야 할 것이라는 점을 분명히 했다. "왜냐하면 만일 여러분이 그들과 함께한다면, 그들을 단죄하는 일에 여러분도 포함시킬 수밖에 없기 때문입니다."(1.40.3-4)

마지막으로 코린토스인들은 코르키라인들이 가장 강력하게 주장한 것, 즉 아테네와 펠로폰네소스반도 간의 전쟁이 불가피하다는 것에 대답해야 했다. 그들은 이것이 불가피하다는 것을 간단히 부정했다. 그리고 판단을 아테네인들에게 넘겼다. 아테네인들이 코르키라에 합류하면, 전쟁이 일어날 것이다. 거절하면, 평화로울 것이다. 또한 코린토스인들은 사모스 반란이 일어났을 때 스파르타와 펠로폰네소스 동맹국들이 그 틈을 노려 아테네를 공격하지 못하도록 단념시키는 등 자신들이 기여했던 것을 상기시켰다. 그들은 이 당시에 동맹들 간의 관계를 지배하는 핵심 원칙, 즉 상대방의 세력권에 서로 간섭하지 않는다는 원칙을 분명히 했다고 믿었다.

> 지금 처한 상황이 우리가 스파르타에게 분명히 했던 원칙, 즉 자신의 동맹들을 응징하는 것은 동맹 각자가 알아서 해야 한다는 원칙을 주장했을 때의 상황과 같습니다. 우리는 이와 똑같이, 즉 여러분은 여러분의 투표로 우리에게 상처를 입혀서는 안 된다는 것을 요구하러 왔습니다. 우리는 우리의 투표로 여러분을 도왔기 때문입니다. 같은 방식으로 우리에게 갚으십시오. 도움이 최고의 우정이고 적대가 최대의 증오인 결정적 순간이라는 것을 알아야 합니다. 우리의 기대를 저버린 채 코르키라인들을 동맹으로 받아들이지도 말고 그들이 나쁜 짓을 하는 것을 돕지도 마십시오. 우리가 요청하는 대로 하는 것이 온당하게 행동하는 것이자 여러분의 이익에 부합하는 최선의 방법입니다.(1.43)

이제 아테네인들이 남아서 양측의 주장을 검토한 뒤에 결정을 내려야 했다. 코르키라인들은 전쟁을 피할 수 없다고 주장했다. 따라서 아테네인들은 코린토스가 그들을 파괴하도록 그냥 두고 볼 수 없었다. 만일 코린토스인들이 승리해 코르키라의 해군을 흡수한다면 펠로폰네소스 함대가 크게 성장해 자신들에게 위기를 초래할 수 있기 때문이었다. 그러므로 아테네인들은 이 전쟁을 막을 수 없다면, 어쩔 수 없이 전쟁이 일어났을 때 승리할 수 있도록 동맹을 맺어야 했다.

이 순간까지도 페리클레스는 전쟁이 불가피하다는 것을 결코 믿지 않았다. 그뿐만 아니라 코린토스가 코르키라에 승리한다고 해서 우려하는 대로 되리라는 보장도 없었다. 반면 코린토스인들은 아테네가 개입하지 않아야 전쟁을 피할 수 있고

30년 강화 조약이 유효하다는 것을 입증하는 것이라고 주장했다. 아주 그럴듯한 주장이었다. 동시에 펠로폰네소스인들과 또 다른 전쟁이 일어나지 않으리란 보장도 없었다. 스파르타에는 아테네 제국이 수립되고 난 이후 오랫동안 아테네를 시기하고 질시하는 세력이 항상 존재했었다. 여러 번 이 세력이 스파르타에서 우위를 점하기도 했는데 또다시 그럴 수 있었다. 그래서 코르키라를 스파르타 동맹에 빼앗긴다면, 아테네는 강력한 펠로폰네소스 해군을 감당하지 못할 수도 있었다. 평화를 유지하고 싶어 했든 먼 나라의 일에 얽히는 것을 피하고 싶어 했든 아테네는 세력 균형에 중대한 변화가 일어나는 것을 용납할 수 없었다.

아테네가 처한 상황은 20세기 초 영국의 그것과 아주 닮았다. 독일이 영국의 패권supremacy에 도전할 수 있는 규모와 능력을 겸비한 해군을 육성하기 시작했을 때 대륙으로부터 '영광의 고립splendid isolation'*을 자처했던 영국은 한 세기 동안 유지했던 정책을 뒤집고 전통적인 적대 국가였던 프랑스 및 러시아와 동맹을 맺었다. 영국인들은 해상 패권을 방어하기 위해 대전을 치를 준비가 돼 있었다. 자신의 생존이 제해권에 달려 있는 국가라면 당연히 그렇게 행동할 것이다.

코린토스인들은 이 점을 파악하지 못했다. 물론 그들의 동맹인 스파르타와 시키온은 알고 있었다. 코린토스인들은 아테네인들이 코르키라와의 동맹을 거절하고, 심지어는 그들과 대결하고 있는 본인들에게 합세하지 않을까 기대했던 것 같다. 그들은 왜 이런 치명적인 착오를 한 것일까? 그들 입장에서 코르키라와의 전쟁은 순전히 지엽적인 사안이었다. 그들은 페리클레스의 아테네가 이 지역에 야심이 없고, 아테네가 평화를 원한다고 믿었다. 또한 그들은 사모스 위기 당시 그들이 베풀었던

---

* 19세기 말 유럽 대륙의 내부에서 일어난 대립에 대해 거리를 두고자 영국이 스스로 취한 고립 정책. 당시 유럽에서는 독일-오스트리아-이탈리아 3국 동맹과 프랑스-러시아 2국 동맹이 대립하고 있었다. 그러나 아시아와 아프리카에서 러시아-프랑스-독일의 식민지 쟁탈전이 극에 달하자 1902년에 영국이 일본과 동맹을 체결했고, 이어 프랑스-러시아와 3국 협상을 맺는 등 고립 정책에서 벗어났다.

호의가 보상을 받을 수 있을 것이라고 생각했다. 코린토스인들은 아테네에 맞서 전쟁을 벌일 계획이 없었다. 그래서 그들은 그들의 해군력이 성장하는 것에 대해 아테네가 경계하리라고 예상했어야 했는데 그러지 않았다. 아테네인들이 먼발치에서 그냥 지켜보도록 하지 못한 채 모든 것이 잘되리라는 기대와 가정에서 이런 위험을 무시하고 앞만 보고 돌진한 것이었다. 그들은 분노와 낙관주의 때문에 희망적인 사고wishful thinking에 빠졌고 아테네인들에게 불쾌한 결정을 하도록 내몰았다. 역사상 이렇게 열정을 앞세우다 신중한 판단을 하지 못한 나라가 코린토스가 마지막은 아니긴 하다.

아테네의 민회에서 일어난 거의 모든 논쟁은 바로 당일 날 결정됐다. 그러나 코르키라와의 조약을 두고 아테네인들 사이에 의견이 갈렸다. 그 결과 논쟁이 다음 회기second session로 넘어갔다. 첫날 의견은 코린토스 측으로 기울어 이 조약을 거부하는 의견이 다수였다. 그런데 다음 날 논쟁에서 페리클레스가 "코린토스인들과 싸우는 코르키라인들에게 도움을 주고 강한 해군력이 있는 섬과 합세하자고 아테네인들을 설득했다".(플루타르코스,《페리클레스》, 29.1) 그럼에도 불구하고 아테네인들은 코르키라가 요청한 공격 및 방어 동맹 제안을 받아들이지 않았다. 당시 이와 같은 동맹은 그리스 세계에서 일반적인 형태였지만, 이때 아테네는 순전히 방어적인 동맹을 맺었었다. 이런 방어 동맹을 고집한 것은 그리스 역사에서 아테네가 처음이었다. 페리클레스가 고안했을 가능성이 큰 이러한 혁신은 어느 한쪽 동맹이 완전히 패배하는 것을 예방하고자 생각해 냈을 것이다.

반대쪽 의견은 아마 페리클레스의 오랜 경쟁자였던 멜레시아스의 아들 투키디데스가 주도했을 것이다. 이 논쟁이 있기 몇 달 전인 기원전 433년 봄에 그의 도편 추방이 끝났다. 그래서 그가 돌아와 뿔뿔이 흩어진 채 숨죽이며 지내던 세력에 새로운 활기를 불어넣었다. 그의 반대 의견이 강력한 지지를 받았다는 것은 코르키라와의 동맹이 스파르타와의 전쟁을 초래할 수 있음을 아테네인들이 대체로 이해했다는 것을 의미한다. 그리고 페리클레스가 의지했던 일부 중도 세력들도 그의 주장에 솔깃했을 것이다. 아테네에게 이 위협은 거리상 멀리 떨어져 있는 문제였고, 실제로 그런 위협이 있는지조차 미심쩍었다. 그리고 아테네는 이 싸움에 아무런 물질적 이해관계가 없었다. 아테네가 왜 코르키라를 대신해 전쟁의 위험을 감수해야 했을까?

역사가 투키디데스는 아테네인들이 펠로폰네소스와의 전쟁을 피할 수 없는 것이라고 생각했기 때문에, 그리고 전쟁이 닥치기 전에 전략적 우위를 차지하고 싶어 했기 때문에 조약에 찬성했다고 주장한다. 이 전쟁이 불가피하다는 것은 이 역사가의 자체 판단에 따른 의견이었다. 그래서 결코 그가 옳았던 것은 아니다. 분명히 이 조약에 반대한 많은 아테네인들은 이 견해에 동의하지 않았다. 페리클레스도 기원전 433년 초만 해도 이렇게 생각하지 않았다는 분명한 증거가 있다. 그가 이 조약을 지지한 것은 해군력의 균형이 갑자기 위험하게 바뀌는 것을 용납하고 싶지 않았기 때문이었다. 그러나 코르키라와의 조약으로 전쟁을 야기하고자 할 의도는 없었다. 오히려 코린토스가 코르키라에 승리하는 것을 차단하는 동시에 전쟁을 피할 의도였다. 그는 전쟁을 피하는 것을 어렵게 만들 수 있는 통상적인 공격 및 방어 동맹을 지지하지 않았다. 그런 조약은 코르키라인들이 분별없이 행동하도록 부추겨 아테네인들과 코린토스의 분란을 초래할 수 있었다. 대신, 그는 기발한 방어 동맹을 제안했다. 이 동맹은 당시의 특수한 상황에 딱 들어맞도록 정교하게 고안된 외교적 장치였다. 페리클레스는 이런 조치가 코린토스에 제정신이 들도록 하면서 더 이상 모험을 감행하지 않도록 막을 수 있기를 바랐을 수 있다. 코린토스인들은 아테네인들과 싸우기보다 중재 또는 협상을 통한 사태 해결을 받아들임으로써 체면을 세울 수 있었다. 다른 말로, 코린토스인들이 합리적이라면, 전쟁은 없을 것이고, 세력 관계에도 변화가 없을 것이며, 아테네에도 새로운 위험이 닥치지 않을 것이다.

코르키라인들이 아테네인들에게 제시한 것은 적극적인 개입 정책으로 곧 닥칠 엄청난 분쟁의 위험을 대비하든지 소극적인 정책으로 미래에 일어날 전쟁에서 높

페리클레스

은 불이익을 감수하든지 둘 중 하나를 선택하라는 것이었다. 페리클레스는 이 두 가지 가능성을 모두 피하고자 중간 방식middle way을 고안해 낸 것이었다. 중간 방식이기는 해도 소극적이라기보다는 적극적으로 볼 수 있는 외교적 접근이었다. 이는 도발은 자제하면서 억지를 통해 당시 위기 상황에 대응하고자 했던 페리클레스만이 보여 줄 수 있는 정치적 수완이었다. 이것이 성공하기 위해서는 아테네인들이 지성과 이성에 기초해 행동할 필요가 있었다. 그리고 아테네의 정책이 다른 국가들도 열정이 아니라 이성에 근거해 행동하도록 설득할 수 있어야 했다.

외교적 접근임을 확인시킬 확실한 증거로 아테네인들은 코르키라에 함대를 파견했다. 함대 숫자, 사령관, 훈령을 보면 페리클레스의 정책을 분명히 알 수 있다. 함선은 겨우 10척이었다. 군사적 의미보다는 다분히 상징적인 차원의 규모였다. 만일 페리클레스가 코린토스인들과 싸울 의도였다면, 펠로폰네소스인들과의 전쟁에 대비해서든 아니든, 대략 200척의 전함을 보냈을 것이다. 전쟁이 벌어졌다면 이런 규모의 전력은 코르키라의 함대와 연합해 적의 해군을 단숨에 격파하고 완전히 전멸시킬 수 있었을 것이다. 이런 소규모 전력으로는, 그 출현 자체로 코린토스인들을 압도하지 못할 경우, 사실상 전투에서 별다른 영향을 미칠 수 없었을 것이다. 당시 함대를 이끈 세 명의 사령관들 중에 키몬의 아들 라케다이모니우스가 있었다. 그가 기병대를 지휘한 적은 있지만, 해군을 지휘한 적이 있었는지는 알 수 없다. 그러나 그를 선택한 것은 우연이라고 할 수 없다. 그의 가족은 스파르타인들과 가까웠다. 그에게 이 임무를 맡겼다는 것은 스파르타의 의심을 불식시킬 의도가 있었던 게 분명하다.

함대 사령관들은 코린토스인들이 코르키라를 공격하지 않을 경우 그들과 교전하지 말라는 명령을 받았다. 그들이 공격하는 경우에만 아테네인들은 개입할 수 있었고, 그것도 코르키라의 영토에 상륙하는 것을 차단하기 위한 목적이었다. "이러한 명령들은 조약[30년 강화 조약]을 파기하지 않기 위해 취한 조치였다."(1.45.3)라고 투키디데스는 말한다. 야전 사령관이라면 알겠지만, 이와 같은 훈령은 그 자체로 악몽이다. 해상 전투가 한창인 가운데 어떻게 교전 중인 상대의 의중을 파악할 수 있단 말인가? 코린토스인들은 상륙할 의도가 없음에도 전술 차원에서 코르키라에 접근할수 있었다. 하지만 이것은 마지막 순간까지 확신할 수 있는 것이 아니었다. 그렇다고 머뭇하다가는, 만일 상륙이 코린토스인들이 의도한 것이라면, 너무 늦어 그들을 막지 못할 수 있었다. 그렇게 되면 사령관들은 자신들이 맡은 임무를 수행하지 못했다고 비난받을 수 있었다. 다른 한편, 코린토스의 배가 육지로 향하는 것으로 판단하고 무작정 공격하면, 그들은 불필요한 행동을 했다고 비난을 받을 수 있었다. 이런 경우 그처럼 중요한 결정을 내린 사람이 스파르타인들과 가까운 라케다이모니우스라면 특별히 도움이 될 수 있었다.

페리클레스의 결정은 현대의 용어로 '최소 억제minimal deterrence'라고 불리는 것이었다. 코린토스가 코르키라를 공격해 그들이 보유한 함대를 빼앗으려고 하지 않는한 전쟁을 할 필요가 없다는 것을 아테네인들은 행동으로 보여 줬다. 아테네가 병력을 보냈다는 것은 그들이 해군력의 균형이 깨지는 것을 어떤 식으로든 막고자 했다는 증거였다. 그러나 그 규모가 크지 않았다는 것은 아테네인들이 이번 기회에 코린토스의 권력을 잠식하거나 파괴할 의도가 없다는 뜻이기도 했다. 만일 이 계획이 잘 작동했다면, 코린토스인들은 싸우지 않고 집으로 귀항했을 것이고 위기는 지나갔을 것이다. 그리고 한참 전에 코르키라를 공격하려던 코린토스인들을 제지하고자 했던 스파르타인들도 안심시켰을 것이다.

비록 코린토스인들이 싸우는 것을 선택했더라도, 페리클레스는 아테네 함대가 전투에 관여하는 일은 없기를 바랐던 것 같다. 코르키라인들이, 레우킴네에서 그들이 그러했던 것처럼, 아테네가 개입하지 않고도 승리할 수 있었다. 일부 아테네인들의 입장에서는 양쪽의 함대가 서로에게 큰 치명상을 입혀 해군력이 와해돼 전투가 교착 상태에 빠지는 것이 더 최상이었다. 투키디데스는 아테네인들이 코르키라와 방어 동맹을 맺었을 때 내심 그런 기대를 했었다고 이야기한다. 그들은 "코린토스와 상대의 해군력이 자신들과 불가피하게 전쟁을 벌일 경우를 대비해 약해질 대로 약해지도록 양측이 가능한 한 서로의 힘을 소진하기를"(1.44.2) 희망했다. 아테네인들은 오직 최악의 상황에 그리고 최후의 순간에 전쟁에 개입할 필요가 있었다.

이 역시 여러 선택 가능한 방식들 가운데 온건한 것으로 그런대로 양극단의 지지를 받았다. 코르키라와의 동맹을 반대했던 아테네인들은 당연히 군사 원정을 반대했다. 그리고 의심의 여지 없이 페리클레스가 라케다이모니우스를 보낸 동기를 비난했을 것이다. 그들은 라케다이모니우스가 "자신의 의지에 반하는" 명령을 따랐고, 페리클레스가 그를 선택한 것은 "그가 위대한 또는 뛰어난 공적을 달성하지 못해야 그의 친스파르타주의Laconism가 비난받을 수 있었기 때문"(플루타르코스, 《페리클레스》, 29.2-3)이라고 주장했다. 다른 한편, 많은 이가 함대의 규모가 너무 작다고 생각했다. 그리고 페리클레스가 "정작 지원이 필요한 이들에게 충분히 지원하지 않아서 아테네를 비난하는 자들에게 핑곗거리만 제공했다."(플루타르코스, 《페리클레스》, 29.3)라고 불평했다. 이러한 비판들에도 불구하고 페리클레스는 자신의 합리적이고 온건한 정책을 그대로 유지했다. 그는 코린토스인들도 같은 원칙에서 행동하기를 바랐지만 열정이 앞설 경우 그에 맞춰 대응할 준비도 같이 했다.

아테네의 소규모 전대squadron가 코르키라에 도착했지만 코린토스인들을 저지하지 못했다. 병력 규모가 컸어야 가능했던 일이었다. 코린토스인들은 모을 수 있는 가장 큰 규모의 함대, 즉 자신들이 보유한 90척과 식민지와 동맹들에서 보낸 60척을 더해 총 150척의 전함을 이끌고 그들이 증오하는 식민지를 향해 출정했다. 주목할 것은 레우킴네 전투 당시에는 여덟 개의 동맹 도시가 참전했던 것에 반해 이번에는 오직 두 동맹 도시만, 즉 엘리스와 메가라만 참전했다. 나머지 여섯 개 도시는 아테네가 개입한다는 소식을 듣고 참전하지 않았다. 물론 스파르타인들도 그들의 동맹들에게 전투에 개입하지 말도록 압력을 가했던 것 같다. 이런 강력한 함대에 맞서 코르키라인들은 110척의 전함을 띄웠다. 여기에 아테네가 보낸 10척의 함선이 함께했다. 이어진 전투, 즉 전투가 일어난 근처 제도의 이름을 따 시보타Sybota 해전으로 불리는 전투에서 아테네인들은 전열의 우익right wing에서 코린토스인들과 정면으로 마주하고 있었다. 교전 방식은 아테네인들이 오래전에 포기했던 고전적인 방식으로 볼품이 없었다. 양측의 함선들은 갑판에 보병과 궁사를 가득 태운 채 서로 갈고랑쇠를 걸어 두고 마치 정박해 놓은 배 위에서 지상전을 치르는 것과 같았다.

그리스의 전열함the Greek ship of the line*, 즉 3단 노의 전함trireme은 어뢰 모양의 배로 배 전체의 길이가 120피트[36미터]에 폭은 16피트[4.8미터]밖에 되지 않았다. 비록 돛대와 돛이 있어 바람이 좋을 때는 이를 동력으로 움직였지만, 전투가 시작하면 떼어 놓았다. 전투 중에 3단 노의 전함은 170명의 노잡이들이 배 밖에서 배 안까지 서로 겹겹이 엇갈리게 서서 노를 저어 움직였다. 이런 배들은 항해에는 적합하지 않았고 때로는 거친 물살에 침몰하기도 했다. 그러나 잔잔한 바다에서는 잘 조련된 선원들, 노련한 조타수들 그리고 유능한 사령관들이라면 놀라운 일들을 해낼 수 있었다. 그들은 재빨리 출발해 단숨에 속도를 높인 뒤 이를 유지하면서 급격히 방향을 선회할 수 있었다. 이런 민첩성으로 단단한 나무에 금속으로 감싼 뱃머리를 이용해 적함의 측면이나 후미를 충격할 수 있었다. 선체에 균열이 생기면 3단 노의 전함은 바로 물이 새기 시작해 서서히 가라앉았다.

아테네인들이 바다를 지배한 50년 동안 그들은 다른 국가들이 갖지 못한 해상 전투 기술을 습득했다. 아테네는 부유했기 때문에 매년 몇 달 동안 선박들과 선원들을 바다에 내보내 필요한 훈련을 시키고 기동 작전을 연습할 수 있는 시간을 주었다. 망망대해에서 싸우면, 비록 수적으로 불리하더라도, 아테네인들이 승리할 공

---

* 해전에서 대포가 등장하기 이전의 전투함으로 보통 갤리선이 주력함이었고 무기는 활이나 석궁을 주로 활용했으나 기본적으로 양 함대가 결판내는 것은 서로 배를 결박해 놓고 백병전을 벌이거나 아니면 충각 전술로 상대방의 배에 충돌하여 격침시키는 형태가 일반적이었다.

산이 컸다.

그러나 시보타 해전에서 아테네인들은 양측의 전쟁에 개입하지 말라는 명령을 받았기 때문에 조건이 불리했다. 코린토스인들이 코르키라의 우위를 점하는 데는 오랜 시간이 걸리지 않았다. 아테네인들이 점차 전투에 말려들었다.

> 아테네인들이 코르키라인들이 전세에서 밀리는 것을 보고 무턱대고 그들을 돕기 시작했다. 처음에는 적의 전함을 공격하는 척하고 실제 공격은 하지 않았다. 코르키라인들이 패주하기 시작하고 코린토스인들이 맹추격하면서 마침내 모두가 쫓고 쫓기는 신세가 되자 더 이상 누가 누군지 분간이 되지 않았다. 이런 상황이 코린토스인들과 아테네인들이 서로 싸울 수밖에 없는 지경으로 발전했다.(1.49.7)

그럼에도 불구하고 코린토스인들은 코르키라인들을 섬으로 몰아세웠다. 아테네가 파견한 분견대의 지원을 받은 코르키라인들은 침략에 대비해 병력을 재정비하고 도시를 방어할 채비를 했다. 이어진 장면은 오래된 할리우드 영화에서조차 있을 것 같지 않지만, 역사가들 중에 가장 믿을 만하고 엄정한 사람이 이야기한 것이니 믿을 수 있을 것이다. 조금 전에 공격 신호를 울렸던 코린토스인들이 갑자기 퇴각하기 시작했다. 왜 그들은 승리를 코앞에 두고 뒤로 물러났을까? 그 이유는 20척의 아테네 전함이 수평선에 모습을 드러냈기 때문이었다. 이 전함들은 처음 10척을 보내고 나서 23일 뒤에 더 많은 병력이 필요할 수 있을 것이라고 판단하고 보낸 것이었다. 페리클레스가 자신이 신중하게 수립한 정책을 신뢰하지 않았던 매파 세력에게 굴복했던 것이다. 일단 전쟁에 개입하기로 결정이 나고 열정이 격해지자 철저히 합리적이고 주도면밀하게 수립한 정책을 유지하기란 어려웠다.

코린토스인들은 아테네가 보낸 증원 부대의 규모가 얼마나 클지 알 수 없었다. 그들이 목격한 20척의 배는 1차 증원 부대로 더 많은 함대가 도착할지 모를 일이었다. 그래서 그들은 두 전대 사이에 포위되는 것을 피하고자 철수를 결정했다. 추가 교전 없이 밤이 왔다. 다음 날 양상은 전날과 완전히 달랐다. 코르키라인들은 아테네가 보낸 멀쩡한 30척의 함대를 대동하고 싸우러 나왔지만, 코린토스인들은 전혀 증원 병력이 없었다. 힘의 균형이 그들에게 불리하게 바뀌었을 뿐만 아니라 아테네인들이 전날 있었던 전초전을 코린토스와의 전쟁 개시로 받아들여 자신들의 함대를 공격할 구실로 삼지 않을까 두려워했다.

사실, 양측은 자칫 돌이킬 수 없는 상황이 발생하는 것을 피하기 위해 조심스럽게 움직였다. 어느 쪽도 먼저 평화를 깼다는 비난을 듣고 싶어 하지 않았다. 코린토스인들이 사자의 지팡이herald's wand—그리스 세계에서 휴전 깃발flag of truce에 상응하는 물건—없이 사절들을 보내 아테네인들과 대화를 시도했다. 지팡이를 가져가면 양측이 현재 전쟁 중임을 공식적으로 인정하는 것일 수도 있기 때문이었다. 코린토스인들은 자신들이 적을 응징하는 것을 아테네인들이 방해하는 것은 조약[30년 강화 조약] 위반이라며 비난했다. 그들은 "만일 여러분이 우리가 코르키라로 항해하거나 다른 원하는 곳으로 항해하는 것을 막고자 한다면, 그리고 이런 방식으로 조약을 깨고자 한다면, 먼저 우리를 포박해 적병처럼 다루라"고 말했다. 코르키라인들은 이런 주장에 발끈하면서 아테네인들에게 사절들을 죽이라고 몰아붙였다. 반면 아테네인들은 앞서 받은 엄격한 명령과 제한된 목적에 맞춰 다음과 같이 신중하게 대응했다.

> 펠로폰네소스인들이여, 우리는 전쟁을 하려는 것도 아니고, 또 조약을 깨려는 것도 아니며, 그저 우리의 동맹인 코르키라인들을 돕기 위해 온 것입니다. 여러분들이 어디든 항해해서 가고자 한다면 우리는 막지 않을 것입니다. 다만 코르키라나 그 영토의 일부를 향해 항해하고자 한다면 우리는 있는 힘을 다해 막을 것입니다.(1.53.4)

양쪽은 각자 나름대로 조약을 파기했다는 책임을 면하기 위해 아주 신중했다. 코린토스인들은 아테네와의 전쟁에서 승리하려면 스파르타와 펠로폰네소스 동맹을 끌어들일 수밖에 없다는 것을 알았다. 그러나 스파르타인들은 이미 코르키라를 침공하려는 코린토스의 정책에 반대 의사를 표시했다. 더구나 코린토스인들이 그들의 맹세를 먼저 깬 것으로 보이면 스파르타가 관여할 여지는 더욱 희박해질 수 있었다. 아테네인들 또한 스파르타인들에게 싸움에 개입할 명분을 주지 않기 위해 신경을 썼다. 최선은 함께 전쟁을 피하는 것이었다. 그리고 아테네인들은 시보타에서 그들이 보였던 책임과 진정성으로 코린토스가 계속 전쟁을 하지 못하게 막을 수 있기를 바랄 뿐이었다.

아테네인들은 전쟁을 하지 않고도 코르키라와 그것의 함대를 성공적으로 지켜냈다. 그러나 이 성공은 페리클레스의 정책 덕분이라고 할 수 없다. 단지 상징적 조치로 전함 10척을 보낸 것은 단단히 화나 있고 자신감도 충만했던 코린토스인들을 막지 못했다. 그뿐만 아니라 코르키라를 방어하기에도 충분하지 못했다. 그날 코르키라를 구할 수 있었던 것은 외교 정책이라기보다는 군사적 우위를 신뢰했던 호전적인 아테네인들이 페리클레스에게 몰아붙인 정책이었다. 승리를 위해서라면 위험을 감수해야 하는 세계에서 그의 정적들이 그보다 사태 파악을 더 잘했던 것이다. 국제적 위기가 심화될수록 열정이 이성을 크게 압도할 수 있다.

위기관리자

11

위기가 고조되어 가던 시기에 페리클레스가 정치가로서 발휘한 수완이라고 한다면 그의 입장에서 아테네의 국내 정치에 잘 작동하던 정치적 기법들techniques을 국제 무대로 확대해 적용하려 했다는 것이다. 이 두 영역에서 그가 목표로 했던 것은 가능하면 합리적인 대화로, 필요하다면 상징적 행위로 설득하는 것이었다. 그러나 설득과 외교적 행위로는 코르키라에서의 문제를 해결하지 못했다. 출혈이 있었고, 갈등이 확산하면서 30년 강화 조약을 위협했다.

페리클레스는 뜻하지 않은, 그리고 통제할 수 없는 일련의 위기들에 직면해 신속히 대응해야 했다. 이에 따라서 그리스 국가들 사이의 관계를 지배한다고 그 나름대로 생각했던 원칙들을 급진전되는 행동들과 그것들이 제기하는 위험들에 맞게 조정해 나가야 했다. 그의 정책이 의지했던 합리적 계산, 그리고 다른 이들이 합리적으로 행동할 것이라는 가정은 이 갈등에 관여하는 모든 당사자가 점차 감정적으로 행동하면서 뒤죽박죽이 되어 갔다. 이런 상황에서 페리클레스의 정치적 수완은 위기관리 쪽으로 기울었다.

코린토스인들이 분노를 누그러뜨리지 않을까 했던 그의 기대는 바로 산산이 조각났다. 시보타 해전에서 귀환하던 도중에 코린토스인들이 코르키라와 분쟁을 격은 식민지 아낙토리움Anactorium*을 장악했다. 이것은 그들이 아테네를 도발하더라도 대결을 계속하겠다는 의지를 내비친 것이었다. 따라서 페리클레스는 코린토스와의 전쟁을 준비해야 했다. 그러나 그는 이 전쟁을 제한적으로 수행함으로써 펠로폰네소스 동맹을 끌어들이지 않기를 바라고 고대했다. 먼저 그는 자신의 건축 계획을 중단시켜 전쟁에 필요한 자금을 비축했고, 서쪽에 있던 아테네의 동맹국들을 단단히 결속시켰다.

그러나 그가 취한 조치들 중에 가장 놀랍고, 그리고 어떤 면에서는 아주 이해가 안 되는 것은 메가라 포고령이었다. 시보타 해전 이후 얼마 지나지 않아 내려진 이 포고령(기원전 433년 9월에서 기원전 432년 여름 사이)은 메가라인들이 아테네 제국의 항구들과 아테네의 시장을 이용하는 것을 금지했다. 일종의 경제 제재economic embargoes였다. 이런 경제 제재를 외교의 무기로 사용하는 것은 현대 세계에서 흔한 일로 비군사적 강제의 수단으로 쓰여 왔다. 그러나 성공한 적은 거의 없고 단지 무력 충돌의 전조로서 작용하는 경우가 대부분이다. 고대 세계에서 평화 시기에 사전에 이런 제재가 부과된 사례는 들어 보지 못했다.41)

이 역시 페리클레스가 새롭게 고안해 낸 것이 분명하다. 이 문제 하나로 평화냐 전쟁이냐가 달려 있었는데도 불구하고 이것을 끝까지 고집했기 때문이다. 당대인들은 이 포고령을 전쟁이 일어난 원인으로 간주하면서 페리클레스를 비난했다. 기원전 425년, 즉 펠로폰네소스 전쟁이 일어나고 6년이 지나서 상연된 아리스토파네스의 〈아카르나이의 사람들〉에 나오는 익살스러운 영웅은 이 전쟁이 술에 취한 아테네인들 몇 명이 메가라인 매춘부 한 명을 납치하자 이에 보복이라도 하듯 메가라인들이 아스파시아가 지키는 매춘굴에서 매춘부 두 명을 납치하면서 발생한 일로

---

* 기원전 7세기에 코린토스가 세운 식민지로 고대 아카르나니아에 있던 도시였다. 아카르나니아는 이오니아해와 접하고 있는 암브라키아만(지금의 암브라키코스만)에 있는 곳이다.

페리클레스

설명한다. 페리클레스가 격노한 나머지,

> 술 마시며 부르는 주정가처럼 들리는, 즉 "메가라인들은 우리의 영토, 우리의 시장, 우
> 리의 바다 그리고 우리의 대륙을 떠나야 한다."는 법령을 제정했다. 이로 인해 메가라
> 인들이 서서히 굶어 죽어 가자 스파르타인들에게 세 매춘부에 대한 법이 철회될 수 있
> 도록 간청했다. 우리는, 비록 그들이 우리에게 여러 번 요청했지만, 거절했다. 그리고
> 이로 인해 무력 충돌이 일어났다.(《아카르나이의 사람들》, 532-39)

물론 이것을 곧이곧대로 받아들일 수는 없다. 이 시인은 웃음을 주는 것이 주된
목적이었기 때문이다. 이 이야기는 전설적인 트로이 전쟁의 원인이었던 헬레네에
대한 강간*, 그리고 아마도 헤로도토스가 페르시아 전쟁들의 궁극적인 원인으로 이
야기한 상호 강간 범죄를 모방parody한 것이다. 포고령의 내용과 그것의 쓰라린 결
과를 익살스럽게 과장하고, 아스파시아를 포주로 비유하고, 그리고 페리클레스가

---

* 트로이 전쟁은 스파르타의 왕비 헬레네를 트로이의 왕자 파리스가 납치하면서 시작된 전쟁으로 호메로
스의 《일리아드》와 《오디세이아》에 나오는 그리스 신화 중 하나이다. 올림포스에서 인간의 아들 펠레우
스와 티탄족의 딸 테티스의 결혼식이 있었다. 올림포스의 12신을 포함해 거의 모두가 초대됐지만 결혼
식에 적합하지 않다고 여긴 불화의 여신 에리스만 초대받지 못했다. 이에 화가 난 에리스가 '가장 아름다
운 여신에게'라고 적힌 황금 사과(이것은 제우스가 인간이 너무 많다고 생각해 인간들 사이에 불화를 일으킬 목
적으로 만든 사과였고, 에리스를 시켜 결혼식에 참석한 아내 헤라 앞에 떨어뜨리라고 한 것이었다)를 던져 놓고 떠
난다. 이를 차지하기 위해 헤라, 아테나, 아프로디테 세 여신이 격렬히 대립했고, 제우스는 이 사과를 누
구의 것으로 해야 할지 트로이의 왕자 파리스에게 판단을 맡겼다. 이를 파리스의 심판이라고 부른다. 세
여신이 모두 가장 아름다운 옷을 입고 파리스 앞에 섰다. 헤라는 세계를 지배할 힘을, 아테나는 어떠한
전쟁도 승리할 수 있는 힘을, 아프로디테는 가장 아름다운 여자를 각각 주겠노라고 약속했다. 파리스는
젊었기 때문에 부와 권력을 제쳐 두고 사랑을 선택했고, 아프로디테의 권유에 의해 스파르타 왕 메넬라
오스의 왕비 헬레네를 빼앗아 갔다. 메넬라오스가 형인 미케네의 왕 아가멤논에게 이 사건을 말했고, 오
디세우스와 함께 트로이로 가서 헬레네를 돌려줄 것을 요구했다. 그러나 파리스는 이를 단호히 거부했
다. 이에 아가멤논, 메넬라오스, 오디세우스는 헬레네 반환과 트로이 징벌을 위해 원정군을 조직했다. 이
전쟁으로 신들도 편이 갈라져 헤라, 아테나, 포세이돈이 그리스를 편들었고, 아폴론, 아르테미스, 아레스,
아프로디테가 트로이를 편들게 되었다.

이 포고령을 지지한 것을 무력 충돌의 원인으로 그린 것은 악의적인 농담이다. 여하튼 핵심은 페리클레스가 메가라 포고령을 고집했기 때문에 이 전쟁에 책임이 있다고 혐의를 씌운다는 것이다. 아무튼 이런 견해는 전쟁이 일어나기 전 위기 시기부터 전쟁이 일어난 이후에도 전쟁의 원인을 두고 아테네인들의 여론이 크게 갈려 있었다는 것을 극명히 보여 준다.

그렇다면 왜 페리클레스는 메가라 포고령을 지지하고 고집했을까? 학자들은 경제적 제국주의의 행동, 전쟁을 일으킬 의도에서 일부러 고안한 장치, 펠로폰네소스 동맹을 무시하는 행동, 스파르타인들을 자극해 평화를 파괴하도록 부추겨 평화 서약을 위반한 것에 대해 비난하려는 기도, 심지어는 사실상의 전쟁 선포 등 다양한 관점에서 해석했다. 공식적인 해석은 메가라인들이 아테네인들이 본인들 것이라고 주장하는 신성한 영토에 들어와 농작물을 경작하고, 그들이 국경 지대를 불법으로 점령했으며, 그리고 탈주한 노예들을 숨겨 주는 등 도발을 일삼아 포고령을 내렸다는 것이다. 현대의 해석들은 면밀히 조사를 한 것이 아니고, 고대의 불만들은 단지 핑곗거리에 지나지 않는다. 더구나 메가라 포고령은 전쟁[아테네와 코린토스 간의 전쟁]이 코린토스의 동맹들에게 확산되는 것을 막고자 외교적 압박을 강화하려는 온건한 조치로 이해해야 한다. 페리클레스는 코린토스의 전략이 다른 펠로폰네소스인들, 특히 스파르타가 전투에 가담하게 할 수 있어야만 성공할 수 있다는 것을 알았다. 만일 메가라의 도전을 응징하지 않고 그냥 내버려 두면, 다른 국가들이 다음 전쟁에서 코린토스인들에 합세할 수도 있었다. 만일 그들의 동맹국들 중 상당한 수가 이런 입장을 취한다면, 스파르타도 가만히 있지 않을 수 있었다.

메가라인들은 아테네인들과 오랜 앙숙 관계였다. 특히 아테네인들은 그들이 제1차 펠로폰네소스 전쟁 말미에 흉악한 배반 행위를 저지른 이후부터 아주 증오했다. 그러므로 페리클레스가 아테네인들에게 그들을 응징하는 조치를 취하도록 설득하는 일은 상대적으로 쉬웠다. 일부 아테네인들은 이에 만족하지 않고 메가라를 공격하고 싶어 했던 것 같다. 반대로 일부 아테네인들은 아무런 조치를 취하지 않기를 바랐다. 페리클레스는 다시 한번 중간 입장을 취했다. 경제 제재는 메가라인들을 굴복시키지 못했고, 경제적 치명상도 입히지 못했다. 아리스토파네스가 풍자했던 메가라인들이 굶어 죽게 된 것은 경제 제재 때문이 아니라 아테네인들이 정기적으로 침범해 농작물을 파괴했기 때문이었다. 이 포고령은 대다수 메가라인들에게 불만을 야기했을 뿐이고, 실질적으로 피해를 준 것은 아테나나 아테네 제국과 교역을 통해 부를 쌓은 사람들이었다. 이 가운데 일부는 아마 메가라를 통치한 과두 위원회 oligarchic council 의원들이었을 것이다. 그럼에도 불구하고 이런 응징을 당한 메가라인들은 앞으로 있을 분쟁에 개입하려고 하지 않았을 것이다. 또한 다른 펠로폰네소스 국가들, 특히 연안의 상업 도시들에게 본보기가 돼 아테네와 코린토스 분쟁에 관여하지 않도록 했을 것이다.

　일부 아테네인들이 이 포고령의 잠재적 위험을 지적했을 수 있다. 메가라인들이 힘이 있는 동맹들에게 불평을 늘어놓을 것이고, 그러면 그들은 이들을 도우러 가야 할 필요성을 느꼈을 수 있다. 그러나 페리클레스는 그들이 그러지 않을 것이라고 믿었는데 그럴 만한 이유가 있었다. 이 포고령은 기술적으로 30년 강화 조약을 위반한 것이 아니었다. 이 조약은 무역이나 경제 관계를 규제하는 조항을 포함하고 있지 않았다. 스파르타인들은 그들이 맺은 서약을 위반하는 데 항상 주저했다. 게다가 페리클레스는 스파르타의 유일한 왕인 아르키다모스와 가까운 친구였다. 그는 아르키다모스가 평화를 선호한다는 것을 알았다. 그래서 이 고귀한 친구가 자신의 평화 의지와 메가라 포고령의 제한적인 목적들을 이해하리라고 믿었을 것이다. 아르키다모스에 대한 그의 예상은 맞았다. 하지만 이후 결과는 여기에서도 그가 감정이 격해지는 상황에 직면해 이성의 힘에 크게 의존했다는 것을 보여 준다.

　또한 기원전 433년 겨울, 아테네인들은 코린토스와의 분쟁을 재촉하는 또 다른 조치를 취했는데 이번에는 포티다이아가 그 대상이었다. 포티다이아는 에게해 북쪽 트라키아와 마케도니아의 접경 지역인 칼키디키Khalkidhiki반도에 있던 도시였다. 포티다이아인들은 아테네에 공물을 납부하는 동맹자들이면서 동시에 코린토스의 충성스러운 식민지 이주자들이었다. 그들은 매년 모도시에서 행정관들을 맞이했다. 아테네인들은 코린토스인들이 복수를 계획하고 있다는 것을 알았다. 그래서 그들이 아테네에 냉담한 마케도니아 왕과 손잡고 포티다이아에서 반란을 일으킬 경우 전선이 다른 국가들로 확산될 수 있다고 두려워했다.* 따라서 아테네인들은 포티다이아인들에게 바다에서 침공해 오는 적을 막기 위해 쌓은 성벽을 허물고, 인질을 제공하고, 코린토스의 행정관들을 돌려보내라고 명령했다. 이런 조치는 포티다이아를 코린토스와 떼어 놓고 이 도시를 온전히 아테네 수중에 두려는 것이었다.

메가라 포고령처럼 이런 통첩은 궁극적으로 코린토스와의 전쟁 가능성이 커져 가는 것에 대응하기 위한 조치였다. 성공한다면, 포티다이아와 트라키아에 있던 아테네 제국의 관할 구역에서 반란이 일어나는 것을 막을 수 있었을 것이다. 메가라 포고령처럼 이 통첩은 코린토스가 분쟁 지역을 확장하고 동맹들을 확보하는 것을 차단하기 위한 시도였다. 어느 조치든, 만일 제대로 이해하기만 한다면, 스파르타를 놀라게 하는 일은 없었을 것이다. 다시 한번, 이 전술은 두 개의 극단 사이에서 온건한 선택이었다는 것을 보여 줬다. 아무 조치도 취하지 않았다면 반란이 성공하도록 부추겼을 수 있다. 군대를 보내 도시를 물리적으로 통제하는 것은 도발일 수 있었

* 마케도니아와 포티다이아는 동맹 관계였다. 마케도니아는 그리스 반도의 최북방에 있던 고대 왕국으로 서쪽으로는 에페이로스, 북쪽으로는 파이오니아, 동쪽으로는 트라케(트라키아), 남쪽으로는 테살리아 지방과 접해 있었다. 아테네가 포티다이아를 포위 공격하기 전 마케도니아는 형제간의 왕권 싸움으로 내정이 불안했다. 기원전 454년 알렉산드로스 1세가 사망한 뒤 알케타스 2세가 왕이 되었으나 조카 아르켈라오스에게 살해됐다. 이후 알케타스 2세의 동생 페르디카스 2세가 왕위에 올랐으나 또 다른 동생인 필리포스가 왕권에 도전했다. 필리포스는 포티다이아를 비롯해 아테네가 점령한 발칸반도 북부의 해안 도시들을 선동해 아테네에 반란을 일으키도록 했다. 마침 아테네와 대립하던 코린토스까지 포티다이아를 지원하기 위해 군대를 보내자 아테네가 서둘러 페르디카스 2세와 동맹을 맺었다. 이에 따라 페르디카스는 포티다이아와의 동맹 관계를 깨고 아테네를 지원했다.

페리클레스

다. 그러나 이런 명령들을 발포하는 것은 반란을 막기 위해 제국이 취할 수 있는 당연한 규제 조치였다.

포티다이아인들은 아테네의 명령에 분명히 충격을 받고 화가 났을 것이다. 그들이 불만을 품었는지는 알 수 없지만, 납부해야 하는 공물이 근래에 급격히 증가한 것에 이미 반발했었을 수 있다. 겉으로 보기에 포티다이아인들은 적절하게 행동한 것 같다. 그들은 아테네에 사절단을 보내 명령에 반대 의견을 전달했다. 협상은 겨울 내내 이어졌다. 아테네인들은 협상에 의구심을 품게 됐고, 자신들의 의지를 행사할 준비를 했다. 한편 포티다이아인들은 스파르타에도 사절단을 보냈다. 이때 코린토스인들이 동행해서 아테네인들이 포티다이아를 공격하면 아티카를 침범하겠다는 약속을 얻어 냈다.

스파르타가 이런 태도를 보였다는 것은 놀라운 반전이었다. 이는 최근에 일어난 사건들이 스파르타의 정책에 얼마나 막대한 영향을 미쳤는가를 보여 준다. 시보타 전투, 메가라 포고령, 포티다이아에 내린 통첩같이 아테네가 연달아 신속하게 취한 정책들은 스파르타의 최고 행정관들ephors*을 전쟁 직전까지 내몰 정도로 놀라운 것이었다. 그렇다고 이것이 전쟁을 할 때가 왔을 때 그들이 주민들을 설득할 수 있었다는 것을 의미하지는 않는다. 사실 이듬해 여름에 전쟁이냐 평화냐를 두고 큰 논쟁이 벌어졌다는 것은 앞서 이미 전쟁 결정이 났던 것이 아니었음을 보여 준다. 스파르타인들은 전쟁을 찬성하고 나서도 아티카를 침범하겠다는 약속을 즉각 이행하지 않았다. 물론 이때 이미 아테네인들은 포티다이아를 포위 공격하고 있었다.

기원전 432년 봄에 실익이 없는 협상으로 약이 오른 아테네인들이 전함과 보병을 보내 마케도니아 왕과 결판을 시도했다. 가는 도중에 이 군대의 사령관은 "포티

---

* 그리스어로 에포로이(ephoroi)라고 부르며 에포로스(ephoros)는 복수형이다. 법적으로 스파르타 시민이라면 선출 자격이 있었으나 사실상 귀족들의 전유물이었다. 다섯 명으로 구성됐고, 왕과 권력을 나눠 가졌으며, 민회에서 선출했다.

다이아에서 인질들을 잡고, 그들의 성벽을 파괴하고, 그들이 반란을 일으키지 못하도록 이웃 마을들을 계속 감시"(1.57.6)하라는 명령을 받았다. 그러나 병력은 너무 적었고 너무 늦게 도착했다. 이미 스파르타의 지원 약속에 고무된 포티다이아인들이 반란을 일으켰고 이웃 도시들에서도 성공적으로 폭동을 선동했다. 아테네 사령관은 자신의 병력으로는 성벽으로 둘러싸인 도시를 공격할 수 없다고 판단하고 마케도니아에 집중했다. 이전처럼 온건한 정책이 적절하지 않다는 것이 입증됐다. 메가라 포고령 때도 마찬가지였지만 페리클레스는 이 통첩이 문제를 초래할 것이라고 예상하지 않았다. 그래서 군대를 보내기는 했지만 통첩이 의도한 것을 강제할 수 있을 정도의 규모는 아니었다. 그는 포티다이아인들이 이성적으로 행동할 것으로 예상했다. 상식적으로 봤을 때 그들의 대의라는 것이 가망이 있어 보이지 않았기 때문이었다. 그리고 그는 분노에 찬 절망적인 인간들의 무모한 용기를 믿지 않았다.

포티다이아인의 반란은 코린토스인들에게 엄청난 기회였다. 그렇다고 공식적으로 원정 군대를 보내지는 못했다. 그랬다면 사실상 그들이 평화를 깨는 것이었다. 대신 그들은 코린토스의 장군이 지휘하는 '의용군volunteers'을 조직했다. 이 장군은 코린토스인들과 펠로폰네소스인들로 구성된 용병 부대를 이끌면서 포티다이아를 도왔다. 얄팍한 기만전술이기는 했지만 코린토스인들이 조약을 파기했다는 혐의를 피하기 위해 얼마나 조심스러워했는가를 보여 준다. 스파르타의 정치 상황은 거의 안정돼 있었다. 그래서 전쟁 옹호론자들은 주저하는 동료 시민들을 설득하기 위해 모든 것을 동원할 필요가 있었다. 이런 심각한 도전에 직면한 페리클레스는 마케도니아인들과 조약을 맺어 자신의 병력을 포티다이아를 포위 공격하는 쪽으로 돌리고자 했다. 또한 그는 증원 부대도 파병했는데, 기원전 432년 여름경 대규모 병력과 함대가 포티다이아를 둘러쌌다. 이 포위 공격은 2년 넘게 지속되면서 엄청난 비용이 소요됐다.

페리클레스가 극단적인 선택을 피하고자 했던 것이 성과가 있어서 사태를 거의 악화시키지는 않았다. 만일 그가 아무런 행동을 취하지 않았었다면, 포티다이아가 반란을 일으키는 일도 없었을 수 있다. 그가 즉각 대규모 병력을 보냈었다면, 아테네인들이 이 도시를 신속하게 접수할 수도 있었다. 그러나 그는 도발적인 행동은 가급적 자제했다. 애초에 포티다이아에 보내는 통첩은 스파르타인들을 놀라게 할 것이 전혀 없었다. 그저 아테네 제국 내에서 제국의 지배 규율을 행사하는 것에 지나지 않았다. 그러나 그것이 지루한 군사 및 해군 작전으로 전개되면서 단지 자신의 자율성을 유지하길 원하는 작은 국가에 대해 정당하지 못한 공격을 가하는 것으로 비췄을 수 있다. 메가라 포고령과 함께 이 통첩은 아테네와 코르키라의 동맹을 다른 시각에서 바라보게 한 것 같다. 즉, 아테네가 자신과는 전혀 상관이 없는 싸움에 부당하게 개입한 것으로 보였을 수 있다. 눈치 빠른 적이라면 이런 일련의 사건들을 종합해 아테네인들의 모습을 거만하고, 공격적이고, 모든 그리스인의 자유를 침해하는 사람들로 그렸을 수 있다. 아마도 포티다이아 사건으로 아테네가 가장 크게 잃은 것은 군사적인 것도 재정적인 것도 아닌 심리적인 것이었을 것이다. 이 사건은 스파르타의 호전적인 세력들이 국내 정치의 주도권을 잡도록 만들었을 수 있다.

포티다이아를 포위 공격한 것이 코린토스인들을 분노케 하면서 이 전쟁에 스파르타와 펠로폰네소스 동맹을 끌어들이려는 그들의 열의를 강화했다. 그들은 아테네에 불만을 품고 있던 펠로폰네소스 동맹국들과 다른 국가들이 스파르타인들에게 압력을 넣도록 부추겼다. 마침내 기원전 432년 7월, 스파르타의 최고 행정관들이 회합을 소집했다. 그리고 아테네인들에게 불만을 품고 있던 사람을 초청해 의견을 말하도록 했다.

이는 펠로폰네소스 동맹의 회합이 아니었다. 동맹의 회합은 보통 스파르타 민회의 사전 동의가 필요했다. 호전적이었던 최고 행정관들은 스파르타인들이 전쟁을 원한다는 것을 곧이곧대로 믿지 않았다. 그래서 분노한 이방인들을 초청해 그들의 생각을 바꾸고자 했다. 메가라인들이 포고령이 내려진 이후 가장 불평불만이 컸다.

그런데 누구보다 가장 전쟁을 지지했던 사람들은 코린토스인들이었다. 그러나 그들을 믿을 수 없었다. 당초 스파르타인들의 충고를 무시하고 위험한 정책을 추구했으면서 이제와 자신들을 변호하려고 들었기 때문이다. 그들은 예전에도 그랬던 것처럼 스파르타 동맹을 자신들의 목적을 위해 사용할 작정이었다. 그러니 평화를 지지하는 스파르타인들은 이들을 의심했을 것이다. 또한 그들의 법적 및 도덕적 구실도 약했다. 아테네인들이 30년 강화 조약을 정식으로 위반한 것이 아니었기 때문이다.

코린토스의 전략은 싸우는 일에 신중하고 주저하는 스파르타의 전통적인 정책이 아테네의 위대하고 역동적인 힘 앞에서 절망적이라고 설득하는 것이었다. 아테네가 실제로 취한 행동들이 그들의 입장을 정당화해 주는 것은 아니었기 때문에 그들은 일반론적인 상황들에 기댔다. 스파르타의 어정쩡한 태도 때문에 페르시아인들이 펠로폰네소스반도에 닿기 전에 그들을 막지 못했었다. 이와 비슷한 성향들이 아테네의 힘이 무섭게 강해지고 있는 것을 방치하고 있었다. 코린토스인들의 핵심 주장은 두 나라의 특성을 비교하는 것이었다.

여러분은 여러분이 어떤 부류의 사람들과 싸우려고 하는지, 그들이 여러분과 얼마나 근본적으로 다른지 결코 고려하지 않고 있습니다. 그들은 계획을 세우고 행동으로 옮기는 데 혁명적이고 신속한 데 반해 여러분은 기존의 것을 고집하고, 새로운 것은 어떤 것도 만들지 않으며, 행동에 들어가면 반드시 완수해야 하는 것조차도 그렇게 하지 않습니다. 또한, 그들은 힘에 부치더라도 과감하게 치고 나아가려고 하고, 위험을 감수하면서 지혜를 쌓으려고 하며, 위험의 한복판에서도 희망을 품지만, 여러분은 충분히 힘이 있는데도 제대로 발휘하지 않고, 여러분의 틀림없는 판단도 믿지 못하며, 위험이 닥치면 여러분이 파괴될지도 모른다고 생각합니다. 게다가 그들은 주저하지 않지만 여러분은 머뭇거립니다. 그들은 항상 해외에 있는데, 여러분은 국내에만 있습니다. 이유는 그들은 자신들이 국내에 없어야 뭔가를 얻을 수 있다고 생각하는 데 반해, 여

페리클레스

러분은 그렇게 하면 여러분이 이미 가지고 있는 것을 잃을 것이라고 생각하기 때문입니다. 그들은 적들을 정복하면 가능한 한 그들을 괴롭힙니다. 그리고 뒤통수를 맞으면 자비를 보이지 않습니다. 게다가 그들은 자신들의 신체를 마치 그것이 다른 누군가의 소유라도 되는 것처럼 도시를 위해 사용합니다. 이것은 누가 시켜서 하는 것이 아니라 그들이 알아서 그렇게 하는 것입니다. 그리고 어떤 계획을 구상했는데 그것을 성공적으로 수행하지 못하면 마치 자신들이 소유한 것을 빼앗기기라도 한 것처럼 치부합니다. 그들은 자신들이 목표로 하는 것을 얻으면 그것을 장차 얻게 될 것과 비교해 작은 부분에 지나지 않는다고 생각할 것입니다. 어떤 시도가 실패하기라도 하면, 그들은 손실을 보상받고자 새로운 희망을 품습니다. 그들은 일단 계획을 세우면 그것을 신속하게 이행하기 때문에 그로부터 기대하는 결과가 곧 얻게 될 결과와 같습니다. 이런 식으로 그들은 자신들의 고단하고 위험천만한 삶을 살아갑니다. 그들은 모든 사람이 최소한의 것을 가지는 것을 즐깁니다. 그들이 항상 뭔가를 손에 넣는 일에 종사하고, 그들이 자신들의 유일한 축제는 그들에게 주어진 임무를 수행하는 것이라고 생각하며, 고요한 평화가 고통스러운 행동보다 더 큰 재앙이라고 생각하기 때문입니다. 결과적으로 그들의 본성이 평화를 누리는 것도 아니고 그것을 다른 사람들에게 허용하는 것도 아니라고 말하는 이가 있다면 틀린 말이 아닐 겁니다.(1.70)

이런 묘사는 페리클레스가 그의 추도사에서 표현했던 것과 별반 다르지 않다. 그러나 이때의 스파르타는 아테네의 특성을 평가하는 거울상mirror image이다. 그런데 이렇게 양쪽을 반반 비교하는 것은 과장이 섞여 있다. 당연히 스파르타인들이 게으를 리 없었고, 여전히 펠로폰네소스 동맹의 지도자들이었다. 그래서 이 연설은 스파르타인들 전체를 그런 식으로 묘사하려는 것은 아니었다. 평화를 지지하는 세력과 그들의 정책을 고발하고, 그들과 대립하는 세력들로부터 지지를 얻기 위한 의도였다.

코린토스인들이 묘사하고 있는 아테네의 특성 가운데 진실이라고 할 수 있는 것이 무엇이든, 페리클레스가 평화 정책을 채택한 이후 아테네인들이 보인 행동과는 거의 관련이 없다. 아테네는 기원전 450년대 이후 달리 획득한 영토가 없었다. 그리고 기원전 445년 이후 아테네인들은 철저히 30년 강화 조약의 내용과 정신에 맞게 행동했다. 코린토스인들도 사모스 반란 동안 펠로폰네소스 동맹국들이 관여하지 않도록 제지하면서 아테네의 이러한 태도를 인정했었다. 아테네인들이 코린토스인들이 비난하는 행동을 한 것은 작년[기원전 433년에 일어난 코린토스와 코르키라 간의 시보타 해전]뿐이었다. 이마저도 아테네인들은 크게 관여하지 않았다. 사실, 이것은 코린토스가 코르키라와 분란을 일으켜, 즉 스파르타가 코린토스의 동기를 의심하게 했던 그들의 독단적인 개입private involvement이 초래한 결과였다.

  스파르타가 이런 최근의 사건들을 거론하자 당황한 코린토스인들이 허겁지겁 논점을 바꿔 그런 사건들은 아테네가 정교하게 짜 놓은 술책의 일부였다고 억지를 썼다. 아테네의 제도와 특성에 비춰 그들이 그러고도 남을 사람들이라는 의미였다. 코린토스인들이 이런 식으로 아테네의 특성을 묘사한 것은 그러한 사람들과 평화롭게 공존하는 것은 지금의 위기가 해소된다고 하더라도 불가능하다는 것을 보여 주기 위해서였다. 편견, 의심, 공포가 최근의 역사적 사실들을 은폐하고, 스파르타인들을 전쟁으로 끌어들이기 위해 소환됐다. 마지막으로 코린토스인들은 이런 말장난에서 벗어나 단도직입적으로 만일 스파르타인들이 아티카를 즉각 침범하겠다고 했던 최고 행정관들의 약속을 지키지 않을 경우 실제로 일어날 결과들을 언급하며 위협했다. "여러분이 여러분의 친구들과 혈족들을 최악의 적들에게 팔아넘겨 우리가 다른 동맹으로 눈을 돌리게 하지 않으려면"(1.71.4) 침공해야 한다고 몰아붙였다. 사실 이 위협은 말뿐이었다. 왜냐하면 그들이 눈을 돌릴 다른 동맹이 없기도 했거니와 새로운 동맹도 스파르타가 참여하지 않으면 아테네인들과 대적할 수 없었기 때문이다. 그러나 스파르타인들에게 그들이 동맹에서 이탈할 수 있다는 암시는 무서운 전망이었다.

마음속으로 이런 생각들을 하면서 스파르타인들은 이제 아테네에서 온 특사들 중 한 명이 하는 연설을 들었다. 투키디데스에 따르면, 그는 "마침 다른 업무로 앞서 스파르타에 가 있었던"(1.72.1) 사절단의 일원이었다. 이 사절단의 공식 임무cover story가 무엇이었는지는 전혀 알지 못한다. 그래서 다른 업무라는 것이 무엇이었을지 감을 잡기 어렵다. 페리클레스는 코린토스인들이 뒤에서 작당을 벌이고 있다는 것, 그리고 최고 행정관들이 불만을 품은 당사자들을 스파르타로 불러 그들의 불만을 토로하라고 한 것을 분명히 알고 있었을 것이다. 아테네와 스파르타의 관계가 30년 강화 조약에 의해 수립된 것을 잘 아는 페리클레스가 이러한 불만에 대응하기 위해 공식 대변인을 보냈을 리 없다. 이는 당시 상황을 이해하는 데 중요한 부분이다. 그렇게 하는 것은 온당한 처사가 아니었을 것이다. 정반대의 상황을 가정해 보자. 이런 경우 아테네인들이 스파르타인들을 받아들여 판단을 맡기지 않았을 것이다. 마찬가지로 스파르타인들 역시 그랬을 것이다. 따라서 특사들은 적절한 기회에 토론에 끼어들어 페리클레스의 정책이 가진 함의를 전달하도록 지시를 받았을 것이다.

아테네인들은 그들이 온 목적을 설명하면서 다음과 같이 이야기한다. 즉, 스파르타인들이 그들의 동맹들이 하는 주장에 굴복하지 않도록 하는 것, 이로 인해 중요한 사안들에서 잘못된 결정을 하지 않도록 하는 것, 아테네가 지금의 제국을 소유한 것이 정당하다는 것을 보여 주는 것, 그리고 자신들의 도시가 갖는 힘이 경멸의 대상이 아니라는 것을 증명하기 위해 온 것이라고 말한다. 아테네의 특사들은 자신들의 제국이 부상한 것은 부단히 만족할 줄 모르는 야망의 본보기가 아니라 공포, 명예, 이기심에 대응하다 보니 필연적으로 그렇게 된 것이라고 설명했다. 이것이 강력한 동맹의 지도자이자 자신들과 견줄 수 있는 강대국 스파르타가 충분히 이해해 주었으면 하는 것들이었다. 그들의 논조는 사실에 근거한 것이었고, 특별히 회유하는 것도 아니었다. 그리고 그들은 말을 끝맺으면서 30년 강화 조약에 담긴 엄연한 내용, 즉 모든 분쟁은 중재를 통해 해결한다는 조항을 강조했다. 하지만 만일 스파르타인들이 거부한다면, "우리가 맹세했던 [올림포스의] 신들을 증인들로 불러내 여러분이 길을 열어 놓은 전쟁을 시작한 자들을 응징할 것입니다."(1.78.5)라고 말했다.

현대의 일부 학자들은 이런 이야기를 아테네인들이 스파르타인들을 자극해 전쟁을 일으킬 의도에서 일부러 도발한 것으로 간주한다. 또 이런 해석은 지금 세기[20세기]에 일반화된 국제 관계를 당시의 상황에 별생각 없이 대입한 것이다. 이런 해석은 분노를 누그러뜨리고, 입장 차이를 너그럽게 설명하고, 양보하려는 시도들을, 평화를 추구하는 유일한 방법이라고 가정한다. 경험으로 치자면 제2차 세계 대전이 그 증거라고 할 수 있는데, 그러한 접근조차도 전쟁을 야기할 수 있다는 것을 알 수 있다. 간혹 전쟁을 억제할 수 있는 최선의 방법은 힘, 확신, 결의가 담긴 의사를 전달하는 것이다. 여하튼 이런 해석은 당대의 가장 훌륭한 증인이 내린 판단과 정면으로 배치된다. 투키디데스는 아테네인들이 스파르타인들이 너무 성급하게 결정을 내리지 않도록 설득하려 했다고 믿었다. "동시에 그들은 자신들의 주장으로 스파르타인들이 전쟁 대신 평화로 기울 것이라고 생각하면서 그들의 도시가 지닌 힘을 분명히 하고, 나이 든 이들에게는 그들이 익히 알고 있는 것을, 젊은이들에게는 그들이 모르고 있는 것을 상기시켜 주고자 했다."(1.72.1)

여기서 페리클레스의 정책은, 위기 동안 줄곧 그랬듯이, 명시적으로나 암묵적으로 위협을 받고 있는 처지에서 전쟁을 할지 아니면 일방적으로 양보할지 사이에서 중간 방식(즉, 전쟁 억지)을 추구하는 것이었다. 그러나 이제 스파르타와 정면으로 대치하는 상황에서 그는 30년 강화 조약에 명시된 중재의 힘을 기꺼이 빌릴 참이었다. 아테네의 사절은 자신의 연설이 스파르타인들에게 아테네의 힘을 상기시켜 그들의 동맹들이 편 주장으로 느끼게 된 두려움을 진정시키고 분노를 누그러뜨릴 수 있기를 바랐다. 동시에 그는 스파르타의 이해와 직접적인 관련이 없는 위기를 평화적으로 해결할 수 있는 명예로운 방식을 제안했다. 페리클레스와 그의 특사들은 자신들의 계획이 먹혀들 것이라고 믿을 만한 충분한 이유가 있었다. 스파르타에서 유일하게 영향력을 가진 왕이 아르키다모스였기 때문에 더욱 그럴 만했다. 아르키다모스는 평화를 지지하는 세력의 지도자이자 개인적으로 페리클레스의 친구였고, "지혜롭고 신중하다고 평가받는 인물"(1.79.2)이었다.

아테네인들이 연설하고 나자 스파르타인들은 이방인들을 내보낸 뒤 문제를 논의했다. 아르키다모스는 페리클레스가 예상했던 대로 행동했다. 그는 스파르타의 성급한 판단을 막는 것이 목표였던 아테네의 연설 내용을 재차 언급하면서 상황을 정리했다. 아테네의 힘은 막강할 뿐만 아니라 스파르타인들이 넘어서기 가장 어려운 것 중 하나였다. 스파르타의 성미 급한 사람들은 단기간의 손쉬운 전쟁을 기대했다. 하지만 아르키다모스는 그들에게 이렇게 말했다. "오히려 나는 이 전쟁을 우리의 후손들에게 넘겨주게 될까 봐 두렵습니다."(1.81.6) 이어 그는 코린토스인들을 바라보며 그들의 주장을 경멸했다. 그는 그들을 이 곤란의 장본인들로 간주했다. 그들은 너무 경솔하게 전쟁을 시작했다. 그들은 적들의 힘을 과소평가했고 외교적 상황을 오판했다. 그리고 이제 스파르타를 위험한 전쟁에 끌어들여 이기적인 목적에 이용하고자 했다.

아르키다모스가 평화를 원했다는 것은 분명하다. 그러나 회합의 분위기는 여전히 분노에 차 있었다. 그렇다 보니 간단히 아테네의 제안을 지지하는 것은 현명해 보이지 않았을 것이다. 대신 그는 실용적이고 현실적인 대안을 내놓았다. 먼저, 스파르타인들은 의도를 분명히 하지 않은 채 공식적으로 불만을 전달하기 위해 아테네에 사절들을 보낸다. 동시에, 스파르타인들이 협상에 실패할 경우를 대비해 전쟁을 준비한다. 그리스인들뿐만 아니라 이방인들(의심의 여지 없이 페르시아인들)로부터 함대와 자금을 요청한다. 만일 아테네인들이 스파르타의 불만에 굴복한다면 전쟁을 할 필요가 없었다. 그렇지 않다면, 스파르타인들이 제대로 싸울 채비를 하는 데 많은 시간, 즉 **2년이나 3년**이 걸릴 수 있었다.

이런 제안들은 페리클레스의 마음에 쏙 들었지만, 코린토스인들과 불만에 찬 그들의 동맹국들은 마음에 들어 하지 않았다. 어쨌든 포티다이아를 구할 수 있으면 바로 습격을 해야 했다. 시일이 지날수록 포티다이아가 아테네에 항복할 공산이 컸다. 그뿐만 아니라 아테네가 제안한 중재가 코린토스인들에게 도움이 되지 않을 수 있었다. 그들은 화해하고 싶어 하지 않았다. 그들은 코르키라를 마음대로 할 수 있는 자유재량을 원했다. 그들은 아테네에 복수를 해서 위상을 회복하고 싶어 했다. 그리고 이제 아테네 제국을 파괴하는 것 외에 어떤 것도 원하지 않았다. 스파르타에서 전쟁을 선호하는 세력도 이에 동조했다. 대다수 스파르타인들도 그들과 같은 견해였다. 왕의 연설이 그들의 마음을 바꾸지 못했다. 그들의 마음을 움직인 것은 코린토스, 포티다이아 또는 메가라가 처한 어려움이 아니라 아테네가 드러내는 거만하고 위험한 힘이었다. 이것에 대해 협상이나 타협은 있을 수 없었다. 아테네의 콧대를 꺾어야 했다.

전쟁 선호 세력의 대변인, 즉 최고 행정관 스테네라이다스Sthenelaidas의 대답은 간결하고 퉁명스러웠다.

저는 아테네인들의 장황한 주장을 이해하지 못합니다. 그들은 스스로를 높이 평가하지만, 그들이 우리의 동맹들과 펠로폰네소스인들에게 잘못하고 있다는 것을 부인하지는 않습니다. 그들이 페르시아인들에 맞서 잘 대응했지만 현재 우리에게 나쁘게 행동한다면 그들이 좋았다가 나빠진 것이기 때문에 두 배로 비난받아 마땅합니다. 그런데 우리는 그때나 지금이나 똑같습니다. 그리고 우리가 현명하다면 그들이 우리 동맹들에게 해를 끼치는 것을 수수방관하지 않을 것이고 지체 없이 그들에게 보복할 것입니다. 왜냐하면 이미 우리의 동맹들이 고통을 당하고 있기 때문입니다. 다른 국가들이 많은 자금, 함선, 기병을 가지고 있을 수 있지만, 우리는 아테네인들에게 넘겨줘서는 안 되는 훌륭한 동맹들을 가지고 있습니다. 법정이나 말의 심판에 복종해서는 안 됩니다. 말로 우리가 상처를 입은 적은 없기 때문입니다. 대신 우리는 모든 무력을 동원해

페리클레스

즉각 보복해야 합니다. 그리고 누구도 우리가 시간을 두고 부당한 대우를 받았던 때를 생각해야 한다는 말을 하게 놔둬서는 안 됩니다. 오히려 나쁜 짓을 기도하는 자들이 두고두고 반성하게 만듭시다. 그러니 스파르타인들이여, 스파르타식으로 전쟁을 찬성합시다. 아테네인들이 더 강해지도록 놔두지 맙시다. 여러분의 동맹들을 저버리지 맙시다. 대신 신의 도움으로 악을 행하는 자들을 처단하러 갑시다.(1.87)

이 행정관은 아테네인들이 강화 조약을 깼는지 아닌지 결정하자고 요청했다. 투표는 평소 하던 방식, 즉 갈채acclamation[만장일치]로 했다. 하지만 스테네라이다스는 갈채 소리가 컸다고 말할 수 없었다. 아니 그는 그렇게 말할 수 없다고 주장했다. 그러면서 대다수가 아테네인들이 조약을 위반했다는 데 찬성했다고, 즉 전쟁에 찬성했다고 한발 물러섰다.

왜 스파르타인들은 유독 강한 상대에 맞서 아무 실익 없이 길고도 어려운 싸움이 될 수 있는 전쟁을 하기로 결정했을까? 왜 그들은 교묘하고, 계획적이며, 자신들만 아는 동맹의 선동에 넘어간 것일까? 무엇이 신중하고 평판이 좋은 아르키다모스 왕이 주도하는 다수의 보수적인 스파르타인들을 무기력하게 만들었을까? 투키디데스에 따르면, 스파르타인들은 그들의 동맹들이 한 이야기 때문이 아니라 "이미 그리스의 많은 부분이 아테네의 수중에 있는 것을 보고 그들이 더 강해지는 것이 두려워"(1.88) 전쟁을 찬성했다. 그가 아테네에 대해 품었던 해묵은 두려움과 의심이 스파르타가 전쟁을 결정하는 데 중요한 역할을 했다고 강조하는 것은 옳다. 하지만 투표하는 그날까지 스파르타인들이 전쟁을 찬성하도록 한 데에는 이런 두려움만으로는 충분하지 않다. 그때까지 그들은 코린토스와 아테네의 싸움에 자신들의 동맹들이 끼어들지 못하게 하면서, 코린토스에게 자제하도록 압박하면서, 그리고 자신들은 어떠한 행동도 취하지 않으면서 사태를 원만히 해결하고자 노력했었다. 최고 행정관들은 기원전 432년 봄에 아티카를 공격하겠다고 약속한 뒤에도 스파르타인들이 이 약속을 이행하지 못하도록 막았었다.

동맹들이 하나같이 늘어놓는 불만들, 특히 민회에서 코린토스인들이 한 놀라운 연설이 분위기를 바꾸는데 일조했다. 의도한 것은 아니었지만, 여기에 또 하나 일조한 것이 페리클레스의 정책이었다. 시보타 해전 이후 그는 스파르타와의 충돌은 피하면서 코린토스와의 전투 위협은 대비할 작정이었다. 그러나 그의 계획은 의도한 대로 되지 않았다. 메가라 포고령이 엄청난 곤란을 야기했다. 당시 아테네인들은 코린토스인들을 직접 공략하는 대신 펠로폰네소스반도로 들어가는 관문에 위치한 전략적 요충지였던 스파르타의 동맹을 공략했다. 아르키다모스와 그의 세력들은 군사적 공격과는 거리가 먼 무역 제재라는 새로운 장치가 코린토스의 잠재적 동맹들에게 경고를 보냄으로써 코린토스와 전쟁이 일어날 경우 그 범위를 제한하기 위한 일종의 타협 조치라는 것을 알았을 것이다. 그러나 코린토스의 설득력 있는 주장에 놀라고 화가 나 있던 평범한 스파르타인들에게 이러한 무역 제재는 무례한 공격 조치였다.

아테네가 포티다이아에 내린 통첩은 스파르타의 호전적인 세력에게 전쟁 구실만 제공했을 수 있다. 아테네인들이 포티다이아가 코린토스의 선동에 가장 취약한 곳이라고 생각한 것은 옳지만, 이 통첩이 전달되었을 때 포티다이아인들은 그것의 가혹한 요구 사항들을 정당화하는 어떠한 것도 하지 않았다. 스파르타인들에게 포티다이아의 일은 아테네가 순진한 방관자를 공격한 또 다른 사례로 비쳤을 것이다. 코린토스의 연설은 이 포고령과 통첩으로 흥분한 스파르타인들을 선동해 분위기를 바꿨고, 결과적으로 스파르타의 국내 정치적 세력 균형도 바꿨다.

이런 분위기에서 아테네의 대변인이 한 대답의 어조와 내용이 적절치 못했던 것 같다. 페리클레스는 특사들이 아테네를 떠나기 전에 어떠한 노선을 취할지 분명히 지시했을 것이다. 외교에서는 상대가 침착하고 생각이 분명하고 자신의 외교적 의도가 기본적으로 공격적이지 않다는 것을 이해하면, 힘을 과시함으로써 단호하고 굴하지 않는 태도를 보이는 것이 훌륭한 전술이다. 이것이 아르키다모스와 평화를 지지하는 세력이 지배하던 시기에 스파르타가 다른 동맹국들에 취한 일반적인 태도였다. 그리고 페리클레스가 그의 특사들을 통해 전달하고자 했던 것도 이런 것이었을 것이다. 그러나 이와 같은 외교 방식은 그것을 사용하는 나라의 힘과 야망을 두려워하는 사람들에게는 위험한 것일 수 있다. 실제로 기원전 432년 7월 스파르타에서 열린 회합에서 이처럼 강경한 외교 전술은 중립적인 스파르타인들, 그리고 일부 평화를 선호했던 이들이 전쟁을 찬성하도록 몰아갔다.

같은 해 8월, 펠로폰네소스 동맹이 스파르타의 결정을 비준하기 위해 모였다. 다수가 싸우기를 원했다. 그러나 동맹의 모든 회원국들이 참석한 것은 아니었다. 여하튼 다수라고 해도 스파르타인들이 대다수를 차지했다. 모두가 전쟁이 불가피하다는 것을 확신하지 않았다. 모두가 그것이 정당한 전쟁이라고 믿지 않았다. 모두가 이 전쟁이 손쉽고 성공적이리라고 생각하지 않았다. 모두가 그것이 꼭 필요하다고 생각하지 않았다.

이 동맹의 회의에서 내린 결정이 아티카를 침공할 수 있는 길을 열어 줬다. 이는 바로 몇 달 전에 포티다이아인들에게 한 약속을 이행하는 것이었다. 스파르타인들과 동맹들이 침공에 필요한 간단한 채비를 하는 데는 몇 주면 됐을 것이다. 그리고 9월과 10월은 아테네에 피해를 주기에 날씨가 아주 괜찮은 때였다. 비록 아테네인들이 곡물 수확을 끝낸 지 오래였고 침공하기 좋은 계절은 이미 지났지만, 포도나무와 올리브 나무 그리고 성벽 밖에 있는 가옥들에 상당한 피해를 입힐 수 있는 때였다. 스파르타인들이 예상하는 대로, 아테네인들이 성벽 밖으로 나와 싸운다고 하더라도, 그들은 그렇게 할 수 있는 충분한 이유가 있었다. 사실, 스파르타인들과 펠로폰네소스인들은 거의 1년 동안 군사 행동을 취하지 않았다. 그러다가 테베가 플라타이아이를 공격하면서 전쟁을 했는데 이마저도 억지로 개입한 것이었다. 더구나 그사이에 스파르타인들은 아테네에 겨우 세 번 사절단을 보냈다. 표면상으로는 평화를 유지하기 위해서였지만, 진짜 그런 목적으로 사절을 보낸 것은 한 번밖에 되지 않았다. 실제 전쟁이 늦어진 것은 이런 열띤 논쟁 이후 코린토스인들의 설득과 아테네인들의 성가신 대응이 기억에서 희미해졌다는 것을 보여 준다. 아르키다모스의 조심스럽고 침착한 말이 효과를 보이기 시작했다. 아직 전쟁을 피할 수도 있었다.

스파르타의 첫 번째 사절은 아테네인들에게 "여신의 저주를 몰아내라"(1.126.2-3)고 주문했다. 이것은 두 세기 전에 유명한 '알크마이오니다이 가문의 저주'를 낳은 킬론의 죽음과 관련한 음모를 거론한 것이었다.* 이 사절단의 동기는 전혀 우호적이지 않았다. 그들은 어머니가 저명한 알크마이오니다이 가문 출신이었던 페리클레스를 겨냥하고 있었다. 그들은 페리클레스를 아테네에서 쫓아내면 여러 가지 쟁점에서 양보를 얻어 내기 쉬울 것이라고 믿었다. 그러나 그들은 실제로 그가 추방될 것이라는 기대는 하지 않았다. 대신 그가 아테네를 곤란에 빠뜨린 일로 불신을 사비난받기를 바랐다. 이유는 투키디데스가 말한 대로, "당대의 가장 영향력 있는 인물이자 아테네의 지도자로서 그가 사사건건 스파르타인들에 반기를 들고 아테네인들이 양보하지 못하도록 막으면서 계속 전쟁으로 몰고 갔기"(1.126.3) 때문이었다. 따라서 사절단은 평화를 유지하려고 시도하기보다는 심리전에 더 열중했다. 페리클레스는 중재 없이 양보하는 일을 줄곧 반대했다. 스파르타인들과 그들의 동맹들이 전쟁을 찬성한 마당에 그는 양보 의사도 없고 분쟁을 중재에 넘기는 것도 거부하는 스파르타의 협상이 전쟁을 앞두고 펴는 기만전술에 지나지 않는다고 생각했다. 기원전 432년 가을 무렵, 페리클레스는 양보할 뜻이 전혀 없었다. 그리고 당연했겠지만, 스파르타인들의 전략은 그들이 아테네에서 그의 지지 기반을 잠식할 만큼 충분한 반대가 있을 수 있다고 생각했다는 것을 보여 준다.

* 페리클레스의 외가인 알크마이오니다이 가문의 메가클레스(아테네 집정관)는 기원전 630년경에 아크로폴리스의 아테나 폴리아스 신전에서 참주 킬론을 죽인 일로 여신의 저주를 받고 추방당했다. 당시 아테네인들은 신성한 장소에서 사람들이 죽으면 공기를 오염시켜 도시 전체에 재앙이 들이닥친다고 믿었다.

페리클레스가 기원전 438년에 자신과 친구들에게 가해진 공격에서 살아남기는 했지만, 고난이 끝난 것은 아니었다. 멜레시아스의 아들 투키디데스가 도편 추방이 끝나 아테네로 돌아온 뒤 그가 이전에 속해 있던 세력의 일부를 이끌었던 것 같다. 이 세력이 코르키라와의 동맹을 극구 반대했고 아마도 메가라 포고령과 포티다이아에 대한 통첩도 반대했을 것이다. 그들은 전쟁을 적극적으로 반대했는데, 위기가 최고조에 이르자 메가라 포고령을 철회할 것을 요구했다. 이들의 반대편에는 스파르타인들에게 한 치의 양보도 용납하지 않는 집단이 있었다. 그들은 코르키라와의 완전한 공격 및 방어 동맹을 지지했을 것이고, 시보타 전투에 증원 부대를 보내는 것도 요구했을 것이다. 오래전부터 클레온이 그들의 주요 대변인이었고, 비록 어깨를 나란히 할 정도는 아니었지만, 페리클레스의 경쟁자로 아테네인들에게 상당한 영향력을 행사했다. 이들 반대 세력은 기원전 433년에 코르키라 논쟁 전후로 실질적인 영향력을 행사했다. 평범한 아테네인들이 그들의 냉담하고 대단히 지적인 지도자에 대해 가졌던 모든 편견이 이런 어렵고 위험한 시기에 크게 불거졌다. 그의 정적들은 이를 그들에게 유리한 쪽으로 이용할 수 있을 것으로 기대했을 수 있다.

페이디아스, 아낙사고라스, 아스파시아의 재판은 불경죄와 관련이 있었는데, 그렇다고 한다면 스파르타인들이 일종의 종교적 관행과도 관련이 있던 낡은 혐의[알크마이오니다이 가문의 저주]를 되살려 낸 것은 우연이 아니었다. 투키디데스의 귀족 출신 친구들과 클레온을 지지했던 민주주의자들은 서로 목적은 달랐지만, 페리클레스에게도 불경죄의 혐의를 씌우고자 분위기를 조장했다. 그러나 그들의 공격은 실패했다. "의심과 비방 대신 페리클레스는 시민들에게 적이 가장 증오하고 두려워하는 사람으로서 더 큰 신뢰와 명예를 획득했다."(플루타르코스, 《페리클레스》, 33.1) 모든 증거를 종합해 볼 때 전쟁 직전까지도 페리클레스의 위상은 전혀 흔들림이 없었다.

페리클레스는 정치 선전술에도 정통했다. 아테네인들이 스파르타의 요구에 대응한 방식이 이를 증명한다. 알크마이오니다이 가문의 저주를 쫓아내야 한다는 스파르타의 요구에 그들은 스파르타인들이 타이나로스Taenarus의 저주*를 몰아내야 한다고 응수했다. 그뿐만 아니라 브라젠 하우스Brazen House의 아테나** 저주도 쫓아내야 한다고 주장함으로써 한층 더 몰아세웠다. 한때 스파르타인들이 타이나로스에 있는 포세이돈 신전에 숨어든 헬롯들을 죽음으로 내몬 적이 있었다. 사람들은 이때 저지른 신성 모독으로 기원전 464년의 대규모 지진이 일어났다고 믿었다. 이렇게 똑같은 방식으로 맞대응해 간단히 스파르타인들을 당혹스럽게 만들었다. 브라젠 하우스의 저주는 또 다른 신성 모독을 지칭했다. 이 신성 모독은 페르시아 전쟁 중 페르시아와 내통한 파우사니아스 장군을 아테나 신전에 가둬 두고 굶겨 죽인 사건이었다.*** 파우사니아스는 페르시아 전쟁 당시 플라타이아이 전투를 승리로 이끈 장군이었지만 그리스 동맹들을 거칠게 다루고, 페르시아인들과 반역을 꾀하고, 헬롯들과 음모를 꾸민 것으로 악명이 높았다. 이 사건은 종교적 침해이기도 했고, 델포이의 성직자들도 그렇게 인식한 터라 스파르타인들에게 까다롭고 값비싼 첫값을 요구했다.

　이 두 번째 불명예스러운 사건을 불러냄으로써 페리클레스는 그리스인들에게 스파르타의 패권을 아테네의 힘이 견제하지 못했다면 얼마나 거역하기 어려운 것이었는지를 분명히 상기시켰다. 페르시아 전쟁이 끝난 이후 시기에 스파르타의 행태를 고려하면 이 임박한 전쟁[제2차 펠로폰네소스 전쟁]을, 자유를 위해 폭정에 항거한 투쟁이라기보다는 다른 어떤 것으로 볼 수 있게 할 수도 있었다. 동시에 파우사니아

---

*　　타이나로스는 펠로폰네소스반도 최남단에 있는 곳의 이름이다.

**　　브라젠 하우스란 청동 판으로 된 건물이란 의미로 스파르타에 있던 아테나 신전을 말했다. 그래서 스파르타의 아테나 여신은 청동 건물의 부인(Lady of the bronze house)이라는 뜻의 칼키오에쿠스(Chalcioecus)라는 별칭으로 불렸다.

***　　페르시아 전쟁 당시 페르시아와 내통한 것이 발각되자 신변의 위험을 느낀 파우사니아스는 아테나 신전으로 도주했다. 이때 스파르타의 최고 행정관들이 그를 신전에 가둬 두고 굶겨 죽이려고 했다. 나중에 밖으로 옮겨졌지만, 거의 죽기 일보 직전이었다고 한다. 결국 바로 죽고 말았다.

　　　　　　　　　　　　　　　　　　　　　　　　　　　　페리클레스

스를 언급한 것은 스파르타의 국내 정치를 겨냥한 것일 수도 있다. 페르시아 전쟁 이후 시기에 파우사니아스와 레오튀키다스Leotychidas 왕[B.C. 545?~B.C. 469?]*의 공세 정책으로 스파르타는 그리스인들의 지지와 존경을 잃었고, 고위층들은 반역을 일삼았으며, 펠로폰네소스반도에서 반란이 일어났다. 마찬가지로 기원전 432년에 호전적인 세력이 지지한 정책은 펠로폰네소스반도 밖에서 전쟁을 할 수 있어서 장기 원정 전쟁이 될 공산이 컸다. 페리클레스는 자신의 대응이 스파르타에서 평화를 지지하는 세력에 도움이 될 수 있음을 알았을 것이다. 따라서 그는 첫 외교 전초전부터 전면에 나선 것으로 보인다.

이런 퇴짜에도 불구하고, 스파르타인들은 계속해서 아테네에 사절들을 보냈다. 이들은 아테네인들에게 포티다이아에서 철수하고 아이기나의 자율성을 돌려주라고 말했다.42) "그리고 특히 분명한 어조로 [아테네가] 메가라 포고령을 철회하면 전쟁을 하지 않을 거라고 공개적으로 선언했다."(1.139.1) 스파르타의 제안이 진심이었다는 것은 의심의 여지가 없었다. 아테네에서 벌어진 논쟁이 보여 주듯이, 아테네인들은 포고령을 철회하는 것을 선택할 수 있었다. 그리고 그렇게 했다면, 스파르타의 전쟁 지지 세력은 의심 많고, 머뭇거리고, 의견이 갈린 동맹들과 싸워 거의 승리할 수 없었을 것이다. 아테네가 양보를 하지 않았다고 해도 스파르타인들은 그들이 기원전 445년에 맹세했던 서약이 언짢았는데, 그들은 자신들이 이 조약을 깬 당사자들이었음을 뒤에 시인했다. 아테네인들이 그들의 조건을 수용했다면, 모두를 전쟁에 끌어들이는 것은 더욱 어려울 수 있었다.

스파르타의 정치 분위기가 1차 사절 이후 분명히 바뀌었다. 두 번째 사절을 보낸 것은 순전히 타협점을 찾기 위한 것이었다. 아르키다모스는 "동맹들의 불만을 평화

---

* 기원전 491년에서 기원전 476년까지 페르시아를 통치한 왕으로 기원전 490년에서 기원전 478년까지 페르시아와의 두 차례 전쟁에서 스파르타 군대를 이끌었다.

적으로 해결하고 그들의 분노를 누그러뜨리고자 했다".(플루타르코스,《페리클레스》, 29.5) 하지만 아르키다모스나 그의 적들이나 누구 하나 주도권을 확실히 잡지 못했다. 아르키다모스가 주도권을 잡고 있었다면 그가 이 분쟁을 중재에 맡기지 않을까 기대했을 수 있다. 전쟁 지지 세력이 확실히 다수를 점했었다면, 그들은 첫 번째 사절 이후 더 이상 협상을 진행하려고 하지 않았을 것이다. 분명히 아르키다모스는 계속해서 협상을 주장할 만큼 충분한 힘이 있었다. 물론 전쟁 지지 세력이 모든 사안에 대해 양보를 요구하는 위치에 있기는 했다. 그럼에도 아르키다모스는 포고령을 취소하는 것이 평화의 유일한 조건이라는 타협안을 제안할 수 있었다.

스파르타의 동맹국들 중 하나인 메가라가 경제적으로 공격을 받고 있었다. 스파르타인들은 이것을 30년 강화 조약의 내용을 위반한 것은 아니지만 그것의 정신을 훼손한 것으로 해석했다. 30년 강화 조약은 어느 쪽도 다른 쪽의 동맹에 간섭해서는 안 된다고 규정했다. 스파르타는 메가라를 경제적으로 공격하는 것을 용납할 수 없었다. 이것은 아테네인들이 포티다이아에서 코린토스인들이 반란을 부추기도록 놔둘 수 없는 것과 같았다. 따라서 메가라 포고령을 철회하는 것이 스파르타인들로서는 사태를 평화적으로 해결하는 데 필수 불가결한 것이었다. 그러나 다른 분쟁들은 스파르타에 영향을 미치지 않았고 포기할 수도 있었다. 그러므로 스파르타의 이런 제안은 코린토스의 이해관계와 정면으로 배치됐다. 만일 코린토스인들이 불만을 품고 동맹에서 탈퇴하겠다고 위협하면, 아르키다모스와 대다수 스파르타인들은 그렇게 할 준비가 돼 있었다. 스파르타의 동맹에서 누가 주도권을 쥐고 있는지 코린토스인들에게 확실히 보여 줄 때가 온 것이었다.

아르키다모스가 스파르타의 전쟁 지지 입장을 누그러뜨리는 일을 훌륭히 해냈지만 페리클레스는 여전히 완고했다. 그러나 진지하게 타협점을 찾아보고자 보낸 두 번째 사절은 첫 번째 사절의 미숙한 정치 선전과는 다르게 페리클레스를 몹시 당혹스럽게 만들었다. 스파르타의 제안은 마치 아테네가 메가라 포고령을 두고 전쟁을

페리클레스

할 것처럼 보이도록 만들었다. 메가라 포고령은 원래 전술적 계략이었지 이것을 두고 전쟁까지 할 것은 아니었다. 페리클레스는 스파르타의 요구를 간단히 거절할 수 없었다. 그는 그의 정책을 여느 때와는 다른 방식으로 정당화해야 했다.

표면적으로 경제 제재를 촉발했던 공식적인 혐의들을 이제 정식 포고령에 담아 전령을 통해 메가라와 스파르타에 전달함으로써 아테네의 조치를 옹호했다. "이 포고령은 페리클레스가 제안한 것으로 이런 정책을 합리적이고 이성적으로 정당화하는 내용을 담았다."《페리클레스》, 30.3)라고 플루타르코스는 말한다. 그리고 페리클레스가 상당한 부담을 느꼈다는 것을 보여 주는 일화를 소개한다. 스파르타의 거듭된 철회 요구에 그는 실체가 불분명한 아테네의 법을 거론하면서 이 때문에 자신도 포고령을 새겨 넣은 서판을 없앨 수 없다며 그것을 철회할 수 없는 자신의 입장을 변호했다. 스파르타인이 답했다. "그럼 서판을 없애지 마시고, 그러지 말라는 법이 없으면, 그냥 뒤집어 놓으십시오."《페리클레스》, 30.1) 이게 사실이든 아니든 이 이야기는 페리클레스가 메가라 포고령을 철회하라는 스파르타의 요구를 완곡히 거절하는 그럴듯한 이유를 대는 데 굉장히 애를 먹었다는 것을 보여 준다.

마침내 스파르타인들이 마지막 사절을 보내 다음과 같이 짧고 퉁명스러운 서신을 전달했다. "스파르타인들은 평화를 원합니다. 그리고 여러분이 그리스인들에게 그들의 자율성을 부여하면 평화가 있을 겁니다."(1.139.3) 이것은 최후통첩이었다. 스파르타인들은 더 이상 협상을 하려고 하지 않았다. 아테네가 포고령을 철회하는 것을 거부하면서 아르키다모스와 그의 세력은 설 자리를 잃었다. 결국 호전적인 매파 세력에게 평화 제안을 철회하도록 했다. 더 이상 협상의 여지가 없었다. 아테네인들은 굴복할 것인지 싸울 것인지 선택해야 했다.

비록 페리클레스가 여전히 지배하고 있었지만, 반대 세력도 이제 민회에서 자기 식대로 논쟁을 끌고 갈 수 있을 만큼 충분히 강했다. 그는 논쟁의 초점을 스파르타의 최후통첩을 받아들일지 아닐지에 두고 싶었을 것이다. 그러나 "모든 것을 마지막으로 한 번 더 고찰한 뒤에 답을 주는 것"(1.139.3)으로 결정됐다. 이것으로 그의 정적들이 메가라 포고령, 즉 페리클레스가 민회에서 논의되는 것을 원치 않았던 주제를 의제로 올렸다. 많은 이가 각자의 입장에서 이 문제에 대해 이야기했다. "전쟁이 불가피하다."라고 주장한 이들 중에 틀림없이 클레온이 있었을 것이다. 그리고 "이 포고령이 평화의 장애물은 아니지만 철회되어야 한다."라고 촉구하는 자들 중에 멜레시아스의 아들 투키디데스가 있었을 것이다.

역사가 투키디데스는 당시 민회에서 벌어진 논쟁 가운데 페리클레스가 한 연설만을 전하고 있다. 그는 페리클레스를 "당시에 아테네인들 가운데 가장 중요한 인물이자 연설과 행동에서 가장 영향력이 있던 인물"(1.139.4)로 묘사한다. 그의 연설 논조로 봤을 때 페리클레스는 여전히 자신이 지배하고 있기 때문에 그의 정책이 거부당하리라고 예상하지 않은 것이 분명하다. 그의 논조는 강경했다. 하지만 마음을 정하지 못한 아테네인electorate을 움직이지는 못한 것 같다. 이는 연설을 시작하며 한 언급을 보면 알 수 있다. "아테네인들이여, 저는 언제나 그랬듯이, 우리가 스파르타인들에게 굴복해서는 안 된다는 의견입니다. …… 이전에도 스파르타인들이 우리에게 음모를 꾸민 적이 있었는데, 지금은 어느 때보다 노골적입니다."(1.140.1-2)

페리클레스는 법적 절차의 정당성이라고 할 수 있는 것에 주로 의지해 자신의 정책을 옹호했다. 스파르타인들은 30년 강화 조약이 규정하고 있는데도 불구하고 사안을 중재에 맡기는 것을 계속 거부했다. 대신 위협이나 무력으로 자신의 주장을 관철시키고자 했다. "그들은 토론이 아니라 전쟁으로 그들의 불만을 해소하고자 합니다. 지금 그들이 이곳에 있지만 더 이상 요청이 아니라 요구를 하고 있습니다. …… 이런 요구를 단호히 거부해야 그들이 여러분을 동등하게 대해야 한다는 것을 납득할 수 있을 겁니다."(1.140.2-5)

페리클레스는 어느 특정 시점에 양보할 의사가 없었던 것은 아니었다. 만일 스파르타인들이 중재 제안을 받아들였다면, 그는 분명히 그 결과를 감수하려고 했을 것이다. 페리클레스가 받아들일 수 없었던 것은 스파르타가 포티다이아와 아이기나에서 아테네 제국의 일에 또는 메가라 포고령이 대변하듯이 아테네의 상업 및 제국 정책에 간섭했다는 선례였다. 이런 선례는 에게해에서 아테네의 패권, 따라서 아테네의 안전을 스파르타가 눈감아 줘야 가능한 것으로 만들 수 있었고, 또 그것을 스파르타의 국내 정치 상황에 좌지우지되도록 하는 것일 수도 있었다. 아테네인들이 이번에 스파르타의 협박에 굴복해 양보한다면 아테네와 스파르타의 동등한 관계를 요구하는 것을 중단하는 것이고, 장차 이들 지역에서 거둬들일 공납을 스스로 차버리는 것일 수 있었다. 페리클레스는 포고령을 철회하는 것을 거부하면서 이런 점들을 분명히 했다.

> 우리가 메가라 포고령을 철회하지 않을 경우 사소한 일로 전쟁을 할 것이라는 생각은 누구도 하지 맙시다. 물론 그들은 이것을 철회하는 것이 전쟁을 피하는 방법이라고 고집하고 있습니다. 그리고 사소한 일로 전쟁을 했던 것을 재차 생각하면서 스스로를 책망하지 마십시오. 이런 '사소한 일'이 여러분의 결심을 확인하고 검증하는 일을 포함하기 때문입니다. 여러분이 그들에게 굴복하면 곧바로 다른 더 큰 양보를 요구받게 될 것입니다. 여러분이 두려운 마음에 첫 양보를 했기 때문입니다.(1.140.5)

양쪽의 많은 이가 왜 아테네인들이 이런 사소한 포고령 때문에 싸울 준비를 했는지 이해하기 어려웠을 것이다. 마찬가지로 1914년에 독일인들, 심지어 일부 영국인들조차 왜 영국이 벨기에의 중립성을 보장하는 "종이 쪼가리the scrap of paper"* 때

---

* 1839년 4월 19일 영국, 독일 연방, 러시아, 네덜란드가 런던에서 벨기에의 독립 및 중립성을 보장하는 '런던 조약(Treaty of London)'을 체결했다. 1815년 이후 프로테스탄티즘을 선호했던 네덜란드 연합 왕국(United Kingdom of the Netherlands)에 속해 있던 가톨릭 벨기에인들(프랑스어권)이 이에 반기를 들고 1830년에 떨어져 나와 독립했다. 이때 소규모 분쟁이 있었다. 여하튼 국제 사회의 중재로 네덜란드가 벨

문에 싸우고자 했는지 이해하기 어려웠다. 그러나 두 사례는 언뜻 보기에 사소한 논란거리가 정치적이고 전략적으로 중요한 것들을 고려하지 못하도록 차단했다. 페리클레스의 주장은 타협을 거부한 고전적 사례이다. 이것은 윈스턴 처칠이 1930년대의 유화주의자들을 비판하면서 했던 주장들과 놀라울 정도로 비슷하다. 그런 용기와 결의는 칭찬할 만하지만, 페리클레스의 정책이 정당화되었을까?

당시 페리클레스가 직면했던 위기에 국한할 경우, 긍정적으로 답하기가 쉽지 않다. 눈앞에 펼쳐지는 불만이 본질적으로 중요한 것은 아니었다. 스파르타가 타협의 여지 없이 메가라 포고령만 철회하라고 고집한 것도 내용적으로나 전략적으로 중요한 것이 아무것도 없었다. 만일 아테네인들이 메가라 포고령을 철회했다면, 아마 이 위기는 가라앉았을 수도 있다. 이 위험을 피했다고 해서 누가 미래에 어떤 일이 일어나리라고 말할 수 있을까? 스파르타가 코린토스를 배신하면 분명히 두 국가 간의 관계는 냉담해졌을 것이다. 그러면 스파르타는 아테네와의 싸움보다는 이 불화에 더 신경 쓰게 될 것이다. 과거에도 그랬던 것처럼, 펠로폰네소스 동맹 내에서 다른 처리 곤란한 일들이 일어나지 말라는 보장이 없다. 예를 들어, 스파르타와 아르고스의 조약이 10년 후에 만료되면 그것이 연장될 것이라는 보장이 없었다. 스파르타인들은 아르고스가 자신들을 위협할 수 있는 상황에서 아테네와 불화를 일으키려고 하지 않을 것이다. 그리고 그사이에 다시 10년의 평화 조약을 맺으면 모든 당사자가 현상 유지에 만족할 수 있는 것이다. 이 모든 것이 추정이기는 하지만, 기원전 433년~기원전 431년의 위기를 피할 수 있었다면, 전쟁을 하는 것이 꼭 불가피한 것은 아니었음을 의미한다.

다른 한편, 페리클레스가 반대만 일삼는 스파르타의 적대 세력들에 맞서 끝까지

기에의 독립을 받아들였다. 그러다가 1914년 8월 독일 제국이 중립국 벨기에를 침공했다. 런던 조약 위반이었다. 이에 영국이 8월 4일 독일에 전쟁을 선포했다. 그러자 독일은 '런던 조약'을 "종이 쪼가리"라 운운하며 영국이 이 때문에 전쟁을 하리라고 생각하지 않는다고 주장했다.

페리클레스

버틴 것은 옳은 것이었다. 아테네가 양보했다면 많은 스파르타인들이 느꼈던 두려움을 얼마 동안 진정시켰을 수는 있겠지만, 이 지점에서 양보했다면 장차 있을 분쟁들에서 스파르타의 노선이 더 강경해질 수도 있었다. 이렇게 페리클레스는 매우 어려운 결정에 직면했다. 후대의 관점에서 보면 페리클레스가 잘못된 선택을 했다고 말할 수 있다. 아마 그는 아르키다모스 세력에 양보함으로써 그들을 구했어야 했다. 아무튼 스파르타인들은, 목적이 확고하고 아테네를 확실히 통제하면서 히틀러처럼 자신의 정적들을 파괴하는 데 혈안이 돼 있던 마성의 인물[페리클레스]에 끌려가지 않았다. 포고령을 철회하는 것은 실제로 위험했다. 그래도 그 위험은 전쟁을 하는 것보다는 적어 보인다. 이런 상황은 협박에 굴복하지 않는 것만큼이나 중요한 원칙으로 경우에 따라서는 타협도 해야 한다는 것을 보여 주는 드문 사례들 중 하나일 수 있다.

그렇다면 왜 페리클레스는 그의 입장을 완고하고 격렬하게 고수했을까? 그가 전쟁에 대비해 구상했던 전략에서 일부 답을 찾을 수 있을 것 같다. 정치 지도자들은 자신들의 전략적 구상에 의지해 외교적이고 정치적인 목표들을 달성하려고 한다. 그리고 확실히 승리할 것 같지 않으면 좀처럼 전쟁을 시작하지 않는다. 그러나 간혹 그들의 군사 전략이 그들의 정치적 및 외교적 선택을 결정할 수 있다. 예를 들어, 독일은 1914년에 슐리펜 계획Schlieffen Plan*이라는 한 가지 전략만 있었는데, 이 전략은 제1차 세계 대전에서 프랑스를 신속하게 물리치기 위해 벨기에를 침략한다는 것이었다. 그러나 이것은 벨기에의 중립성을 침해한 것으로 영국의 참전을 부추겨 독일로서는 외교적으로나 군사적으로 가장 큰 실수를 저질렀다. 동시에 몇 년 뒤에

---

* 1905년 12월 독일(프로이센)의 알프레트 폰 슐리펜(Alfred von Schlieffen) 참모 총장이 세운 군사 작전으로 러시아 및 프랑스와의 양면 전쟁에서 승리하기 위한 방법을 제시했다. 러시아 제국은 개전 이후 병력을 동원하기까지 6~8주 정도 걸리므로 이 나라에 대해서는 소수의 병력만 보내고 필요한 경우 적당히 후퇴(동프로이센 포기)한다. 그동안 모든 병력을 서부 국경에 집중해 중립국인 벨기에를 침범하여 프랑스 북부로 침투, 파리를 서쪽으로 크게 우회해 프랑스군의 주력 부대를 프랑스 동부로 몰아넣어 전멸시키는 작전이었다.

이 전략을 수행하는 것보다 1914년에 감행하는 것이 성공 가능성이 높다는 전략적 고려가 독일인들을 설득했다. 1914년 8월에 유럽에서 대규모 전쟁이 일어난 것에 독일의 음모 같은 것은 없었다. 오히려 분명히 승리할 것으로 생각하고 선택한 군사 전략이 기꺼이 전쟁을 감수하도록 만들었다.

같은 방식으로 스파르타의 결정을 부추긴 것도 전쟁 지지 세력이 신속하고 확실한 승리를 가져다줄 것이라며 구상한 전략이었다. 그들은 전쟁이 장기간 지속되고, 비용이 많이 들고, 까다로우며, 결과가 불투명하리라고 생각하지 않았다. 아르키다모스와 아테네인들 모두 같은 생각이었다. 스파르타인들은 아테네인들이 성벽 뒤에 서서 그들의 곡물과 가옥이 파괴되는 것을 잠자코 보고 있지 않을 것이라고 가정했다. 대신, 기원전 446년~기원전 445년에 그랬듯이 성벽 밖으로 나와 싸울 것이라고 믿었다. 하지만 그때와 달리 이번에는 비겁하게 정전을 맺지 않을 것이다. 결전만이 있을 것이다. 스파르타인들이 승리할 것이며, 아테네의 위협이 끝장날 것이다. 결과가 그들이 틀렸다는 것을 입증할 수 있는데도 그들은 자신들의 전략만 믿고 타협을 주장하는 목소리에 대해서는 귀를 닫았다. 다른 한편, 그들이 옳을 수 있다는 기대감이 다른 이들, 즉 다소 주저하는 스파르타인들에게 전쟁을 지지하도록 확신을 심어 줬다.

페리클레스 역시 승리를 가져다줄 수 있는 단 하나의 전략을 찾아냈다고 믿었다. 물론 그는 자신만이 아테네인들에게 그것을 받아들이고 지지하도록 할 수 있다는 것을 알았다. 본인이 아니면 더 공격적인 세력들이 지배권을 장악해 군사적 대치 상태를 고집할 수 있고, 그러면 이것이 엄청난 실수가 될 수 있다고 믿었다. 페리클레스는 그의 전략을 관리할 수 있는 유일한 인물이었다. 이것이 그의 강점이었지만, 동시에 그의 전략적 약점이었다. 임박한 전쟁이 얼마나 어려운 것일지 알고 있던 페리클레스는 가능한 한 그것을 피하고자 했다. 그러나 스파르타인들이 전쟁을 찬성한 이후 그는 가능한 한 빨리 전쟁을 해야 하는 쪽으로 전략을 바꿨다. 그의 나

페리클레스

이 이미 70대였다. 자신이 얼마나 더 오래 살 수 있을지 확신할 수 없었다.

마지막 몇 달 동안 그가 비타협적인 태도로 일관한 데에는 또 다른 고려 사항이 있었다. 모든 전쟁은 그것을 지지하는 사람들의 사기에 달려 있는데, 이 점은 페리클레스가 계획한 이런 전쟁에 딱 들어맞았다. 패배주의에 빠지지 않도록 사기를 고취시키면서 불리한 싸움을 피하도록 기강을 잡는 것은 매우 어려운 일이다. 페리클레스는 이런 기강을 잡기 위해 자신의 정치적이고 개인적인 권위에 의지할 수 있었다. 그래서 그가 주로 신경을 쓴 것이 사기를 높이는 일이었을 것이다. 스파르타인들이 보낸 두 번째 사절들은 회유 조로 페리클레스를 난처하게 만들었고, 아테네 시민들이 타협안에 찬성하도록 부추겼다. 그러나 스파르타인들의 귀에 거슬리는 최후통첩이 그가 자신의 정책을 변호해야 하는 부담을 덜어 줬다. 아테네인들 중에 자신의 제국을 기꺼이 포기하려는 자들은 없었다. 그렇게 하고자 한들 아무도 그것을 찬성할 리 없었다. 아테네인들은 스파르타인들의 고압적인 태도를 떠올리면서 전의martial spirit를 불태웠다.

다른 때였다면 스파르타인들이 페리클레스에게 그렇게 도움이 되지 않았을지 모른다. 그들은 아테네 제국의 평등과 독립성 같은 본질적인 문제에 대해서는 양보하지 않아도 된다는 조건을 분명히 제시했을 수도 있다. 협상이 몇 년이고 늘어졌을지도 모른다. 해가 갈수록 아테네의 전투 의지는 약해질 것이고 페리클레스는 그만큼 늙어 갈 것이다. 한편, 아테네가 크게 우위에 있던 자금과 선박은 스파르타인들이 아르키다모스의 신중한 계획을 수행하면 줄어들 수 있었다. 페리클레스는 아테네가 이제 불가피해 보이는 전쟁을 해야 한다면, 그것을 늦추기보다는 가능한 서둘러 하는 것이 승리할 가능성이 크다는 것을 확신했다. 그래서 또 다른 측면에서, 페리클레스의 전략 자체가 전쟁을 앞당겼다.

페리클레스의 연설과 정책이 지지를 받았다. 아테네인들이 스파르타의 최후통첩에 대한 대답으로 페리클레스의 주장을 승인했다. "그들은 지시에 따라 아무것도

할 수 없었지만, 상호 평등에 기초한 조약에 따라 불만을 중재에 넘겨 해결할 준비는 돼 있었다."(1.145.1) 스파르타인들은 이 대답을 가지고 고국으로 돌아갔다. 그리고 더 이상 사절단은 오지 않았다. 그런데 그들은 움직이지도 않았다. 기원전 431년 3월에 테베가 플라타이아이를 공격하면서 시작한 전쟁[제2차 펠로폰네소스 전쟁]은 전쟁이 임박했다는 생각에서 시작한 선제공격이거나 스파르타가 발을 빼는 것을 차단할 의도로 시작한 기습 공격이었다.

테베의 플라타이아이 공격은 명백한 조약 위반이자 선전 포고였다. 스파르타인들은 더 이상 뒷짐을 지고 있을 수 없게 되자 그해 5월 아티카를 침범했다. 침략군을 지휘한 아르키다모스는 마지막 순간까지 전쟁을 피하고자 했다. 그는 아테네인들이 스파르타군이 진군하는 것을 보고 굴복할 수도 있다는 기대를 품고 아테네에 특사를 보냈다. 그러나 특사는 민회에서 연설은 고사하고 아테네에 발 자체를 들여놓질 못했다. 페리클레스가 스파르타군이 아티카 들판에 주둔하고 있는 한 사절단을 들이지 못하도록 금지하는 법안을 제출했기 때문이었다. 투키디데스가 간결한 어투로 당시 아테네의 심리 상태를 정확하게 전달하고 있다.

> 그들은 그의 말을 듣지도 않고 돌려보내며 당일 날 국경 밖으로 나가라고 명령했다. 앞으로 스파르타인들이 사절을 보내고자 한다면 자신들의 영토에서 철군해야 한다는 것이었다. 그리고 그들은 [사절] 멜레시포스Melesippus가 어느 누구에게도 접근하지 못하도록 호위를 붙였다. 그리고 그는 국경에 도착해 발길을 돌리면서 다음과 같은 말을 남겼다. "오늘부로 그리스인들에게 엄청난 불행이 시작될 겁니다."(2.12.1-4)

멜레시포스가 아테네에서 당한 일을 보고하자 아르키다모스는 더 이상 늦출 수 없었다. 그는 아테네로 진군하라고 명령했다. 이렇게 스파르타인들과 아테네인들은, 아르키다모스가 예언했던 대로, 그들의 후손들로 이어지는 전쟁을 시작했다.

페리클레스

페리클레스는 전쟁을 원하지 않았었다. 그리고 그의 정책은 스파르타가 전쟁을 불가피한 것으로 만든 것처럼 보일 때까지 피하는 것이 목표였다. 그런데 전쟁이 시작됐다. 결과적으로 그의 위기관리는 실패한 것으로 봐야 한다. 물론 그가 직면했던 문제들이 간단치 않았고, 어느 것을 선택하기도 굉장히 어려웠다. 그의 외교는 혁신적이고, 독창적이었으며, 하나같이 좋은 의도였다. 위험과 기회를 철저히 따져보고 판단했으며, 매력적이지 않은 양극단의 입장 사이에서 줄곧 중간 방식을 추구했다. 다시 말해, 그의 외교 정책은 지능적이었다. 그런 정책은 신중하고 정확하게 수행해야 하는 것은 말할 것도 없고 상대 역시 그것을 냉철하게 판단하고 이해할 수 있어야 성공할 수 있었다. 만일 아르키다모스와 그의 지지자들이 그의 유일한 상대였다면, 대체로 그래 왔듯이, 성공할 여지가 있었다. 그러나 국제 관계와 전쟁은 체스 게임이 아니다. 그것들은 자주 격한 감정을 초래해 이성을 억누르고 지성을 내팽개친다. 결정적인 지점들에서 페리클레스는 이런 현실을 시야에서 놓쳤고 이성의 보편성을 지나치게 신뢰했던 것 같다. 온건하게 보이고자 했던 행동들이 공격적이고 위협적인 것들로 받아들여졌다. 이것이 역시 전쟁만은 피하고자 신중했던 상대방의 입지를 손상시켰다. 상황이 잘못 흘러가자 페리클레스는 그가 선택했던 전쟁 전략으로 조금씩 기울더니 혁신적 외교를 포기하고 결국 전쟁을 하는 길로 완전히 들어섰다.

전략가

12

페리클레스의 군사 전략은 전쟁을 다른 수단에 의한 정치의 연속이라고 했던 카를 폰 클라우제비츠Carl von Clausewitz[1780~1831]*의 격언과 절묘하게 맞아떨어진다. 전쟁이 그의 외교가 목표로 했던 것을 똑같이 지향했기 때문이다. 페리클레스는 스파르타의 호전적인 태도가 일시적인 일탈 행위로 전쟁이 정말 확실해지고 이성이 열정을 압도하면 바뀌게 될 것이라고 확신했다. 따라서 그는 스파르타인들에게 그들의 실수를 설득하고 평화를 이전의 상태로 되돌려 놓기 위한 전략을 채택했다. 이전의 상태란 두 강대국이 상대에게 서로의 의지를 강제할 방법이 없다는 것을 깨닫고 상호 존중하는 세계였다.

전략이 성공하기 위해서는 전쟁을 하는 목적들을 분명히 이해하고, 전쟁 당사자들이 보유하고 있는 자원에 대해 정확히 평가하고 있어야 한다. 그런 전략은 자신의 강점을 살려 적의 약점을 파고든다. 또는 적어도 결정적 시기와 장소에서 힘의 우위를 추구한다. 그것이 과거의 경험을 활용하기는 하지만 얽매이지는 않는다. 그것은 물리적으로든 심리적으로든 상황의 변화에 순응한다. 처음의 예상이 맞아떨

---

* 프로이센 태생의 군인이자 서양에서 전쟁 연구의 신기원을 이룩한 군사 이론가이자 사상가.

어지지 않을 수 있다는 것을 예상하고 이미 다른 대안을 세우고 있다. 물론 페리클레스의 시기에 그리스인들에게는 클라우제비츠도 없었고 이렇다 할 전쟁 이론도 없었다. 사실 역사적으로 전쟁을 일으킨 나라들이나 정치가들 중에 전략적으로 잘 준비한 사례는 거의 없었다.

스파르타가 30년 강화 조약을 깨고 나오면서 공언한 목표는 "그리스를 해방하는 것"이었다. 다시 말해, 아테네에 종속된 그리스 국가들의 자율성을 회복하고, 결과적으로 아테네 제국을 파괴하는 것이었다. 비록 스파르타인들은 좀처럼 전쟁을 하지 않았지만, 아테네가 스파르타의 동맹들에게 무력을 사용하고 있는 상황을 잠자코 두고만 볼 수 없었다. 투키디데스에 따르면, "스파르타인들은 할 수 있는 한 아테네 제국을 파괴하기 위해 전쟁을 감행하면서 모든 전력을 다하기로 결의했다".(1.118) 그러나 스파르타인들이 전쟁을 결심한 것이 그리스인들을 해방하기 위해서든, 그들의 동맹들을 아테네로부터 방어함으로써 펠로폰네소스 동맹이 제공하는 안전을 계속 누리기 위해서든, 스파르타가 페르시아 전쟁 당시에 누렸던 월등한 지위를 회복하기 위해서든, 아니면 이 모든 것이 이유였다고 하든 아무런 차이가 없었다. 중요한 것은 목표가 무엇이든 달성하기 위해서는 아테네의 힘을 파괴해야 한다는 것이었다. 즉, 아테네를 육상 공격에서 안전하게 지켜 주는 성벽들, 제해권을 제공한 함대, 그리고 이런 해군을 뒷받침하는 제국을 파괴해야 했다. 평화를 목표로 하는 전략은 이러한 것들을 그대로 방치하는 것으로 고려할 가치가 아니었다. 스파르타가 이러한 전쟁 목적들을 달성하기 위해서는 아테네가 공세적으로 나와 주어야 했다.

페리클레스의 전략은 전쟁에서 스파르타인들을 물리치는 것이 목적이 아니었다. 오히려 전쟁이 무익하다는 것을 그들에게 확신시키는 것이었다. 아테네가 취한 조치들을 보면 설득이나 훈계education를 통해 스파르타의 전쟁 의지를 꺾고자 한 것이 분명했다. 이는 그들이 스파르타의 전쟁 수행 능력은 크게 개의치 않았다는 것을 의미한다. 따라서 페리클레스의 전략적 목표는 다분히 방어적이었다. 그는 아테네인들에게 만일 그들이 "동요하지 않고 가만히 있으면, 함대의 태세를 유지하고 있으면, 전시에 제국을 확장하려고 해서 도시를 위험에 빠뜨리지만 않으면, 그들을 압도할 수 있을 것입니다."(2.65.7)라고 말했다.

따라서 아테네인들의 전략은 육상 전투를 피하고 지방의 농지와 가옥은 스파르타가 파괴하도록 놔둔 채 성벽 뒤편으로 물러나서 스파르타인들이 전투 기술을 가지고 있지 않은 포위 전쟁siege warfare을 하도록 유도하는 것이었다. 한편, 아테네의 해군은 펠로폰네소스반도 해안에 몇 차례 기습 공격을 가할 것이다. 이런 전략은 아테네인들을 끝내 정복하지 못하고 좌절한 적이 강화 조약을 맺자고 나올 때까지 계속될 것이다. 해군의 공격과 상륙 작전은 심각한 피해를 가하려는 것이 아니라 적을 괴롭혀 그들이 전쟁을 선택할 경우 아테네인들이 얼마나 그들에게 손해를 입힐 수 있는가를 보여 주기 위한 것이었다. 이런 전략은 펠로폰네소스인들을 육체적으로나 물질적으로가 아닌 심리적으로 지치도록 만들기 위한 것이었다. 페리클레스는 주적인 스파르타인들에게 그들이 아테네와의 전쟁에서 승리할 수 없다는 것, 따라서 화해해야 한다는 것을 확신시키고자 했다.(현대의 한 학자가 다음과 같이 주장했다. "[페리클레스는] 먼저 아테네와 아테네 제국의 존재가 붕괴될 수 없다는 것을 증명해야 했고, 이어 아테네 역시 적들에게 피해를 가할 수 있다는 것을 보여 줘야 했다. …… 적들의 체력과 의지가 아크로폴리스의 보물들에 닿기 전에 소진될 수 있다는 것, 그리고 그들이 아테네의 힘과 결의가 넘어설 수 있는 것이 아님을 인정하게 될 것이라고 예상한 것은 온당한 것이었다."[43])

이런 전략은 그리스 역사에서 시도된 적이 없었다. 아테네의 제국적 민주주의가 도래하기 전에 그런 시도를 할 수단을 가지고 있던 국가가 없었기 때문이다. 아테네인들은 제1차 펠로폰네소스 전쟁 후반에 그것을 사용할 위치에 있었지만, 그렇게 하지 않았었다. 아마 페리클레스가 그들을 설득할 수 없었기 때문이었을 것이다. 그렇게 하는 것이 쉬운 일은 아니었다. 전례가 없는 이런 전략이 영웅적 전통의 본질과 정면으로 배치되었기 때문이다. 영웅적 전통은 전쟁에서 용맹하게 행동하는 것을 그리스의 가장 큰 미덕으로 여겼다. 더구나 대다수 아테네인은 농민들로 그들의 농지와 가옥이 성벽 밖에 있었다. 페리클레스의 전략은 그들의 가옥, 농작물, 포도나무, 올리브 나무가 피해 또는 파괴되는 것을 허망하게 지켜보도록 했다.

이런 사실들 앞에서 페리클레스가 기존의 전통과는 다른 자신의 전략을 아테네인들에게 받아들이도록 어떻게 설득했을지 되새겨 본들 이해하기 쉽지 않다. 아마도 그는 아테네인들이 가장 집착하는 것들과 배치되는 계획을 구상할 수 있었던, 더구나 이런 계획을 실행에 옮길 수 있는 영향력과 능력을 지닌 유일한 인물이었을 것이다. 그가 이렇게 할 수 있었던 것에 대해 현대의 한 저명한 군사 역사가military historian는 그를 "세계사에서 가장 위대한 장군들 가운데" 한 명이라고 칭송한다. 그가 위대한 것은 상대를 기만하는 미봉책을 사용하기보다는 아티카를 통째로 포기하는 계획을 수립하고 또 실제로 그것을 이행했다는 데 있다. 또한 무엇보다 그가 자신의 개인적 영향력으로 이런 구상을 민주적인 민회에 회부해서 논의한 뒤에 그것이 실행되는 것을 지켜봤다는 것이다. "이런 결정을 이행한 것이 장군다운 행동으로 사실상 승리한 것으로 봐도 무방할 것이다."44)

다른 말로, 페리클레스로서는 동료 시민들이 당연히 가질 수 있는 반감을 이겨낸 것이 첫 번째 승리였다. 역사적으로 민주 정체들은 명분이 좋고 전투 결정을 신속하게 내릴 수 있기만 하면 상대적으로 쉽게 전쟁을 선동했다. 제1차 세계 대전에서 프랑스, 영국, 미국의 민주 정체들이 이런 경우였고, 제2차 세계 대전에서는 영국과 미국이 그랬다. 전쟁이 예상과 달리 길어지면 일반적으로 불만이 생긴다. 사람들은 전쟁의 목표가 결정적인 승리인 한에서만 그것을 계속해서 지지한다. 무엇보다 가장 어려운 것은 전쟁에서 승리를 상대의 완전한 파괴가 아니라 교착 상태로 정의하는 민주적인 사람의 지지를 계속 받는 것이다. 교착 상태에서 지도자는 적과 싸워 그를 물리치기 위해 가용할 수 있는 모든 자원을 사용하는 대신 적의 힘을 약화시킴으로써 협상을 통해 분쟁을 종식하려고 한다. 해리 S. 트루먼이 한국 전쟁에서, 케네디, 존슨, 닉슨이 베트남 전쟁에서 사용한 전략이 이런 것이었다. 이런 전략은 트루먼의 인기를 떨어뜨렸고, 존슨을 자리에서 몰아냈으며, 닉슨 대통령의 탄핵에 기여했다. 그러나 페리클레스의 전략은 아테네인들에게 훨씬 더 큰 것들을 요구했다. 그들은 이전에 누구도 경험하지 못한 자제력과 인내심을 발휘해야 했다. 그들에게 이런 지침을 따르도록 설득할 수 있었던 능력이 교육자로서 그의 가장 위대한 승리라고 할 수 있다.

이런 모든 어려움에도 불구하고 페리클레스는 그의 전략이 가능한 최선의 전략이고, 아테네가 보유한 자원이면 충분히 성공시킬 수 있다고 생각할 만한 이유가 있었다. 전쟁 초기에 아테네는 연령이나 체력적으로 전투 가능한 1만 3천 명의 보병대를 보유하고 있었다. 또한 아테네와 피레우스를 둘러싸는 변경의 요새들과 도시 성벽들을 방어할 1만 6천 명의 병력이 추가로 있었다. 플루타르코스에 따르면, 펠로폰네소스인들은 6만 명의 대군을 이끌고 기원전 431년에 아티카를 침범했다. 이 숫자가 부풀려진 것일 수 있지만, 페리클레스는 전쟁 직전에 단일 전투만 놓고 볼 때 스파르타인들과 그들 동맹들의 숫자가 다른 모든 그리스인의 숫자를 합친 것과 맞먹었다는 것을 인정했다. 그러나 아테네인들은 최근의 전투 경험들을 통해 상대의 약점을 잘 파악하고 있었다. 제1차 펠로폰네소스 전쟁 동안, 즉 기원전 457년에 스파르타인들은 타나그라 전투에서 수적 우위에도 불구하고 사상자가 엄청났다. 기원전 446년에 펠로폰네소스 군대가 아티카를 침범했을 때, 아테네인들은 휴전을 택했었고 싸우기보다는 자신들의 지상 제국을 포기했었다. 이런 기억이 스파르타의 반-아테네 세력anti-Athenian party이 동료 시민들에게 다시 전쟁을 일으키는 것에 확신을 심어 주도록 기여했을 것이다. 아테네인들이 이전처럼 싸우지 않고 굴복할 수도 있고, 싸워서 파괴될 수도 있었다. 어느 경우든 전쟁은 단기간에 끝날 것이고 승리가 확실하다고 봤다.

페리클레스가 전쟁을 선택한 것은 스파르타의 '매파들'이 틀렸다는 것을 분명히 입증해 보이기 위해서였다. 그는 아테네인들에게 이런 목적을 아주 분명히 전달했다. "제가 여러분을 설득할 수 있다고 생각했다면, 저는 여러분에게 밖에 나가서 여러분의 재산을 파괴함으로써 펠로폰네소스인들에게 그것을 지키고자 그들의 명령을 따를 생각이 없다는 것을 보여 주라고 했을 겁니다."(1.143.5) 일단 스파르타인들이 아테네인들이 희생을 감수할 준비가 돼 있다는 것을 알면 그들은 전쟁이 무익하다고 보고 평화 협상에 나올 수도 있었다. 협상의 결과가 30년 강화 조약과 내용은 다르지 않다고 하더라도 오래 지켜질 수도 있을 것이다. 스파르타인들이 평화 협상을 한다는 것 자체가 아테네가 난공불락임을 인정한 것으로 볼 수 있기 때문이었다.

페리클레스에게는 자신의 전략을 이행할 수 있는 자원이 있었다. 당시 아테네는 적들을 크게 압도하는 그리스 역사에서 전례를 찾을 수 없는 엄청난 규모의 자원을 보유하고 있었다. 아테네가 이번 전쟁에서 희망을 기대했던 것은 엄청난 규모의 해군력이었다. 아테네의 해군은 즉각 전력으로 사용할 수 있는 최소 300척의 전함들을 보유하고 있었다. 그뿐만 아니라 필요시 전투에 대체 투입할 수 있는 함선들도 있었다. 아테네 제국의 속국들은 이런 함대를 위해 납입금과 노잡이를 제공했다. 이와 별도로 아테네 제국의 자유로운 동맹국들, 예를 들어 레스보스, 키오스, 코르키라 또한 아마 100여 척이 넘는 함선들을 제공할 수 있었을 것이다. 이런 대규모 함대에 맞서 펠로폰네소스인들이 보낼 수 있는 함선은 겨우 100여 척이었다. 더구나 선원들의 숙련도와 경험이 아테네인들과 상대가 되지 않았다. 이 점은 전쟁 초기 10년 동안 거듭해서 입증된 것이었다.

페리클레스는 해상 전투의 핵심, 따라서 그의 전략에서 핵심이라고 할 수 있는 것은 선박을 유지하고 선원들에게 보수를 지급할 수 있는 자금임을 알았다. 이것 역시 아테네가 크게 유리했다. 기원전 431년에 아테네의 연간 수입은 1천 달란트였다. 이 중 400달란트는 국내에서 거둬들이는 것이었고, 600달란트는 동맹국들이

내는 분담금과 기타 제국에서 거둬들이는 수입이었다. 약 600달란트를 매년 전쟁 자금으로 이용할 수 있었지만, 페리클레스의 계획을 지탱할 수 있을 만큼 충분하지는 않았을 것이다. 페리클레스는 "조금씩 모이는 잉여 자금, 즉 의무적으로 거둬들이는 세금으로는 전쟁을 지탱할 수 없습니다."(1.141.5)라고 지적했다. 따라서 아테네는 자체적으로 보유하고 있는 자금에 손을 대야 했을 것이고, 이것만으로도 규모가 상당했을 것이다. 전쟁 초기에 아테네인들은 제국의 금고에 6천 달란트의 은화를 쌓아 두고 있었고, 주조되지 않은 금과 은이 500달란트, 그리고 위기 상황에서 제거해 녹인 뒤 다른 용도로 사용할 수 있는 파르테논 신전의 아테나 여신상에 입힌 40달란트 가치의 금박이 있었다. 다른 한편, 펠로폰네소스인들은 이런 엄청난 자금에 필적할 만한 것이 없었다. 아르키다모스가 이러한 사정을 대변하듯 "우리는 금고에 자금이 없기도 하고, 쉽게 세금으로 자금을 끌어모을 수도 없습니다."라고 말했다. 코린토스인들이 다른 동맹국들보다 사정이 괜찮았지만, 그들도 보유하고 있는 자금이 없기는 마찬가지였다. 페리클레스가 아테네인들에게 "펠로폰네소스인들은 나라든 개인이든 자금이 없습니다."(1.80.4, 1.141.3)라고 말한 것은 옳았다.

아르키다모스는 일부러 느긋하게 펠로폰네소스 동맹의 첫 아티카 침공을 주도했다. 아티카의 심장부로 가는 가장 빠른 길은 메가라를 지나서 동쪽과 남쪽을 돌아 엘레우시스로 가서 아테네의 비옥한 평원으로 들어가는 것이었다. 그러나 아르키다모스는 이 경로를 선택하지 않았다. 대신 북쪽을 돌아 오에노에의 마을을 포위 공격했다. 오에노에는 보이오티아 국경에 있던 아테네의 요새였다. 이 요새는 침략군에 어떠한 위협도 되지 않았다. 그리고 당시에 이곳을 공격할 군사적 이유도 없었다. 그러나 아르키다모스가 이곳을 공격한 것은 군사적인 이유보다는 정치적인 이유였다. 지난해 여름, 스파르타 민회에서 그는 스파르타인들이 아주 서서히 아티카의 경작지를 파괴해야 한다고 주장했었다. "그들의 경작지를 우리의 볼모 이외의 다른 것으로 생각하지 마십시오. 그들의 경작지가 잘 경작될수록 볼모로서 더 효과

가 있을 겁니다."(1.82)

아테네가 반응하지 않자 아르키다모스는 이 포위 공격을 포기하고 엘레우시스 주변의 경작지를 파괴하기 시작했다. 아테네인들은 여전히 아무런 행동도 취하지 않았다. 그래서 스파르타인들은 동쪽으로 이동해 아카르나이를 유린하기 시작했다. 아카르나이는 대규모 도시로 아리스토파네스는 이곳 시민들을 "참나무처럼 무정하고 거칠다."라고 표현했다. 확실히 그들은 잠자코 보고만 있지 않았을 것이다. 격분한 상태에서 성벽 뒤에 숨은 동료 시민들에게 밖으로 나가 싸우자고 압박을 했을 것이다. 이때까지도 아르키다모스는 아테네인들이 사태 파악을 분명히 하리라는 희망을 포기하지 않았었다. 가능한 한 오랫동안 그는 아티카의 가장 비옥한 들판을 "볼모로 잡고" 싶어 했다.

스파르타인들이 아티카로 행군하고 있다는 소식을 들은 아테네인들은 페리클레스의 구상을 따라 지방에서 몰려들기 시작했다. 부인들과 아이들은 도시로 보냈고, 양과 소는 에우보이아섬으로 보냈다. 대다수 아테네인이 지방에서 살았다. 그리고 거의 반세기 전에 페르시아 전쟁의 참상을 목격한 이들은 거의 생존해 있지 않았다. "그들은 항상 그들의 것이었던 가옥들과 신전들, 즉 조상 대대로 내려온 고대 국가의 유물들을 포기해야 하는 것에, 그들의 생활 방식을 바꾸어야 한다는 것에, 그야말로 모든 사람이 자신의 폴리스를 포기해야 한다는 사실에 낙담하고 화가 났다."(2.16.2) 우선 그들은 도시의 성벽 안으로 몰려들었다. 성벽 안의 빈 공간이 모두 들어찼다. 신들의 성소들도 마찬가지였다. 아크로폴리스의 기슭을 둘러싸고 있는 펠라르기콘Pelargikon*이 피티안 아폴론의 저주가 내려져 있었음에도 불구하고 사람들로 들어찼다. 이런 사태는 신앙심 깊은 사람들을 분개시켰다. 도시 성벽의 망루들

---

* 펠라스기아인들이 축조한 것으로 추정되는 아크로폴리스를 둘러싸고 있는 벽체를 말한다. 펠라스기아인들은 고대 그리스의 선조들 또는 선구자들로 알려진 사람들이다. 이들은 아크로폴리스의 바위를 평평하게 다듬은 뒤 그 위에 벽을 쌓았는데, 아크로폴리스 서쪽 기슭에 쌓은 것을 펠라르기콘이라 부른다.

페리클레스

을 피란민들이 점거했다. 뒤에 피란민들이 피레우스로 이어지는 긴 성벽들 사이의 빈 공간에까지 진을 쳤다. 그러면서 이제 불편이 극에 달했다.

그러나 적들이 아크로폴리스에서 채 10킬로미터도 떨어져 있지 않은 아카르나이에 나타나 이곳의 농지를 파괴하기 시작하자 아테네의 분위기는 낙담에서 절망으로 바뀌었다. 이때 그동안 아테네인들의 감정을 억누르고 있던 페리클레스의 영향력이 첫 번째 중대 고비를 맞이했다. 아테네인들이 자신들의 분노를 스파르타인들에게뿐만 아니라 페리클레스에게 표출했다. 이들은 그들을 곤경에 빠뜨린 책임이 있었다. 그가 이러한 사태들을 미리 예견하고 있었다거나 이런 고통이 아테네인들이 받아들인 전략의 필수 불가결한 부분이었다는 것은 중요치 않았다. 분노가 극에 이르자 아테네가 왜 육상에서 큰 전투를 피해야 하는지 페리클레스가 애써 설명했던 이유는 온데간데없이 잊혔고, 그의 비판가들은 그가 이들을 이끌고 밖에 나가 적과 맞서지 않는다며 겁쟁이라고 비난했다.

그를 거세게 몰아붙인 정적들 가운데 대표적인 인물이 클레온이었다. 클레온은 페리클레스 사후에 아테네 '매파'의 지도자로 부상한다. 그에 대한 공격의 수위가 어떠했는가는 클레온파의 사람으로 희극 시인 헤르미포스가 쓴 연극에서 짐작해 볼 수 있다. 기원전 430년에 상연된 이 연극에서 그는 페리클레스를 다음과 같이 비난한다. "사티로스의 왕이여, 당신은 왜 창을 높이 들어 올리지 않고 대신 겁먹은 텔레스Teles*같이 무시무시한 말로만 전쟁을 하려고 하십니까. 그러다가 숫돌에 날카롭게 연마한 작은 칼에 찔리기라도 하면 마치 사나운 클레온에 물리기라도 한 것처럼 크게 비명을 지르겠지요."(플루타르코스,《페리클레스》, 23.7) 그의 친구들조차 나가서 싸우자고 재촉했다. 하지만 그는 이런 압박에도 불구하고 그의 정책을 고수했다. 그리고

---

* 헤라클레스와 테스피우스 왕(보이오티아 지방에 있던 고대 그리스 도시 테스피아이 통치. 50명이나 되는 딸 중 49명을 헤라클레스와 결혼시킴)의 딸 리시디케(Lysidike) 사이에서 태어난 자식이다.

아테네인들이 그의 전략을 즉시 포기하지 않도록 모든 기량과 영향력을 발휘했다.

현대와 달리 아테네는 민간의 권위와 군대의 권위가 나뉘어 있지 않았다. 이것에 간혹 불리한 점들이 있기는 했지만, 장군의 직위가 갖는 양면성이 아테네인들이 페리클레스가 선택한 전략에 본능적으로 반감이 있었음에도 불구하고 그들이 원칙을 지키도록 하는 데 크게 기여했다. 투키디데스가 이 상황을 다음과 같이 묘사한다.

> 페리클레스는 그들이 처해 있는 상황에 몹시 화가 나 있다는 것, 하지만 그들의 생각이 최선이 아니라는 것을 알았다. 그는 밖으로 나가 싸우지 않기로 한 자신의 결정이 옳다고 확신하고 민회나 다른 어떤 회합도 소집하지 못하도록 했다. 사람들이 한군데 모일 경우 분별 있는 행동이 아니라 분노에 휩쓸려 실수를 할 수 있다고 우려한 것이다. 그는 도시를 감시하면서 가능한 한 평화롭게 유지했다.(2.22.1)

전쟁과 다른 심각한 위기 상황에서 민주적 지도자들은 간혹 법적 권리와 일반적인 정치 관행들을 축소할 필요성을 느낀다. 링컨은 남북 전쟁 동안 인신 보호 청원habeas corpus*을 중단시켰고, 율리시스 S. 그랜트Ulysses S. Grant[1822~1885]**는 재건 기간 동안 케이케이케이단Ku Klux Klan***에 맞서 같은 조치를 취했다. 이와 마찬가지로 아테네에서도 짧지만 중대한 시기에 일상적인 정치 논쟁과 토론이 중단됐다. 법이 통과되지 않았고, 페리클레스나 장군단board of generals 전체에 비상 권한들이 부여됐

---

* 신체의 자유를 보장하는 영미법의 한 제도로 1679년 영국의 인신 보호법(Habeas Corpus Act)에서 규정했다. 주요 내용은 이유 없이 구금되었을 때 인신 보호 영장을 신청해 구금에서 풀려날 수 있다.

** 오하이오주 태생으로 미국의 장군이자 제18대 대통령(재임 기간, 1869~1877). 남북 전쟁 당시 링컨 대통령에 의해 북부군 총사령관으로 임명됐다.

*** 미국 남북 전쟁(1861~1865) 당시 노예제에 찬성했던 남부의 인종 차별 의식에 젖은 군인들이 1866년 테네시주 펄래스키(Pulaski)에서 결성한 비밀 결사 단체로 정식 명칭 'Ku Klux Klan'은 그리스어 Kyklos(단체)와 '집단'이라는 뜻의 영어 Clan의 합성어이다. Kyklos와 운을 맞추기 위해 Klan이라는 단어를 사용했다.

페리클레스

다.* 평상시에 민회는 열 명의 장군이 취하는 조치와 상관없이 정기적으로 회합을 열었었다. 페리클레스가 자신의 전략을 방어하기 위해 어떻게 그렇게 오랫동안 정치를 뒷전으로 제쳐 놓을 수 있었을까?

아테네가 포위 상태였고, 전쟁이 불가피한 상황이 되면서 장군들에게 평소보다 더 많은 권한이 부여됐다. 시민들은 무장을 하고 성벽들을 지켰다. 그들을 민회에 소집하면 도시를 방어할 수 없었다. 그들이 자리를 지키고 있으면 민회는 대표성을 띨 수 없었다. 이런 것들을 핑계로 정기 회합을 취소했다. 분명히 페리클레스는 일부는 그의 정치적 동료들이기도 했던 다른 장군들을 설득해 자신의 뜻에 따르도록 했을 것이다. 어느 관리도 이런 권고안을 어기면서까지 시민들을 민회에 소집하기는 어려웠을 것이다. 고대 로마의 용어로 페리클레스는 **명령권**imperium이 아닌 **권위**auctoritas에 의해 자신의 목적을 달성했다.

페리클레스는 전략을 선택했고, 아테네인들이 그것을 지지하게 할 수 있는 정치적 수단이 있었다. 그리고 그는 그것을 이행할 자원이 있었던 것 같다. 역사가로서 엄격히 판단하고 있기는 하지만 투키디데스는 이런 전략이 그의 사후에도 이어질 필요가 있었다고 확신했다.

페리클레스는 전쟁이 시작되고 나서 2년 6개월 뒤에 사망했다. 그리고 그가 사망한 뒤에 이 전쟁에 대한 그의 선견지명은 더욱더 인정을 받았다. 그는 아테네인들이 가만히 있으면, 그들의 함대를 보살피면, 전시에 그들의 제국을 확장하려고 하지 않으면, 따라서 그들의 도시를 위험에 빠뜨리지 않으면, 그들이 승리할 것이라고 말했다. ……
당시에 페리클레스가 개인적으로 아테네가 펠로폰네소스인들과의 전쟁에서 아주 쉽

---

* 원서에 'no emergency powers were granted'라고 돼 있는데 문맥상 'no'가 들어가는 것은 맞지 않아 보인다.

게 승리할 것이라고 예견한 데에는 충분히 그럴 만한 이유가 있었다. …… (2.65.6-7; 13)

투키디데스는 페리클레스의 전략이 최종적으로 실패한 것은 그의 후계자들이 그 것을 포기했기 때문이라고 봤다. 그들은 "모든 면에서 그의 계획과 반대되는 것들을 했다".(2.65.7) 그러나 페리클레스의 전략은 그가 죽은 뒤에도 2년 동안, 즉 전쟁 5년 차에도 성과 없이 계속 유지됐다. 당시를 되돌아봤을 때 훨씬 더 정확한 것은 그의 정책이 그가 살아 있는 동안에 이미 실패했다는 것이었다.

그의 정책이 실패한 이유를 의도하지 않은 그리고 예측할 수 없는 재앙 탓으로 돌리고 싶겠지만 이는 적절치 않다. 전쟁 2년 차에 무시무시한 역병이 아테네에 창 궐했다. 역병은 아테네인들의 의지를 약화시키고 펠로폰네소스인들의 사기를 높여 페리클레스의 전략에 큰 차질을 가져왔다. 그러나 협상이 실패한 뒤에 싸우고자 하는 아테네인들의 의지가 되살아났다. 그리고 역병이 발생하지 않았더라면 스파르타인들의 결기가 약화됐을 수 있었다고 믿을 근거도 없다. 전략이 실패한 이유는 다른 데서 찾아야 한다.

그의 계획을 평가하기 위해서는 페리클레스가 스파르타인들이 아테네와 전쟁을 하는 것이 무모하다는 것을 직시하기 전까지 얼마나 오랫동안 전쟁을 지속하리라고 예상하고 있었는지 알 필요가 있다. 이것은 아르키다모스 전쟁[B.C. 431~B.C. 421]* 의 결과를 그의 전략이 정당했다는 것을 입증하는 대표적인 사례로 간주하는 사람들이 일반적으로 하는 질문이다.45) 즉, 그들은 이 10년의 전쟁이 페리클레스의 머릿속에 이미 계산돼 있었다고 가정한다. 이런 결론은 그가 전쟁 직전에 아테네인들

---

* 일반적으로 역사가들은 제2차 펠로폰네소스 전쟁(B.C. 431~B.C. 404)을 세 가지 국면으로 나누는데, 아르키다모스 전쟁은 그중 첫 번째 국면이다. 스파르타인들이 육상에서 아티카를 여러 차례 침공하는 동안 아테네는 해군력의 우세를 앞세워 펠로폰네소스반도 해안 지역을 공략하는 것으로 대응한다. 이 국면은 기원전 421년에 니키아스 강화 조약으로 종결됐다.

에게 한 연설 내용에 일부 근거한 것이다. 그는 펠로폰네소스인들이 "해외에서 또는 시간적으로 장기간 이어진 전투를 해 본 경험이 없습니다. 그들은 가난해서 서로 단기 전투만을 할 뿐입니다."(1.142.3)라고 말했다. 펠로폰네소스의 병사들 대다수, 즉 스파르타인들을 제외한 모든 펠로폰네소스인이 자신들의 토지를 경작한다. 그래서 자신들의 농장을 오랫동안 멀리 떠나 있을 수 없다. 더구나 이런 군사 원정에 참가하는 비용을 스스로 감당해야 한다. 그런 사람들은 자신들의 재산보다는 오히려 목숨을 내맡기려 할 것이다. "왜냐하면 그들이 자신들의 자금을 먼저 써 버리지 않을 거라고 확신할 수 없기 때문이다. 특히 전쟁이 그들이 예상했던 것보다 길어지면 그럴 공산이 더 크다."(1.141.5-6)

펠로폰네소스인들이 아테네 제국을 위험에 빠뜨릴 수 있을 정도의 군사 행동을 할 수 있는 자금이 없다는 페리클레스의 주장은 옳았다. 그렇다고 매년 그들이 아티카를 침공해 영토를 파괴하는 것을 막을 수 있는 것도 아니었다. 이러한 침공은 기껏해야 한 달 정도 이어졌고, 비용이라야 병사들에게 식량을 공급하는 데 들어가는 정도였다. 그러므로 중요한 것은 아테네의 자금이 페리클레스의 전략을 지탱하기 위해 연간 지출되는 규모를 얼마나 오랫동안 감당할 수 있을 것인가 하는 것이었다.

이 전쟁의 연평균 소요 비용은 페리클레스가 확실히 통제권을 쥐고 있던 첫해에 들어간 비용을 조사해 보면 대략적으로 알 수 있다. 기원전 431년에 펠로폰네소스인들이 아티카를 침범했을 때 아테네인들은 펠로폰네소스반도 부근에 전함 100척을 보냈다. 30척의 소함대를 보내 전략적으로 중요한 에우보이아섬을 방어했다. 이미 70척이 포티다이아를 봉쇄하고 있었다. 이해에 총 200척의 함선을 전쟁에 투입했다. 함선 1척을 한 달 동안 해상에서 운용하는 데 1달란트의 비용이 든다. 보통 임무를 교대하는 주기가 8개월이었다. 포티다이아의 경우는 해상 봉쇄 때문에 연중 내내 함선이 부근에 머물렀을 것이다. 이렇게 계산하면 함대를 유지하는 경비로

1600달란트를 지출했다는 결론이 나온다. 여기에 보병 부대를 유지하는 비용이 추가돼야 한다. 이 비용의 대부분은 포티다이아에서 지출됐다. 봉쇄 작전에 투입된 보병은 못해도 3천 명 수준으로 이보다 많을 때도 있었다. 따라서 대략 3500명 정도였을 것이다. 보통 병사들은 하루에 1드라크마와 수수료로 1드라크마를 추가로 받았다. 따라서 병사들에게 매일 들어가는 비용은 적어도 7천 드라크마, 또는 1달란트 1천 드라크마였다.* 이 숫자에 대략 1년에 해당하는 360을 곱하면 420달란트가 나온다. 분명히 다른 군대 비용도 있었겠지만 여기서 상세히 다룰 필요는 없다. 다만 함대 경비와 포티다이아에 배치한 병력의 비용을 합하면 2천 달란트가 넘는 계산이 나온다. 다른 자료에 근거해 두 개의 다른 계산이 있는데 추산한 합계는 비슷하다.**46)**

페리클레스는 이 전쟁을 수행하기 위해 1년에 적어도 2천 달란트를 지출하리라 예상했었을 것이다. 그런 전쟁을 3년 동안 한다고 하면 6천 달란트의 비용이 들게 된다. 전쟁 2년 차에 아테네인들은 그들이 보유한 자금에서 1천 달란트를 따로 모았다가 "적이 해상에서 도시를 공격해 올 경우 방어 목적으로만" 사용하도록 하면서 이것을 다른 용도로 사용하자고 주장하는 사람이 있으면 사형에 처하도록 하는 법안을 통과시켰다. 이로 인해 사용 가능한 5천 달란트의 여유 자금이 발생했다. 여기에 3년 동안 벌어들일 제국의 수입 1800달란트를 보태면 총 6800달란트가 된다. 따라서 페리클레스는 그의 전략을 오직 3년 동안 유지할 수 있었다. 그는 우리와 마찬가지로 이 모든 것을 계산했을 것이다. 따라서 그가 10년 전쟁을 예상했다고 생각해서는 안 된다. 그리고 궁극적으로 이 전쟁은 27년이나 지속됐다.

페리클레스의 목표는 펠로폰네소스 동맹의 실질적 의사 결정자인 스파르타의 의견을 바꾸는 것이었다. 처음에 스파르타인들이 전쟁을 하게 하는 것이 얼마나 어려

---

* 　고대 그리스에서 1달란트는 6천 드라크마와 같았다.

　　　　　　　　　　　　　　　　　　　　　　　　　페리클레스

왔는지 기억한다면 이런 기대가 터무니없는 것은 아니었다. 스파르타인들이 전쟁을 찬성하고 나서 실제로 첫 행동을 개시하기까지 오랜 시간이 걸렸고, 중간에 평화 협상을 시도했으며, 스파르타의 왕은 전쟁을 시작하는 것을 계속해서 머뭇거렸다. 스파르타인들에게 화해하는 것을 고려하도록 설득하려면 다섯 명의 최고 행정관들 중 세 명의 지지를 확보해야 했다. 이들 최고 행정관들과 스파르타의 민회가 화해를 수용하도록 하려면 아테네인들은 이들이 자연 과반수natural majority를 되찾도록 도와줌으로써 스파르타의 국내 정치의 안정을 유지하면서 대부분의 시간을 펠로폰네소스반도에 머물게 하면 그만이었다.

이런 사실들에 비춰 볼 때 페리클레스의 계획은 대단히 그럴듯해 보였다. 아르키다모스는 스파르타인들에게 다가오는 전쟁에 대해 잘못 예상하고 있다고 경고했었다. 아테네인들은 지상 전투를 하지 않을 것이고, 스파르타인들은 지상 전투 외에 달리 전략이 없었다. 그들은 페리클레스를 믿지 않았지만, 그의 계획은 스파르타인들에게 그들의 왕이 옳았음을 입증하는 것이었다. 해상 공세는 아주 제한적이었다. 전쟁이 확대될 경우 펠로폰네소스인들에게 피해를 줄 수 있다는 것을 보여 줄 의도에서 일부러 제한적으로 한 것이었다. 더 적극적이고 효과적인 작전들을 펼치는 것은 이런 계획과 상충될 수 있었다. 더 공세적으로 나설 경우 적들을 자극해 아르키다모스의 합리적 견해가 다수의 지지를 받는 것을 방해할 수 있었다.

국내외에서 취한 억제 정책policy of restraint이 머지않아 스파르타에서 평화 지지자들에게 힘을 실어 줄 수도 있었다. 페리클레스는 스파르타의 견해가 빠르게, 가능하면 한 차례 군사 작전이 끝난 뒤에 바뀌기를 기대했었을 것이다. 2년 동안 비슷한 작전들을 계속 고수할 수도 있다. 그러나 분명히 3년 이상은 그럴 수 없다. 왜냐하면 스파르타로서는 아테네가 방어 전략으로 쌓은 석벽stone wall에 대고 아무 효과도 없는 주먹질을 계속하는 것이 전혀 이치에 맞지 않기 때문이었다. 이러한 치밀한 구상에도 불구하고 이 계획은 작동하지 않았다. 바로 전쟁 첫해에 불길한 전조가 일어났다. 아테네인들이 성벽 뒤에 있으면서 지상 전투를 거부했다. 그사이 그들의 배가 펠로폰네소스반도 주변을 항해하면서 일부 적국들의 해안 지역을 파괴했고, 그들에게 대적해 온 소규모 군대들을 무찔렀으며, 일부 전략적 항구를 빼앗았다. 스파르타인들이 아티카에서 철수한 뒤에 페리클레스는 직접 대군을 이끌고 메가라로 가서 그곳의 영토를 철저히 짓밟았다. 이런 모든 상황에도 불구하고 전쟁이 끝날 기미는 어디에서도 보이지 않았다.

어떤 학자가 주장한 대로 "소모전에서는 철저히 피해를 입히는 쪽이 궁극적으로 승리한다". 그리고 스파르타인들이 거의 철저히 아테네에 피해를 입혔다. 아테네인들은 농작물이 잘려 나가고, 포도나무와 올리브 나무가 베여 넘어지고, 가옥이 불타 무너지는 것을 고통스럽게 지켜봐야 한 것은 물론이고 그들의 중요한 곡물 공급 원천을 잃었다. 식량은 수입 물자로 대체할 수 있었지만 비용이 많이 들었다. 올리브 오일과 포도주가 무역 수지를 유지하기 위한 주요 수출품이었지만 원료가 되는 포도나무와 올리브 나무가 파괴됐다. 사적으로든 공적으로든 수입하는 식료품의 대금을 지급하느라 보유 자금이 줄었다. 이에 따라 그들이 버틸 수 있는 시간도 줄었다. 반면, 펠로폰네소스반도 밖에 위치한 메가라를 제외하면 펠로폰네소스반도에 대한 아테네의 공격은 그저 바늘로 콕콕 찌르는 정도로 상대를 자극할 뿐 실질적으로 타격을 주지는 못했다. 스파르타는 전혀 피해를 입지 않았다. 스파르타를 구성하는 라코니아와 메세니아 전 영역에서 오직 해안 마을 한 곳만 타격을 입었다. 일부 동맹국들이 다소 피해를 입기는 했지만 심각한 정도는 아니었다. 사실 메가라인들이 가장 큰 고통을 당했지만 10년 뒤에나 강화를 추구할 만큼 그렇게 심각하지 않았다.

여러 상황이 아테네인들에게 불리하게 진행됐다. 그들이 거둔 승리들은 전략적으로 중요하지 않았다. 그들은 포티다이아인들의 저항, 덩달아 일어난 칼키디키반도의 반란이 계속되면서 실망하기도 했다. 아테네인들은 상당한 시간과 자금을 썼

페리클레스

지만 지출 대비 가시적인 성과가 거의 없었다. 이미 아테네인들은 성스러운 금고들에 쌓아 놓은 자금에서 1300~1400달란트를 꺼내 써야 했는데, 그들이 처분할 수 있는 전쟁 자금의 4분의 1이 넘는 액수였다. 펠로폰네소스인들은 단념할 기미를 보이지 않았다. 그들은 이듬해 봄에 사기가 충만해져 돌아와 피해를 입지 않은 아티카의 많은 지역을 파괴했다. 펠로폰네소스 동맹 내부에 균열이 생겼다거나 스파르타에서 평화를 추구하는 세력의 영향력이 증가했다는 것을 보여 주는 증거는 없다. 클레온이 페리클레스의 전략이 효과가 없다고 내놓는 불평이 희극 시인들의 소재가 되었을 수 있지만, 이런 불평은 빙산의 일각으로 피해가 계속되면서 점차 극에 달할 것이 분명했다. '매파들'의 수가 늘고 영향력이 증가하면서 전쟁을 좀 더 공세적으로 펼치자고 주장할 수 있었다. 전쟁 1년 차가 끝나 갈 무렵 페리클레스와 그의 전략에 대한 압박이 거셌다.

페리클레스는 이런 불만을 간과할 수 없었다. 분명히 그는 매파 세력의 힘이 강해지는 것을 차단할 필요가 있었다. 그래서 "이런 불만을 누그러뜨리고, 적에게 피해를 좀 입히고 싶어"(플루타르코스, 《페리클레스》, 35.1) 기원전 430년 5월에 그가 직접 4천 명의 보병 및 300명의 기병을 실은 수송선과 150척의 함선으로 이뤄진 군대를 이끌고 펠로폰네소스반도로 군사 원정을 나갔다. 이는 엄청난 대군으로 전년도에 가했던 것보다 더 큰 피해를 입히는 것이 임무였다. "그들은 펠로폰네소스반도의 에피다우로스에 도착해 이곳의 대부분을 파괴했다. 원래는 이 도시를 정복할 수 있지 않을까 기대했지만 그렇게 하지 못했다. 에피다우로스를 떠나면서 그들은 펠로폰네소스반도 해안에 위치한 트로이젠, 할리에이스, 헤르미오네의 대부분을 파괴했다. 이곳에서 라코니아의 해안 마을인 프라시아이Prasiae로 항해했다. 그들은 이곳의 영토를 파괴하고, 마을을 점령했으며, 약탈도 했다. 그러고 나서 본국으로 돌아왔다."(2.56.4-6) 이 군사 작전은 전략의 변화가 아니라 오히려 펠로폰네소스인들에 대한 '교육'의 속도를 높이고자 한 것이었다. 그럼에도 불구하고 페리클레스는 자신의 전략이 먹혀들지 않자 이전과 달리 공세 수위를 높일 수밖에 없었다.

이 원정대가 아테네를 떠나기 직전에 아르키다모스가 펠로폰네소스 군대를 이끌고 아티카로 돌아와 전년도에 시작한 파괴를 이어 갔다. 이번에 그는 자비를 베풀지 않았다. 아티카 전체를 파괴했다. 그는 아테네 앞에 펼쳐진 커다란 평원을 약탈한 다음 해안 지역을 따라 동쪽과 서쪽으로 이동했다. 이때 그는 아티카의 영토를 볼모로 잡는 것이 의미가 없음을 알았다. 이때 신속하고 큰 탈 없이 화해할 수 있으리라는 그의 기대도 사라졌다. 펠로폰네소스 군대가 아티카에서 40일 동안 주둔했는데, 이번 전쟁에서 가장 긴 기간이었다. 그들은 아테네 전역을 파괴한 뒤에 보급품이 떨어지자 떠났다. 그들의 전략적 기대가 꺾이면서 양측은 강화를 하고자 준비하는 대신 감정이 격해지면서 전쟁에 더 열을 올렸다.

이어 역병이 아테네인들을 덮쳤다. 전례 없는 역병이 발생하더니 기원전 430년과 기원전 429년 사이에 걷잡을 수 없이 퍼졌다. 이후 잠시 주춤하는가 싶더니 기원전 427년에 다시 발병했다. 이 역병은 보병 4400명, 기병 300명 그리고 말로 다 할 수 없는 수많은 하층 계급 출신의 아테네인들이 죽은 뒤에야 자연스럽게 사라졌다. 전체 인구의 3분의 1 정도가 죽었다. 이와 같은 사태는 이전에 보지도 듣지도 못했었다. 현대의 학자들과 의료 전문가들이 역병의 정체를 두고 여전히 논쟁 중이다. 림프절 페스트bubonic plague와 폐 페스트pneumonic plague에서 홍역까지 온갖 주장이 나왔다. 가장 최근에는 독소 충격 증후군toxic shock syndrome이라는 주장도 나왔다. 원인이 무엇이든 아티카의 인구 전체가 성벽 안에 밀집해 있다 보니 더 치명적이었다. 이 역병은 아테네의 사기를 완전히 떨어뜨렸고, 페리클레스의 위상과 그의 전략에 대한 민중의 신뢰를 심각하게 훼손했다. 그리고 전쟁이 지속되는 것을 그의 정책 탓으로 돌렸다.

그리스인들은 역병을 신들을 화나게 하는 인간의 행동에 내리는 신의 형벌이라고 생각했다. 호메로스가 쓴 《일리아드》의 앞부분에 나오는 이야기 중에 아가멤논이 그의 사제를 모욕하자 아폴론이 보복으로 보낸 역병이 그런 것이다. 이런 형벌은 신탁을 무시한다거나 종교적으로 모독 행위를 하는 것과 연관돼 있었다. 아테네에서 역병이 발병하자 노인들이 "도리스 전쟁이 일어나면 역병이 함께 올 것이다."(2.54.3)라는 과거의 신탁을 떠올렸다. 이는 은연중에 페리클레스를 비난한 것으로 그는 도리스계인 펠로폰네소스인들과의 전쟁을 강력히 주장했고, 종교에 회의적인 무신론자들과 어울린다고 알려진 인물이었다. 많은 이가 스파르타인들이 델포이 신전에 가서 아테네인들과 전쟁을 시작해야 하는지 아닌지 물었을 때 돌아온 신탁을 떠올렸다. 아폴론은 "그들이 전력을 다해 전쟁을 하면 승리할 것이고, 그가 그들을 도울 것이다."(2.54.4)라고 대답했다. 페리클레스는 이 신탁이 함의하는 바를 무시했지만, 이를 믿는 사람들은 이제 아테네가 겪는 고통을 그의 엄연한 불경 행위와 연관 지으면서 역병이 펠로폰네소스반도에서는 발병하지 않았다는 것을 지적했다. 의심의 여지 없이 많은 아테네인이 전쟁 전에 스파르타인들이 와서 저주를 몰아내야 한다고 요구했던 것을 떠올리면서 자신들의 불행을 그의 지도자와 연관이 있는 알크마이오니다이 가문의 저주 탓으로 돌렸다.

페리클레스의 정적들, 아마 전쟁을 반대하는 세력이나 지지하는 세력 모두가 이때다 싶어 전쟁을 야기하고 역병의 피해를 키운 전략을 강요한 것에 대해 페리클레스를 비난했다. 그들은 역병이 무더운 여름에 위생이 좋지 않은 곳에 사람들이 한데 밀집해 있다 보니 발병했다고 주장했다. 일이라도 해야 몸을 움직일 텐데 그러지 못했고, 더구나 건강을 위해 운동하는 것은 생각도 못 했다. 그는 아테네인들을 가축의 우리처럼 부패한 곳에 빼곡히 몰아넣은 채 갈아입을 옷도 쉴 곳도 마련해주지 않았다.(플루타르코스, 《페리클레스》, 34.3-4)

마침내 아테네인들이 그와 그의 정책에 등을 돌렸다. 스파르타의 군대가 철수하면서 당면했던 군사적 위기가 끝났고, 페리클레스의 인기가 식으면서 민회의 소집을 더 이상 막을 수 없었다. 그의 반대에도 불구하고 아테네 민회가 사절들을 보내 강화를 요청했다. 역병으로 인해 클레온의 '매파'든 페리클레스든 전쟁을 지지했던 세력들의 힘이 약화된 것으로 보였다. 반대로 전쟁에 반대했던 세력들의 힘이 커지자 전쟁을 끝내기 위해 협상을 시도했다.

어떤 조건들을 협상했는지 알려지지 않았지만, 분명한 것은 평화를 원하는 아테네인들조차 그것이 너무 가혹하다고 생각했다. 아테네 민회가 그것을 거부하면서 전쟁은 계속됐다. 스파르타인들은 그들이 원래부터 요구했던 궁극의 조건들, 즉 아테네가 그리스인들을 자유롭게 풀어 주어야 한다는 것, 다른 말로 자신의 제국을 포기해야 한다고 주장했을 것이다. 자신들의 기대와 달리 스파르타에게 일격을 당한 아테네의 평화파peace faction는 이후 거의 10년 동안 세력을 회복하지 못했다. 아테네의 힘이 약해졌을 때 협상을 시도한 것은 페리클레스가 줄곧 강조했던 것, 즉 아테네인들이 스파르타인들에게 아테네가 양보하지 않을 것이고 패배하는 일도 없을 것임을 확신시키지 못하면 만족할 만한 평화를 달성할 수 없을 것이라고 했던 말을 입증했다. 그럼에도 불구하고 일부가 협상을 재개할 수 있다는 기대를 포기하지 않았던 것 같지만, 페리클레스의 영향력과 설득력이 그들을 가로막았다. 자신들의 정책이 실패한 것에 좌절한 이들이 페리클레스에게 인신공격을 가했다. 그는 기록으로 남아 있는 마지막 연설에서 자신을 적극 옹호했다.

페리클레스가 지도자로 부상한 이후 그의 인기와 영향력은 하락한 적이 없었다. 하지만 그에게 문제가 있었다면, 그것은 바로 그의 리더십이 보여 준 특성이었다. 그는 항상 아테네인들에게 진실을 말했다. 심지어 논란이 있고 인기가 없는 정책들을 추구할 때도 마찬가지였다. 아무도 그가 문제들을 명확하게 또는 정직하게 제시하지 않았다고 또는 그런 문제들을 충분히 그리고 자유롭게 토론하지 않았다고 주장할 수 없었다. 그는 스파르타가 단단히 화가 나 있었고 결의가 대단했었다는 것을 과소평가했을 수 있지만, 아테네인들은 그의 정책들에 대해 투표하면서 그의 판단을 논의할 수 있는 기회가 있었다. 그는 아테네인들에게 "여러분이 보기에 제가 적어도 다른 누구보다 지도자에게 필요한 자질들을 어느 정도 갖추고 있어서 전쟁을 하자는 제 주장에 수긍했었다면, 지금 와서 제가 잘못하고 있다고 비난하는 것은 옳지 않습니다."(2.60.7)라고 말했다.

스파르타의 비타협적인 태도와 가혹한 강화 조건들이 페리클레스가 민회에서 자신의 정책을 놓고 벌인 논쟁에서 승리하는 데 도움이 됐다. 아테네인들은 더 이상 사절들을 보내지 않았고 새로운 마음가짐으로 전쟁에 임했다. 그러나 평화를 지지하는 이들은 포기하지 않았다. 그들은 여전히 페리클레스를 평화의 걸림돌로 봤다. 그래서 그를 제거할 결심을 했다. 실제로 아테네의 두 극단적인 세력들, 즉 평화를 지지하는 세력과 좀 더 공세적인 전쟁을 원하는 세력이 힘을 합쳐 그들의 길을 방해하는 이 온건한 지도자를 제거하려고 했던 것 같다.

정치라는 경쟁의 장political arena에서 승리하지 못한 그들은 법정으로 눈을 돌렸다. 불필요한 정책을 공격하기 위해 그런 정책을 정치적으로 지지하는 자들을 부패 혐의로 고발하는 것은 잘 알려진 방식이다. 페리클레스도 이런 식으로 키몬을 공격하면서 그의 정치 경력을 시작했었다. 에피알테스는 아레오파기테들에게 개별적으로 부패 혐의를 씌워 아레오파고스 재판소를 개혁하기 위한 걸림돌을 제거했었다. 기원전 438년에 페리클레스의 정적들이 그와 그의 친구들에게 같은 방식을 적용했다. 페리클레스가 장군의 직위에서 해임되고 횡령 혐의로 재판을 받았다.

역병으로 인해 분위기가 침통한 가운데 페리클레스의 전략도 먹혀들지 않았다. 승리든 강화 조약이든 어느 것도 예측할 수 없는 상황에서 그가 유죄 판결을 받아 거액의 벌금형에 처해진 것은 놀랍지 않다. 배심원단은 그의 유죄를 완전히 확신하지 못했을 것이다. 그의 죄목이 횡령이었다면 사형이 선고될 수도 있었기 때문이다. 더구나 이 유죄 판결과 벌금형은 공민권 박탈을 포함했던 것 같다. 공민권을 박탈했다는 것은 일시적으로 그를 공직에서 배제하는 것을 의미한다. 분명히 그는 벌금을 바로 납부했을 것이다. 하지만 그는 기원전 430년 9월부터 공직에서 물러나 업무를 보지 않았다. 그러나 이듬해 봄에 다시 장군으로 선출됐다.

투키디데스가 아테네의 여론이 바로 바뀐 이유를 이렇게 설명하고 있다. "오래 지나지 않아, 민중이 선호하는 대로, 그들은 그를 다시 장군으로 선출했고, 그에게 모든 권한을 넘겼다. 그들의 개인적 감정이 각자 겪고 있는 불행에 대해서는 크게 민감하지 않았던 반면, 국가 전체의 필요에 있어서는 그들이 그를 가장 유능한 인물로 판단했기 때문이었다."(2.65.4) 이는 여론이 바뀐 원인을 설명한다기보다는 아테네 민주주의에 대한 투키디데스의 견해를 보여 주는 것으로 볼 수 있다. 시간이 지나면서 아테네인들은 그들의 고통에 무뎌져 갔다. 그리고 페리클레스를 해임한 것도 썩 결과가 좋지 않았다는 것이 드러났다. 더구나 그의 몰락을 초래했던 두 극단적인 세력의 부자연스러운 결탁은 오래 지속될 수 없었다. 그리고 페리클레스가 조직하고 수년에 걸쳐 결속을 다져 왔던 온건 진영moderate bloc이 점차 두각을 나타내기 시작했다.

페리클레스가 공무에 복귀하기는 했지만 예전 같지 않았다. 예전처럼 그는 확고하고 왕성하게 정책을 펼치지 못했다. 기원전 429년 한여름이 되었을 즈음, 즉 그가 공직을 다시 시작했을 때 그는 죽을 정도로 아팠고 몇 달 뒤에 사망했다. 그를 죽게 한 질병은, 아마 역병일 것 같은데, 갑작스럽게 그를 공격한 것이 아니라 "그의 몸을 서서히 소진시키고 고결했던 정신을 해치면서"(플루타르코스, 《페리클레스》, 38.1) 천천히 공격했다. 그해 가을 즈음 그는 사망했다.

페리클레스가 사망한 시점에 그의 전략이 실패했음이 아주 분명해졌다. 그가 스파르타에 대해 기대한 바가 틀린 것으로 입증됐다. 결국 이것은 아테네의 자원이 충분하다는 그의 판단이 정확하지 않았다는 것을 의미했다. 기원전 428년경에 보유금이 완전히 고갈됐다. 그래서 그의 후계자들은 직접세direct tax에 의지할 수밖에 없었는데, 아마 이는 아테네의 역사에서 처음 있는 일이었을 것이다. 이뿐만 아니라 동맹들의 공물 납부도 늘려야 했다. 이런 조치는 페리클레스가 구상한 것도 아니

페리클레스

었고 전쟁 초기에 그가 언급한 것도 아니었다. 직접세는 항상 유산 계급들properties classes이 반대한 것이었고, 만일 페리클레스가 이를 제도화하고자 했다면, 아테네에 대한 그의 지배력이 흔들릴 수 있었다. 동맹들의 공납을 크게 늘리는 것 역시 그가 절대적으로 의지할 수 있는 어떤 것이 아니었다. 평상시였다면 반란을 초래할 수도 있었다. 다행히 기원전 425년에 클레온과 데모스테네스가 페리클레스의 정책을 바꿔 공세적인 군사 작전으로 큰 승리를 거두면서 스파르타의 명성을 실추시켰다. 이런 상황에서 어느 동맹도 감히 반란을 일으킬 수 없었고, 따라서 안전하게 공물 납부를 증가시킬 수 있었다. 이것은 페리클레스보다 좀 더 공격적인 성향의 후계자들이 도입한 전략의 결과였다. 한 저명한 이탈리아 학자는 "만일 전쟁 계획이 바뀌지 않았다면, 만일 아테네인들이 페리클레스는 어떻게든 피하고자 했던 대담한 공격들을 시도하지 않았다면, 여하튼 이 전쟁을 승리로 장식할 수 있었을 것 같지는 않다. …… 몇 년 뒤에 전략을 바꿔 공세적으로 나섰던 것은 타협을 통한 평화compromise peace라는 수단이 더 이상 작동하지 않게 되면서 가능했던 것이었다. 페리클레스가 공언했던 것과 달리 타협을 통한 평화는 아테네가 자신의 제국에 대한 지배를 강화하는 데 전혀 효과가 없었다."라고 결론 내린다. 아테네가 기원전 421년에 니키아스 조약으로 얻어 낸 안전이라고 하는 것이 무엇이든지 간에 "분명한 것은 페리클레스가 구상한 전쟁 계획을 포기한 덕분에 가능했다는 것이다".[47]

반대로 투키디데스는 페리클레스의 전략이 실패한 이유를 그의 후계자들이 그것을 포기한 탓으로 돌린다. 그런데 이 전략은 전혀 성공할 가능성이 없는데도 불구하고 페리클레스 사후 2년 동안 변화 없이 그대로 유지됐다. 그리고 이 전략이 실패했다는 것은 그가 살아 있는 동안 이미 분명하게 드러났다. 아테네인들이 전쟁 2년차에 페리클레스의 충고를 무시하고 스파르타에 사절을 보냈다는 것이 이를 입증하는 주요 증거이다. 비록 스파르타인들이 타협하지 않기로 결정하기는 했지만, 그들은 페리클레스의 기대에는 한참 미치지 못하더라도 수용할 수 있는 강화 조건들을 제시할 수도 있었다. 혹시 이런 일이 일어났었더라면, 페리클레스로서는 이 전쟁을 자신들이 패한 것으로 규정했었을 것이다. 더구나 페리클레스의 조언을 거부하고 사절을 보냈다는 것은 그의 전략이 동료 시민들에 의해 실패한 것으로 여겨졌다는 것을 보여 준다. 그는 자신의 전략을 고집하면서 지도자로서 지위를 상실했다.

페리클레스의 전략은 전쟁으로 이어지는 위기 동안 그가 추구했던 경로가 계속 유지된 것으로 비칠 수 있다. 이 경로란 핵심 사안들에서 양보를 하자고 주장하는 세력과 전쟁을 하자고 부추기는 세력들을 동시에 달래기 위해 외교적이고 군사적인 조치들을 결합한 것이다. 이런 전략의 목표는 중요한 원칙들과 입장들을 고수하면서 위험을 최소화하는 것이었다. 위기 기간에는 외교 전선diplomatic front에 초점을 뒀다. 전쟁을 억제하는 것이 목적이었기 때문이다. 전쟁이 일어난 뒤에는 좀 더 군사적인 행동으로 초점이 이동했다. 적에게 승리가 불가능하다는 것을 가르침으로써, 그리고 큰 충돌을 초래하지 않으면서 양보를 얻어 내고자 스스로 고통을 감수함으로써, 만족스러운 강화 조약을 끌어내는 것이 목표였다. 두 경우 모두 페리클레스는 자신의 정책의 기틀이 된, 그리고 적의 진영에서도 전면에 내세울 것으로 기대했던 지성과 이성의 힘에 크게 기댔다.

그의 기대가 어긋나기는 했지만, 그가 저지른 실수는, 비록 심각하기는 했어도, 흔히 일어날 수 있는 것이었다. 그는 상대가 그들의 경험에서 합리적인 교훈을 얻어 더 이상 싸워 봐야 실익이 없다는 것을 이해할 것으로 예상했다. 우리 시대에 공중 폭격, 월등한 화력, 해상 패권에 기초한 전략들이 실패한다는 것은 응징의 강도가 높아 갈수록 적이 심리적 공황 상태에 빠지는 것이 아니라 오히려 결전의 의지를 다지는 경우가 있다는 것을 보여 준다. 정책 결정자들이 귀족이나 전문 외교관이 아닌 시민들인 나라에서 이런 경우가 발생한다. 시민들이 정책을 결정하는 나라에서는 여론의 영향이 크고 합리적인 생각보다는 열정과 증오가 앞서기 때문이다. 20세기는 작은 국가들이 강대국들에 맞서 완강히 저항하는 것을 목격했다. 아테네

페리클레스

와 스파르타의 전쟁에서는 양측의 힘이 얼추 비슷하다 보니 서로 저항과 희생이 훨씬 거세고 컸다.

펠로폰네소스 전쟁은 육상 권력과 해상 권력이 대결한 과거의 사례이다. 각자 자신의 원칙을 고수하면서 상대적으로 낮은 비용으로 신속히 승리할 수 있겠거니 하면서 전쟁에 임했다. 몇 년 동안 전쟁을 한 결과 어느 쪽도 각자 생각대로 승리할 수 없다는 것이 드러났다. 각자 상대가 처한 상황과 입장에서 어떻게 싸울지 알 필요가 있었다. 아테네인들이 진짜 승리하고자 했다면 페리클레스의 정책에 따라 대치만 할 것이 아니라 스파르타인들을 육상에서 무찌르거나 적어도 그들이 치명적인 실수를 저지르도록 유인할 수 있는 좀 더 공격적인 해상 작전들을 펼쳤어야 했을 수 있다.

페리클레스의 전략은 그가 추구했던 제한적인 승리마저도 거둘 수 없었다. 즉, 적으로부터 싸울 역량과 의지를 빼앗을 수 없었다. 이를 위해 아테네인들은 공격적인 자세를 취했어야 했을 수 있다. 그러나 페리클레스와 바로 그의 뒤를 이은 후계자들은 오히려 더 수세적인 자세를 취했다. 자신의 나라를 난공불락의 섬으로 생각했던 이들한테는 충분히 가능한 선택이었다. 아테네는 통상적인 전쟁이 초래하는 많은 위험과 참상을 피하는 전투 방식을 발전시켰다. 이 방식으로 아테네인들은 자신들의 힘을 신속하게 집결해 적이 준비 태세를 취하기 전에 공격할 수 있었다. 또한 자신의 도시와 주민한테는 위험을 초래하지 않으면서 적에게 일격을 가할 수 있었다. 이런 전투 방식이 성공하면서 이것 하나만으로 충분하다고 생각했고, 더구나 육상 전투에서 패해 큰 손실을 입을수록 아테네인들이 다른 육상 전투를 감수하는 것을 주저하도록 만들었다.

페리클레스는 이런 매력적인 전략을 끝까지 밀어붙였다. 심지어 그는 아테네의 영토를 방어하는 일에조차 군대를 사용하는 것을 거부했다. 이렇다 보니 그는 적을 무력화 할 수 있다는 기대 없이 그저 스파르타인들과 동맹들을 크든 작든 응징할 수 있기만을 바랐다. 스파르타는 이런 계획을 수포로 돌리는 데 소질이 있었다. 결국 페리클레스의 합리적 전략은 일종의 희망 사항이 됐다. 그러나 페리클레스는 이런 입장을 끝까지 고수했다. 전쟁이 일어나기 전 위기에 처한 동안 그의 구상이 실패로 돌아가고 메가라 포고령이 큰 쟁점이 되면서 자신에 대한 비판이 가중되는데도 불구하고 그는 자신의 정책을 원래대로 확고하게, 심지어는 더 고집스럽게 유지했다. 전쟁 기간에 아테네인들이 그의 전략에 반발하고 스파르타와 평화를 추구했을 때도 그는 꿈쩍하지 않았다. 죽는 날까지 그는 자신의 이성이 그에게 열어 준 길을 있는 힘껏 고수했다.

영웅

———

13

사망하기 직전 2년 동안 페리클레스는 정치적으로나 개인적으로 일련의 참사들을 겪었다. 한 세기 뒤에 이런 운명의 반전이 크게 마음에 와닿았던 아리스토텔레스는 그를 생각하며 디오니소스 극장에 그려진 비극적인 영웅들을 떠올렸다. 페리클레스는 기록으로 남은 그의 마지막 연설에서 최선의 정책을 결정하고 그것이 얼마나 적절한지 다른 이들을 설득하는 능력에서, 애국심에서, 청렴결백에서 누구에게도 뒤지지 않는다고 자부했다. 그러나 그의 정책은 한동안 거부됐다. 그는 공직에서 해임돼 기소됐고, 뇌물을 받은 혐의로 유죄가 선고됐다. 아테네인들 가운데 가장 뛰어났던, 즉 "연설과 행동에서 가장 영향력이 있던" 인물이 영향력을 상실한 채 치욕을 맛봤고, 자신의 도시가 겪는 모든 불행에 대해 비난을 받았다. 그가 사망하기 몇 달 전에 공직에 잠깐 복귀했지만 이런 기본적인 상황이 바뀌지는 않았다.

그는 사적이고 개인적인 번민이 정말 엄청났다. 전쟁이 일어나기 전에 이미 장남인 크산티포스와 관계가 소원해지는 고통을 겪었고, 더구나 그가 아비인 자신을 공개적으로 비난하고 다녀 당혹스럽기까지 했다. 그가 첫 번째 부인과의 사이에서 낳은 두 아들이 살아 있었을 때는 그들이 합법적인 상속자가 되리라고 기대할 수 있었다. 그러나 두 아들이 그의 누이, 일부 친척들 및 친구들과 더불어 역병으로 죽었다. 그는 이런 불운에도 불구하고 평소대로 침착한 태도를 유지하려고 했지만, 작은 아들의 무덤에 화환을 바치면서 끝내 무너지고 말았다. 이때 그는 "소리 내어 울부짖으며 많은 눈물을 흘렸는데, 그가 평생을 살면서 결코 보이지 않았던 행동이었다".(플루타르코스, 《페리클레스》, 36.5) 바로 그해, 이 자존심 강하고 고결한 지도자는 아스파시아와의 사이에서 서자로 태어난 어린 페리클레스에게 시민권을 주기 위해 아테네인들에게 자세를 낮추면서까지 그가 20년 전에 발의했던 시민권법에 예외를 인정해 줄 것을 요청했다. 플루타르코스에 따르면, 아테네인들은 페리클레스 가문에 들이닥친 불행을 "그의 오만하고 거만한 행동에 내린 형벌 같은 것"(《페리클레스》, 37.5)으로 간주했다. 그가 충분히 고통을 받았다고 생각한 그들은 예외를 허용해 어린 페리클레스를 시민권자로 등록했다.

아마 페리클레스에게 가장 최악의 불운은 그가 자신의 인생을 바친 도시가 처한 상황이었을 것이다. 부유하고, 강력하고, 계속 성장해 가면서 자신감에 차 있던 도시, 즉 그가 계속 확장해 나갈 수 있게 오랫동안 성공적으로 이끌어 왔던 도시가 전쟁과 질병으로 보잘것없이 쇠락했다. 축적해 놓은 부가 빠르게 증발했고, 시민들의 숫자도 가파르게 줄었다. 그들의 위세와 자신감이 적에게 강화 조약을 맺자고 사정해야 할 정도로 위축됐다. 아테네 동맹의 명성 또한 심하게 손상됐다. 10년 전, 그의 정적들이 아테네인들이 그들의 동맹들에게 참주처럼 행동한다고 비난했을 때 페리클레스는 강경하게 이들을 방어했었다. 하지만 말년에 그는 아테네가 자신의 제국을 "포학하게, 그리고 그것을 수중에 넣은 것이 잘못이었을 수 있지만 이제 놓아주기에는 너무 위험해서"(2.63.2) 붙잡아 두고 있다는 것을 인정해야 했다. 아테네 제국에 대한 반감이 아주 팽배했다. 이런 상황에서 전쟁 이전이나 이후에 본인들이 지배하고 있는 그리스인들을 제대로 다룰 수 없다는 것을 드러낸 스파르타인들마저도 보란 듯이 "그리스인들에게 자유를"을 전쟁의 기치로 내걸었다.

전쟁과 역병은 페리클레스가 추도사에서 내세웠던 위대한 제국적 민주주의라는 고상한 전망도 웃음거리로 만들었다. 그때 그는 아테네인들이 법에 헌신적이라는 것을 자랑했었다. "우리는 대체로 법을 존중하기 때문에 그것을 위반하지 않습니다. 우리는 공직에 있는 사람들과 법들, 특히 억압받는 사람들을 보호하고자 제정한 법들과, 비록 성문법은 아니지만, 어기는 것이 부끄러운 일이라고 생각되는 법들을 따릅니다." 그는 쓰러진 전사들의 아버지들에게 그들의 자식들이 얻은 명예를 위안으로 삼을 것을 촉구했다. "명예를 사랑하는 것만이 영원하기 때문에, 그리고 나이가 들어 육체가 무력해졌을 때, 사람들이 말하는 것처럼, 여러분에게 즐거움을 주는 것은 명예 이외에는 없습니다."(2.44.4)

그러나 역병은 아테네 문명의 얄팍한 껍질을 벗겨 냈고 전통과 덕목에 대한 존중을 철저히 파괴했다.

> 누구도 명예로울 거라고 생각한 것을 위해 스스로를 부정하고자 하지 않았다. …… 하지만 순간의 만족과 이것에 기여한 모든 것이 명예롭고 적절한 것으로 받아들여졌다. 신들에 대한 두려움이나 인간의 법들이 누구 하나 제지하지 못했다. 한편에서 그들은 모두가 똑같이 죽어 간다는 것을 목격하면서 경건하든 아니든 다를 것이 없다고 판단했다. 다른 한편, 누구도 오래 살면서 재판에 불려 나가 법 위반으로 벌금을 내리라고 예상하지 않았다. ……(2.53.3-4)

이런 무법적이고 허무주의적인 광경을 지켜보는 것은 특히나 고통스러웠을 것이다. 전쟁과 질병으로 황폐화되면서 또 다른 방식으로 아테네인들을 도덕적으로 타락시키고 명성을 실추시켰다. 전쟁 전에 이미 페리클레스는 매우 소중하게 여겼던 계몽된 생각들과 견해가 거부되기 시작하는 것을 목격했었다. 그는 자신의 지적인 동료들이 공격받는 것을 참고 견뎌야 했고, 그들 중 일부가 추방당하는 것을 지켜봐야 했다. 추도 연설에서 그는 신들에 대해서는 한 번도 언급하지 않은 채 아테네인들의 지성, 성격, 교육, 제도, 관습을 칭송했었다. 그러나 아낙사고라스와 프로타고라스의 학생이었던 그는 아테네인들이 지성과 이성에 기초한 충고를 멀리하면서 예언자들과 점쟁이들의 말을 귀담아듣는 것을 보며 살았다.

페리클레스의 마지막 순간을 보면 이런 비극적 반전이 그의 마음을 끝까지 짓눌렀다는 것을 알 수 있다. 플루타르코스는 그가 임종하던 순간을 이렇게 묘사한다. 아테네의 뛰어난 인물들과 친구들이 그의 방에 모여 그가 지녔던 덕목과 권력이 얼마나 위대했는지 논의했다. 그가 자고 있다고 생각한 그들은 장군으로서 그가 거둔 아홉 개의 승리를 거론했다. 사실, 이때 그는 깨어 있었다. 그래서 그는 그들이 자신의 재능과 다른 많은 이의 기여만큼이나 크게 운이 따랐던 승리들을 칭송하고 있는 것을 듣고 놀라움을 표시했다. 대신, 그는 그들이 자신의 위대함이라고 주장할 수 있는 것들 중에 가장 훌륭하고 중요한 것, 즉 "내 덕분에 상복을 입을 아테네인이 이제 살아 있지 않다는 것"《페리클레스》, 38.4)을 칭송해야 한다고 말했다.

페리클레스가 남긴 마지막 말로 전해지는 이 한마디는 듣는 이들에게 큰 충격을 줬을 것이고, 다른 아테네인들도 마찬가지로 깜짝 놀랐을 것이다. 그의 친구들조차도 그의 정책이 전쟁이 일어나는 데 적어도 뭔가 기여했다는 것, 그리고 그의 전략이 역병이 심해진 것과 관련이 있었음을 인정해야 했을 것이다. 그의 마지막 말은 그에게 감사하기는커녕 거세게 몰아친 비난이 그에게 얼마나 깊은 상처가 되었는가를 보여 준다.

기원전 425년 봄, 소포클레스는 그의 위대한 비극 〈오이디푸스 왕Oedipus Tyrannus〉을 내놓았다.[48] 이 작품을 주의 깊게 읽어 보면 이 연극을 보기 위해 아크로폴리스의 남쪽 비탈에 있는 극장에 앉아 있던 아테네인들이 테베와 불행한 왕의 이야기에 투영된 자신들의 도시와 지도자를 떠올리지 않았을까 싶다.[49]

연극은 이 도시가 무시무시한 역병으로 신음하고 있는 것으로 시작한다. 한 성직자가 이렇게 애도한다. "열병의 신이 우리에게 가증스러운 역병을 내려보내니 그는 이 도시를 사냥하면서 테베의 가옥들을 비운다. 검은 죽음의 신은 비탄과 애도로 부유해진다."(소포클레스, 〈오이디푸스 왕〉, 27-30)**50)** 오이디푸스 전설은 역병에 대한 언급을 전혀 포함하고 있지 않았다. 이는 소포클레스가 새롭게 삽입한 것이다. 더구나 역병을 내린 것은 아폴론이 아닌 전쟁의 신 아레스이다. 따라서 역병은 전쟁의 산물로 나타난다. 아테네의 관중은 이 이야기에 이렇게 삽입된 내용들을 놓치지 않았을 것이다. 그뿐만 아니라 그들은 오이디푸스에게서 역병이 처음 창궐했을 당시 자신들의 도시를 이끌었던 지도자의 얼굴을 어렵지 않게 떠올렸을 것이다. 이 성직자는 투키디데스가 페리클레스를 "일인자protos aner"라고 불렀던 것처럼 오이디푸스를 "인간들 중 으뜸andron de proton"(소포클레스, 〈오이디푸스 왕〉, 1.33)이라고 부른다.

곧바로 크레온이 '도시에서 역병을 없애려면 무엇을 해야 하는가?'라는 질문에 대한 델포이 신탁의 대답을 듣고 도착한다. "그가 분명한 어조로 이 땅을 더럽히는 것을 몰아내라고elaunein 명령했습니다……." 오이디푸스가 이렇게 묻는다. "우리가 겪고 있는 불행의 본질이 무엇입니까?" "우리가 그것을 어떻게, 어떤 의식들로 없앨 수 있습니까?" 그러자 크레온이 "추방, 아니면 피는 피로 갚는 것. 우리는 도시에 이런 거센 역병을 몰고 온 살인을 속죄해야 합니다."(소포클레스, 〈오이디푸스 왕〉, 11.95-99)라고 대답한다. 관객은 오이디푸스가 오염의 원천이라는 것, 그래서 추방당해야 하는 것이 그라는 것을 잘 알았다. 페리클레스 역시 살인을 속죄하지 않은 결과 도시를 오염시킨 것으로 알려진 저주의 상속자로 흔히 여겨졌다. 일찍이 스파르타인들은 아테네인들이 페리클레스에게 붙어 있는 "저주를 몰아내면elaunein"(1.126.3) 전쟁을 피할 수 있다고 제안했었다. 그러나 아테네인들은 거절했었다. 오이디푸스처럼 페리클레스는 그의 도시의 지도자로 남아 있었고, 전쟁-신war-god이 아테네에 역병을 데려왔다.

＊   따옴표는 문맥의 이해를 돕기 위해 옮긴이가 표시한 것이다.

오이디푸스의 또 다른 특성이 이 연극을 관람한 아테네인들에게 페리클레스를 연상시켰을 것이다. **티라노스**tyrannos라는 명칭은 테베의 통치자를 지칭하는 데 사용되고, **티라니스**tyrannis는 연극에서 대략 열네 번 정도 그의 절대적인 권능과 왕국을 지칭하는 데 사용된다. 이들 단어는 기원전 5세기의 아테네에서 의미가 분명하지 않았고, 간혹 중립적인 의미로 단지 '왕'과 '왕국'을 지칭하는 용도로 사용됐다. 이마저도 대체로 소포클레스의 연극에서 그렇게 사용되는데, 가끔 오이디푸스가 자기 자신을 지칭해 사용하기도 한다. 소포클레스의 다른 연극들에도 통치자들이 등장하는데, 일부는 오이디푸스보다 이런 부정적인 묘사가 더 적합한 이들이다. 그러나 이런 칭호는 〈오이디푸스 왕〉에 비해 자주 등장하지 않는다. 소포클레스는 오이디푸스의 권위가 갖는 특성을 그저 강조할 의도에서 이런 명칭을 사용했다. 사실 **티라노스**는 특별한 성향의 군주였다. **바실레우스**basileus로 불리는 합법적 왕과 달리 그는 비정통적인 방식, 즉 일반적인 법적 절차에 따른 합법적인 계승이 아닌 방식으로 왕좌에 올랐다. 보통 **티라노스**는 폭력, 예를 들어 살인, 쿠데타 또는 민중 혁명이라는 수단으로 권력을 잡은 강탈자usurper였다. 강탈자들 중에는 종종 좋은 통치자도 있어서 피지배자들이 좋아했다. 반면, **티라니스**는 두 세대에서 세 세대가 지난 후에 일반적으로 가혹한 전제 정치로 타락하는데 이런 전제 정치는 '폭정tyranny'을 뜻하는 현대의 용어에 딱 들어맞는다.

오이디푸스는 고전 시대의 제1세대 **티라노스**이다. 왜냐하면 그는 의외의 수단으로 권좌에 올랐기 때문이다. 그는 자신의 비범한 머리로 스핑크스의 수수께끼를 풀었고, 마찬가지로 역병 초기 단계에서 테베를 구했다. 이때 이후 그는 사랑받는 군주의 본보기가 됐다. 그래서 그나 그의 백성은 주저하지 않고 그를 중립적인, 심지어는 존경의 의미로 **티라노스**라고 불렀다. 그런데 비극적 아이러니는 그가 부정적인 의미에서 **티라노스**이기도 하다는 것이다. 이 점은 오이디푸스 자신이나 테베인들은 모르고 있던 것이다. 그러나 이 연극을 본 아테네인들은 잘 알았다. 여하튼 그

페리클레스

는 최악의 폭력으로 왕좌에 올랐다. 여러 해 전에 그는 길거리 싸움에서 낯선 사람을 죽였는데 그가 죽인 사람이 테베의 왕이자 자신의 아버지였다는 것을 몰랐다. 뒤에 그는 테베로 왔고, 스핑크스의 수수께끼를 풀었으며, 왕좌를 획득했다. 이 연극의 주요 합창곡은 폭정의 어두운 면을 노래한다.

> 폭군[tyrannos]은 광포한 오만[hubris]의 자식,
>
> 제철이 아닌, 어울리지 않는 음식을
>
> 헛되이 가득 처먹은
>
> 가장 높이 있는 가장자리까지 기어 올라가는
>
> 그런 다음 발이 있어 봐야 아무 소용이 없이 완전히 패배의 나락으로 뛰어드는
>
> 오만……
>
> 자신의 길을
>
> 말과 행동으로 지배하면서 가는,
>
> 정의를 두려워하지 않는,
>
> 신들의 신전을 경배하지 않는 인간—
>
> 사악한 운명이 그를 꽉 움켜쥐고 그의 불길한 오만을 응징할지이니.(소포클레스, 〈오이디푸스 왕〉, 11.873-81, 883-88)

페리클레스는 말 그대로 참주가 아니었다. 그러나 그의 적들은 그가 참주라고 주장하고는 했었다. 심지어 그를 칭송하는 자들조차 아테네에서 그의 지위가 독보적으로 높았다고 말했다. 수천 명의 아테네인들이 희극 시인 크라티노스가 극장에서 그를 "가장 위대한 **티라노스**"라고 부르는 것을 들었다. 오랫동안 정적들은 페리클레스를 이전 세기에 아테네에 참주 정체를 수립한 페이시스트라토스와 비교하면서 그가 자신의 참주 정체를 수립하려 한다고 비난했다. 기원전 443년에 도편 추방제

실시를 앞두고 벌어진 대논쟁에서 그를 비판하는 자들은 그가 델로스 동맹을 아테네의 참주 정체로 전락시켰다며 비난했었다. 역사가인 투키디데스조차도, 비록 우호적이기는 했지만, 페리클레스 치하의 아테네를 "이름만 민주주의였지 실제로는 제일 시민the first citizen이 지배한 정부"(2.65.9)라고 불렀다. 소포클레스의 오이디푸스, 특히 연극의 앞부분에 나오는 오이디푸스는 거만하고 폭력적인 폭군이라기보다는 그런 지도자[제일 시민]와 닮은 점이 있다. 그는 무장을 하지 않았고 호위가 없었으며 법을 잘 지킨다. 그는 비밀주의를 거부하고 공개 토론을 선호한다. 그리고 다른 사람들의 충고를 귀담아듣는다. 버나드 녹스Bernard Knox[1914~2010]*가 주장하듯이 "오이디푸스 치하의 테베는 **티라니스**일 수 있지만, 그것이 가장 닮은 것은 제일 시민이 지배한 민주주의이다."51) 아테네의 관중들이 이런 유사성을 간과했을 것 같지는 않다.

이 비유가 정확하다고 말하는 것은 아니다. 녹스는 "유사한 것들이란 기본 유형basic pattern의 부수적인 속성들일 뿐"이라고 정확히 말한다. 그리고 이런 유형이 제시하는 것은 오이디푸스와의 비교를 "개별 아테네인과 할 것이 아니라 아테네 그 자체와 하는 것"52)이라고 말하는데 설득력이 있다. 그는 오이디푸스의 성격을 이렇게 묘사한다.

> 그는 위대한 인물, 즉 경험이 풍부하고 과감하게 행동하는 인물이다. 그러나 신중히 생각한 뒤에만 행동한다. 이는 그가 분석적이고 치밀하게 생각하는 인물이라는 것을 보여 준다. 그의 행동이 계속해서 성공하다 보니 엄청난 자신감을 야기하지만, 항상 공공선common good으로 향한다. 그는 자신의 백성을 사랑하고 그들에게 사랑받는 절대 지배자absolute ruler이다. 하지만 그는 자신의 성공이 질투심을 야기한다는 것을 알

---

* 영국 태생의 고전학자이자 저술가 및 비평가.

고 있고, 고위 관리들의 음모를 미심쩍어한다. 그는 무시무시하고 언뜻 보기에 통제 불가능한 화를 낼 수 있지만 남이 도발을 해 온 경우에만 그렇게 한다. 그리고 비록 마지못해 그리고 가까스로이기는 하지만, 백성이 그를 멀리한다는 것을 알면 분노를 삭일 줄 안다.**53)**

오이디푸스에 대한 이런 묘사는 몇 가지 점만 바꾸면 아테네인들에게도 적용할 수 있을 것이다. 고대의 기록 어디에도 페리클레스가 질투, 의심 또는 화를 잘 참지 못했다는 이야기는 찾아볼 수 없다. 반대로 그는 침착하고, 엄숙하고, 행동거지가 고상했던 것으로 유명했다. 왜냐하면 공공연히 자신의 감정을 드러내는 것을 억지로 참았기 때문이다. 그러나 그 외 나머지 묘사는 페리클레스에게 그대로 적용할 수 있다. 아테네 관중들이 이 연극의 주인공과 최근에 사망한 그들의 지도자 사이에 많은 유사점이 있음을 분명히 눈치챘을 것이다.

이 놀라운 유사성으로 인해 우리는 페리클레스와 그의 남다른 생애를 색다른 관점에서 바라보면서 깊이 고찰해 볼 수 있다. 페리클레스와 오이디푸스를 직접 비교하는 데 한정할 필요는 없다. 오히려 소포클레스가 현존하는 그의 모든 작품에서 묘사하는 비극적 영웅들의 일반적인 유형에 비춰 그의 생애와 특성을 살펴볼 수 있다. 또다시 버나드 녹스가 소포클레스적 영웅의 본질에 대해 핵심을 잘 짚고 있다. 그는 "신들의 지지를 받지 못하고 인간의 반대에 직면해 자신의 내면 깊숙이, 즉 그의 **피시스**physis*에서 솟아나는 결정을 한 뒤 이것을 자기 자신을 파괴하는 지점까지 맹목적으로, 매섭게, 과감하게 끌고 가는 인물"**54)**이다.

녹스는 소포클레스의 비극적 세계에 등장하는 영웅을 규정하는 특징들을 기술한

---

*   그리스어로 자연을 의미한다. 물리학(physics)과 생리학(physiology) 모두 이를 어원으로 한다. 인간이 만든 법률, 관습, 제도, 도덕, 종교 등은 노모스(nomos), 즉 인위적인 것으로 이해됐고 반면 물, 불, 바람, 땅 등은 자연, 즉 피시스로 이해됐다.

다. "현존하는 여섯 편의 연극에서 …… 영웅은 일어날 수 있는 (또는 분명히 일어난) 재앙과 받아들일 경우 영웅 자신에 대한 인식conception of himself, 자신의 권리, 자신의 의무를 저버리는 것이 될 수 있는 타협 사이에서 선택의 기로에 놓인다. 영웅은 타협하지 않기로 결심한다. 그리고 이 결심은 우정 어린 충고, 위협, 실력 행사에 시달린다. 그러나 그는 굴하지 않는다. 그는 자신에게 솔직하기로 한다. ……"[55]

이것은 전전의 위기prewar crisis가 시작된 때부터 그가 사망할 때까지 페리클레스에게서 엿볼 수 있는 특징이다. 그가 취한 일련의 온건한 행동들은 극단적인 가능성들 사이에서 타협한 것들이지만, 순전히 그의 목표를 달성하기 위한 최선의 방식으로 나름대로 생각이 있어 그렇게 한 것이었다. 하지만 그는 자신을 비판하는 자들에게, 그리고 적을 상대하는 데 있어 타협하지 않았다. 아테네인들이 코르키라와 거리를 두면 평화와 우호를 보장하겠다고 한 코린토스인들에게 페리클레스는 중립 국가와 조약을 맺는 것은 30년 강화 조약이 보장한 아테네의 권리라고 맞받아쳤다. 스파르타인들이 전쟁을 피할 수도 있는 타협안들을 내놓았을 때 페리클레스는 그들이 30년 강화 조약을 근거로 모든 분쟁을 중재에 맡길 것을 요구했다. 이 두 경우는 정상 참작이 가능한 상황들로 그다지 엄격하게 해석할 것이 아니라고 주장할 수도 있다. 그렇다고 해도 페리클레스는 타협하지 않았을 것이다.

소포클레스적 영웅은 자신이 내린 결정을 고집스럽게 유지한다. 그리고 녹스는 그를 〈콜로누스Colonus의 오이디푸스〉에 나오는 노영웅aged hero과 비교한다. 이 노영웅은 "거센 파도가 사방에서 몰려와 철썩 내리치는 북쪽의 바다 곶sea cape"과 같다. 페리클레스의 연설들은 이와 같은 완고한 성격을 몇 번이고 드러낸다. 그는 전쟁을 지지하는 연설에서 이렇게 말한다. "저는 과거에 했던 대로 같은 조언을 할 수밖에 없습니다. 그리고 제 조언에 수긍하는 분들에게 공동 결정을 지지해 줄 것을 **요구합니다.** ……"(1.140.1) "**여러분은 우리가 사소한 일로 전쟁을 한다고 생각해서는 안 됩니다.** …… 그리고 사소한 일로 전쟁을 했던 것을 마음에 담아 두고 책망하지

페리클레스

맙시다."(1.140.4-5) **"여러분은 전쟁을 하는 것이 불가피하다는 것을 알아야 합니다."** 우리의 아버지들은 위대한 일들을 했고 그러니 **"우리가 그들의 전례에 미치지 못해서는 안 됩니다. 하지만 우리는 어떻게든 적에 맞서 우리 스스로를 방어해야 합니다.** 그리고 우리는 미래의 세대들에게 지금의 힘을 고스란히 넘겨주려고 **노력해야 합니다."**(1.144.4)

기원전 430년에 마지막으로 한 도발적인 연설에서 페리클레스는 이와 같은 어조를 그대로 유지한다. 자신의 정적들과 아테네인들에게 동시에 맞서면서 이렇게 말한다. "이들과 같은 시민들에게 **현혹되지 마십시오.** 그리고 저에 대한 분노를 **품지 마십시오.** ……" **"여러분은** 인간이 의도하지 않은 고통이 불가피하다는 것을 이해해야 하고, 적한테서 받은 이런 고통을 용감히 **감내해야 합니다."**(2.64.1-2) "두 가지 [미래의 명예와 현재의 수치를 모면하는 것]를 **성취하십시오.** 그리고 스파르타인들에게 **협상자들을 보내지 마십시오.** ……"(2.64.6)

소포클레스의 비극들에서 영웅의 결의는 항상 애원과 논란의 시험대에 오른다. 영웅을 설득해 그의 마음을 바꾸려는 시도들이 출현한다. 다른 이들의 지혜를 수용하고 그들의 가르침을 따르도록 요청받는다. 녹스가 지적하듯이 이렇게 이성과 감정에 호소하는 것, 즉 "되새겨 보고 납득하라는 충고"는 영웅에게 굴복(eikein)하라고 요구하는 것과 같다. 그러나 진정한 영웅적 기질은 이러한 요구들을 귀담아듣는 것조차 거부한다. 전쟁 직전에 그리고 전쟁이 진행되는 동안 페리클레스의 기질이 바로 이와 같았다. 스파르타가 최후통첩을 한 기원전 432년 이후 평화를 원했던 아테네인들이 강제로 민회를 소집해 메가라 포고령에 대해 논의했다. 그들은 메가라 포고령을 철회하면 전쟁을 피할 수 있으리라고 생각했다. 오직 페리클레스가 한 주장만 기록으로 남아 있지만 그를 비판하는 사람들은 분명히 그에게 다시 생각해 보고 순순히 마음을 바꾸라고, 다시 말해 굴복하라고 요구했을 것이다. 그의 대답은 영웅답게 완고했다. "아테네인들이여, 저는 항상 그렇듯이 같은 생각입니다. 우리는 스파르타인들에게 **굴복해서는 안 됩니다** me eikein." 소포클레스의 영웅들처럼 그는 마음과 의지가 약한 이들을 비웃으면서 그들과 거리를 둔다. "저는 전쟁을 해야 한다는 것을 수긍했을 때와 달리 막상 전쟁이 시작되자 태도를 바꾸는 사람들은 상황이 바뀌면 마음도 바꾼다는 것을 압니다. 그리고 저는 과거에 했던 대로 같은 조언을 해야 한다는 것을 압니다. 그리고 제 조언에 설득이 되는 분들은, 비록 얼마간 우리가 실패할 수도 있고, 아니면 우리가 성공할 수 있을지 없을지 알 수 있다고 주장할 수 없다고 해도, 공동 결정을 지지해 줄 것을 요청합니다."(1.140.1)

전쟁 첫해에 그는 그의 전략을 포기하도록 종용하면서 전쟁터에 나가 펠로폰네소스 군대와 싸우길 바라는 호전적 세력의 거센 공격을 받았다. 그는 그들의 말을 들으려고 하지 않았고, 그들이 다른 아테네인들을 설득할 것이 두려워 민회 소집마저 막았다. 물론 그가 그들의 주장에 굴복할 리가 없었다. 기원전 430년, 역병이 한창이던 상황에서 평화 세력이 다시 한번 들고일어나 전쟁을 계속하려는 그의 결심에 반기를 들었다. 그는 이전과 똑같이 대답했다. "저는 어떤가 하면, 그대로입니다. 저는 굴복하지 않습니다. 변한 것은 여러분입니다."(2.61.2) 주목할 것은 페리클레스는 이런 영웅적 마음가짐을 순전히 자기 자신의 확장extension이었던 도시에도 똑같이 부여했다는 것이다. 그는 아테네인들에게 "아테네가 모든 인류 가운데 가장 위대한 이름을 가지고 있는 것은 불행에 결코 굴복하지 않았기 때문이라는 것을 알아야"(2.64.3) 한다고 말한다. 그리고 추도사에서도 그는 "적과 싸우는 것 그리고 자신들이 살고자 굴복하느니 죽는 것이 더 낫다고 생각했던"(2.42.4) 사람들을 칭송했다.

페리클레스는 비극적 영웅들의 특징인 "매서울 정도로 독립심 강한 인물"을 절대 포기하지 않았다. "그들은 지배받지 않을 것이고, 아무도 그들을 마음대로 또는 그들을 노예로 취급할 수 없을 것이다. 그들은 자유이다."**56)** 이런 성격 묘사는 말년의 페리클레스와 딱 맞아떨어진다. 그러나 놀라운 것은 그가 아테네인들에게 메가라 포고령을 지지하도록 촉구하면서 바로 자유freedom와 노예slavery라는 단어를 사용한다는 것이다.

> 현 시점에서 여러분이 어떤 손해를 보기 전에 항복할 건지, 아니면 전쟁을 할 의도가 있다면, 저는 이게 더 나은 선택이라고 생각하는데, 크든 작든 어떤 핑계에도 굴복하지 않겠다고 마음을 정하십시오. 그리고 우리가 두려워하는 것을 떨쳐 버립시다. 서로 동등한 사람이 이웃에게 합법적인 해결책을 찾는 대신 크든 작든 요구 조건을 내거는 것은 노예와 같기 때문입니다. (1.141.1)

"이런 완강한 성격을 상대할 방법은 없다."[57] 다른 이들은 영웅이 자신의 완고한 성격의 오류error를 알아차리려면 시간이 걸릴 수밖에 없다고 기대한다. 평소 신중한 정치가로 다른 이들에게 절제하고 조심하라고 조언했던 페리클레스한테서 이런 성격을 찾는 것이 이상하게 보일 수 있다. 기원전 457년에 톨미데스에게 보이오티아를 침공하지 말고 촉구한 것이 그였다. 당시 그는 민회에서 그의 주장들 가운데 가장 기념비적이라고 할 수 있는 언급을 했다. "만일 여러분이 페리클레스를 납득하지 못할 거면 모든 조언자 가운데 가장 현명한 시간time을 기다리십시오."(플루타르코스, 《페리클레스》, 18.2) 그러나 기원전 433년 시보타 전투 이후 페리클레스는 예전의 그가 아니었다. 그는 코린토스와의 싸움이 확대돼 큰 전쟁이 일어나는 것을 차단하기 위해 신속하고 단호하게 행동해야 한다고 굳게 믿었다. 기원전 432년에 스파르타인들이 전쟁을 찬성했을 때 그는 더 이상 피할 수 없다는 것, 그리고 시간이 이전보다 더 위험한 적이 됐다는 것을 확신했다. 기원전 457년에 그는 여전히 젊었었지만, 전쟁[제2차 펠로폰네소스 전쟁]이 일어났을 때 이미 60을 넘긴 나이였고, 따라서 시간은 그의 편이 아니었다. 그는 오직 한 가지 전략만이 승리를 가져올 수 있다고 믿었고, 그래서 그것만을 고집할 수밖에 없었다. 매년 지나가는 시간이, 스파르타인들에게 맞서 싸워야 하고, 그들에게 무력을 사용하는 것이 무익하다는 것을 확신시켜야 하며, 아테네와 그것의 제국을 보존할 수 있는 영구 평화의 토대를 구축해야 하는 역량을 위협했다. 많은 아테네인이 그에게 기다리라고, 그가 취한 위험한 조치들을 늦추라고 촉구했다는 것, 그리고 이어 임박한 전쟁을 피하고자 시간이 지나면 불필요한 게 될 것이 뻔한 메가라 포고령을 철회하도록 요청했다는 것은 의심의 여지가 있을 수 없다. 그러나 페리클레스는 그가 아테네의 운명을 쥐고 있는 한 전쟁을 할 수밖에 없다는 것을 분명히 확신했다. 결국 전쟁이 일어났고, 그 결과 그가 지키고자 했던 것들이 파괴됐다.

그러나 영웅들은 기다리지 않는다. 시간은 그들을 바꾸지 못한다. 〈오이디푸스 왕〉의 말미에서 영웅 오이디푸스는 "처음과 똑같은 오만한 인물로 크레온에게 명령조로 요구 사항을 내밀고, 설득을 거부하며, 자기 자신의 방식을 고집한다. 심지어 그는 연극의 마지막 대사에서 그가 더 이상 테베의 **티라노스**가 아니라는 것을 상기시켜야 할 정도이다."[58] 임종을 앞두고 페리클레스는 여전한 성격을 보여 줬다. 그의 친구들이 그의 군사 업적들을 칭송했지만 그는 그들을 꾸짖으면서 대신 칭송해야 하는 것을 알려 줬다. 더구나 그가 "내 덕분에 상복을 입을 아테네인이 이제 살아 있지 않다."라고 주장하는 것은 시간이 그의 잘못들을 설득하지 못했음을 보여 주는 진술처럼 보인다. 그가 사망하기 직전에 많은 아테네인이 그가 늦춰서는 안 된다며 고집을 부린 전쟁에서 싸우다 죽었다. 수천 명이 적어도 그가 고집했던 전쟁으로 인해 그리고 악화된 역병 때문에 죽어 가고 있었다. 추가로 수천 명이 역병이 재발해 그리고 전쟁이 끝나기 전에 치러야 할 많은 전투로 죽어 갈 수 있었다. 그가 죽어 갈 때 그의 정치적 수완과 전략이 실패했다고 믿는 아테네인들이 곳곳에서 그를 맹비난했다. 그러나 페리클레스는 실수를 인정하지도 비난을 받아들이지도 않았다. 방식은 달랐지만, 여전히 페리클레스는 영웅적인 태도로 시간의 힘을 거부했다. "기억하십시오." 그는 아테네인들에게 이렇게 말했다.

아테네가 모든 인류 가운데 가장 위대한 이름을 가지고 있다는 것을. 왜냐하면 아테네는 불행에 절대 굴복하지 않고 오히려 다른 어떤 폴리스보다 전쟁에서 더 많은 목숨을 희생하고 노력을 쏟으면서 지금 시대까지 이어져 내려오는 위대한 힘을 얻었기 때문입니다. 이런 힘의 기억이, 비록 지금 우리가 얼마 동안 양보해야 할 수도 있지만(모든 것이 일단 성장하면 쇠퇴하기 마련이듯이), 우리 뒤에 올 세대들에게 영원히 이어질 것입니다.

이것이 소포클레스적 비극의 언어이다. 이것에서 우리는, 녹스가 지적하듯이, 아테네 자체의 비극적 특성들도 분별해 낼 수 있다. "아테네는 소포클레스적 영웅처럼 불가능한 것들과 사랑에 빠졌다."[59] 그런데 정작 이런 말을 한 사람은 페리클레스였고, 그의 마음, 정신, 성격이 이 말의 이면에 놓여 있다. 아테네를 그의 이름으로 대체하면, 이 진술은 정말 딱 들어맞는다. 페리클레스는 그의 도시만큼이나 비극적 영웅 같았다.

아테네와 페리클레스는 그들이 감탄해 마지않은 특징들이 갖는 어두운 면으로 인해 파멸을 당한다. 그들에게 위대함을 안겨 준 진취적인 정신과 결의가 그들을 재앙으로 빠뜨렸기 때문이다. 페리클레스의 강단과 독보적인 위상은 이성과 지성, 특히 자신의 이성과 지성에 대한 엄청난 신뢰에서 비롯했다. 오이디푸스도 그랬지만, 이 신뢰가 그에게 큰 도움이 돼서 그와 그의 도시의 위상을 전례 없이 드높였다. 그는 자연 철학에 대한 신뢰가 남달랐는데, 이것이 아테네인들의 반발을 사면서 친구와 동료를 잃었고 자신도 정치적으로 큰 곤혹을 치렀다. 이런 특징들이 전쟁이 일어나자, 특히 역병이 창궐하면서, 그에게 역효과를 초래했다. 신탁을 무시하고 태도가 반종교적이라는 혐의들이 아테네인들의 분노를 자극하면서 공직에서 해임되기까지 했다. 평범한 아테네인들은 그가 신뢰했던 지성의 힘에 공감하지 않았다. 또한 이성만으로는 위안이 되지 않았다. 그들은 페리클레스가 비웃고 무시했던 비합리적 원천들, 즉 초자연적 요소들로부터 위안과 보장을 받아야 했다.

그가 이성을 신뢰한 것이 다른 방식으로 그를 배신하기도 했다. 전쟁을 억지하기 위해 신중히 추진했던 외교는 스파르타의 감정적 대응을 초래하면서 목표를 상실하고 말았다. 적진enemy camp에서는 두려움과 명예가 합리적 계산보다 더 강력하다는 것을 입증했다. 그의 전략, 즉 적을 설득해 평화를 달성하고자 취했던 온건한 수단은 승리를 가져오기에는 너무 빈약했고, 반면 적의 분노를 자극하고 결기를 다지게 하는 데는 아주 강력했다.

이 모든 것은 외교에서, 특히 전쟁에서 승리하고자 하는 열망과 의지가 지적인 계산intellectual calculation이 기대하는 것보다 일반적으로 더 큰 역할을 한다는 것을 보여 줬다. 이런 점들을 무시한 것이 페리클레스의 큰 오산이었다. 그런데 아무리 오류가 없는 완벽한 추론이라고 해도 흠이 없는 것은 아니다. 인간의 정신이, 아무리 최상의 상태라고 해도, 통제할 수 있는 범위를 벗어난 요소들이 항상 있다. 페리클레스는 이런 사실을 깨닫고 후회했다. 그러나 전쟁이 일어나기 전에 그는 이를 털어 버리고 다음과 같이 확신했다. "우리는 결과가 예상한 것과 반대이면 이때다 싶어 들고일어나 비난하는 일에 익숙합니다."(1.141.2) 그리고 역병이 발생했을 때 그는 자신의 시각이 근시안적이라는 것을 마지못해 인정했다. "[역병이 일어난 일에] 현혹되지 마시고 저에 대한 분노를 참지 마십시오. …… 적이 쳐들어와서 한 짓은 여러분이 그의 명령을 따르지 않았을 경우 그렇게 하겠거니 확신했었던 바로 그것이기 때문입니다. 비록 역병이 우리를 덮치기는 했지만, 이것은 우리가 예상치 못했던 유일한 것입니다."(2.64.1) 그러나 역병이 발생하기 전에도, 그리고 여느 비극적 영웅처럼 페리클레스의 예상을 빗나간 중요한 일들이 여러 번 있었다. 물론 그는 그것을 인정할 수 없었다.

페리클레스의 영웅적 자질은 좋든 나쁘든 마음과 의지가 취약하다는 하소연뿐만 아니라 그의 예상들 가운데 일부가 틀렸었고 미처 예상하지 못했던 일들이 일어났었다는 난감하고 부정할 수 없는 사실을 참고 견디는 것이었다. 모든 관련 사실을 파악하지 못한 채 서둘러 어려운 결정을 할 수밖에 없는 지도자들이 저지르는 잘못들을 비난하는 것은 어렵지 않다. 그렇다고 하더라도 페리클레스의 예상은 거의 항상 정확했다. 그는 스파르타의 정치 상황도 제대로 이해했고, 외교도 거의 성공적이었다. 군사 전략에 결함이 있기는 했어도 역병이 일어나지 않았다면 성공했을 수도 있다. 이렇게 굽힐 줄 모르는 성격이 성공의 열쇠였을 수도 있지만, 다른 경우에는 사정이 조금 다를 수도 있었다.

인내심과 고집불통은 차이를 나누는 것이 거의 불가능하다. 이는 우리 시대가 경험한 영웅적 인물이 입증한다. 윈스턴 처칠은 적에 대한 불굴의 의지에 있어서만큼은 페리클레스에 뒤지지 않았다. 조국의 국운이 쇠락한 시점에 공직을 맡고 있던 처칠은 페리클레스에 버금가는 웅변술로 도전 정신을 불태웠다.

> 저는 모두가 그들의 의무를 다하면, 아무것도 소홀히 하지 않으면, 만약 최선의 합의가 만들어지면, 현재 합의를 진행 중이긴 합니다만, 우리가 우리의 섬나라island home를 방어하고, 전란의 폭풍을 몰아내고, 폭정의 위협을, 필요시 몇 년 동안, 필요시 단독으로, 견뎌 낼 수 있다는 것을 다시 한번 입증할 수 있을 거라고 확신합니다. …… 우리는 끝까지 가야 할 것입니다. 우리는 프랑스에서 싸워야 할 것입니다. 우리는 바다와 대양에서 싸워야 할 것입니다. 우리는 하늘에서 자신감과 힘을 키워 싸워야 할 것입니다. 우리는 우리의 섬을 방어해야 할 것입니다. 비용이 얼마가 들더라도, 우리는 해안에서 싸울 것입니다. 우리는 착륙장들에서 싸울 것이고, 야전에서 싸울 것이고, 거리에서 싸울 것이며, 언덕에서 싸울 것입니다. 우리는 절대 항복하지 않을 것입니다.**60)**

그럼에도 불구하고 영국은 전쟁에서 패해 나치 독일의 침공과 점령의 공포라는 위기일발의 상황에 놓였다. 히틀러와 괴링이 그들의 비행기를 이용해 도시들을 폭격하는 대신 영국 공군Royal Air Force, RAF의 착륙장들과 지상 시설들을 계속 공습했더라면 독일이 영국과의 전투에서 승리했을지도 모른다. 그리고 제공권을 잡았었다면 사실상 독일이 승리했을 것이다. 실제 그런 일이 벌어졌다면, 처칠의 불도그 같은 결단, 즉 프랑스가 함락된 뒤에 상대적으로 관대했던 평화 제안을 수락하길 거부한 것은 뒤돌아보면 자신의 비타협적인 태도로 국민을 비참하게 만든 비극적 인물의 터무니없는, 또는 비뚤어진, 저항심으로 비춰질 수도 있다.

이것이 우리의 연구가 페리클레스에 대해 내렸으면 하는 판단이다. 자신의 지적 능력과 이성의 판단으로 더 나은 세상을 만들 수 있다는 그의 믿음은 인류로서는 가당치 않은 것이었다. 이런 초인적인 확신은 영웅적 기질의 일부이다. 그리고 이것은 무엇이 비극적 영웅을 위대하면서 가공할 인물로 만드는지도 설명한다. 그러나 페리클레스의 위대함은 그의 영웅적 특성만으로는 설명할 수 없다. 그가 아테네의 불멸을 주장한 것은 옳았다. 물론 아테네를 그렇게 만든 것은 그것의 힘이 아니었다. 페리클레스도 그렇게 생각했다. 더구나 이 힘은 곧장 추월당했고 정복됐다. 오히려 그의 도시가 불멸의 명성을 얻은 진정한 원천은 좋은 사회good society와 선량한 시민good citizen에 대한 페리클레스의 독보적이고 독창적인 전망이었다. 그것은 사람들이 번갈아 가며 지배하고 지배받으며 중요한 결정들을 공동으로 내리는 자유로운 공동체의 구성원들로서 자신의 최상의 목표와 능력을 달성할 수 있는 자유로운 사람들에 대한 전망이었다.

이런 페리클레스의 전망은 지성과 재능을 높이 평가하면서 공개적으로 경의를 표하는 데 주저하지 않았다. 공공 교육의 강력한 수단으로서 그리고 유희 자체로서 예술을 소중히 여겼다. (스파르타의 경우처럼) 국가가 평등을 강제하는 것을 거부함으로써 자유와 평등 사이의 긴장을 해소했다. 그리고 평등과 명예를 얻는 수단으로 기회의 자유를 고집했다. 페리클레스의 전망은 삶의 모든 측면을 하향 평준화하려고 하지 않으면서 국가뿐만 아니라 개인을 위해 탁월성을 지향하는 민주 정체를 목표로 삼았다. 그것은 시민들에게 참여와 희생을 요구하는 동시에 국가가 참견할 수 없는 사적인 행위들을 위한 여지를 넓혔다. 그것은 각 시민이 자신이 행복해지기 위한 수단을 추구하는 것을 인정하면서 동시에 동료 시민들 그리고 공동체 전체의 필요를 존중하도록 했다. 이것은 시간의 구속을 받지 않는 영원한 가치에 대한 전망이다. 정치적 자유가 제기하는 문제들과 씨름하는 인간 사회들이 존재하는 한 이 전망은 지속적으로 영감과 가르침을 보여 줄 것이다.

페리클레스의 그림자

———

14

"위대한 사람들은 두 개의 삶을 가지고 있는데, 하나는 그들이 현세에서 활동하는 동안 존재하는 삶이고, 두 번째는 그들이 죽는 날 시작해 그들의 생각과 구상이 영향력을 유지하는 한 계속되는 삶"[61]이라는 말이 있다. 이것은 페리클레스에게도 들어맞았다. 많은 위대한 지도자들처럼 그는 어느 누구도 대신할 수 없는 위험한 공백을 남겼다. 아테네의 정치는 적대적이었던 이전 시대의 상황으로 곧장 후퇴해 아테네의 주요 인물들이 페리클레스가 떠난 뒤 남은 빈자리를 차지하기 위해 경쟁했다. 하지만 페리클레스의 남다른 탁월성이 부족했던 그들은 좀 더 전형적인 민주적 논쟁 방식으로 경쟁하면서 유권자들의 호감을 살 수 있는 새로운 방식을 추구했다.

투키디데스는 그의 후계자들이 실패할 것이라고 판단했고, 그들의 무능력한 리더십 때문에 전쟁에 패했다고 비난했다. 그들은 개인적인 야망과 탐욕으로 페리클레스의 전략을 포기했을 뿐만 아니라 아테네의 대의를 위해 나쁜 정책을 선택했다는 것이다. "이런 정책들은 성공하면 오직 개인들에게만 명성과 이익을 가져다줬지만, 실패했을 때는 전쟁을 치른 국가 전체에 피해를 입혔다."(2.65.7) 이런 판단은 너무 가혹하다. 왜냐하면 그의 후계자들은 절망적인 상황을 물려받았고, 비록 그들 전부는 아니더라도 일부는 아테네에 최선이라고 생각한 정책들을 추구했기 때문이다. 그러나 그들 중 누구도 당시 시대가 요구했던 리더십 자질들을 겸비하고 있지는 못했다. 페리클레스와 달리 어느 누구도 이름 이상으로 '제일 시민'이 되기 위해 필요한 덕목과 경험을 갖추지 않았다. 그러나 각자 자신의 방식대로 페리클레스의 자질들을 일부나마 본받고자 노력한 것 같다.

페리클레스가 사망하고 난 이후 시기에 가장 중요한 정치가는 니키아스Nicias[?~B. C. 413]*였다. 그는 페리클레스와 함께 장군으로 복무했었고, 그의 권위mantle를 물려받은 듯했다. 그가 페리클레스의 전략을 고수했기 때문이다. 이 때문에 클레온의 증오를 샀다. 좀 더 공격적인 전략을 선호했던 클레온은 그가 페리클레스를 따라 한다며 공격했다. 위인으로서의 위상과 남을 설득하는 재능이 부족했던 니키아스는 페리클레스의 행동 방식을 모방하려고 했다. 그래서 페리클레스처럼 개인 생활에 초연해 있으면서 연회, 공적인 행사들, 심지어는 대화를 멀리하고자 했다. 페리클레스처럼 니키아스는 장군으로 복무하든 아테네 평의회 의원으로 복무하든 공무에 파묻혀 지냈다. 그는 친구들을 집의 출입문마다 배치해 찾아오는 이들에게 "지금 니키아스가 중요한 공무를 수행하느라 여념이 없습니다."(플루타르코스, 《니키아스》, 5.2)라며 만날 수 없다고 양해를 구했다. 그는 또한 요즘 말로 홍보 전문가라고 부를 수 있는 사람을 고용했다. 플루타르코스는 이 사람을 "이러한 일들을 주도한" 니키아스의 "동료 비극 배우이자 그에게 위엄과 명성의 망토를 씌워 준 동업자"라고 부른다. 히에로Hiero라고 불린 이 남성의 임무는 니키아스가 아테네를 위해 복무하느라 보내는 고단한 삶에 대한 이야기를 여기저기 퍼뜨리고 다니는 것이었다.

---

* 펠로폰네소스 전쟁 기간에 활약한 고대 아테네의 정치인이자 장군이다. 기원전 429년에 페리클레스가 사망한 이후 정치 리더십의 자리를 놓고 클레온과 경쟁했다. 정치적으로 온건 성향으로 공세적인 제국의 팽창 정책을 반대했다. 그의 주요 목표는 아테네에 유리한 조건으로 가능하면 빨리 스파르타와 평화롭게 지내는 것이었다. 그 결과 기원전 421년 스파르타와 '니키아스 강화 조약'을 주도했다. 그 뒤 기원전 415년 시칠리아 군사 원정 지휘관을 맡았으나 패배하였고, 기원전 413년 포로로 붙잡혀 처형됐다.

심지어 그는 목욕할 때도 저녁을 먹을 때도 공무를 수행합니다. 그는 사적인 일은 개의치 않으면서 항상 공공선에 대해 생각하고 초경이 될 때까지 거의 잠자리에 들지 않습니다. 그가 도시를 위해 일하면서 건강 상태가 좋지 않은 것, 친구들에게 관대하지 않는 것, 그리고 그가 친구들뿐만 아니라 돈을 잃은 것은 이 때문입니다. 다른 이들은 공론장public forum에서 향락을 즐기고 공공의 이익을 가지고 장난치면서 친구를 사귀고 부를 축적합니다. (플루타르코스, 《니키아스》, 5.3.4)

물론 이처럼 고상한 태도는 페리클레스의 타고난 특성이었다. 니키아스는 그가 전임자의 선견지명과 설득력이 부족하다는 것을 바로 드러냈다. 그러나 니키아스는 동요하지 않았다. 그는 애국적이었고 아주 청렴했으며, 페리클레스 사후 16년 동안 아테네에서 권력을 잡았다. 적지 않은 시간 동안 이것이 가능했던 이유는 그가 자신의 본보기를 성공적으로 따라 했기 때문이었다.

이상하게도 페리클레스의 그림자가 클레온에게도 영향을 미쳤다. 클레온은 그와 그의 정책을 가장 호되게 공격했던 인물이었다. 거의 모든 면에서 페리클레스를 반대했다. 페리클레스가 침착하고 절제 있게 행동했던 반면, 클레온은 "아주 폭력적" (3.36.6)인 인물로 묘사된다. 페리클레스는 동맹들을 다루는 데 있어서나 아테네의 전쟁 목적에서 온건한 입장을 선호했다. 반면 클레온은 동맹들의 반란에 대한 본보기로 무자비한 진압, 공세적인 전략, 큰 희생을 치러야 달성할 수 있는 전쟁들을 지지했다. 페리클레스는 중요한 문제들에서 자유로운 토론을 권장하고 새로운 의견을 환영했다. 클레온은, 길게 토론하려고 하고 많은 의견을 귀담아들으려고 하며 이미 마음을 정했다가도 새로운 주장이 그럴듯하게 들리면 기꺼이 태도를 바꾸는 아테네인들의 성향을 비난했다.

그럼에도 불구하고 클레온은 악명 높은 선동가였다. 그는 페리클레스 시대의 정치가들이 담당했던 역할을 떠맡는 것을 좋아해 다수가 틀렸다고 생각되면 다수의 의견을 무시하고 심지어 비난하기까지 했다. 한번은 연설을 시작하면서 "저는 그들이 이전처럼 같은 의견을 그대로 유지하도록 했습니다."라고 말했다. 이는 페리클레스가 전쟁 직전에 다수의 의견에 반대하며 했던 말과 거의 같다. 같은 연설에서 클레온은 아테네인들이 겪는 곤란에 대한 책임을 그들의 탓으로 돌렸다. 이는 페리클레스가 많은 경우에 했던 방식과 똑같다. 그는 페리클레스적이지 않은 목적들을 추구하면서 페리클레스의 태도와 방식을 사용할 만큼 영특했다.

페리클레스의 피후견인으로 이 위대한 지도자의 집에서 성장한 알키비아데스 또한 그의 영향을 받았을 게 분명한데, 사실 놀랄 일도 아니다. 이 소년의 재능, 타고난 기질, 아버지의 위대한 명성이 그가 정치인이자 군인으로 발을 들여놓는 계기가 되기는 했다. 하지만 증거를 보면 그의 후견인이 이런 행보와 방향에 본보기가 됐다는 것을 알 수 있다. 그는 페리클레스의 생애가 최고 절정에 이르렀을 때, 즉 그가 아테네에서 가장 영향력 있는 인물로 우뚝 서 있었을 때 소년 시절을 보냈다. 알키비아데스는 크게 출세하고 싶은 야망이 있었고 그의 후견인이 쌓은 업적을 능가하는 인물이 되고 싶기도 했다. 그런 그를 그의 친구들이 그렇게 될 수 있다고 부추겼다.

알키비아데스의 경력은 처음부터 찬란했다. 페리클레스처럼 30대 초반에 장군으로 선출됐다. 클레온이 죽고 난 이후에는 스파르타인들과 평화로운 공존을 추구했던 니키아스와 그의 정책에 반대하는 세력의 지도자가 됐다. 그는 아테네, 아르고스, 펠로폰네소스반도에서 스파르타에 반대하는 국가들과 동맹을 형성하는 계획을 추진했다. 이것은 제1차 펠로폰네소스 전쟁에서 페리클레스가 추구했던 전략을 본보기로 한 것이었다. 이 전략은 전쟁에서 스파르타를 물리치고 아테네에 완전한 승리를 가져다줄 뻔했지만, 기원전 418년에 만티네이아Mantinea 전투*에서 패하면서

---

*   기원전 421년 니키아스 강화 조약이 체결돼 펠로폰네소스 전쟁이 끝나는 듯했으나 이듬해 아테네, 아르고스, 엘리스, 만티네이아가 동맹을 체결하고, 기원전 419년 아르고스가 에피다우로스를 침공하면서 결국 기원전 418년에 스파르타 동맹과 아테네 동맹이 치른 전쟁. 아테네 동맹이 스파르타 동맹에 패했다.

                페리클레스

실패하고 말았다.

그럴 수밖에 없었던 이유는, 적어도 부분적으로는, 알키비아데스든 니키아스든 또는 아테네인 어느 누구든 단 하나의 방해물에 직면해서조차 자신의 정책을 적극적으로 추진해 나갈 수 있는 정치적 지지를 받지 못했기 때문이었다. 아테네는 아테네인들을 단합시켜 하나의 정책 또는 다른 정책을 추구할 수 있게 흔들림 없이 이끌고 나갈 페리클레스 같은 인물이 몹시도 필요했다. 현명하고 효과적인 리더십이 없는 민주 정체는 목표를 잃고 야만주의와 자기 파괴적인 모험주의로 전락했다. 아마 가장 최악의 사례가 멜로스의 섬사람들일 것이다. 이전까지 그들은 아테네와 아테네 동맹에서 멀리 떨어져 있었는데, 아테네인들은 그들을 60년 넘게 그렇게 방치해 뒀었다. 아테네인들이 그들의 정책을 바꿀 절박한 사정이 없었다. 그러나 기원전 416년에 좌절감이 커 가면서 멜로스에게 아테네 제국에 합류하도록 명령했다. 멜로스인들이 거절하자 아테네인들은 섬을 봉쇄했다. 멜로스인들이 마침내 항복하자 승리에 도취한 아테네인들이 모든 남자를 죽이고 여성들과 아이들을 노예로 팔아먹었다. 이것은 아테네인들이 자행한 가장 악명 높은 학살이었다. 이 학살은 여러 세대 동안 그들을 따라다니면서 명성에 오점이 됐다. 페리클레스 시대에 아테네인들은 결코 이런 행동을 범하지 않았었다. 심각한 반란이 일어나 그들의 힘과 생존을 위협했던 때도 마찬가지였다.

이듬해, 어떻게 해서든 니키아스보다 우위를 차지하기 위해 몸부림치던 알키비아데스가 아테네에서 멀리 떨어져 있었지만 부유했던 시칠리아섬을 정복하기 위해 군사 원정을 제안했다. 이는 페리클레스가 시종일관 반대했었던 모험이었다. 니키아스 역시 이 계획을 반대했지만 무산시키지 못했다. 오히려 이를 무산시키려던 그의 시도가 원정 군대의 규모를 당초보다 더 큰 규모로 키우고 말았다. 사소한 실수였을 수 있던 이 정책은 결국 대재앙이 되고 말았다. 알키비아데스가 반역죄로 궐석 재판에 회부돼 유죄 판결을 받았다. 기원전 413년경, 그는 스파르타로 추방됐다.

니키아스가 죽었고, 그와 함께 수천 명의 아테네와 동맹국의 병사들이 쓰러졌다. 아테네 함대 대부분이 시칠리아 해역에 가라앉았다. 그리고 아테네의 금고가 거의 텅 비었다. 아테네인들이 패배한 것 같았다. 동맹국들이 반란을 일으켰고, 스파르타인들은 손쉽게 승리할 것이라고 자신했다. 심지어 중립국들마저 가담해 전리품을 나눠 가질 계획을 세웠다.

이런 끔찍한 순간에 아테네인들은 페리클레스에 대한 그리움과 영향력이 그들 사이에 살아 숨 쉬고 있다는 것을 스스로 증명했다. 페리클레스가 발휘했던 것과 같은 신중하고 신뢰할 수 있는 정치적 리더십이 필요하다는 것을 인식한 아테네인들이 탁월한 인물이 부재한 상황에서 지도력과 안정을 제공할 새로운 장치를 고안했다. 그들은 "자문을 제공하고, 법안을 제안하며, 상황에 따른 현안을 논의할 **프로불로이**probouloi*로 활동할 원로 위원회를 선출"(8.1.3)하기로 결정했다. 고대의 일부 저술가들과 현대의 학자들은 이 장치를 민주 정체에서 한 발짝 물러난 것으로 본다. 40세 이상의 원로들로 구성된 이 위원회는 민주적인 민회와 500인 평의회의 권력을 제한할 수 있는 권한이 있었기 때문이었다. 그러나 이런 견해는 분명히 잘못된 것이다. 민회가 자유롭게, 강제 없이 위기 상황에 대응해 위원회를 설립하기로 결정했기 때문이다. 그리고 위원회의 위원들은 아무런 제약 없이 자유롭게 선출됐다.

이들 열 명 가운데 오직 두 사람, 즉 하그논과 소포클레스만 알려져 있는데, 그들은 페리클레스와 아주 가까웠던 인물로 아테네인들의 마음에도 그렇게 남아 있었다. 하그논은 적어도 세 차례 페리클레스와 같이 장군으로 일했다. 한 번은 기원전 440년에 사모스 전투에서, 다른 두 번은 각각 기원전 430년과 기원전 429년이었

---

* 프로불로이는 고대 그리스 국가들에서 관리들을 지칭하는 명칭이었다. 아테네는 시칠리아 원정이 실패한 기원전 431년에 이 제도를 도입했다. 열 개의 부족에서 40세 이상의 남성 한 명씩을 뽑아 총 열 명으로 구성됐고, 아테네의 재정 상황을 감시했다.

다. 기원전 438년에 그는 페리클레스를 공격하는 정적들한테서 그를 보호하는 데 중요한 역할을 담당했었다. 그리고 기원전 437년에는 아테네에 전략적으로 중요했던 암피폴리스 식민지를 건립하는 데 기여했다. 비극 작가 소포클레스는 사모스 전쟁 기간에 페리클레스를 위해 외교적으로 민감한 임무를 수행했고 페리클레스와 가까운 사이로 잘 알려져 있었다.[62] 확실히 아테네인들은 새로운 원로 위원회에 가능한 한 나이 든 페리클레스 시대의 인물들을 찾아서 선출했다.

투키디데스는 후기-페리클레스 시대의 아테네를 칭찬하지 않았는데, 그나마 기원전 413년에 아테네인들이 보인 이런 노력은 마지못해 칭찬한다. "공포의 순간에 **데모스**demos의 방식대로 규율에 따라 모든 것을 할 준비가 돼 있었다."(8.1.4) 사실, 이런 위기 상황에서 아테네의 민주 정체가 보인 행태는 놀라울 정도로 페리클레스적인 것으로 보인다. 페리클레스가 전쟁 첫해에 감정을 앞세운 열정이 올바른 정책을 방해할 수 있다고 우려했을 때 그는 자신의 개인적인 권위를 이용해 민회의 회합을 차단함으로써 민주 정체를 제한했다. 이제 아테네 민회는 철저히 페리클레스의 정신에 따라, 즉 단호하고, 실용적이고, 감정을 절제하고, 신중하며, 경제적으로 행동하면서 자발적으로 스스로에게 제약을 가했다. 대신 그의 전통을 전수받은 온건한 명망가들의 위원회에 전례 없는 권한을 부여했다. 또한 그들은 놀라운 재정 건전성을 보여 줬다. "그들은 상황이 허락하는 한 함대를 포기하는 것이 아니라 대신 준비시키기로 결정했고, 어디서든 가능한 한 목재와 돈을 구해 와 동맹의 안전을 유지하고 …… 공공 지출을 줄이고자 했다."(8.1.3)

프로불로이 지도 체제에서 아테네인들은 놀라울 정도로 빠르게 국력을 회복했다. 동맹이 일으킨 반란들을 거의 제압하고 바다에서 펠로폰네소스의 함대를 몰아낼 뻔했다. 그러나 페르시아인들이 스파르타 편에 개입하면서 적의 사기가 되살아났다. 아테네가 페르시아 대제를 등에 업은 펠로폰네소스 동맹과 싸워서 이길 가능성은 보이지 않았다. 한편, 사형을 선고받은 알키비아데스는 스파르타에서 도망쳐 스파르타와 새로운 협력 관계를 협상했었던 페르시아의 태수 티사페르네스Tissaphernes[B.C. 445~B.C. 395]*의 개인 참모로 일하고 있었다. 알키비아데스는 아테네로 돌아가고 싶은 마음이 컸다. 하지만 민주 정체가 지속되는 한 그렇게 할 수 없었다. 중대한 범죄 혐의가 그를 가로막고 있었기 때문이다. 그는 에게해에서 아테네인들과 협상을 벌였다. 즉, 아테네의 민주주의가 전복되고 그가 아테네로 복귀할 수만 있다면 티사페르네스와 페르시아인들을 아테네의 편으로 돌려놓겠다고 약속했다. 애국자들과 민주주의 지지자들조차 그의 복귀를 받아들일 채비를 했다. 이러한 조건들에서 페르시아의 도움, 승리, 구원을 가져올 수 있다고 한다면 괜찮다고 본 것이다. 그 결과 기원전 411년에 과두주의자들에 의해 쿠데타가 일어나 400인회라는 지배 체제를 수립했다. 1세기 만에 처음으로 아테네의 민주 정체가 쿠데타로 중단됐다.

400인회에서 지배적인 파벌은 자신들이 진정한 과두주의자들이자 민주 정체 혐오자들임을 곧바로 드러냈다. 그들은 민주주의자들과 온건주의자들에게 살해와 협박을 일삼으며 공포 정치를 시작했다. 그리고 온건주의자들이 주도권을 잡자 아테네를 스파르타인들에게 넘겨주려고 했다. 쿠데타가 일어나고 겨우 4개월 뒤에 400인회[기원전 410년]는 더 많은 인원이 참여하는 확대 정부로 대체됐다. 그리고 그해에 민주 정체가 완전히 복구됐다. 이렇게 복구된 민주주의는 위대한 지도자들을 양산하지 못했고, 실수를 연발했으며, 결국에는 펠로폰네소스 전쟁에서 패했다. 이런 일련의 사건들 때문에 아테네 민주주의는 고대에 비난을 들었고, 수 세기 동안 옹호하는 이들이 없었다. 그러나 그것이 이룩한 성과들은 상당했고, 용기와 결단이 남달랐다. 그리고 사실 거의 승리했다. 투키디데스의 다음과 같은 평가는 아테네의 민주 정체를 향한 최고의 찬사이다.

* 페르시아 제국 아케메네스 왕조의 태수로 펠로폰네소스 전쟁에 관여해 스파르타 동맹을 도왔다.

자신들의 잔여 병력뿐만 아니라 함대의 대부분을 잃은 시칠리아 전투에서 패하고 400인회의 지배적인 세력이 아테네에서 이미 해체된 뒤조차 그들은 이전의 적들과 그들에게 합류한 시칠리아인들 그리고 반란을 일으킨 대다수 동맹들에 맞서, 그뿐만 아니라 그 이후에는 페르시아 대제의 아들로 펠로폰네소스의 해군에 자금을 지원한 키루스Cyrus에 맞서 10년 넘게 싸웠다. 또한 그들은 사적인 일로 자신들끼리 싸우다 내분에 휩싸여 스스로 몰락하기 전까지 굴복하지 않았다.(2.65.12-13)

투키디데스는 페리클레스가 아테네인들이 그의 독창적인 전략을 따를 경우 손쉽게 전쟁에서 승리할 것이라고 했던 예견을 지지하기 위해 이 점을 지적한다. 아테네의 민주주의가 지도자를 잃은 뒤에도 보인 대단한 끈기와 용기에 대해 이 위대한 역사가가 표시하는 경의에 공감할 것까지는 없다. 대신, 그들이 민주주의에 관한 그의 전망을 끈질기게 고수하면서 암흑기를 보냈다는 것이 더 놀라운 것일 수 있다. 이런 헌신은 아테네인들이 전쟁의 패배로 자신의 제국, 자율성, 민주 정체를 빼앗긴 뒤에도 흔들림 없이 유지됐다.

기원전 404년에 스파르타인들은 전쟁에 패한 뒤 굶주리던 아테네인들에게 가혹한 항복 조건을 내밀었다. 전쟁에 패한 아테네인들은 동맹과 함대를 포기해야 했다. 도시의 성벽들도 파괴됐다. 그리고 외교 정책에 대한 통제권을 잃고 펠로폰네소스 동맹의 회원국이 돼 "스파르타인들이 어디로 인도하든 그들을 따를 것이라고" 맹세했다. 이어 스파르타인들은 과두주의자들로 구성된 꼭두각시 정부를 세웠다. 이 정부가 얼마나 무자비했던지 '30인의 참주들'이라는 이름을 얻었다. 새로운 정권은 재산 몰수와 사법 살인이라는 수단을 동원해 공포 정치를 시작했다. 그들은 먼저 정치적 이유를 들어 저명한 민주주의 지도자들을, 이어 경제적 이득을 차지하기 위해 부자들을, 마지막으로 온건주의자들을 탄압했는데, 심지어 그중에는 이러한 잔학 행위를 비난하는 자기편들도 있었다. 적개심과 저항이 거세지자 30인의 참주들은 스파르타의 주둔군을 불러 동료 시민들로부터 자신들을 방어했다.

이제 스파르타인들이 몰락한 아테네 제국을 통제하면서 그리스 세계를 지배했다. 그들은 도처에서 민주주의를 억압하고 그것을 과두제적 위성 정부들로 교체하면서 기반을 공고하게 다진 것 같다. 아테네인들은 영토를 점령당해 민주주의에 동조한다는 의심만 사도 고발돼 죽을 수 있었다. 페리클레스의 민주주의가 다시 한번 완전히 소멸된 것 같았다.

이런 암흑시대에 아테네인들은 페리클레스와 같은 유형의 지도자를 찾았다. 뤼쿠스Lycus의 아들 트라시불로스Thrasybulus[?~B.C. 389]*는 아테네를 구하고 전쟁에서 승리하기 위한 방법으로 알키비아데스를 다시 데려오고 싶어 했던 온건주의자들 중 한 명이었다. 기원전 411년에 과두제 음모자들이 사모스섬에서 쿠데타를 모의했다. 이때 트라시불로스는 아테네 함대의 사령관으로 민주적 저항 세력을 진두하며 쿠데타를 진압했다. 400인회를 계승한 온건 정부에서, 이어 완전히 복원된 민주 정체에서 그는 아테네 함대의 사령관으로서 대규모 해전들은 승리로 이끌었다. 그는 페리클레스 시대 민주주의의 총아이자 그의 시민 교육의 소산이었다. 트라시불로스는 아테네 제국에 대한 의무와 헌신의 전통을 배웠고, 신념들을 마음에 간직한 채 평생을 살았다.[63]

스파르타에 패배한 뒤 아테네인들은 제2차 세계 대전이 한창이던 1940년에 독일 나치에게 점령당했을 때 프랑스인들이 직면했던 것과 비슷한 선택에 놓였다.** 당시 대다수 프랑스인은 독일인들에게 패해 점령당한 것을 받아들였다. 이것이 가능

---

* 고대 그리스 아테네의 장군으로 민주 정체의 지지자였다. 기원전 403년에 과두 정체였던 '30인의 참주들'과 맞서 싸워 이들을 몰아내고 아테네에 다시 민주 정체를 복원했다.

** 1939년 동유럽의 폴란드를 시작으로 1940년 북유럽 노르웨이와 덴마크를 점령한 독일 나치는 1940년 5월 10일 서유럽으로 진군해 프랑스를 침공하는데 채 6주도 지나지 않은 6월 14일 프랑스 파리가 함락된다.

한 한 그들이 평소대로 살아갈 수 있는 최선의 선택이었을 것이다. 일부는 독일인 들에게 협력하기로 했다. 이것이 안전과 기회를 가져다주리라는 확신에서든 독일 나치의 점령이 미치는 영향을 경감함으로써 동포들을 도울 수 있으리라는 기대에 서든 그렇게 했다. 그 외 프랑스인들은, 비록 아주 적은 수이기는 했지만, 샤를 드 골Charles De Gaulle[1890~1970]을 따라 즉각 자유를 위해 투쟁하기로 결심하고 영국으로 건너가 이곳을 근거지로 기반을 다졌다.

트라시불로스는 아테네의 드골이었다. 그는 아테네가 패하자 테베로 달아났다. 테베는 이전에 아테네에 적대적이었지만 이제 스파르타와 관계가 틀어진 상태였 다. 도망친 아테네의 민주주의자들과 애국자들이 이곳에서 그를 중심으로 집결해 소규모 군대를 조직했다. 그리고 아테네 북쪽 변경에 있는 산악 지대에 요새를 구 축했다. 30인의 참주들이 반란 세력을 무찌를 수 없자 더 많은 아테네인들이 달아 나 저항군에 합류했다. 마침내 트라시불로스가 피레우스로 진군해 이곳을 점령하 고 스파르타 군대와 맞서 싸울 수 있을 만큼 충분히 세력이 강해졌다. 스파르타인 들이 아테네를 포기하면서 기원전 403년에 트라시불로스와 그의 군대가 완전한 민 주주의를 복원했다. 그가 죽었을 때 아테네인들이 그를 공동묘지에 있는 페리클레 스의 무덤 바로 옆에 매장함으로써 경의를 표시한 일은 이상할 것이 없다.

30인의 참주들이 저지른 범행에 분노한 많은 시민은 이들과 이들에게 부역한 자 들을 찾아내 응징하고 싶어 했다. 응징이란 그들을 재판에 회부하고, 처형하고, 추 방하는 일이었을 것이다. 아테네는 역시나 다른 많은 그리스 국가에서 민주 정체를 파괴한 파벌 싸움과 내전으로 갈기갈기 찢겨 있었을 것이다. 그러나 트라시불로스 는 다른 온건주의자들과 힘을 합쳐 일부 악독한 범죄자들을 제외한 대다수는 사면 하고 보호해 줬다. 새롭게 복원된 민주 정체는 온건 정책과 억제 정책을 확고히 유 지했다. 뒤에 아리스토텔레스가 이런 행태를 크게 칭송했다. "[아테네의 민주주의자들 이] 이전에 그들이 겪은 참화에 대응한 방식은 사적으로든 공적으로든 가장 훌륭하고 가장 정치가다웠던 것처럼 보인다." 그들은 사면을 결정하고 실행에 옮겼을 뿐만 아니라 공금을 걷어 30인의 참주들이 민주주의자들을 탄압하기 위해 스파르타인들에게 빌린 자금도 갚았다. "이것이 다시 화합할 수 있는 방법이라고 생각했기 때문이었다. 다른 국가들cities에서는 민주주의자들이 권력을 잡으면 자신들의 자금을 쓸 생각을 하지 않는다. 대신 적대 세력의 토지를 빼앗아 재분배한다."《아테네인들의 정체》, 40.2-3) 기원전 403년에 민주주의자들의 이와 같은 온건 정책으로 계급들과 파벌들 간의 화해를 이끌어 냄으로써 아테네 민주주의는 기원전 4세기 말까지 거의 내전이나 쿠데타 없이 번성할 수 있었다.

이렇게 페리클레스의 정신이 승리를 거뒀다. 민주주의가 복원되고 반세기가 지난 뒤에 아테네의 온건 민주주의자들은 그와 그가 이룩한 업적들에 최고의 찬사를 보냈다. 즉, 그는 솔론, 클레이스테네스, 테미스토클레스와 더불어 아테네에 민주주의와 위대함을 안겨 준 위인들 가운데 한 명이었다. 그는 부패하지 않은 "훌륭한 정치 지도자이자 최고의 연설가였다. 그리고 이 도시를 기념물들과 온갖 장식들로 꾸밈으로써 오늘날 아테네에 오는 사람들조차 그것이 그리스 세계는 물론이고 전 세계를 지배할 만하다고 생각한다".(이소크라테스 Isocrates, 《안티도시스 Antidosis》, 234)

20세기의 마지막 10년에 열성적으로 페리클레스와 아테네의 민주주의를 인정하는 분위기가 굳건히 자리 잡은 것으로 보일지도 모른다. 역사상 어느 때보다 민주주의의 덕목들에 신뢰를 보내는 목소리가 광범위하게 퍼져 있다. 일부는 고대 아테네에서 시작한 민주주의와 그것에 적대적인 정체들 간의 해묵은 논쟁이 종식됐다고 주장하기도 한다. 그러나 역사의 기록을 대강 훑어만 봐도 이게 간단히 결론을 내릴 수 있는 문제가 아니라는 것을 알 수 있다.

2천 년 이상 민주주의는 그것에 반대하는 강력한 적들은 많았지만 지지자들은 거의 없었다. 페리클레스 시대 다음 세기에 영향력 있는 사상가들이 민주주의를 비난하면서 아테네를 예로 들어 그것의 치명적인 결점들을 지적했다. 고대의 저술가들 대대수는 민주주의의 지도자들을 자기 본위적인 선동가들, 즉 공공선의 파괴자들로 묘사했다. 그들은 민주주의를 불안정한 것, 즉 파벌들과 계급들 간의 피나는 투쟁의 장으로 가난한 다수가 부유한 소수를 짓밟고 개인의 권리를 무시한다고 보았다. 이런 불안정은 민주주의가 타고난 것으로 불가피하게 내전으로 이어지고, 따라서 무정부 상태와 폭정으로 귀결된다고 보았다. 플라톤은 페리클레스를 대놓고 공격했고 아테네인들이 민주적 정치인들을 칭송한다고 비난했다.

> 사람들은 그들이 도시를 위대하게 만들었다고 말하지만 이들 이전의 지도자들 때문에 그 속이 썩고 문드러진 것은 보지 않는다. 그들이 도시를 항구와 부두와 세관과 온갖 터무니없는 것들로 채웠고, 중용과 정의의 여지를 두지 않았기 때문이다. 그리고 질병의 위기가 다가오면 이들은 당대의 조언자들을 비난하고, 반대로 그들이 겪는 재난의 진짜 장본인들인 테미스토클레스와 키몬과 페리클레스를 칭송할 것이다.(《고르기아스》, 518e-519a)

이런 적대적인 묘사는 18세기까지 별다른 이의 없이 그대로 이어져 서구 사상을 지배했다. 르네상스에서 계몽주의를 지나는 시기의 지배자들과 저술가들은 플라톤의 비판을 신봉했는데, 그렇게 하는 것이 그들의 이해관계와 딱 맞아떨어졌기 때문이었다. 왕들, 귀족들 그리고 보수적인 계급 제도의 지지자들은 '대중the mob'에게 권력을 줄 경우 초래될 결과를 두려워했다. 예술가들과 저술가들은 평민이 지배할 경우 문화가 후퇴할 것을 두려워했다. 종교 지도자들은 교회의 권위와 민중 정부가 양립할 수 없다는 것을 예견했다. 왕족과 귀족에 기반한 유럽의 모든 지배 세력과 제도는 민주주의라는 사상에 적대적이었고 페리클레스 치하 아테네가 처참히 실패했다는 견해를 간단히 받아들였다.

계몽주의 시대를 특징짓고 프랑스 혁명을 휩쓸었던 격렬한 논쟁들에서 그리스의 경험이 민주주의의 주창자들을 논박하기 위한 증거로 거듭 이용됐다. 이런 견해가 워낙 강력하고 만연해 있다 보니 세계에서 가장 성공적이고 안정적인 민주주의를 수립한 인물들조차 미국 헌법 제정을 두고 벌인 논쟁에서 이를 당연시했다. 알렉산더 해밀턴Alexander Hamilton[1757~1804]*은 순수한 민주주의에서 민중 지도자가 권력을 남용할 수도 있다는 것을 설명하면서 페리클레스의 이력을 거론했다.

> 이 계급의 사람들은 왕을 좋아하든 민중을 좋아하든 너무 많은 예에서 그들이 받고 있는 신뢰를 남용해 왔다. 그리고 일부 공적인 동기를 핑계 삼아 개인의 이익이나 개인적 만족을 위해 국가의 안정을 희생하는 것을 주저하지 않는다.
> 저명한 페리클레스는 매춘부[아스파시아]의 원한을 갚고자 자기 시민들의 많은 피와 재산을 희생해 사모스인들Samnians[Samians의 오기]의 도시를 공격하고, 정복하고, 파괴했다. 개인적인 분노를 삭이지 못한 이 인물은 …… 그 유명하고 치명적인 전쟁, 즉 고대 그리스 연보Grecian annals에서 가장 눈에 띄는 **펠로폰네소스** 전쟁의 장본인이었다. 그리고 이 전쟁은 …… 아테네 공동체를 폐허로 만들어 버렸다.**64)**

심지어는 제임스 매디슨도 고대 아테네에 대한 플라톤의 평가를 그대로 답습했다. "그런 민주 정체들은 혼란과 분쟁이 가관이었고, 개인의 안전이나 재산권과는 양립할 수 없다는 것을 드러냈다. 그리고 폭력적으로 소멸했을 만큼 대체로 수명이 짧았다."**65)**

페리클레스 시대의 아테네에 관한 사실들은 이미 살펴본 대로 이와 매우 달랐다. 플라톤이 그것의 성격을 공격한 것은 졸렬하다. 아테네인들은 그들의 지도자가 그

---

* 미국의 법률가이자 정치인이며 미국 건국의 아버지(Founding Fathers) 중 한 명으로 1787년 미국 헌법 제정에 기여했다. 초대 워싱턴 정부 시절 재무부 장관을 역임했다.

페리클레스

들의 권력을 빼앗는 것을 허용하지 않았다. 그들은 자신들의 민주 정체에서 가장 영향력이 있는 인물들을 제거하고 응징하는 데 주저하지 않았다. 페리클레스도 비참할 정도로 이를 몸소 겪었다. 그리고 그들은 안에서뿐만 아니라 밖에서도 그들의 민주주의를 위협하는 세력들에 맞서 싸웠다. 거의 30년 동안 펠로폰네소스 전쟁, 군사적 패배, 외세의 점령, 과두제 쿠데타의 공포를 겪으면서 아테네인들은 민중 정부가 살아남고 번듯한 사회에서 생활하는 데 필요한 헌신과 절제의 모습을 동시에 보여 줬다.

이런 절제는 아테네인 대다수가 부자들을 약탈하고 적들에게 복수를 하는 것이 얼마나 간단한 일이었을 수 있는지 고려하면 가장 놀라운 점이다. 그들은 민주적 구상을 분명히 포용했었고, 그들이 겪은 경험이 그것의 정당성을 입증했었다. 그들은 아테네를 지배했던 관습과 법을, 부유한 유산 계급이 피착취 대중을 지배하기 위한 음모로 생각하지 않았다. 대신, 법을 존중하고 순종하는 것이 약자와 가난한 자들이 부유한 지배자들로부터 보호를 받을 수 있는 근본적인 안전장치라고 믿었다. 그리고 오직 평범한 사람들에게 자유, 위엄, 자존감을 줄 수 있는 민중 정부 역시 법을 충실히 따르는 것에 달려 있다고 보았다. 그들은 법을 무시하는 것은 폭정의 방식이라고 생각했다. "민주 정체에서 시민의 인격과 국가의 정체를 보호하는 것은 법이다. 반면, 참주들과 과두주의자들은 의심과 무장 군인들로 자신들을 보호하고자 한다."(아이스키네스Aeschines, 《티마코스에 대한 반론Against Timarchus》, 4-5) 기원전 403년 민주 정체가 복원된 직후에 한 웅변가가 페리클레스가 한 세대 전에 했던 연설을 생각나게 하는 추도 연설에서 아테네인들이 법에 얼마나 헌신적인지 훌륭하게 표현했다. 그는 초기의 아테네인들이 민주주의를 수립한 최초의 사람들이라고 말했다.

[그들은] 모두의 자유가 화합의 가장 강력한 원천이라고 믿었습니다. 그리고 자신들이 함께 겪은 위험들에서 피어난 희망을 공유함으로써 시민 생활에서 영혼의 자유를 만

끽했습니다. 그들은 법을 이용해 선한 자들에게 경의를 표하고 악한 자들을 벌했습니다. 그들은 힘에 의해 서로가 지배받는 것은 야생wild beasts의 방식이며 이와 달리 인간들은 법에 따라 옳음을 판단하고, 이성으로 확신을 주고, 법의 주권과 이성의 가르침을 따름으로써 이 두 가지가 작동할 수 있게 해야 한다고 생각했기 때문입니다.(리시아스,《추도사Funeral Oration》, 17-19)

19세기에 근대 민주주의가 미국과 영국에 뿌리내리기 시작하면서야 아테네 민주주의에 대한 태도가 다소 우호적으로 바뀌었다. 영국의 민주주의 지지자들이 페리클레스 시대 아테네의 정체와 그것의 민주적 생활 방식을 재발견했고 찬양했다. 1846년과 1856년 사이에 12권으로 출간된 조지 그로트George Grote[1794~1871]*의 《그리스사History of Greece》는 페리클레스 시대 아테네에 대한 이해를 완전히 바꿔 놓았다. 영국이 완전한 민주주의로 이행하면서 페리클레스 시대의 아테네는 그로트가 해석한 대로 점점 더 많은 영감을 제공한 것 같다. 교양 있는 영국의 남성들과 여성들이 기원전 5세기의 아테네인들에 대해 배우고 감탄하며 자랐다.

제1차 세계 대전 기간 동안 런던의 버스들은 페리클레스의 추도 연설에서 발췌한 내용이 담긴 광고 전단을 부착하고 다녔다. 그의 연설을 발췌한 사람들은 아테네인들을 향해 스파르타인들에게 굳건히 맞서자고 요청하는 페리클레스의 연설이 군국주의militaristic autocracy와 전쟁을 하고 있는 근대의 자유주의적이고 상업적인 민주 정체의 시민들에게 의미가 있다고 믿었다. 그들은 페리클레스가 아테네인들에게 공동체를 위해 필요한 희생을 하라고 요청하는 대목이 영국인들의 마음에 전달될 것으로 생각했다. 그리고 평등의 가치, 법에 순종하는 것, 연설의 자유, 정치적 참

---

* 영국 태생의 정치가로 은퇴한 이후 고전 연구, 특히 그리스 역사 연구에 전념하여 역작《그리스사》를 저술했다.

페리클레스

여 그리고 권력과 영광뿐만 아니라 선goodness과 미beauty에 대한 사랑을 평범한 시민들에게 호소할 수 있을 것으로 기대했다.66)

1915년에 저명한 영국의 고전 학자는 조금도 망설이지 않고 이렇게 말했다.

그리스의 사상들과 그리스의 영감이 오늘날 우리가 당면한 임무들을 직시하는 데 있어서뿐만 아니라 민주주의와 시민권, 자유와 법의 범위와 의미를 심화하고 확장하는 일, 즉 인류가 갑작스럽게 들어선 역사의 새로운 시기에 직면한 주요 정치적 임무로 보일 수 있는 일에 도움을 줄 수 있다.67)

이때 이후 민주적인 아테네의 명성이 널리 퍼져 나갔지만, 현대의 민주주의는 무장 공격과 이데올로기 도전으로 심각한 위기에 처해 있다. 파시스트적인 나치 독재의 등장에 이어 일어난 1930년대의 대공황은 민주주의가 합리성, 번영, 자치self-government를 향해 나아가는 자연적 진보의 결과로 승리하게 될 것이라는 19세기의 기대를 비웃음거리로 만들었다. 한동안 민중 정부는 현대의 기술이 낳은 산물들로 이전보다도 더 야만스러워진 독재 국가들에 굴복하면서 세계의 대다수 지역에서 자취를 감출지도 모를 것처럼 보였다.

제2차 세계 대전은 일종의 전제주의를 파괴했지만, 다른 여러 전제주의들이 지구의 광범위한 영역에서 지배를 공고히 했다. 서구의 민주주의 국가들은 새로운 도전에 직면했다. 그러나 아이러니하게도 서구의 많은 지식인은 플라톤이 시작한 민주 정체를 향한 공격을 재개했다. 물론 그들의 비판은 플라톤과 각도가 달랐다. 플라톤과 그의 선례를 따른 근대 초기의 군주들과 귀족들은 페리클레스 시대의 민주주의가 지나치게 평등에 집착했다고 비난했다. 다른 한편, 20세기의 비판가들은 주로 그것의 불평등, 특히 자유로운 사회에서 불가피한 부의 불평등한 분배를 불평하면서 모든 시민에게 기회의 평등이 아닌 결과의 평등을 요구했다. 공산주의와 비공산주의 세계에서 마르크스주의자들은 '부르주아 민주주의'를 사실상 억압 및 착취의 형태라고 조롱했다. 상대주의자들은 민주주의가 그것이 이미 뿌리를 내린 국가들에서는 좋은 것일 수 있지만, 이는 서구적인 현상으로 지구상의 다른 지역들에서는 적합하지 않은 것이라고 주장했다. 1989년에 공산주의 진영에서 혁명이 일어나기 직전까지 서구의 많은 지식인이 경제적 평등이라는 이름으로 정치적 자유와 민주주의를 포기했던 체제들을 변론하고 심지어는 찬사를 보냈다.

정치적 평등은 아테네 민주주의의 초석이었다. 그러나 경제적 평등은 앞서 살펴본 대로 페리클레스 시대나 이후의 민주주의 구상에 들어가 있지 않았다. 기원전 6세기 초에 아테네의 농민들은 토지의 재분배 및 아티카의 토지에 대한 균등 배분, 즉 **이소모이리아** isomoiria를 요구했었지만 충족되지 않았다. 그뿐만 아니라 다시 재론하지도 않았다. 재산권에 대한 침해로 내전, 무정부, 폭정, 빈곤을 초래했던 나라들이 겪은 사회적 혁명들은 소유의 평등이 아니라 법 앞의 평등이 번영, 자유 및 안전과 양립할 수 있는 유일한 형태의 원칙이라는 것을 보여 줬다. 따라서 아테네인들에게 사회적 정의는 경제적 평준화를 의미하지 않았다. 아테네의 민주주의자들은 기회의 평등, 다시 말해 '능력에 따른 출세'를 요구했다. 하지만 그들은 탁월성과 우월한 능력 역시 보상받아야 한다고 믿었다. 여러 재앙과 유혹을 겪으면서, 번영과 빈곤을 겪으면서 아테네인들은 이런 원리들을 고수했다.

민주주의를 비판하는 고대와 현대의 비판가들은 기본 태도가 같았다. 그들은 평범한 사람들을 불신했고, 그들이 자유롭게 고차원적인 목표, 즉 정의에 대한 유토피아적 이상을 추구하는 것을 무시했다. 플라톤에게 이것은 소수의 철인philosopher 계급이 신성하고 불변하는 지식에 따라 통치하는 정부를 의미했다. 마르크스주의 이론에서 이것은 착취나 소외가 없는 평등하고 완전히 자유로운 유토피아를 의미했다. 그것의 세속적 표현이 '프롤레타리아트proletariat[무산 계급]'에 의한 지배를 의미했다. 사실 프롤레타리아트는 레닌, 마오쩌둥, 카스트로 같은 지도자들이 이끈 소규모 전제적인 '혁명 전위revolutionary vanguard'로 소련, 중공, 쿠바 같은 유토피아 국가들을 통치했다. 고대와 현대의 민주주의 비판가들은 개인의 자유와 자치가 진정으로 정당한 사회 건설에 비해 부차적이라는 신념을 공유한다. 그리고 소규모 계급 집단[철인과 프롤레타리아트]만이 이런 올바른 목표와 달성하는 방법을 알고 있다고 믿는다.

민주주의를 옹호하는 사람들 대다수는 소규모 엘리트 집단만이 알고 있는 또는 알 수 있는 통치술이나 통치 과학이 있다는 것을 부인한다. 그들은 좋은 정부와 좋은 사회를 달성하려면 모든 시민이 참여해야 한다고 믿는다. 민주주의의 요소들, 즉 개인의 자유, 법 앞의 평등, 기회 균등, 투표권, 피선거권은 고차원적인 목표를 달성하는 수단이 아니다. 오히려 민주적인 자치 제도가 그 자체로 목표이다. 인간의 존엄과 인간의 번영은 합당한 수준의 경제적 만족well-being이 충족돼야 한다. 그리고 자유롭고 자율적인 삶에 필요한 이와 같은 인간의 특성들을 발휘할 수 있어야 한다. 따라서 경제가 아닌 정치가 일차로 중요하다. 민주주의와 경제적 자유가 다른 어떤 제도보다 번영을 가져다줄 가능성이 크다는 강력한 증거가 있다. 정치 제도가 번영을 보장할 수는 없지만 민주적 제도가 적어도 필요한 것의 일부를 제공할 수는 있다.

페리클레스 시대의 아테네인들에 대한 이야기는 민주주의를 창조하고 유지하기 위해서는 최상의 리더십이 필요하다는 것을 보여 준다. 여러 시련이 닥쳤을 때 아테네인들은 대체로 헌신적으로, 현명하게 그리고 절제 있게 행동했다. 이게 가능했던 이유는 그들이 페리클레스가 그들에게 효과적으로 전달했던 민주적 전망과 본보기를 받아들였기 때문이다. 그의 민주적 전망은 정치 공동체 내부에서 개인들을 드높이는 것이었다. 국가의 범위와 권력을 제한하는 대신 개인의 자유, 사생활 그리고 이것들의 결정적 요소인 인간의 존엄에 대해서는 충분한 여지를 뒀다. 고대의 스파르타와 현대의 사회주의가 추구한 평준화 원리leveling principle 또한 거부했다. 이 원리는 이와 같은 권리들을 억압하고자 한다. 아테네의 민주주의는 능력merit을 보상함으로써 개인의 성취와 탁월을 장려했다. 이것들은 삶을 달콤하게 만들고 모든 이의 삶의 질을 높인다. 무엇보다 페리클레스는 아테네인들에게 개인적 욕구, 즉 도덕적이고 물질적인 욕구를 충족하려면 아테네가 이룩한 것과 같은 공동체가 필요하다는 확신을 심어 주었다. 따라서 그들은 기꺼이 위험을 감수하면서 그것을 지키고자 했고, 희생을 감수했으며, 열망을 억제하면서 그것을 보존하고자 했다.

우리 시대에 새롭게 등장한 민주 정체들은 매우 취약하고 모두 심각한 도전에 직면해 있다. 강력한 민주적 전통에 의지할 수 있는 나라가 거의 없고, 정도만 다를 뿐 모두 경제적 상황이 아주 좋지 않다. 현재 많은 국가가 오랫동안 억눌려 있던 인종 갈등ethnic divisions 문제에 맞닥뜨렸으며 이는 국가의 단합과 화합을 파괴할 수 있다. 한편으로는 현대의 기술이 이들 나라의 국민들에게 세계의 부유하고 자유로운 국가들의 모습과 실례를 보여 주어 물질적 기대에 대한 그들의 눈높이를 비현실적인 수준으로 높여 놨다. 만일 새롭게 등장한 자유로운 국가들이 주로 민주주의를 물질적 풍요와 부의 균등한 분배를 달성할 수 있는 지름길로 간주할 경우 그들은 크게 실망할 것이고, 민주주의는 실패할 것이다. 이런 국가들이 성공하기 위해서는 좋은 시절뿐만 아니라 나쁜 시절에 그들을 떠받치고 그들에게 요구될 수 있는 많은 어려운 희생을 불러일으킬 만큼 강력한 미래 전망이 필요하다. 그들은 모든 정치 체제 가운데 민주주의만이 모든 개인의 존엄과 자율성을 존중한다는 것을 알아야 하고, 각 개인이 자신의 행복이 전체 공동체의 그것과 밀접하게 연결돼 있는 것으로 바라봐야만 그것이 생존할 수 있다는 것을 이해해야 한다.

이런 새로운 신념을 정치적 이상주의political idealism를 기치로 내거는 것에 냉소적인 사회들에 주입하기란 특히 어려울 것이다. 따라서 새로운 민주 정체들은 페리클레스적 유형의 지도자들이 필요할 것이다. 그런 지도자들은 진정한 민주주의의 목표와 특성이 시민들을 달성 가능한 최고 수준까지 드높이는 것이어야 한다는 것, 그리고 소수의 질투심을 누그러뜨리고자 가장 위대한 것들을 깎아내리는 것은 폭정의 길임을 안다. 새로운 민주 정체들은 개인의 자유, 자치, 법 앞의 평등이 그 자체로 고차원적인 가치에 속한다는 것을 이해하는 지도자들이 필요하다. 그리고 특히 참을성 없는 시민들에게 이러한 정치 제도들이 모두를 위하는 번듯한 정치 체제와 좋은 삶의 필수적인 토대임을 설득할 수 있는 재능 있는 지도자들이 필요하다.

그런 전망과 리더십은 우리 시대에 손쉽게 얻을 수 있는 것이 아니다. 지금 세계는 단단한 억압의 껍질을 뚫고 나오고자 애쓰는 민주주의의 새싹을 보고 놀라워하고 있다. 그것들이 성장해서 번창할 수 있도록 돕고 싶어 하는 사람들은 한때 온갖 역경에도 불구하고 민주주의가 승리했던 아테네의 페리클레스와 그의 도시가 이야기하는 영감과 가르침에 귀를 기울이면 좋을 것이다.

지도 목록

페리클레스

주

서문

1) Voltaire, *The Age of Louis XIV* (Berlin, 1751), Introduction, p. 1.
2) Robert Gilpin, *War and Change in World Politics* (Princeton, 1981).
3) 가장 최근에 코넬 대학의 네드 리보(Ned Lebow)와 배리 S. 스트라우스(Barry S. Strauss)가 조직한 '헤게모니 경쟁: 아테네와 스파르타, 미국과 소련'이란 제목의 국제 학술회의가 1988년 6월 이탈리아에서 개최됐다.

2. 정치가

4) 어떤 이야기에 따르면 그녀가 위대한 화가인 폴리그노토스(Polygnotos)와 부적절한 관계였다고 한다. 폴리그노토스는 이 부적절한 관계의 보상으로 아고라의 유명한 채색 주랑 벽에 트로이 여성을 그리면서 그녀의 얼굴을 사용했다고 한다. 그리고 그녀가 키몬과 잠자리를 같이했다는 이야기도 있다. 심지어는 두 사람이 대놓고 부부처럼 함께 살았다는 이야기도 있다. 하지만 이들 이야기가 사실인 것 같지는 않다.
5) J. K. Davies, *Athenian Propertied Families 600-300 B.C.* (Oxford, 1971).

3. 민주주의자

6) 민회가 열리는 날이면 아테네인들은 좀처럼 아고라를 떠날 줄 몰랐다. 대화를 좋아해서 그랬을 수도 있고 회합에 참여하는 것이 내키지 않아서였을 수도 있다. 프닉스로 이어지는 출구를 제외하고 모든 출구가 닫혀 있었다. 주어진 의무를 제때에 수행할 수 있도록 독려하기 위해 붉은 염료가 뚝뚝 떨어지는 밧줄이 이 출구를 가로질러 걸려 있었고, 옷에 염료가 묻어 있으면

주 461

벌금을 물었다.

7) 여기서 언급한 인용구들과 정보의 출처는 아리스토텔레스의 《아테네인들의 정체Constitution of Athenians》(43.4~6)이다. 이 책이 다루고 있는 민주 정체는 기원전 4세기에 작동하던 것이다. 하지만 민회의 절차와 의제는 1세기 전인 페리클레스 시대의 그것과 크게 달랐다고 볼 이유가 없다.

5. 제국주의자

8) 이 번역은, 비록 불완전할 수밖에 없지만, 널리 통용되고 있는 복원된 비문 파편(fragmentary inscription)에 근거한 것이다. Russell Meiggs and David Lewis eds., *Greek Historical Inscriptions*(Oxford, 1969)의 #47(121쪽)을 볼 것.

9) 고대 그리스 역사에 칼리아스의 강화 조약을 둘러싼 논쟁만큼 첨예한 논란을 일으킨 문제들이 없다. 고대 이후 줄곧 이것의 실체가 부정됐는데, 관련 논쟁이 지금까지 계속되는 중이다. 이 주제에 대한 논문이 평균적으로 2년마다 나오고 있다. 고대의 저술가들이 기록한 이 조약의 내용을 보면 약간씩 다른 점들이 있는데 중요한 차이는 아니다. 이 강화 조약이 공식적으로 존재하지 않았다고 보는 현대의 학자들 대다수는 그럼에도 사실상 적대 정책을 철회하는 합의는 있었다는 것을 인정한다. 최근에 일부 학자들이 이 강화 조약이 존재했다는 것을 옹호했지만, 시점을 기원전 460년대 에우리메돈 전투 직후로 보고 있다(E. Badian, "The Peace of Callias", *Journal of Hellenic Studies* 107[1987]: 1~39쪽을 볼 것). 여기에서 제시한 주장과 날짜를 옹호하는 입장에 대해서는 Russell Meiggs, *The Athenian Empire*(Oxford, 1972), 129~151쪽을 볼 것.

10) Raphael Sealey, "The Entry of Pericles into History," *Hermes* 84(1956): p. 247.

11) Eduard Meyer, *Forschungen zur alten Geschichte*, vol. 2(Halle, 1899), pp. 19~20.

12) 일부 학자들은 의회 법안(Congress Decree)으로 불리는 이것의 신빙성을 의심한다. 이에 대한 논의로는 Meiggs, *The Athenian Empire*, 151~152, 512~515쪽을 볼 것. 플루타르코스가 이 법령의 날짜를 언급하고 있지 않지만, 여기서 채택한 이 법령의 시간적 순서는 그것이 실재했다고 믿는 학자들이 채택한 것이다.

13) Meiggs, 같은 책, p. 153.

14) 이 파피루스 포고령의 복원은 내용이 확실치 않다. 하지만 이에 대한 H. T. 웨이드-게리(H. T. Wade-Gery)와 벤저민 메리트(Benjamin Meritt)의 다음과 같은 설명은 정당해 보인다. 즉, "우리는 그[이 포고령에 대해 언급하고 있는 고대의 해설가]가 내용을 요약하면서 사용한

언어를 한 글자씩 복원했다고 주장하지 않는다. 하지만…… 우리는 보존된 파피루스 부분에 대해서만큼은, 아무리 정확한 복원이 있을 수 있다고 하더라도, 우리의 해석을 자신할 수 있다".(*Athenian Tribute Lists*, vol. 2, 188쪽)

15) *The American Heritage Dictionary of the English Language*(Boston, 1969).

6. 피스메이커

16) 델포이 신전의 성직자들은 스파르타에게 호의를 보였다. 스파르타인들이 아테네의 동맹인 포키스인들에 맞서는 그들을 지지했었기 때문이다. 그들은 펠로폰네소스 전쟁 초기에 스파르타인들에게 헌신적인 모습을 보였는데, 당시 성직자들은 그들에게 다음과 같은 델포이 신탁을 전했다. 즉, "만일 그들이 적극적으로 싸운다면 승리할 것이고, 그리고 그는 그가 부름을 받든 안 받든 나름대로 도움을 줄 것이라고 말했습니다".(1.118.3)

17) 플루타르코스(《페리클레스》, 26.3-4)는 서로 포로를 인질로 잡았다고 말한다. 또한 그리스의 역사가인 사모스의 두리스[Duris of Samos, B.C. 350~B.C. 270]가 말한 것처럼 포로들을 십자가에 못 박는 등 아테네인들이 저지른 다른 만행들에 대해 이야기한다. 하지만 그는 이런 것들을 중상 비방으로 치부한다. 실제로 이런 만행들이 있었을 것이다. 그럼에도 불구하고 아테네인들은 당시 그들이 가졌던 분노를 다소 강하게 표출했다.

8. 교육자

18) Russell Meiggs, "The Political Implications of the Parthenon," in *Parthenos and Parthenon, Greece and Rome*, Supplement to Vol. 10(1963), p. 37.

19) Russell Meiggs, 같은 책, p. 39.

20) J. J. Pollitt, *Art and Experience in Classical Greece*(Cambridge, 1972), p. 78. 나는 아크로폴리스의 건축물과 부조에 대해 이해하는 데 이 책의 영향을 많이 받았고, 따라서 내 설명은 이 책에 많이 의존하고 있다.

21) J. J. Pollitt, 같은 책, p. 79.

22) 이런 개념은 Édouard Will이 *Le Monde Grec et l'Orient, tomb I, Le Ve siecle*(510-403)(Paris, 1972), p. 558에서 제시한 것이다.

23) Pollit, 앞의 책, p. 79.

24) Pollit, 앞의 책, p. 78.

25) C. J. Herington, *Athena Parthenos and Athena Polias*(Manchester, 1955), p. 62.

26) Pollit, 앞의 책, p. 87.

27) Ira S. Mark, "The Gods on the East Frieze of the Parthenon," *Hesperia* 53(1984): 332.

28) Mark, 같은 책, p. 336.

29) Cynthia Farrar, *The Origins of Democratic Thinking*(Cambridge, 1988), p. 77.

30) Herington, 앞의 책, p. 56.

31) Will, 앞의 책, p. 270.

9. 사적 인간

32) Davies, *Athenian Propertied Families*(Oxford, 1971), pp. 329-330.

33) Gustav Glotz, Histoire grecque, vol 2: *La grece au Ve siecle* (Paris, 1938), p. 169.

34) 페리클레스의 사적 생활과 관련된 일들이 언제 일어났는지 정확히 알 수는 없다. 내가 이곳에서 제기하는 추정 날짜는 데이비스(Davies, 앞의 책, pp. 457-458)의 추론을 따른 것이다. 플루타르코스(《페리클레스》, 24.8)는 페리클레스의 부인에게 페리클레스가 두 번째 남편이었다고 말한다. 그러나 데이비스는 페리클레스가 그녀의 첫 남편이었고, 히포니코스가 두 번째 남편이었다고 설득력 있게 주장한다.

35) Davies, 앞의 책, p. 18.

36) 플루타르코스(《페리클레스》, 31.5)는 페이디아스가 감옥에 갔고, 그곳에서 죽었다고 말한다. 하지만 기원전 4세기와 3세기에 걸쳐 생존했던 아테네의 지역 역사가[이를 아티오그래퍼 Atthiographer(아티카 현지 역사가)라고 부른다]였던 필로코로스(Philochorus)는 그가 추방당했다고 말하는데, 그의 설명이 더 설득력 있어 보인다.

37) 일부 학자들은 이 점에 대한 플루타르코스의 설명(《페리클레스》, 32.3)에 의문을 제기한다. 하지만 그가 이런 주장의 출처로 거론하고 있는 아이스키네스[Aeschines, B.C. 389~B.C. 314]는 이 사건이 있고 나서 태어난 세대로 이 일을 직접 목격한 사람들과 이야기를 나눌 수 있는 위치에 있었다. 그의 증거를 간단히 무시할 수 없는 이유이다.

38) F. J. Frost, "Pericles, Thucydides son of Melesias, and Athenian Politics Before the War," *Historia* 13(1964): 396.

39) F. J. Frost, "Pericles and Dracontides," *Journal of Hellenic Studies* 84(1964): 72.

40) Édouard Will, *Le Mond Grec et L'Orient, tome I, Le Ve siecle* (510-403)(Paris, 1972), p.

275.

11. 위기관리자

41) 메가라 포고령의 주요 골자가 경제 제재를 의도한 것이 아니라는 주장이 있다. 이에 대해서는 G. E. M. de Ste. Croix, *The Origins of the Peloponnesian War*(Ithaca, 1972). 그러나 내가 아는 한 이 주장을 지지하는 사람들은 없다.
42) 아이기나는 제1차 펠로폰네소스 전쟁 기간 동안 강제로 아테네 제국의 동맹이 됐다. 아이기나 같은 모든 속국이 자율성을 잃었다. 그리고 이런 불만을 특별히 표하는 이유도 불분명하다. 따라서 스파르타인들이 이것을 왜 강화 조건에 넣었는지 이해하기 어렵다.

12.전략가

43) F. E. Adcock, "The Archidamina War, 431-421 B.C.," *Cambridge Ancient History*, vol. 5(Cambridge, 1940), p. 195.
44) Hans Delbruck, Geschichte der Kriegskunst, vol. 1, *Das Altertum*(Berlin, 1920, reprinted 1964), pp. 125-126.
45) 이 주제를 연구하는 대다수 연구자들이 이런 질문을 한다. 간략하기는 하지만 몇 가지 가장 대표적인 사례들에 대한 검토는 D. Kagan, *The Archdamian War*(Ithaca, 1974), p. 345를 참고할 수 있다.
46) 이러한 계산들과 당시 전쟁 비용에 대한 깊이 있는 논의는 Kagan, 같은 책, pp. 35-40을 볼 것.
47) Gaetano de Sanctis, *Pericles*(Milan and Messian, 1944), pp. 253-254.

13. 영웅

48) 나는 이 날짜가 정확하다는 가정에서 이 장을 집필했다. 나는 대다수 학자들이 그렇듯이 B. M. W. Knox가 "The Date of the *Oedipus Tyrannus* of Sophocles," *American Journal of Philology* 77(1956): 133-147에서 한 주장들이 설득력 있다고 본다. 그러나 이 연극이 쓰인 날짜를 정확하게 확정할 수는 없다. 그뿐만 아니라 이 연극을 관람한 관객들의 반응 또는

소포클레스의 의도들에 대한 관객들의 반응을 확신할 수 없다. 그러나 여기에서 제기하는 주장은 이 연극의 날짜와는 관련이 없다. 영웅적 기질이라는 측면에서 페리클레스와 오이디푸스가 유사하다는 내 의견은 페리클레스의 생애에 대한 연구와 《오이디푸스 왕》의 내용에 근거한 것이다.

49) 소포클레스의 비극, 특히 그의 《오이디푸스 왕》에 대한 내 지식은 B. M. W. Knox, *Oedipus at Thebes*(New Haven and London, 1957)와 *The Heroic Temper*(Berkeley, Los Angeles, London, 1964)라는 위대한 두 저술에 근거한 것이다. 그는 오이디푸스와 페리클레스가 많은 점에서 유사하다는 것을 인정하지만, 또한 중요한 차이점들도 지적한다. 그는 오이디푸스가 긍정적이고 부정적인 특성들을 동시에 가지고 있는 아테네라는 도시를 대변한다고 주장하는데 아주 설득력이 있다. 나는 그의 해석을 받아들인다. 또한 페리클레스가 이런 식으로 아테네를 만들고 그것의 상징이 된 이후에 소포클레스가 오이디푸스에 묘사하고 있는 아테네의 모습들 중 일부는 그것의 위대한 지도자를 투영한 것이라고 믿는다.

50) 여기에서 줄곧 인용하는 책은 B. M. W. Knox, *Oedipus the King*(New York, 1972)의 감각적이고 명쾌한 번역이다.

51) Knox, *Oedipus at Thebes*, p. 60.

52) 같은 책, p. 77.

53) 같은 책, p. 29.

54) Knox, *The Heroic Temper*, pp. 5-6.

55) 같은 책, p. 8.

56) 같은 책, p. 40.

57) 같은 책, p. 25.

58) 같은 책, p. 26.

59) 같은 책, p. 60.

60) 찰스 이드(Charles Eade)[영국의 저널리스트]가 편찬한 Winston S. Churchill, "A Speech to the House of Commons, June 4, 1940," in *The War Speeches of Winston S. Churchill*, vol. 1(Boston, 1953), p. 195.

14. 페리클레스의 그림자

61) 이 말은 프랭클린 D. 루스벨트 대통령이 사망한 직후에 아돌프 벌[Adolph A. Berle, 루스벨트 대통령 재임 당시 국무부 차관보]이 한 것이다. Adolph A. Berle, *Navigating the Rapids*,

ed. Beatrice Biship and Travis Beal Jacobs (New York, 1973), p. 535에 그의 연설이 수록돼 있다. 그리고 이 구절은 William E. Leuchtenburg in *In the Shadow of FDR* (Ithaca, 1983), pp. viii-ix에도 등장한다.

62) D. Kagan, The Outbreak of the Peloponnesian War (Ithaca, 1969), pp. 149-151, 175-177을 볼 것.

63) W. Schwann, "Thrasybulos", in *Kroll, Realenzyklopaedie der klassischen Altertumswissenschaft*, ed. A. Pauly, G. Wissowa, and W. Kroll, pp. 568-574.

64) *Federalist* Number 6, p. 109.

65) *Federalist* Number 10, p. 133.

66) 이 단락은 Frank M. Turner, *The Greek Heritage in Victorian Britain* (New Haven, 1981), p. 187에 나온 관찰들을 바꿔 쓰기 한 것이다.

67) Alfred E. Zimmern, *The Greek Commonwealth: Politics and Economics in Fifth-Century Athens* (Oxford, 1915), p. 5. Turner, 앞의 책, p. 55에 언급된다.

찾아보기

페리클레스

페리클레스

1판 1쇄 인쇄 2020. 11. 2. | 1판 1쇄 발행 2020. 11. 12. | 지은이 도널드 케이건 | 옮긴이 류현 | 발행인 고세규 | 발행처 김영사 | 등록 1979년 5월 17일(제406-2003-036호) | 주소 경기도 파주시 문발로 197(문발동) 우편번호 10881 | 값은 뒤표지에 있습니다. ISBN 978-89-349-9130-4 03900

번역

류현

대학에서 정치학을 공부한 뒤 국제개발협력과 남북교류협력에 종사했다.
지금도 남북교류협력 업무를 하면서 틈틈이 번역일을 하고 있다. 옮긴 책
으로《체 게바라, 혁명의 경제학》《빈곤의 경제학》《죽은 경제학자의 살아
있는 아이디어》《육식의 성정치》《제임스 마틴의 미래학 강의》등이 있다.